九三学社人物丛书

杨振声年谱

（下册）

季培刚　著

學苑出版社

年　谱

（续上册）

◎ 1936 年　民国二十五年　丙子　四十六岁

二月三日《申报》报道：

福州二日电，教厅派何电农二日赴厦，迎候杨振声，并定六日、七日、八日三日开会，请杨讲演。[①]

二月七日 据刚到福建省府做参议的郁达夫《闽游日记》所载：

中午，遇自教育部派来，已在两湖两广视察过的部评议专员杨金甫氏。老友之相遇，往往在不意之处，亦奇事也。[②]

二月九日 与郁达夫等同游鼓山。据郁达夫《闽游日记》：

二月九日（旧历正月十七），星期日，时有微雨。

与郑心南、陈世鸿、杨振声、刘参议等游鼓山，喝水洞一带风景的确不坏，以后有暇，当去山上住它几天。

早晨十时出发，在涌泉寺吃午饭，晚上回城，已将

---

①《闽教育厅派员欢迎杨振声》，上海《申报》1936 年 2 月 3 日，第四张（十四）。

② 郁达夫：《闽游日记》（1936 年 2 月 7 日），《郁达夫文集第九卷：日记、书信》，广州：花城出版社、香港：三联书店香港分店，1984 年。

五点，晚饭是刘参议作的东。[①]

二月十一日《申报》报道：

福建省政法教育厅……特于本月六、七、八三日在省立科学馆开会……第二日，先由区督学报告后，开始讨论案件。计上午通过十案，下午通过六案。是日适值教育部专员杨振声由厦抵省，特请其到会演讲，并由各会员提出各项重要之实际教育问题与杨专员逐一讨论，结集由杨专员转陈教部，以备采纳。[②]

本日，晚，离开福建，返南京。据《申报》十二日报道：

（福州十一日电）教部视导员杨振声，今离闽返京。[③]

另据十二日郁达夫《闽游日记》：

午前八时起床，昨晚杨振声氏已起行，以后当可静下来做点事情了。[④]

三月二十六日 南京国民政府教育部根据杨振声视察报告，训令湖北省教育厅改进教育。据《申报》二十八日报道：

教部二十六日训令湖北省教育厅云：案据本部聘任视察专员杨振声视察报告，查该省实施义务教育，尚有应行改进之点，兹分别指斥如下（一）该省私塾甚多，所收

① 郁达夫：《闽游日记》（1936 年 2 月 9 日），《郁达夫文集第九卷：日记、书信》，广州：花城出版社、香港：三联书店香港分店，1984 年。

②《闽省教育视导会议　通过有关改进教育提案卅二件　视察员及省督学报告视察经过》，上海《申报》1936 年 2 月 11 日，第四张（十四）。

③《教部杨振声离闽返京》，上海《申报》1936 年 2 月 12 日，第四张（十三）。

④ 郁达夫：《闽游日记》（1936 年 2 月 12 日），《郁达夫文集第九卷：日记、书信》，广州：花城出版社、香港：三联书店香港分店，1984 年。

容之儿童达二十万人以上，其势力几与该省小学相埒，在未设小学之区域，固属不无裨益，可听其存在，但在实施义教之处，实亦有碍新教育之推行，应即设法利用，督令改进，具较完善者改为代用小学。该厅本有塾师训练班之计划，并于上年度见诸实行，殊属要举，应加紧令饬各县注重塾师之训练，于今年暑期中将可训练者尽量编入塾师训练班，其不可改善及不受训练者，应即予以取缔，原有学童则令转入短期小学或联保小学；（二）该省公立普通小学数量过少，除应奖励私人兴学外，并应照应该省各县联保设立小学暂行办法，将联保小学在十年内提前决策改为普通小学或简易小学；（三）该省武汉等城市小学，尚不足容纳多数儿童，失学之儿童数量仍属不少，应助扩充并厉行二部制，以期多所收容；（四）该省特种教育办理颇力，此等教育办法，不必限于收复区域，应设法推广其范围，就现有之短期小学，酌量开设成人班，并逐步推广之；（五）第二决拟办之短期小学二百四十余所，现时已否全数成立，应即呈报备案；（六）短期小学经费，二十四年度上半年曾有八五折扣情形，经声明至二十五年一月起即不折扣，目前已否十足发给，应即承包备核；（七）多数学校校舍，因陋就简不甚适用，且每因年久失修，不蔽风雨，该厅应定一定整理校舍计划分别缓急，按年兴筑或修理，不得任其坍圮，甚至发生倒塌之危险。

以上各节，仰即一并遵办，此令。[①]

三月二十七日 南京国民政府教育部根据杨振声视察报

---

①《鄂省义教　教部专员杨振声之报告》，上海《申报》1936 年 3 月 28 日，第四张（十五）。

告，训令湖南省教育厅改进教育。据《申报》二十八日报道：

> 教部二十七日训令湖南教育厅云：案据本部聘任视察员杨振声视察报告，查该省办理教育，尚能实事求是，人民好学成风，习于刻苦，殊堪嘉许。惟有应行改进之点，兹分别指斥如下（一）该省教育经费，自民十八以来，既少增加，且时有折扣，殊无以副国家注重教育之意，与人民需求教育之殷，且该省教员待遇已薄，再加折扣，何以为生？是以专任教员，为数不足，兼理之风，有加无已，殊属非是。嗣后教育经费，务求按时实发，以安定教员之生活，并须逐年增加，以谋教育之发展；（二）该厅直辖城市及乡村义务教育区，应规定为实验性质，凡关于教材教法及一切问题，皆由直辖区负责研究，以其实验结果推行于各县、乡村义教区，允须注意以下二事，（1）酌量附设民众夜校，指导改良私塾，该直辖乡村义教区，本已有此计划，应酌量给予津贴，督促其早日实行，俟有成效，即推行各地；（2）短期小学，应尽先收容年长失学儿童，以次及于稍幼者。应责令其入普通小学，该省各地短期小学，其学生往往有自普通小学转入者，殊失设置短期小学之用意，嗣后在儿童入短期小学时，应查明年岁及是否由普通小学转来者，分别去取，不得滥收。以上各节，仰即一并遵照，此令。[①]

三月二十八日 南京国民政府教育部根据杨振声视察报告，训令福建、广东两省教育厅改进义务教育。据《申报》

① 《杨振声报告湘省教育》，上海《申报》1936年3月28日，第四张（十五）；《湘省教育应改过点 教部专员杨振声之报告》，上海《申报》1936年3月29日，第四张（十五）。

三十日报道：

闽省　教部二十八日训令福建省教育厅云：案据本部聘任视察员杨振声视察报告，查该省推行义务教育，颇为努力，惟尚有应行改进之点，兹分别指饬如下（一）该省义务教育经费，有自上年十月起九折发给情形，殊属非是，嗣后务须十足发放，不得折扣，以前折扣之款，应仍充作义务教育经费之用；（二）该省对于充实普通小学各级学额及实行二部制教学，尚须充分推广，严格执行，若推行二部制感觉困难，可先指定学校试验之，俟有成效，再推行各地。该省所办工读学校，颇合一般贫苦儿童之需要，该设法推广，普及各地。以上各节，仰即一并遵照，此令。

粤省　教部二十八日训令广东省教育厅云：案据本部聘任视察员杨振声视察报告，查该省实施义务教育，尚有应行改进之点，兹分别指饬如下（一）各县担任之义务教育经费，须督促其早日足数提拨，不得迁延，致误学校成立之期，其各县应行设立之短期小学，亦须严加督促限期成立，务使在本年度内，达到预定之计划；（二）该省失学儿童数目，约计为一百九十八万余人，二十四年度内各县筹办之短期小学，合计为一千一百三十校，加以添设普通小学，充实学额，实行二部制及各县市督令地方筹设之学校，总计增收学生数目，仅占失学儿童百分之七·四五，按照普及义务教育计划，在第一期五年内应使失学儿童至少有百分之八十得受一年之教育，该省收容儿童之进行速率，与计划相去尚远，应自下年度起，厉行该厅原定计划，每年度添设一万二千三百零九班，不得再行迟延；（三）各级各种学校，设备多不充实，应有预定计划按期补充，共设备费按照部定标准，详列预算，不得以临时请示办法行之。以上各节，仰即一并遵照，此令。[①]

四月十八日 作为教育部代表，在上海沧州饭店参加中华教育文化基金董事会第十六届年会。据《申报》十九日报道：

第十二届中华教育文化基金会年会，通过二十五年度事业预算，确定文化机关补助金额，公布科学补助金候选人，蔡元培氏连任为董事长。

中华教育文化基金董事会第十六届年会，于昨日上午九时起，在本埠沧州饭店举行，上午各项会务报告，下午讨论各项事业预算，确定教育文化机关补助经费，并改选职员分配职务，其二十五年度科学研究补助金候选名单，亦经公布，上海记者探志各情如下。

各地董事昨日来沪出席者，计有蔡元培、周诒春、胡适、李石曾、徐新六、孙科、金绍基、任鸿隽、贝克、贝诺德、顾临、司徒雷登，及代理干事长徐洪芬等，教部代表杨振声，外交部代表周珪、美大使代表美高斯，亦均出席参加，蔡元培主席。[②]

四月二十日 至杭州视察浙江省义务教育情形。据报道：

教育部特派视察江浙两省教育专门委员杨振声，二十日由京乘车来杭，下榻西泠饭店，即日起开始视察浙省义教情形，在杭有数日勾留，并将转赴各县视察云[③]。

①《教部令闽粤义教改进之电》，上海《申报》1936年3月30日，第四张（十三）。
②《第十二届中华教育文化基金会年会》，上海《申报》1936年4月19日，第四张（十四）。
③《半月来教育消息（自四月十六日至四月三十日）教部督学杨振声来浙视察义务教育》，《进修半月刊》1936年第5卷第14期。

四月二十三日 晚，在浙江省教育厅长许绍棣家晚宴，另有浙江省建设厅长伍展空（廷飏）、杭州市长周象贤（企虞），以及三天前刚刚抵杭接任浙江大学校长的竺可桢等。据《竺可桢日记》：

> 七点至许绍棣寓晚膳，到伍廷飏、杨金甫、郑晓沧、周企虞、高等法院郑君。九点半回。[1]

本月 《大公报》“文艺”副刊全部改由萧乾署名。据萧乾所述：

> （1935 年）8 月间，杨振声、沈从文二位先生就向报馆建议，索性把他们两年来所编的半版《文艺》(每周三期）交给我，他们只编《星期文艺》。自 1935 年 9 月 1 日起，就开始这么做了。转年上海《大公报》出版后，他们二位干脆连《星期文艺》也一并交给我来编了。因此，1935 至 1937 年间的《大公报·文艺》，实际上经历过这么三个阶段。[2]

另据萧乾所述：

> 我是通过杨先生认识沈从文先生的。一九三三年秋，杨、沈两先生着手编起天津《大公报·文艺副刊》以及《国闻周报》的文艺版，那就成了我的文艺摇篮。我的短篇小说《蚕》刊出后，承蒙才女林徽因女士的夸奖。于是，我就写了下去。一九三五年我毕业后，进了《大公报》。不久，经杨、沈两先生推荐，我就接编了《文艺》。

① 竺可桢：《竺可桢全集》第 6 卷，上海：上海科技教育出版社，2005 年，第 61 页。

② 萧乾：《萧乾回忆录》，北京：中国工人出版社，2005 年，第 354 页。

我同这个刊物的关系，断断续续一直延到一九五三年。[①]

五月二十三日 参加伦敦中国艺术展览会的全部展品运回国内后，在南京办展览会，本日开箱布展，杨振声与马衡等监视开箱。据《申报》二十四日报道：

伦敦中国艺展品京展览会，二十三日晨九时，继续将古物铜器部分开箱，由马衡、杨振声等监视，手续极为慎重。启箱后，按册过件点验，随即放入玻璃架内，将厨门封锁。铜器共一百零八件，至下午六时始毕，二十四日将玉器及其他杂件部分开箱，二十五日书画开箱，最后瓷器开箱。预计四日内可全部陈列竣事，并对会场一切布置，在开幕前再作一度整理。闻此次展览，除我国古物一千零二十二件外，尚有国际参加此次伦敦艺展之我国古物照片的一千五百幅，附带陈列，俾国人知我国流传国外之大概。[②]

五月三十一日 上午，在考试院明志楼参加伦敦艺展筹委会六次会议。据《申报》六月一日报道：

伦敦艺展筹委会，三十一日晨八时半在考试院明志楼开六次会议，到委员王世杰、翁文灏、张道藩等九人，杨振声、郑天锡均参加。由王世杰主席，先由郑、杨分别报告参加伦敦艺展情形，及筹备京展览经过后，次决定如下（一）京展览闭幕后各机关各展品分别发还；（二）京展会经费以门券收入拨充。[③]

---

① 萧乾：《我的恩师杨振声》，《人生百味》，北京：中国世界语出版社，1999 年。
② 《古物铜器部分开箱》，上海《申报》1936 年 5 月 24 日，第一张（三）。
③ 《林将参观古物》，上海《申报》1936 年 6 月 1 日，第三张（十一）。

六月二十七日 据《朱自清日记》：

下午进城，遇新自南方归来的沈从文，谓杨代表教育部与正中、商务、中华、世界签订合同。四书店五年内每年提供编辑费二万元云。[1]

七月 回北平。据常风所述：

上海的邵洵美先生于一九三六年夏和他的美国女朋友项美丽女士到北平，沈先生和杨振声先生在同和居设宴招待他们。朱先生和我都应邀作陪，首先由沈先生和杨先生介绍大家和邵先生认识，邵先生和每个人都寒暄了几句。用饭时邵先生谈起北平的名胜古迹，他是陪着项美丽女士来北平游览观光的。过了几天邵先生仍假座同和居还席。邵先生在席上提出他计划办一个文艺杂志，邀请北平文艺界的朋友们帮忙办好这个刊物。他的具体意见是由北平方面负责编辑，印刷出版等完全由他在上海负责。当时大家对邵先生的计划只是随便谈谈，泛泛表示了一下赞成办个文艺刊物。[2]

七月四日《申报》报道：

管理中英庚款董事会将为奖励编制教科书起见，于前年分配第一届息金时，特设奖金三种，每种奖额四千元，征求高初级民众教育读本、小学乐歌、高小历史教科书。截至去年年底止，共收到应征稿件七十五份，内计民众读本三十份，小学乐歌二十一份，高小历史

① 朱乔森编：《朱自清全集》"日记编"，南京：江苏教育出版社，1998 年。
② 常风：《回忆朱光潜先生》，《逝水集》，沈阳：辽宁教育出版社，1995 年。

二十四份，嗣于今春延聘专家钮惕生、顾树森、孟宪承、杨振声、高扬、赵元任、萧友梅、王瑞娴、唐学咏、傅斯年、顾颉刚、辛树帜，分别组织委员会，订定审查标准，开始审查，并分初审、复审、决审三步骤，以定去取。各委员会开会结果主张以宁缺勿滥为原则，务期选择精当。兹探得民众读本及小学乐歌两种稿件，业经审查完竣。①

七月十六日 据《顾颉刚日记》：

王雪艇一副架子，使人难受。通俗读物，他去年自己托金甫邀我办，今既有改良民众读物经费十万元，乃竟反悔，且以我之询问为多事。真太荒谬了！②

七月二十七日 朱自清等来晤。中午，在同和居宴客。据《朱自清日记》：

进城。会晤平伯、今甫、从文、健吾。今甫宴客，在同和居午餐。有菜名小豆腐，为青豆糊，甚佳。③

七月三十一日 据《竺可桢日记》：

上杭州车后，介绍与张闻骏（号逸樵），始知渠在东大时曾数度晤谈。8：35别晤皆，车开。与张谈山东大学事，知山大林济青之长校非教部本意，因教部以赵太侔既不可留，遂欲令杨振声前往，几经赵之劝架始允，但教部提出杨、林二人，原以为林既为省府委员当不愿

①《中英庚款会发表两奖金人选》，上海《申报》1936年7月4日，第五张（十七）。

② 顾颉刚：《顾颉刚日记》（第三卷），台北：联经出版事业公司，2000年。

③ 朱乔森编：《朱自清全集》"日记编"，南京：江苏教育出版社，1998年。

放弃而专管校事，孰知韩复榘、何思源竟弃杨而任林，山大教员因是许多离去云云。余以校内一切告张。[①]

八月 与沈从文、张兆和等同游山西大同云冈石窟。[②]

九月十九日 据《顾颉刚日记》：

今甫来。[③]

本月 萧乾从上海回北平，举办纪念《大公报》复刊十周年全国文艺作品征文，成立文艺奖金评选委员会。杨振声应邀担任评委。据萧乾所述：

1936 年 9 月是新记公司接办《大公报》十周年，报馆决定大举纪念。7 月间，老板一天把我找去，说想以纪念十周年名义，在全国举行一次征文，让我拟个具体办法。我回去一考虑，如果这么公开征文，应征者必然很踊跃，会有上千份的应征作品寄来。那么大数量的来稿怎么看法？得请多少人来看？意见如何统一？觉得不好办。

刚好那时开明书店也在举办十周年纪念。他们采取以重酬（千字二十元）请作家专门为纪念刊物撰稿的办法。我忽然记起读新闻系时，了解到美国哥伦比亚大学设立了一年一度的普利策奖金，是颁给已出版并有初步评价的现成作品的，比较容易掌握。于是，就向老板建议，仿照哥伦比亚大学办法，设立“大公报文艺奖金”。另外，为了纪念，出版一部《大公报小说选》。

① 竺可桢：《竺可桢全集》第 6 卷，上海：上海科技教育出版社，2005 年，第 120—121 页。

②《沈从文年谱》，《沈从文全集》（附卷），太原：北岳文艺出版社，2003 年。

③ 顾颉刚：《顾颉刚日记》（第三卷），台北：联经出版事业公司，2000 年。

他立即同意了，并建议同时设立一种“科学奖金”。这就是中国首次文艺奖金的由来。报馆决定每年拿出三千元，以一千元充任文艺奖金（一至三人），两千元充科学奖金（一至四人）。这里也表现出胡总经理对科学更为重视。科学奖金是由秉志先生主持的。

《大公报》刚在上海开馆时，还基本上是一家北方报纸。同时，当时上海某些左联作家也未必愿或不屑同这家报纸发生联系，因而我只敢邀请平沪两地及武汉与刊物关系较密切的作家参加。他们是杨振声、朱自清、朱光潜、叶圣陶、巴金、靳以、李健吾、沈从文、林徽因和武汉的凌叔华。评判委员散居各地，所以没开会。意见全由我沟通协调。①

本年秋 林徽因受萧乾之托所编《大公报文艺丛刊小说选》出版，该书是就两年来《大公报》“文艺”副刊发表的作品编成。② 杨振声小说《报复》入选。

另据萧乾所述：

“1936 年秋，我就全面负责沪、津两地的《大公报·文艺》（平时三个半版及《星期文艺》的整版）。在北平的杨振声、沈从文，上海的巴金、靳以以及许许多多知友的支持下，我就更加起劲地投身于这项工作了。”③

“从 1935 年进《大公报》直到八一三抗战的两年间，最初十个月我只编天津版《文艺》，后来就坐镇上海，兼编两地《文艺》了。这在我一生中是很重要的阶段。在

① 萧乾：《萧乾回忆录》，北京：中国工人出版社，2005 年，第 73 页。
② 萧乾：《萧乾回忆录》，北京：中国工人出版社，2005 年，第 74 页。
③ 萧乾：《萧乾回忆录》，北京：中国工人出版社，2005 年，第 354 页。

南方，我依靠的是巴金，北方，则是杨、沈二位。”①

十月十三日 朱自清来谈。据《朱自清日记》：

> 下午进城。全部上班时间与杨交谈。工作中有两条原则或者有用：1.适应新文学；2.有选择地采用西方文学。②

由于日本增兵天津，进占北宁铁路沿线并在天津组成“华北驻屯军司令部”，激起民众愤慨。本日，与徐炳昶、顾颉刚等北平知识界、文化界人士共计一百零四人联名发表宣言，进行抵制，要求政府抗战。杨振声在署名中列于第三位。③

十月十七日 《申报》“北平特讯”以《文化城中之文化界之呼声》为题，就宣言的经过、发起人、反响等做了详细分析报道，其中关于发起人方面指出“属于普通文艺界者，有杨振声、林徽音、沈从文等三人”。据《申报》报道：

> 丰台本年“九八”事件解决后，北平由国防前线之地位，变而有陷入阵后之虞。华南华中局势紧张后，交涉中心移往南京，而某方目标之所在，则依然为华北。自南京方面中日交涉入于欲断欲续状态以来，某方在华北之工作，乃愈益加紧，以致人心惶惶，谣言蜂起。华北人民处此情势下，一般观察，早料华北民众必将有所表示，果也。向为民众先锋之文化界，于本月十二日有一宣言发出矣。此次宣言之由偶议，起草以至发表，其

① 萧乾：《我的启蒙老师杨振声》，《北京城杂忆》，北京：生活·读书·新知三联书店，2001 年。
② 朱乔森编：《朱自清全集》“日记编”，南京：江苏教育出版社，1998 年。
③ 顾颉刚：《顾颉刚日记》（第三卷），台北：联经出版事业公司，2000 年，第 550—553 页。

中酝酿甚久，签名其上者，达八十三人之多。签名时虽个人以个别名义加入，而一考彼等之所隶属，则所有在北平之各文化机关，有大半包括在内，斯已不啻北平文化界之全体。凡彼等之所表示，实亦全市民众所欲表示而未果者。由目前情势推测，彼等此次表示，在实际上正以极快之速度，向全市人民继续传布，以待事实之相当答复，故来势甚觉蓬勃。爰将采访所得，记之于后。

（一）经过　事之酝酿，在月余以前，首先倡议者，为燕京大学方面之中国教职员会。此种组织，原为该校教职员同人之联欢组织，而且会员又大多系埋首研究之学者。过去北平各界对于时局之表示与主张，甚少见该会会员参加在内，而此次发动者之顾颉刚、容庚、梁士纯、陈其田、田洪都、谢玉铭、谢景升、雷洁琼、夏云等八人，在平素尤为专门从事研究工作，不问外事之人，此次由彼等首先发动，而又于最短期间，获得众多人之同情，殊值得注目。从发动至宣言之发出，其中曾开会三次，会址悉在燕京大学，彼此交换意见，获得同一之结果后，乃推张荫麟起草宣言，并推徐炳昶、顾颉刚、冯友兰、钱穆、崔敬伯等加以修改。宣言前后曾修改三次，最后宣言，于本月十二日晚正式发出。

（二）发起人此次宣言之最大意义，不在于宣言之内容，而在于发起人所网罗之广阔，因而足征其代表一般民意之程度。该宣言签名之发起人，截至十二日止，已有八十三人，其隶属之文化机关，共有十二个之多，计北大方面，有陶希圣、钱穆、叶公超、张佛泉、容肇祖、朱光潜、孟森、姚从吾、唐兰、饶毓泰、张景钺、孙云铸、谭锡瑞、沈嘉瑞、崔之兰等十五人；燕京方面，有顾颉刚、梅贻宝、洪业、陈其田、容庚、梁士纯、陆侃如、蔡一谔、郭绍虞、于永滋、雷洁琼、田洪都、侯树彤、谢玉铭、赵承信、夏云、刘节、丁式玉、冯家升、谢景升、李安宅等二十一人；清华方面，有冯友兰、张奚若、张子高、张荫麟、黄子卿、金岳霖、朱自清、萨本铁、曾远荣、李继侗、杨武之、周先庚、熊迪之，陈桢等十四人；北平研究院方面，有徐炳昶、崔敬伯、吴世昌、林志钧等四人；回教教育界方面，有马寿龄、薛文波、赵斌、艾宜栽、常松椿、王梦扬等六人；师大方面，有钱玄同、黎锦熙、齐思和、杨堃等四人；天津法商学院方面，有卢柳文、连士升、杨秀峰等三人；中国营造学社方面，有梁思成、刘敦桢等二人；平大女子文理学院方面，有严既澄、董人骥、汪奠基、徐辅德、李季谷、熊乐忱等六人；天津女子师范方面，有冯沅君一人；通俗读物编刊方面，有黎琴南、王日蔚、李一非等三人；河北省立高级中学方面，焦实斋一人。此外属于普通文艺界者，有杨振声、林徽音、沈从文等三人。

（三）反响宣言发表后，此间一般人士，均取热烈之赞助态度。现发起人等正在继续征求签名，参加者颇为踊跃。闻俟签满相当数目时（五千或五万人未定），即用合法手续，递呈中央，以表示民众之公意。①

另据王振乾《顾颉刚先生的西北之行》所述：

这年十月，燕京大学中国教职员会首倡发宣言、搞

①《文化城中文化界之呼》，上海《申报》1936 年 10 月 17 日，第一张（四）。

签名运动。发起后，在燕大开过三次会，短时间内受到平津文化界的普遍同情。稍后，经过彼此交换意见，公推张荫麟起草了一份《宣言》，并推徐炳昶、顾颉刚、冯友兰、钱穆、崔敬伯等修改宣言，前后修改了三次。据《颉刚日程》所记，十月十二日下午，燕大教职员理事会开会，《宣言》最后定稿。六点钟左右，顾先生亲自进城把《宣言》稿送往《大公报》报社办事处。由于日本帝国主义和蒋介石政权的严令禁止，这份《宣言》在北平始终没有能够刊出来。后来，上海、南京的报纸上略有披露，立即遭到蒋介石当局的严电责问，并声称要追查《宣言》的背景。

在《宣言》上签名的发起人计有：燕大顾颉刚、梅贻宝等二十一人；清华冯友兰、张奚若、张子高、朱自清等十四人；北大陶希圣、钱穆、朱光潜等十五人；师大钱玄同等四人；平大女子文理学院严既澄等六人；天津法商学院杨秀峰等三人；北平研究院徐炳昶等四人；回教教育界马寿龄等六人；中国营造学社梁思成等二人；天津女师冯沅君；通俗读物编刊社黎琴南等三人；河北高中焦实斋；文艺界杨振声、林徽音、沈从文以及其他方面共一百零四人。文科占多数，理科也不少，尚有政法、宗教、文教等十二个团体的人，足以代表整个平津文化界。据当时报界评论说："凡彼等之所表示，实际是全市民所欲表示而未果者"，"宣言发表后，此间一般人士，均取热烈之赞助态度，现发起人等正在继续征求签名，参加者颇为踊跃，闻俟签满相当数目时（五千或五万人未定），即用合法手续，递送中央，以表示民众之公意。”[①]

十月二十日 据《顾颉刚日记》：

写卓君庸、杨今甫信。[②]

十月二十四日，据《顾颉刚日记》：

到观音堂，与一非同到刘定五先生处，又到蒙藏学校，又到今甫处。到院，即到故宫博物院，参观新发见诸物。吃饭。[③]

十二月五日，据《顾颉刚日记》：

到淮阳春吃饭。

今午同席：凌叔华 朱光潜 杨金甫 沈从文 吴子臧 郑侃嬨 杨缤 张秀亚（以上客） 旭生 予（名义的主）[④]

十二月二十五日《申报》报道：

全国第一次美术展览会，迄今已隔三年。教部现筹备第二次美展会，制定组织大纲，聘王一亭、王祺、王济远、江小鹅、汪亚尘、李济之、李金曦、李毅士、何香凝、吴湖帆、吕凤子、林风眠、马衡、袁同礼、徐悲鸿、梁思成、高希舜、高剑父、章毅然、许士祺、陈树人、陈之佛、陈念中、陈礼江、张道藩、张书施、溥侗、傅孟真、叶恭绰、汤文聪、黄建中、雷震、杨今甫、杨缦华、

① 王振乾：《顾颉刚先生的西北之行》，《文史资料选编》第 12 辑，北京：北京出版社，1982 年。
② 顾颉刚：《顾颉刚日记》（第三卷），台北：联经出版事业公司，2000 年。
③ 顾颉刚：《顾颉刚日记》（第三卷），台北：联经出版事业公司，2000 年。
④ 顾颉刚：《顾颉刚日记》（第三卷），台北：联经出版事业公司，2000 年。

经亨颐、褚民谊、赵畸、邓以蛰、刘开渠、刘海粟、滕固、蒋复璁、潘玉良、齐白石、颜文梁、严智青、顾颉刚、顾树森等四十余人为筹委，张道藩、马衡、杨今甫、褚民谊、滕固，暨该部司长雷震、黄建中、顾树森、陈礼江等四人为常委，积极进行。办事处暂设教部，正式会场拟利用首都国府路新建之美术院，会期约在明年四月一日，刻正由主管司草拟征集办法，工作甚为紧张。[1]

十二月三十一日 据《顾颉刚日记》：

到承华园赴宴。归，与孟真、从吾谈。失眠。

今晚同席：适之先生 希圣 张奚若 陈总 周枚孙 陈之迈 今甫 予（以上客） 张佛泉（主）

今夜孟真来告我，谓彼到平一星期，听见说我坏话的人至少三十人，北大清华各占其半，大家除谈西安事变外，第二就讲到我，大致谓思想左倾及为共产党包围等。微孟真之直爽，我哪能知道有这种空气！险哉人情，他们恨不得把我吃下去了。曾参杀人，三人言之，其母亦信，而况恩不及于母子，谗乃十倍于此耶！[2]

◎1937 年　民国二十六年　丁丑　四十七岁

一月四日 《他与他的大公鸡》刊于《国闻周报》第十四卷第一期，署名希声。

一月五日 下午，第二次全国美展筹委会在教育部召开首

---

①《全国美术展览会　明年四月一日开幕　聘筹备员四十余人》，上海《申报》1936 年 12 月 25 日，第四张（十三）。

② 顾颉刚：《顾颉刚日记》（第三卷），台北：联经出版事业公司，2000 年。

次常务会议。据《申报》报道：

教部二次全国美展筹委会，五日午三时，在教部开首次常务会议，到马衡等八人，由张道藩主席。决议：追认征集办法；二、推顾良杰、喻德辉、薛诠曾、郭莲峰为各组主任干事；三、各组章由各组草拟，并推喻德辉草拟本会预算；四、推马衡、陈念中、杨振声、滕固、顾树森、郭莲峰与故宫博物院及陈列所接洽展品；五、定十日晨先在美术馆参观及照相后，到教部开全体筹委会；六、推马、滕、顾三委员起草审查办法。①

一月十九日 朱自清来访。据《朱自清日记》：

进城。

看杨搜集的绘画。②

一月二十四日 据《朱自清日记》：

早访杨君家。为评文学奖金开委员会。

林徽音与叶公超盛赞《画梦录》。公超称之为中国最早之散文，林称之为较《日出》一剧更为成功之佳作。又谓《日出》主题及片断皆好。失败处在于其中杂乱无关的东西颇多。闻一多约至平安看《进取》，其结尾甚佳。③

一月二十六日 作为教育部代表，在北平师范大学文学院参加中国西方语文学会首届年会。据《申报》二十六日报道：

---

①《全国美展昨开常务会议》，上海《申报》1937 年 1 月 6 日，第三张（十二）。

② 朱乔森编：《朱自清全集》“日记编”，南京：江苏教育出版社，1998 年。

③ 朱乔森编：《朱自清全集》“日记编”，南京：江苏教育出版社，1998 年。

中国西方语文学会，二十六日起在平开首届年会，教部除已派杨振声就近参加外，并由王部长二十六晚广扩讲演几个有关英语教学的中等教育问题。①

另据《申报》二十八日报道：

中国西方语文文学会首次年会二十六日晨十时在北平师大文学院开幕，到教部代表杨振声、会长谢迪克及各地会员百五十余人。由杨宗瀚主席，领导行礼后，即由谢致开幕辞，旋由赵诏然报告会务，至十一时散会，下午举行讨论会。②

本月 与胡适牵头筹办《文学杂志》月刊，以此振作“京派”文学。刊物由朱光潜主编，编委会多是朱光潜家谈诗会成员。胡适同王云五接洽，交由商务印书馆出版。③ 据朱光潜所述：

胡适、杨振声等人想使“京派”再振作一下，就组织了一个八人编委会，筹办一种《文学杂志》。编委会之中有杨振声、沈从文、周作人、俞平伯、朱自清、林徽音等人和我。他们看出我初出茅庐，不大为人所注目或容易成为靶子，就推我当主编。由于胡适和王云五接洽，把新诞生的《文学杂志》交商务印书馆出版。④

①《西方语文学会今开首届年会》，上海《申报》1937年1月26日，第三张（十）。
②《西方语文学会在平首次年会》，上海《申报》1937年1月28日，第三张（十）。
③ 朱光潜：《朱光潜全集》（一）“自序”，合肥：安徽教育出版社，1995年，第5页。
④ 朱光潜：《自传》，《艺文杂谈》，合肥：安徽人民出版社，1981年。

另据常风所述：

杨振声先生和沈从文先生因邵洵美先生的计划动了自己办个刊物的念头。那年年底经胡适之先生和商务印书馆接洽，商务印书馆十分赞成。他们几位和商务印书馆商议决定请朱光潜先生担任《文学杂志》主编，全权负责编辑杂志的全部工作；商务印书馆只负责印刷出版发行和编辑经费等，概不干涉编辑工作。朱先生于一九三七年一月正式接受商务印书馆的聘请之后，约我做助理编辑，从筹备开始我就参加编辑委员会的会议做记录。朱先生和杨先生商议组织一个编辑委员会，他们也约叶先生一同商量。初拟成立一个八人的编辑委员会，这八个人即朱光潜、杨振声、沈从文、叶公超、周作人、朱自清、林徽因、废名。继而考虑这八人都在北平，又增加了上海的李健吾和武汉的凌叔华两人组成一个十人委员会。①

又云：

一九三七年一月初沈先生告我已决定要办个刊物了……过了几天我到慈慧殿三号拜访朱先生。他说我一定听沈先生谈过办杂志的事了。他和杨、沈两位商议，想请我担任杂志的助理编辑，希望我肯帮忙。……第二天朱先生约杨先生和沈先生还有我在他家商议开始工作的一些问题。当即决定创刊号五月一日出版，三月一日集稿，大家及早准备稿件并约熟识的朋友写稿，要准备好两期的稿子才出版。

① 常风：《回忆叶公超先生》，《新文学史料》1994 年第 1 期。

……

编委会以朱先生和杨先生为核心。收到稿件后他们三位先大致看一下，然后是小说和散文由沈先生和杨先生审阅，诗歌送给废名先生审阅，朱先生自己则审阅论文的稿子。开编委会时他们几位分别将自己审阅过的稿子提出初步意见请大家讨论……。[①]

二月七日 论文《各县裁局改科后教育行政受的影响与可能的补救》刊于《大公报》“星期论文”。

二月十日 据《胡适日记》：

读曹禺（万家宝的笔名）的《雷雨》、《日出》。杨今甫赠此二书，今夜读了，觉得《日出》很好，《雷雨》实不成个东西。《雷雨》的自序的态度很不好。[②]

二月十五日，《申报》报道：

二月九日南京某报著论，谓四大书商印行之国立编译馆自编教科书，其实价与书商所自出者同样高贵，并对于教部员苛肆为诬蔑之词。兹据教部重要人员发表负责谈话云：“本部对于教科书定价之减低，历来甚注意。以往时教科书定价确实过高，故曾屡向书商劝说，促令酌减。同样小学教科书在五六年前每册定价一角者，自去年起，均减低至每册六分左右，且页数增加，已非往时可比，此为彰明较著之事实。至编译馆编订之小学教

① 常风：《回忆朱光潜先生》，《逝水集》，沈阳：辽宁教育出版社，1995 年。另参见常风：《李健吾叶公超劝周作人南下未果》，华而实主编山西省文史研究馆编：《汾晋遗珠》，上海：上海书店，1994 年。

② 中国社会科学院近代史研究所中华民国史研究室编：《胡适的日记》，北京：中华书局，1985 年，第 534 页。

科书，系交由正中、商务、中华、世界四书店出版，其定价乃由本部教科用书编辑委员会委员杨振声、曾震、马宗荣、顾树森四人，共同与正中代表陆品琴、商务代表李伯嘉、中华代表王祖廉、世界代表陆高谊四人，在部中开会郑重商定。初小国语、算数教科书每册定价六分，高小国语教科书每册定价一角，几经磋商，始获各书店之同意。当时编委会各委员主张初小国语教科书每册定价四分以下，高小国语教科书依此类推，各书店代表则坚主初小国语教科书每册定价一角，高小用书依页数照加。①

二月二十五日，与朱自清等人逛厂甸。据《朱自清日记》：

逛厂甸。同行者有今甫、从文、林徽音、金龙荪。吴正之（有训）邀晚餐。今日为旧历上元节，西四牌楼一带，人如潮涌。②

二月至三月 所编高小《实验国语教科书》（共四册）以“国立编译馆”作为名义“主编者”，由上海商务印书馆、上海中华书局、上海世界书局、南京正中书局、上海大东书局、上海开明书局共同发行。“编辑大意”末条记云：

此书在编辑期间，同时即在高小实验。时间为民国二十二年秋季至二十三年暑假，中间并无间断。学校为北平师大第二附属小学。实验班上，学生共五十二人，男女各约半数。此班学生为此书之重要批评者，此书即

①《国立编译馆新编教科书价目决定之经过》，上海《申报》1937 年 2 月 15 日，第三张（十二）。
② 朱乔森编：《朱自清全集》“日记编”，南京：江苏教育出版社，1998 年。

用为此班学生之纪念。

三月二日 据《朱自清日记》：

下午进城，C. P.[1]将去南京。

教科书计划至今尚未作出。作计划时改变太多，浪费太多。本学年内可能一无成果。我开始动笔以来已有两年半的时间，未见成效，甚感惭愧。[2]

三月十二日 招宴。据《朱自清日记》：

赴杨宴会。[3]

三月十六日 赴南京，朱自清送行。据《朱自清日记》：

下午进城。今甫今日赴南京。他带一箱画，系从北京许多著名收藏家处搜集，将由教育委员会主持展出。这些画价值五万元。但杨不能为之保险。去东车站送别。[4]

四月三日 下午，在南京参加教育部召开的改进艺术教育谈话会。据《申报》四日报道：

王教长乘美展期中各艺专校长来京之便，将于三日下午三时，在部召开谈话会，讨论今后改进全国艺教事宜。到有张道藩、杨今甫、滕固、刘海粟、萧友梅、唐学咏等，及段锡朋、黄建中、顾树森、陈礼江约廿余人，由王教长主席，六时散会。据悉，谈话情形对艺教改进发挥意见者甚多，大多系侧重艺专制度与内容方面，为

① 此处C.P.当指杨振声，疑为"C.F."之误。
② 朱乔森编：《朱自清全集》"日记编"，南京：江苏教育出版社，1998年。
③ 朱乔森编：《朱自清全集》"日记编"，南京：江苏教育出版社，1998年。
④ 朱乔森编：《朱自清全集》"日记编"，南京：江苏教育出版社，1998年。

适应事实上需要，颇有修改必要。闻最后王表示，拟于最近期内，组一办理艺教永久机关，以促艺教进步。①

四月九日 晚，到南京的夫子庙六华春赴宴。据《竺可桢日记》：

七点至夫子庙六华春，研究院汪缉斋、陶孟和、王毅侯、唐擘黄等四人约晚膳，到杨振声、陈通伯、皮皓白、丁巽甫、周子竞等。八点半余先离席，即至大华影戏园看 Norman Shearer 主演莎士比亚乐府 Romeo & Juliet《罗密欧与朱丽叶》。②

四月十日 晚，到南京的广州酒家赴宴。据《竺可桢日记》：

六点至广州酒家，应雷儆寰之约，到杜光埙、李书城、赵太侔、杨振声、巽甫、皮皓白等。③

五月一日 《文学杂志》创刊，其中载有杨振声小说《抛锚》。

五月二日 据身在南京的竺可桢《日记》：

膳后二点偕院中诸人至和平车站接蔡先生。遇蒋复璁、郭有守、杨振声（今甫）、狄膺及赵元任太太。④

① 《王教长开谈会讨论改进艺教》，上海《申报》1937 年 4 月 4 日，第三张（十）。
② 竺可桢：《竺可桢全集》第 6 卷，上海：上海科技教育出版社，2005 年，第 281 页。
③ 竺可桢：《竺可桢全集》第 6 卷，上海：上海科技教育出版社，2005 年，第 282 页。
④ 竺可桢：《竺可桢全集》第 6 卷，上海：上海科技教育出版社，2005 年，第 294 页。

本月 所在的文艺奖金评委会评审了曹禺的《日出》。

六月二十日 据《顾颉刚日记》：

> 到东兴楼吃饭。
>
> 同席：胡政之 从文 杨振声 陈之迈 张奚若 思和 张忠绂 希圣 予（以上客） 张佛泉（主）[1]

七月七日 芦沟桥事变突发。

七月八日 晚，拟在新租住的旧那王府招宴，未成。据罗常培所述：

> 事变发生的第二天，我到米粮库四号去看胡先生，在他那里遇见了徐森玉（鸿宝）、张奚若、陈之迈、张佛泉、沈仲章五位。大家询问胡先生对于时局的意见，他当时以为卢沟桥只是局部事件，或者不至于扩大。他原定八日下午六时赴南京开会，正在我们坐着的当儿，中国旅行社来电话说津浦通车仍旧照常开行。于是胡先生便照他预定的时间离开了北平。那天晚上杨今甫（振声）本来预备在他的新居——旧那王府——约我们几个朋友吃饭。临时因为同和居不肯出来“打发”，于是他也把我们“打发”了！那时今甫正和沈从文专心编辑中小学教科书，还没正式加入北大。可是，他不久离平赴京对于后来长沙临时大学的成立尽了很大的力量。[2]

七月十日 朱自清来访。据《朱自清日记》：

> 访今甫。新居很华丽，隔壁即救济院。房间布置甚

① 顾颉刚：《顾颉刚日记》（第三卷），台北：联经出版事业公司，2000 年。

② 罗常培：《七七事变后的北大残局》，《国立北京大学五十周年纪念一览》，北平：北京大学出版部印行，1948 年。

精巧。

吃手擀之面条，对我来说太硬，消化不了。[①]

七月二十九日 北平沦陷。

七月三十一日 天津沦陷。

八月五日 日本宪兵进入北京大学到校长室进行收查。不久，日军进驻北大，红楼成为日军宪兵司令部。据常风回忆：

七七事变后时局日趋紧张，战报频传，大街小巷都是叫卖号外的声音。七月二十八日那天叫卖号外的声音格外大。“×× 失守”“×× 收复”，大家听见前日失守的地方今日又收复了，都高兴得不得了。当天夜里只听见载重卡车“隆隆隆”地在大街上驶过，整整响了一夜，次日清晨没听见叫卖号外的声音，我就到四牌楼去买，只见牌楼前的守兵都撤了，到了报摊才知道，二十九军宋哲元部撤走了。

在这种情况下朱先生、杨先生和沈先生决定南下。[②]

另据卢笛所述：

杨振声经济条件较好，他收藏的是字画，抗战时，就很为难，说：“这怎么动啊，没办法动啊。”字画很容易被人盯上。[③]

八月十一日 与北大、清华、南开三校负责人开会商讨南迁事宜。据沈从文所述：

① 朱乔森编：《朱自清全集》“日记编”，南京：江苏教育出版社，1998 年。
② 常风：《回忆朱光潜先生》，《逝水集》，沈阳：辽宁教育出版社，1995 年。
③ 卢笛：《沈从文与文物：抢救，而非收藏》，《北京纪事》2005 年第 5 期。

> 抗战事起，上海战事爆发前夕北大、清华、南开三校负责人，在京商量南迁事，决定趁第一次平津通车时即南行，杨即参加这次会议，并和三校负责人和在会议中决定应即时南行诸人，于第二日一早即一同赴津，转南，到达南京后又即商定在长沙成立三校合并的"临时大学"，且在衡阳设立分校，杨均为当时教育部代表。[①]

八月十二日 晨，与朱光潜、钱端升、梁宗岱、沈从文、赵太侔夫妇、谢文炳夫妇等离开北平，拟取道天津到南京集中。由于行走匆忙，将杨蔚、杨起姐弟留在北平。据沈从文所述：

> 七·七抗战以后，八月十二号平津第一次通车时，与北大、清华梅贻琦、张奚若、叶公超诸先生同车南下。[②]

据杨起所述：

> 1937年卢沟桥事变爆发后，没几日，平津相继落入敌手，形势混乱，人心慌慌，偌大一个华北，真的已放不下一张书桌了。在此种形势下，南京政府考虑，拟将北大、清华、南开三校南迁，为此召三校校长和家父杨振声去南京议事。国难当头，他义无返顾地抛下我和我姐姐于敌占区的北平，只身奔赴南京。决心为了国家的兴旺、为了更多的孩子不受奴役和有书可读，而忘我工作。[③]

---

① 据沈从文未刊手稿复印件。

② 据沈从文未刊手稿复印件。

③ 杨起、王荣禧：《为传播北大精神而奋斗不息——追思家父杨振声的一生》，钱理群、严瑞芳主编：《我的父辈与北京大学》，北京：北京大学出版社，2006年。

据称，行前为防不测，各人编造一假身份：杨振声是卖花边的，朱光潜为香港洋行打字员，沈从文是洋行文书。

车到天津，日本兵盘查严格，车站气氛紧张。出站后直奔法租界，到租界口却不准通行。梁宗岱去办交涉，直到天晚仍无结果。

八月十四日 晨，设法进入法租界，与张奚若、叶公超等会合。①

八月十五日 据《朱自清日记》：

> 访杨家与孙家。看杨之信，谓到达天津颇困难。②

八月十九日 教育部召集各大学来南京的教育界人士会议。据安排，北京大学、清华大学、北京师范大学、北洋工学院、北平大学及私立南开大学合并为两个大学，其中，北大、清华和南开迁到临时大学第一区——长沙，成立“国立长沙临时大学”；设在西安的大学称为“国立西北临时大学”，包括北京师范大学、北平大学和北洋工学院。第三个临时大学拟称“国立东南临时大学”，拟设在福建。除此六所大学外，平津其他高校只能弃之不顾。北大校长蒋梦麟、清华校长梅贻琦、南开校长张伯苓、湖南省教育厅长朱经农、湖南大学校长皮宗石及教授代表胡适（北大）、顾毓琇（清华）、何廉（南开）组成长沙临时大学筹备委员会。教育部长王世杰兼任筹委会主任，教育部次长周炳琳为主任秘书。

八月二十六日 杨振声一行抵达南京。③因公滞留，遂让

① 参见凌宇：《沈从文传》“逃离北平”，北京：北京十月文艺出版社，1988 年。
② 朱乔森编：《朱自清全集》“日记编”，南京：江苏教育出版社，1998 年。
③ 杨振声：《北大在长沙》，《国立北京大学五十周年纪念一览》，北平：北京大学出版部印行，1948 年。

沈从文先行去武昌。

八月二十八日 教育部发出关于任命长沙临时大学筹备委员会负责人密谕，指定张伯苓委员、梅贻琦委员、蒋梦麟委员为长沙临时大学筹备委员会常务委员，杨振声委员为筹备委员会秘书主任（代替教育部次长周炳琳）。据杨振声自述：

> 我是事变后八月二十六日到的南京。因为周炳琳先生当时不得脱身去长沙，我与清华北大都有渊源，南开也多朋友，才把我代替了他。[①]

八月二十九日 王世杰电张、蒋、梅、杨四人，令推举临大常委负责人：

> 临时大学张伯苓、蒋孟邻、梅月涵、杨今甫诸兄惠鉴：化密。组织规程第五条规定：常委一人负执行责，在使常委会议之决议对内对外随时有人执行，不必遇事临时推人。此为合议制度应有之办法，否则将缺乏灵活与统一。兹拟请诸兄互推一人，以便照章指定。如虞一人偏劳，则每隔两月重推轮任亦可。倘尚有其他意见，亦请见示为荷。弟世杰 艳。

据此电，推举梅贻琦担任常委主席。

本月底 接教育部一“岳阳丸”头等船票，令离南京赴长沙。据梁实秋《悼叶公超先生》一文所述：

> 抗战军兴，公超与我相偕由平赴津，颇为狼狈，旋至南京，我又与公超、杨金甫几位奉命同登“岳阳丸”

① 杨振声：《北大在长沙》，《国立北京大学五十周年纪念一览》，北平：北京大学出版部印行，1948 年。

直开长沙待命。[①]

另据梁实秋《回忆抗战时期》一文所述：

> 说起岳阳丸，原是日本的商船之一，航行于长江一带。汉奸黄秋岳（行政院参事）走漏消息，日本船舰逃出了江阴要塞，岳阳丸是极少数没能逃出的商轮之一，被我扣留。下关难民拥挤万状，好不容易我挤上船，船上居然还有熟人，杨金甫、俞珊、叶公超、张彭春等，而且船上居然每日开出三餐“大菜”。国难日殷，再看着船上满坑满谷的难民，如何能够下咽。[②]

三日后，抵长沙。时，樊际昌已到长沙在韭菜园租赁房屋作为北大办事处。杨振声等均搬入其中暂住。

九月九日《申报》报道：

> 教部决定在湘陕设两临时大学，师资设备，长沙方面以南开、北大、清华等校为基干，西安方面以平大、师大、北洋工学院等为基干，并派张伯苓、蒋梦麟、梅贻琦、杨振声、胡适、何廉、周炳琳、傅斯年、朱经农、皮石宗等为长沙临时大学筹委，徐诵明、李蒸磁、李书田、董冠贤、陈剑脩、周伯敏、辛树帜等为西安临时大学筹委，最新一部院系可先行开学，并酌收一部份他校借读生及若干新生云。（八日中央社电）[③]

---

① 梁实秋：《悼叶公超先生》，《梁实秋怀人丛录》，北京：中国广播电视出版社，1991 年。

② 梁实秋：《回忆抗战时期》，《雅舍散文》，北京：文化艺术出版社，1998 年。

③《湘陕临时大学筹委派定　中英庚款会拨发开办费》，上海《申报》1937 年 9 月 9 日，第一张（二）。

九月十日 教育部16696号令，在长沙设立临时大学，“派令张伯苓、蒋梦麟、梅贻琦、杨振声、胡适、何廉、周炳琳、傅斯年、朱经农、皮宗石、顾毓琇为筹备委员”。

时，因战乱而失业的萧乾等人到了武昌。

九月十三日 杨振声致函沈从文：

从文先生：

今天同日得到八月及十二日书，至谢。乾弟到武昌，自称一份忧念。拟请乾弟帮我们编教科书，若肯俯就，你暂时亦可多一同伴。惟报酬太薄，自本月起至十二月时，每月仅能报酬五十元。刘景农处拟暂予以维持费，不必请具来武昌。过此学期后，看战事情形如何再说。

之琳信看过，此时各处裁人，得事不易，惟当为留意耳。

孟实一信，奉上《文学杂志》，诚如兄言，恐不易出版，但此事可取决于商务，若有勇气出版，当如孟实所说，由兄及乾弟暂负编辑责任。或更可容得之琳来也。但恐事实均不如此容易耳。

东湖小房子请即代为租下。兄一人居，必苦寂寞，得乾弟或之琳来则可耳。

此处事大难，总在许多人不能看得远些，态度太狭小。以三校人办一校，若各不肯牺牲，则牺牲者必为学校矣。

在此世界中抱负理想，真是苦事。不得已将就之能开学便罢。求得早日脱离，即来东湖从兄□隐耳。

战事殊不易乐观，应各为刻苦持久之计，不得北平

消息，至念之。并请

叔藏

通伯　安好

乾弟

振声谨启

九月十三日[①]

九月十六日　梅贻琦、张伯苓（黄钰生代）、蒋梦麟（樊际昌代）在筹备委员会会议室召开第一次筹备委员会议，杨振声列席会议并做记录。会上，讨论长沙临大的校舍整修、资金分配、如何通知学生报到以及上课时间等等一系列问题。并决定成立图书设计委员会和理工设备设计委员会。由一些教授参加，负责图书和仪器设备的购置。[②]

关于校舍，左家垅清华建盖的房舍尚未完工，并且根本不够用。经教育部与湖南省教育厅商决，租长沙韭菜园圣经学校作为校舍。圣经学校为美国教会所经营，校园清雅，教室内桌椅设备也颇完备，不足之处是全校仅三层正楼一座，宿舍三座，无法容纳众多师生。除正楼可充分利用作为教室和实验室外，宿舍仅能作为单身教职员宿舍，而男女学生宿舍无着。不得已，又租借附近的营房作为女生宿舍，然三处加在一起也仅能容纳千余人。关于经费，经教育部商得管理中英庚子赔款董事会同意，拨款 25 万元作为筹备费。

另据赵元任夫人杨步伟所述：

那位吴之椿则妙不可言，他闻到太太在九江下船，

① 据杨振声原函复印件。

② 北京大学、清华大学、南开大学、云南师范大学编：《国立西南联合大学史料》（二会议记录卷），昆明：云南教育出版社，1998 年，第 3—4 页。

他就急急地赶到九江，不知如何弄到南浔铁路的车票，上了车去强占了四个坐位。他们夫妇两还和老妈子站在椅子外面，不让别人进来坐，因为小孩睡在里面。那趟车是专给运军人家眷用的，无位坐的人自然抗议了。问他们何人允许这样的，吴回说是吴玉峰将军批准给他们两面椅子的坐位。等了一会一群人来了，一个人问吴，你和将军是何交情，怎么准你特别？吴回他是我的学生，早给我预备了通知我的。那个人指指自己的鼻子说，我就是吴玉峰，你不认识我吗？我何时给你弄火车坐位的？这是大家公共避难用来专门给军人家眷撤退后方的，无人能占如此多地位，两面争吵，在半路一个小站上停下来叫他们出去。以后不知如何设法带了个消息到长沙，杨振声他们设法弄汽车，在一百多里外接到长沙。一到吴之椿就大病了。我们去看他，他只拱手对元任说，对不起我们报应报应。路上消息是丁绪贤夫妇俩同在一个车上告诉大家的。我想这一段故事陈之迈也许知道得很详细吧，因为那时他也到长沙了。他和黎女士就是那时结婚的。[①]

九月二十一日 致函沈从文：

从文先生：

连接十五、十六、十七日各信，至谢。卅六元之房子一切既是至好，请即租下。未知有无压租随规，需钱多时或先从武汉朋友们借借。在不久时间内我可寄还。有此房子，暂时召纳流亡，是一办法，同时你也可有点事忙。

---

① 杨步伟：《杂记赵家》，沈阳：辽宁教育出版社，1998 年，第 119—120 页。

大公报小形副刊，乾弟应得担任，在与报馆关系上不能办。暂时全尽义务亦义所当然。乾弟有信来，暂时肯帮我们忙，至好。一时有此房子住，其他费用皆可设法节省。月五十元，或可搞过挨饿关头也。极忙，我不另写信，请转达。

你能把四小姐、之琳都找来，总算你有本领。以后也不怕少麻烦打。这年头找老婆易，找事难。找的老婆不能让大家吃风，你须负责使之琳明白此层简单道理也，好事的先生！

前天由南京转来丽儿[①]信，三小姐他们在北平都安，你那边有信不？

朋友夏云事，当为留意，但是毫无把握，虽然我深知道他是怎样有用。

上海方面，战事还好。敌人总不会在那方面得到多少便宜。敌人目的在华北，上海方面是我们牵扯他们的战争。最后主力战仍必在华北也。沿海及粤汉路，将来必遭敌人破坏，此时只有咬紧牙关挣扎到底。英俄必助我们，德意未必真有实力助日本。前日扫荡报载有外蒙古永销独立消息，此为苏俄加入战争之[众]好方式，惜此种好消息不能证实耳。在汉口能稍得真确否？请安

通伯

叔华　俱致念

乾弟

振声敬白　九月廿一[②]

---

① 即杨振声的女儿杨蔚。

② 据杨振声原函复印件。

据萧乾所述：

“全面抗战后，由于版面骤然收缩，我立即被上海《大公报》遣散了，绕道港粤流亡到武汉。除了1928年冬到汕头时，那是我一生第二次的失业。虽然仅仅几个月，滋味可真不好受。身上的钱一天比一天少了，客栈里欠的钱一天比一天多了起来；从早到晚各处奔走找职业，有的人面孔绷得铁青，有的人心肠好却无能为力。

就在这当儿，杨、沈二先生从沦陷的北平逃到了汉口，并慨然收容了我，让我参加他们从1933年以来在编纂的中小学教科书工作——那时已近尾声。他们在珞珈山脚下租了所小独院，几间平房，院门是座竹编的篱笆门，横眉上有五个‘福’字，我们戏称那地方作‘五福堂’。这样，失业后的我算是找到了一个栖身之所。”[①]

“1937年“八一三”后全面抗战开展，我被《大公报》遣散了，就偕“小树叶”流落到武汉。在那里，我又同两位先生相遇。他们收容了我们这对难民。我也就成了杨先生主编的教科书写作班子的一名临时成员。我们先在珞珈山脚下租了一幢住房。因门前有一竹牌坊，上有五个“福”字。我们就戏称之为五福堂。杨先生是堂主，我们都叫他杨大哥。然后是沈（从文）二哥，我是三哥，杨先生的大儿子是四哥，沈先生的内弟张寰和是小五哥。这样，就完全打破了辈数儿，平等化了。平时我去武汉大学图书馆选教材并写讲解。遇到拉警报，

① 萧乾：《我的启蒙老师杨振声》，《北京城杂忆》，北京：生活·读书·新知三联书店，2001年。

就跑进附近小树林躲空袭。”①

“一九三七年抗战爆发后，《文艺》停刊，我曾一度失业，是今甫师要我参加他在朱自清和沈从文的协助下，自一九三三年就开始的中小学教科书的编辑工作，这才使我和当时的妻子王树藏（‘小树叶’）得以糊口。”②

“正当我困在小客栈里一筹莫展的当儿，忽然出现了一线曙光：从一九三〇年一直关心我并把我引上文学道路的杨振声老师和我的另一位师父沈从文先生由敌占的北平逃出了。当时三姐兆和带着龙虎幼子暂时还留在那里，但杨老师的助手汪和宗还是一道来了。

当杨老师晓得我们的状况后，没等我开口就说，那么就加入我们这个队伍吧，反正有你们饭吃，每月只能给五十元零用。沈先生自然也深表赞同。

这样就结束了我一生唯一几个月的失业。我们就像悬在半空的一对蜘蛛，终于又找到了落脚地。

从一九三三年起，杨沈二位受当时的教育部委任，一直在编一套中学语文教科书。杨正是为此而辞去青岛大学校长职的。沈先生也辞去教授职，同他一道来的北平。他们为我开启了文艺这座宫殿的大门。”③

“恰好这时杨振声和沈从文两位先生由北平逃到了武汉。那时他们正在编一套中小学教科书，就慨然收留了我们，并且让我们搬进了他们在珞珈山脚租下的五福

---

① 萧乾：《他是不应被遗忘的——怀念杨振声师》，《瞭望》1993 年第 1 期。
② 萧乾：《我的恩师杨振声》，《人生百味》，北京：中国世界语出版社，1999 年。
③ 萧乾：《逃难记》，原载 1994 年 2 月 5 日《济南日报》，收入《我的中国，我的岁月》，台湾，皇冠出版社，1994 年。

堂。后来我们便跟他们一道从武汉而长沙，又由长沙转到沅陵沈先生大哥沈云六的家。1938 年初才辗转到了昆明。”[1]

杨振声到长沙不久，致函杨蔚、杨起姐弟，令离平赴湘，到长沙临时大学借读。[2] 据杨起所述：

1937 年是我高考的一年，是年 7 月 7 日，日本帝国主义发动的卢沟桥事变，打破了我想学造船的梦。由于北大、清华等校已南迁，我不得不改考燕京大学物理系。燕京大学的校址在现在北京大学那地方。我住校，而我的家在北平城里，那时北平还有城墙。虽然家父杨振声已到长沙，去筹建长沙临时大学，但家里还有姐姐。每个周末我都要回家去看姐姐，可是，当我们乘坐的校车到达西直门时，把守城门的日本兵，持枪逼我们下车接受他们的检查。动作稍有迟缓，还有挨上拳脚之虞。我感到受了很大的侮辱，体验到了当亡国奴的滋味，我实在无法忍受；再加上当时的燕京大学校务长司徒雷登，把北平西山的抗日军民叫“匪徒”，引起我很大的反感，我不甘心当亡国奴，不甘心受侮辱，因此决心逃出去。于是，前门火车站就上演了跟电视连续剧《四世同堂》中齐家三少爷出逃时几乎完全同样的一幕。我穿上一件不合体的长袍，装得傻呼呼地坐上了开往天津的汽车。由天津辗转到了长沙，借读于长沙临时大学。[3]

---

① 萧乾：《萧乾回忆录》，北京：中国工人出版社，2005 年，第 78 页。
② 杨起：《杨起自述》，《蓬莱文史》第十四辑。
③ 杨起：《西南联大——亲切的名字》，《西南联大北京校友会简讯》第 32 期，2002 年 10 月。

另据杨起所述：

当时由于清华、北大已经不在北平招生，无奈之下我报考了燕京大学物理系。那时候我大概对物理学还有兴趣，所以后来邓稼先到昆明考西南联大的物理系时，我还给他辅导了物理。

但我每周乘燕大校车回城里看姐姐时，在西直门总要受到日本兵侮辱性检查，实在无法忍受，正盼着早日离开。那时候年轻人离开北平很困难，接到父亲来信后，虽然学生证和皮箱被燕大扣下了，扣下就扣下，我也不要了。我买的票是二等车，软席，结果日本军官也过来了，要坐在我们对面，后来父亲的朋友德国教授石泰安来了，和我坐在一起，日本人才走了，我和姐姐得以逃离北平。①

九月二十八日 在会议室列席第二次常务委员会议并作记录，梅贻琦、张伯苓、蒋梦麟出席。②

十月一日 列席梅、张、蒋出席的第三次常委会议。

十月二日 列席第四次常委会议。会上决定临大设文、理、工、法商各科共 17 个系。

十月四日 列席第五次常委会议。会上推定各系负责人员，中文系由朱自清负责，外文系叶公超负责，历史社会系为刘崇鋐，哲学心理系为冯友兰，物理系为饶毓泰，化学系为杨石先……据《申报》报道：

① 杨起口述谭璐采访：《杨振声：被遗忘的教育家被忽略的正派人》，《北京青年报》2009 年 7 月 17 日。

②《国立西南联合大学史料》（二会议记录卷），昆明：云南教育出版社，1998 年，第 4—5 页。此后历次会议及会议商讨内容详情请参见《国立西南联合大学史料》（二会议记录卷），本书仅列简况。

> 清华、北大、南开三校临时大学，四日午召开筹委常会，出席梅贻琦、蒋梦麟、张伯苓、杨振声，除商讨课程编制外，决定十月二十五日开学，十八日起各校学生开始报到。[1]

十月六日 列席第六次常委会议。

十月七日 列席梅贻琦、蒋梦麟二人出席的第七次常委会议。

十月八日 列席第八次常委会议。

十月十一日 列席梅、张二人出席的第九次常委会议。

十月十三日 列席第十次常委会议。黄钰生代张伯苓出席。据汤衍瑞所述：

> 在男同学住进四十九标宿舍不久，有一天上午三位常务委员——北大校长蒋梦麟、清华校长梅贻琦、南开校长张伯苓，由杨振声秘书长陪同前来宿舍实地巡视。巡视完毕蒋常委认为宿舍过于破旧，设备简陋，影响同学身心，不宜居住。张常委则认为际此大敌当前，国难方殷，政府在极度困难中，仍能顾及青年学子的学业，实属难能可贵。何况青年们正应接受锻炼，现在能有这样完善的宿舍应当满意了。梅常委则因为从前是南开中学毕业的学生，是张常委的学生晚辈，所以不便表示意见。蒋常委听了张常委的意见后便接着说："假若是我的孩子，我就不要他住在这宿舍里。"张常委很不高兴地说："倘若是我的孩子，我一定要他住在这宿舍里。"这段谈话到此结束。自此以后，张常委对于学校的事很少过问，

①《湘临时大学定期开学》，上海《申报》1937年10月5日，第一张（四）。

专心办理在四川重庆沙坪坝的南渝中学（后改称南开中学）了。这段经过恐怕同学中知道的不多，现在事隔数十年，当年这两位有意见的闻名国际的伟大教育家、我们的老校长，都已先后谢世。我以学生后辈的身分大胆地记述，供各位对母校亲切的回忆。①

十月十五日 列席第十一次常委会议。黄代张出席。

十月十八日 列席第十二次常委会议。黄代张。三校学生从本日开始陆续到长沙报到。

十月十九日 列席第十三次常委会议。蒋、梅二人出席。

十月二十日 列席第十四次常委会议。梅、蒋二人出席。

十月二十一日 上午十时，列席第十四次常委会议。黄代张。

十月二十五日 长沙临时大学开学。

十月二十六日 参加长沙临时大学开学典礼。上午十时，列席第十五次常委会议。黄代张。

十月二十七日 上午十时，列席第十六次常委会议。

十月二十八日 上午十时，列席第十七次常委会议。黄代张。据《朱自清日记》：

沈先生来此。杨、沈与我商讨教科书的计划。杨建议我们可自己写一些有关中国文化的课文，而不是注释。这是个好主意。

杨告诉我常务委员会指定我为大学文科委员会主席。这应该是冯的工作。我将尽最大努力摆脱这件工作。②

① 汤衍瑞：《长沙临时大学点滴》，《云南文史资料选辑》（第三十四辑）“西南联合大学建校五十周年纪念专辑”，昆明：云南人民出版社，1988 年，第 380 页。
② 朱乔森编：《朱自清全集》“日记编”，南京：江苏教育出版社，1998 年。

十月二十九日 上午十时，列席第十八次常委会议。黄代张。

十月三十日 上午十时，列席第十九次常委会议。黄代张。

本月上旬 林徽因致函沈从文，述及：

熟人尚多见面，金甫亦“高个子”如故。[①]

本年秋 陈剑翛电杨振声关于临大免收学费事。电文如下：

临时大学杨今甫兄鉴：化密。巧电悉。本学期本校概免学费。弟陈剑翛代。哿。[②]

十一月一日 长沙临时大学正式上课。上午十时，列席第二十次常委会议。黄代张。

另据临大中文系学生孙昌熙所述：

我第一次瞻仰先生的风采，是在1937年七七事变开始后的冬天。那时北京、清华、南开三校在湖南长沙成立临时大学。文学院设在湖南南岳衡山上的“圣经学院”，是教会借给的。我先到长沙报到。当时先生代表教育部任学校校委会委员兼秘书主任。先生在公务丛胜中，在山东形势吃紧，鲁籍学生惶惶不安的时候，不忘照料他们。爱乡才能爱国，为国就是保家，培养人才，储备力量，收复失地，我体会这大概就是当时先生的心情。一些有困难因而影响读书的山东学生，或是为了谈谈形

① 林徽因1937年10月9、10日致沈从文函，梁从诫编：《林徽因文集》（文学卷），天津：百花文艺出版社，1999年，第337页。

② 原载清华大学校史研究室编：《清华大学史料选编》，北京：清华大学出版社，1991—1994年。引自王学珍、郭建荣主编：《北京大学史料》，北京：北京大学出版，2000年，第3卷25页。

势的学生常去找先生。我也随着过去，但没说话。时已冬令，先生已穿长棉袍，愈显高大，而风度潇洒。前发稍稀，长方形脸上，目光炯炯，高鼻梁，口含一只大烟斗，多听，多思考，不多讲话，然而即之也温。笑起来极为爽朗，是位典型的哲学家和教育家。

这是我初见先生时得到的印象，后来日子久了，接触多了，我又觉得，每逢讨论一个饶有兴味的问题时，先生又在娓娓而谈中，多幽默风采，使人如坐春风。他也月旦人物，但不露锋，让你自己去思索：如对某画家的作品，只说他在国内开画展时，展出的是西洋画，而在外国则展出中国画。先生有资格评论的。先生的艺术素养极深，书法韵味高妙……

每见先生一次，便在品格上接受一次熏陶，先生的高尚心灵使人纯净升华一次。但先生的渊博的学识，所得的只是沧海一勺。①

据李思乐所述：

杨先生的家乡观念很强，在西南联大时，接济过许多山东流亡到昆明的大学生，山东大学中文系教授孙昌熙师就是被杨先生接济过的老乡之一，孙老师晚年回忆说，当年如果没有杨先生的救助，自己不仅会失学，也许会流落街头，穷愁饿死。②

十一月三日 上午十时，列席第二十一次常委会议。

十一月五日 上午十时，列席第二十二次常委会议。蒋、

① 孙昌熙：《把中国新文学抬上大学讲坛的人——追忆在抗日战争期间接受恩师杨振声教诲的日子》，《杨振声选集》，北京：人民文学出版社，1987 年。

② 李思乐：《蓬莱老乡杨振声》，《烟台晚报》2008 年 1 月 18 日。

梅二人出席。

十一月八日 上午十时，列席第二十三次常委会议。

十一月十二日 上午十时，列席第二十四次常委会议。黄代张。

十一月十三日 上午十时，列席第二十五次常委会议。梅贻琦、张伯苓（黄代）出席。

十一月十五日 上午十时，列席第二十六次常委会议。

十一月十七日 上午十时，列席第二十七次常委会议。

十一月十八日 上午十时，列席第二十八次常委会议。

十一月十九日 改设于南岳圣经学校的文学院开始上课。

十一月二十二日 上午十时，列席第二十九次常委会议。黄代张。

十一月二十四日 上午十时，列席第三十次常委会议。黄代张。

十二月三日 上午十时，列席第三十一次常委会议。樊际昌代蒋梦麟，黄钰生代张伯苓。

十二月四日 下午，在湖南省政府参加湘省主席张治中约集的教育界校长会议。据《申报》报道：

> 湘主席张治中为博采教界意见，裨益时政，特于四日下午四时，在省府约集临时大学、湖南大学及专科学校长茶会，到蒋梦麟、梅贻琦、皮宗石、杨振声、罗介夫、黄建中等数十人。张氏致词，略谓本人到湘伊始，见闻有限，甚盼诸君借此茗聚机会，各抒宏论。继由罗介夫、曾约农等相继发言，对于战时教育青年领导问题，

均有详尽发挥，至七时始散。[1]

十二月六日 上午十时，列席第三十二次常委会议。黄代张。

十二月十日 上午十时，列席第三十三次常委会议。黄代张。

十二月十三日 南京沦陷，国民党军队主力从南京退向武汉。

十二月十五日 上午十时，列席第三十四次常委会议。黄代张。

十二月二十二日 上午十时，列席第三十五次常委会议。黄代张。杨振声本日提议南岳分校迁至长沙。据《朱自清日记》：

杨今甫提议学校迁长沙。[2]

十二月二十四日 上午十时，列席第三十六次常委会议。黄代张。

十二月二十五日 上午十时，列席第三十七次常委会议。潘光旦代梅贻琦，黄钰生代张伯苓。

十二月二十八日 上午十时，列席第三十八次常委会议。潘代梅，黄代张。

十二月二十九日 上午十时，列席第三十九次常委会议。潘代梅，黄代张。

十二月三十一日 上午十时，列席第四十次常委会议。黄代张。

未久，日机轰炸长沙，安全难保。通向各处的水陆线路

①《张治中在鄂博采舆论 招待教育界》，上海《申报》1937 年 12 月 5 日，第一张（二）。
② 朱乔森编：《朱自清全集》“日记编”，南京：江苏教育出版社，1998 年。

濒临断绝。各地向大后方转移的学校、机关汇聚长沙，难民满街。临大师生上课亦不得安稳。学校当局与教育部开始考虑将临大迁往云南。

十二月下旬，因国立武汉大学停办，沈从文、萧乾在武汉编教科书的工作停止，迁到长沙。沈从文弟沈岳荃以沈从文名义宴请杨振声、萧乾、张奚若、金岳霖、梅贻琦、闻一多、朱自清、黄子坚、李宗侗、叶企荪、梁思成、林徽因等，聊尽地主之谊。[①]

据时任教育部科员并曾编辑出版了《国语新读本》等中小学教科书的吴研因所述：

> 《国语新读本》是推销在上海、南京等大城市的，除了引起商务、中华、开明等书局嫉妒，联名用广告抨击，并且利用龚德柏办的《救国日报》造谣诬蔑，进行人身攻击之外，还受到一贯想统治思想的CC头子们的十分注意。不知是CC勾结书商，还是书商怂恿CC，忽然有人从武昌查无其门牌号码的某某街，发出一个电报给正在南昌的蒋介石，说这部书“宣传共产”请予查办。蒋介石就电行政院和教育部彻查。当时我在教育部做主管小学教育的科长。对于这事一点也不知道，只知道教育部长王世杰委托北京大学教授杨振声等另编一套高小教科书，没有要我参加，连《小学国语课程标准草案》的讨论，也没有我的份儿。大概在1939年[②]，有一天，常务次长钱昌照（钱先生后来是反蒋站到共产党和人民一

① 沈从文：《一个传奇的本事》，沈从文著凌宇编：《沈从文散文选》，北京：人民文学出版社，1982年。

② 按：此时间有误。

边来的）从参加庐山会议回来，找我谈话，说：庐山会议有人攻击你，说你编了小学国语教科书，却卖了好几千块钱，是利用职权，勾结书商，无异贪污。我说明了编书是想抽版税，可以不做职官的原因。并且说：不抽版税而卖到几千块钱，怎么能说贪污呢？他说：无论如何，你不能再编教科书了，既然做了“官”，就不能和书商打交道。我当时很不服气，说：“抽不到版税我当然不再编；如果能抽到版税的话，我还是要编的，我本来不想做官。”辞出后，我去找政务次长段锡朋，告诉他钱的意见。段是比较油滑的，而且和钱有矛盾，就说：你不要理他，你做的是教育“官”，编的是教科书，办教育行政的就不能编教科书吗？又说：庐山会议时确实有人攻击你，但是没有人接口，我们（指他和王世杰、钱昌照）也没有说什么，就过去了。又说：“不但如此，你编的国语教科书，蒋总司令还来电叫我们查办，说那教科书宣传共产呐。我和王部长都看了你编的那书，有两课是可以借口的，一课是《热闹的劳动节》，一课是《明日农场》。但是我和王部长以为前一课主要是说苏联的工人生活，其实资本主义国家的工人生活也差不多，甚至可能比苏联好些；后一课是‘集体农场’，我们中国也确实可以办，算不得什么，所以我们已经给你答复了。”这时我才知道，我编的书已经以所谓“宣传共产”而查办了。后来我想，AB 团头子段锡朋为什么对我这样好！原来有他们的想法：一则《国语新读本》是教育部所属国立编译馆审定而且给予好评的，真正查办起来，他们自己也有责任；二则在他们看来，这教科书即使有一点儿小刺，也触不痛反动的统治，用不着大惊小怪；三则他们另有打算，那就是请北大教授杨振声等另编一套教科书，取代书商编的一切教科书。因此，一面复蒋说教科书应当由“国家”自编，书商编的总难免流弊，对付了蒋介石；一面把我冷起来，不让我过问“小学课程标准”和杨振声等编的教科书。当我问到段锡朋时，他却假意地说：你要编的话，你编你的吧（他明知我不会再编，乐得说漂亮话来敷衍我）。但是陈立夫一则是法西斯反动统治的一个大员，心目中容不下哪怕只是一根小刺；二则又是官僚资本四大家族的一家，办了一个正中书局，正想包办中小学教科书的发行。因此，他就嗾使他的走狗在庐山会议上说我贪污，并且和何键同唱所谓“鸟言兽语”违反“科学”的论调，逢场必骂，也加速了他另编“国定教科书”。他想把杨振声等编的一套高小教科书、陆殿扬等编的一套初小教科书，都由正中书局垄断发行，因抗日战争发生而没有实现。到他在重庆任教育部部长时，便组织“国定教科书编辑委员会”，迅速编辑成套教科书，以正中书局为首联合各书商正式发行了。[①]

……

……国民党统治后，也由于我编的《国语新读本》受到查办，教育部部长王世杰就约请北京大学教授杨振声等另编“部编教科书”，这都是“国定”教科书的滥觞。而且杨振声编的书，陈立夫已接过去，还另编了初小用的书。要不是商务、中华、世界、开明、大东五家

① 吴研因：《旧中国的小学语文教材》，中国人民政治协商会议全国委员会文史资料委员会编：《文史资料选辑》（第四十辑总第一四〇辑），北京：中国文史出版社，2000年，第218–219页。

联合起来坚决反对，早就有“国定”教科书出现，由官僚资本正中书局独家发行了。[①]

本年《关于民族复兴的一个问题》刊于《中国新论》第三卷第六期。

◎1938 年　民国二十七年　戊寅　四十八岁

一月七日　上午十时，列席第四十一次常委会议。梅贻琦、张伯苓（黄代）出席。

一月十日　据《朱自清日记》：

> 与今甫通电话，他说部长已同意我们的迁移计划，但非最后决定。并告以张道藩与顾一樵被任命为教育次长。吴俊升为高教处处长。[②]

一月十七日　据《朱自清日记》：

> 今甫来电话，学校将从二月初迁移。路途将经广州、海防。又谓蒋将任校长之说，谣言耳。[③]

一月十九日　上午十时，列席第四十二次常委会议。梅贻琦、张伯苓（黄代）出席。会上决议商呈教育当局迁往昆明，改名国立西南联合大学。随即学校放假。

一月二十日　上午十时，列席第四十三次常委会议。黄代张。会上商讨长沙临时大学迁移昆明的具体措施，并决定聘

① 吴研因：《旧中国的小学语文教材》，中国人民政治协商会议全国委员会文史资料委员会编：《文史资料选辑》（第四十辑总第一四〇辑），北京：中国文史出版社，2000 年，第 241 页。
② 朱乔森编：《朱自清全集》“日记编”，南京：江苏教育出版社，1998 年。
③ 朱乔森编：《朱自清全集》“日记编”，南京：江苏教育出版社，1998 年。

请胡适担任文学院长。

本日，据《朱自清日记》：

写信给杨，指出我们开始迁移后将出现之问题。[①]

一月二十二日 上午十时，列席第四十四次常委会议。

一月二十四日 上午十时，列席第四十五次常委会议。黄代张。

一月二十五日 上午十时，列席第四十六次常委会议。继续商讨西迁事宜。

一月二十七日 上午十时，列席第四十七次常委会议。主要讨论有关学生西迁事宜。杨振声与几位常务委员提出，旅行团要“借以多习民情，考查风土，采集标本，锻炼体魄，务使迁移之举本身即是教育”。[②]

一月二十八日 收到倡议书，捐津贴资助贫寒学生。函文如下：

敬启者：学校迁滇，学生颇有以经济困难虑能前往者，其中不乏品学优良之青年，若任其因贫辍学，殊失国家培植人才之意。闻学校拟津贴各教授旅费六十五元，仝人等愿将此项津贴全数捐与学校，作资助贫寒学生之用，其分配甄别方法，悉请常务委员会妥为筹划。诸仝人赞同此举者，请即签填所附捐条送交大会会计室为祷！

刘崇鋐　叶公超　金岳霖　杨振声　杨石先　袁复礼　魏建功　梅贻琦　蒋梦麟　刘云浦　姚从吾　郑天挺　W.Empson　张德昌　柳无忌　张佛泉　王明之　黄

① 朱乔森编：《朱自清全集》“日记编”，南京：江苏教育出版社，1998年。
② 清华大学档案《长沙临时大学关于迁校步行计划的布告》，《国立西南联合大学史料》（一），昆明：云南教育出版社，1998年，第63页

子卿　莫泮芹　汤用彤　郑华炽　毛子水　樊际昌　雷海宗　钱思亮　吴　宓　陈雪屏　邱　椿　吴有训　苏国桢　曾远荣　陈梦家　黄钰生　容肇祖　赵访熊　潘光旦　陈岱孙　罗常培　张景钺　陈之迈　孟昭英　周作仁　孙承谔　等仝启①

本月中旬　因政府批准临时大学转移昆明计划，沈从文带萧乾等几位编教科书的工作人员，以及临时大学几个朋友的孩子，先行到他老家湘西沅陵，安置在其大哥沈岳霖（云麓）家暂住。

本月下旬《吴宓日记》：

叶公超由长沙归校，言宪初与陈之迈踪迹极密，传将订婚。然迈在平津曾与其嫂相爱，同居二载，关系未断。今迈对宪初是否诚心，恐宪初受损。杨振声君等，谓当请宓以此事告宪初，俾知所戒备。宓已闻贺麟言其大略。宓本爱宪初，况负介绍之责。遂即致宪初长函，委婉陈述。此函寄宪初家中。乃函发不久，即接结婚喜帖。知宪初已与迈于本月十六日，在三和酒家结婚矣。宓深虑函送至新宅，为迈所见，迈必恨宓甚也。②

二月四日　上午十时，列席第四十八次常委会议。梅贻琦、张伯苓（黄代）出席。商讨有关湘黔滇旅行团等事项。

二月五日　上午十时，列席第四十九次常委会议。梅贻琦、张伯苓（黄代）出席。讨论各项结算并定学校英文名称。

① 北京大学档案，全宗号二，案卷号 37。引自王学珍、郭建荣主编：《北京大学史料》第 3 卷，北京：北京大学出版，2000 年，第 51 页。

② 吴学昭整理：《吴宓日记》（Ⅵ），北京：生活·读书·新知三联书店，1998 年，第 284 页。

本日，致函沈从文：

从文先生：

两得手教，至谢。沅陵的主人、山水、霉腊肉菜皆别有风格，使人向往不已，只别太把小孩子们惯坏了，将来到旁处找不到第二份。

临大已决定迁移昆明，这几日为了此事，忙得过年都不得一天闲工夫，有时夜间还得办公，所以久不写信，至罪。搬时分两路走，一路走香港转安南，大多数人取此道。一路取道湘西黔滇，大半路程要徒步。学校检查学生体格，挑选健好者走此路，组为长途旅行团。我与小三都加入此路走，一来可经过沅陵，二来有意思。但学生多数怕走路，他们还为反对此事，闹了几天，太无趋习了！学校既如此决定，大概不至有问题。将来走路到沅陵时间，必在二月底。学校作事人方面反对我走路，留我在此最后坐汽车走。我也感觉走路时间太长，耽误些事。此事还在相持未决中。以后再报告你。

将来编书工作必移昆明，得先定房子再搬好些。听说近来房子不易找。你若有熟人先托付一声也好。昆明熟人多，天气好，图书设备或一时不及成都，将来则必过之。中央研究院、清华及南开图书皆将迁往昆明也。若有房子，你们愿任何时去都可以。公共汽车将来必不至成问题。听说已在整顿中了。若加入我们的旅行团中，你与乾弟可以，他们不便。

广州敌舰攻虎门颇急，珠江又封锁了。大批敌机侦察及轰炸广州境，或有窥广州断粤汉路之企图。

三小姐及小孩子在北平情形如何，前款不知到否？

是否再寄些钱给他们，我这里还方便，将来从昆明寄，反不便。他们将来若从北平转昆明不为不便，只是护照怕有问题。

匆匆，并请你及大哥三哥年禧。

振声上　五日[1]

二月九日 上午十时，列席第五十次常委会议。

二月十日 上午十时，列席第五十一次常委会议。梅贻琦、张伯苓（黄代）出席。

二月十一日 上午十时，与周炳琳列席第五十二次常委会议。梅贻琦、张伯苓（黄代）出席。

二月十二日 上午十时，列席第五十三次常委会议。梅贻琦、张伯苓（黄代）出席。

二月十四日 上午十时，列席第五十四次常委会议。

二月十六日 上午十时，列席第五十五次常委会议。梅贻琦、张伯苓（黄代）出席。

二月十九日 上午十时，列席第五十六次常委会议。梅贻琦、张伯苓（黄代）出席。

二月二十日 临时大学开始西迁，分三路入滇。一部分是女生、体质弱和不愿步行者，经粤汉路至广州转香港、海防、河内，再由滇越路入昆明，沿途均设接待站。一部分是学生二百八十四人组成“湘黔滇旅行团”，该团由长沙经湘西、贵阳入滇，全程一千六百六十多公里，步行约一千三百公里。团长为东北军黄师岳中将，学生经过体格检验并注射伤寒预防针，组成十八个小队。教师十一人组成辅导团，其中五位教授黄钰生（南开）、曾昭抡（北大）、李继侗（清华）、闻一多

① 据沈虎雏先生提供原函复印件。

（清华）、袁复礼（清华）组成指导委员会，黄钰生任主席。另有三位军官分任参谋长和大队长，随团配有炊事员和大夫，有两辆卡车运送行李。杨振声三子杨起即为旅行团成员。另一路由陈岱孙教授组织，从长沙经桂林、南宁、河内和滇越铁路进入昆明，冯友兰、朱自清等教授均走此路线。

二月二十三日 上午十时，参加第五十七次常委会议。梅贻琦出席。二人商定“本校所租涵德女学之女生宿舍在女生迁移后借给红十字会应用”。

三月初 萧乾和王树藏同乘汽车从沅陵先去昆明，为编教科书的办事处租房子。据萧乾所述：

> 后来我们又去了长沙，从那里逃到沈先生的大哥沈云六在沅陵的家。住了几个月后才熬上汽车票，经贵州到了昆明。[①]

三月十二日 萧乾致函杨振声：

> 今甫师：
>
> 在贵阳曾寄一快信，想您已收到。生等离贵阳在黔南滇北奔驰两天，九日下午一点半即抵昆明。此间旅馆早已挤满，在街头彷徨许久，才找到一家旅店，住了两天，后来才由思成先生处（住巡津街止园，即在火车站旁，距汽车站也不远）听到奚若先生的邻居周培源先生他迁了，空着两间厢房才搬了进来，一切算有了归宿。但五福堂全体的住所还无着落，我们仍睡不熟的。云南目前已经又成为四川人的逃难所了，人满之患比前更甚。听说林济通先生住宅后边有一所房子，有十五间，只租

① 萧乾：《他是不应被遗忘的——怀念杨振声师》，《瞭望》1993 年第 1 期。

二十五元，定今天下午去看。如果不要押金（大半都要的）不定限期（我们碰的钉子很多，大约至少得定一年）便马上租下。如有以上条件之一，也还是租下的。只怕他一条不饶，另外一个使我们两个前哨踌躇的，即听说临大要搬蒙自，那样教科书工作地点是留昆明还是去蒙自呢？关于这点和找房子的原则恳您便中示知。（信请寄昆明西仓坡一号楼上）

这次走路，有苦有乐。但苦并没有把我们两个苦病了一个，乐却是一生不能忘的。从来也没有看见过像贵州那样怕人的山，也没见过云南这样朱砂铺成的土地——到此才知五彩炭画上的色彩不是假造的。在某种情形下，由湘至滇的途上是像赌博，但一车车的人全都赌赢了，倒不觉得可怕了（可怕的反是沿途的检查员，各县审问各县的供词，刁横的、黏抓的、狡猾的，比山的关可难过多了。）

昆明果然很像北平：不但城的建筑，甚而嘟嘟的抽水烟，上茶馆的闲懒。此地是说大话使小钱，硬管一角的票子叫一块，因而一份铺板是二十八块，其实是两块八。除了洋货外，物价并不贵。初到的人身体可照例有些奇怪的反应。有的泻，有的胸胀，有的一阵阵身子发抖，但大部分全是“虚弱”，这是因为气压关系。（此地高出海面六千尺）过上一二天就好了。本地的盐太不咸了，专家说缺乏了碘，吃久了喉咙会起疙瘩，于是许多家都吃着海盐。（云南的风比北平还大，能备一风镜，必很有用。）

临大师生到的已很多了。佛泉住在第二招待所（盐行街全蜀会馆）梁太太徽因在云南教四小时的英文，日子比以前过的还要好。云大林院长不但欢迎我们借用他们的图书设备，还答应以后帮我们添点书，他们似正在计画扩充。匆匆，即祝

教安

生　乾　谨上　三、十二日

树藏附候！

再者，您若有书，最好由邮用小包寄来（只要一个挂号单，可以同时寄到）生由公路运六十公斤，费用四十二元，比奚若先生邮寄的贵了八倍之多，上一大当。[1]

三月十八日 杨振声致函沈从文：

从文先生：

十七日寄来一信，十八日覆一电。昆明自是随时可去，但必须有房子住。萧乾有一信来，转上。此信或能较其远寄沅陵者先到。我回萧乾信说，房子还是决定在昆明找。临大在蒙自只能办两院，哪两院还未决定。若文学院仍在昆明便最好，不然另想法子。万一昆明找不到房子，而文学院又办在蒙自，亦可考虑蒙自的房子。

路上既有检查情节，你们行李多，至不便。有学校发给我的一张护照纸数，头衔似是而非，我倒用不着它，寄来你们随便哪个冒充一下罢。有时要片子看，故附来几张。

康甫要来，买不到车票，还在等。你的二百元我已经交给他了。

① 据萧乾原函复印件。

吴之椿先生昨天全家去武昌，皮皓白先生因事去汉，同行。吴太太还是带着小孩子的床同铁火炉子。

请安并问

大家都好

振声敬白　十八日[①]

（去昆明时书打包从邮局寄，至便，又省钱。这里都是用此办法。又及）

三月二十七日　中华全国文艺界抗敌协会在武汉成立，杨振声与朱自清等当选为理事。

本月底　杨振声等最后一批撤离长沙。据潘乃穆《陈岱孙先生的摄影和潘光旦先生的诙谐》一文所述：

潘又是怎样离长赴滇的呢？依稀记得听他说过他是学校里最后一批离开长沙的人，离长之后，学校随即被火烧毁。他们于路途上回首望去还见到长沙上空的火光。幸而在《漫记》（潘光旦《存人书屋拊掌漫记》手稿——引者）中另有一条记载："南行之邕宁，见售冷饮店之招牌上必有雪藏二字，盖犹之北方之冰镇，惟不解何以不言冰而言雪。今甫曰：两粤言雪即指冰。余笑曰：是诚夏虫不足与语冰！"由此可知，潘南行经过南宁，路线与陈先生相同，而同行者有杨振声先生。又查报载：1938 年 4 月 1 日下午日本重轰炸机 27 架侵入长沙市空，径至对河岳麓山，在湖南大学、清华大学两处肆行轰炸。敌机在湖大投烧夷弹三十枚、重磅炸弹四十余枚，图书馆全部焚毁，工厂、科学馆、第一第二第五宿舍及民房 12

① 据沈虎雏先生提供原函复印件。

家被炸毁。(见1938年4月11日汉口《大公报》)以此推测，潘等离开长沙的时间不会迟于4月1日。[①]

时，萧乾等在昆明几经周折已租了云南大学附近的民房作为住宅和办公室。据萧乾所述：

"'八·一三'失业了，后开始逃难了。不要说书房，连个睡觉的地方也成问题了。我们从上海而港粤——武汉——长沙——沅陵——昆明的流徙中，经常是她同女难友，我同男难友搭地铺。最后，多亏了杨振声老师和沈从文先生的照顾，我们总算在昆明北门街分到一间小屋。"[②]

"这回，我们在北门街找了一个住所。就这样维持了大约一年光景。1938年秋我去香港，恢复了《大公报》的工作。我一直感激杨沈两位先生那一年对我的收容。"[③]

时，萧乾不在教科书编制里，但每个月杨振声和沈从文都给他五十元生活费。据萧乾所述：

至今我仍认为那准是他们从自己的薪水中硬撙节出来的。[④]

北大办事处是崇仁街四十六号一所铺面房。据章廷谦所述：

所谓北大办事处，是三层楼上的一间统的三开间的

---

① 潘乃穆：《陈岱孙先生的摄影和潘光旦先生的诙谐》，《北京大学校友通讯》第30期，2001年4月。
② 萧乾：《我的书房史》，《萧乾文集》，杭州：浙江文艺出版社，1999年。
③ 萧乾：《他是不应被遗忘的——怀念杨振声师》，《瞭望》1993年第1期。
④ 萧乾：《我的启蒙老师杨振声》，《北京城杂忆》，北京：生活·读书·新知三联书店，2001年。

> 屋子，只南北有墙，东西两面都是板门，假使门全开了，外面还有廊栏杆，就很像一个亭子了。在靠西的南北两角上，各有用木板隔成的一间小房，放下床铺以后恰还能摆一张办公桌椅和一个衣箱，我和校长蒋孟邻先生一人一间。我的那一间是在南首靠楼梯的。后来杨今甫兄又用汽油木箱垒起来在东首靠南的角上和孟邻先生那间并排的隔了一间，我和他就经常的住在那里，像下围棋似的每人各占了一个“角”。①

西南联合大学常务委员会由杨振声与北大、清华、南开三校校长改组而成，杨振声兼任秘书主任。

四月十九日 下午三时，与梅贻琦、张伯苓（杨石先代）、蒋梦麟几位常委，在西南联大办公处召开抵达昆明后首次常务委员会（常委会第五十八次会议）。会上，首先由梅贻琦做报告，随后各常委讨论通过十八项决议。其中，由于总务长周炳琳因事离校，职位空缺，常委会决定由杨振声兼代。因文学院长胡适还没有到校，会议决定请冯友兰代理。哲学心理教育系主席由于冯友兰辞职，决定请汤用彤担任。时，西南联大决定租大西门外昆华农业学校、拓东路迤西会馆、江西会馆、盐行仓库等处为校舍，决定理学院及校本部在大西门外，工学院在拓东路。因为校舍不够用，文、法两学院设在蒙自县城，从昆明过去得坐一天火车。会上还讨论蒙自分校的相关事宜，同时决定常委会例会举行时间暂定为每星期二、五下午三时。会议由章廷谦记录。②

---

① 章廷谦：《在昆明》，《国立北京大学五十周年纪念一览》，北平：北京大学出版部印行，1948 年。

②《国立西南联合大学史料》（二会议记录卷），昆明：云南教育出版社，1998 年，第 46 页。此后相关会议均参见此书，简明起见，尽量不再另加注释。

四月二十二日 下午三时，与梅贻琦、张伯苓（杨石先代）、蒋梦麟出席第五十九次常委会议。

四月二十六日 下午三时，参加第六十次常委会议，另有梅贻琦、张伯苓（杨石先代）、蒋梦麟出席。

四月二十八日 学生旅行团徒步三千余里、历经六十八天抵达昆明。杨振声等前往迎接。梅贻琦致欢迎词。欢迎会毕，天降小雨，全旅行团师生合影留念，杨振声、梅贻琦、蒋梦麟等又同旅行团辅导团全体人员合影。

杨振声曾作《北大在长沙》[①]一文，对于从长沙临时大学的设立至赴滇学生旅行团抵达昆明一段记述甚详：

> 战争当是文化的转折点，他毁灭了旧的，同时也就给了你一种创新的机会。这只看你能不能利用那机会；机会稍纵即逝，而创新又当是一件艰辛的工作。
>
> 在七七事变以后，北大、清华、南开三大学，离开了晴空丽日的北方与平津的优越环境，赤手空拳的跑到卑湿的长沙去办临时大学。这是一个剧变，一个试验，试验他们能不能适应新环境与创造新纪录。
>
> 合北大、清华、南开三校在长沙设立临时大学，七七事变后，此议即酝酿于南京，二十六年八月间在南京成立临时大学筹备委员会。除三校校长为当然委员外，每校各加一人，北大为胡适，清华为顾毓琇，南开为何廉。此外有傅斯年、皮宗石（当时湖南大学校长）及朱经农（当时湖南教育厅长）为委员。又以教育部部长王世杰为主任委员，教育部次长周炳琳为主任秘书。我是

① 该文原刊于《国立北京大学五十周年纪念一览》，北平：北京大学出版部印行，1948年。

事变后八月二十六日到的南京。因为周炳琳先生当时不得脱身去长沙，我与清华北大都有渊源，南开也多朋友，才把我代替了他。于是我以筹备委员的资格于九月初与梅月涵先生到了长沙。我们也是最初负筹备责任的人。

二十六年九月十三日筹备委员会在长沙举行第一次会议，许多委员仍未能到会。九月二十左右蒋梦麟先生与三校同人陆续到达。筹备的工作渐渐展开。九月二十八日开始启用国立长沙临时大学关防。校务也由三校校长及主任秘书所组织之常务委员会负责。

当时最巧的是长沙圣经书院停办，我们就租借了那整个的学校，教室、宿舍、家具俱全，还有一个大礼堂的地下室，就是我们临时的防空洞。我们都各得其所的恢复了学生生活，住在每人一间小房的学生宿舍里，天冷后大家还围着长沙特有的小火缸煮茶谈天。到时围住大饭桌吃包饭，大家都欣赏长沙的肥青菜、嫩豆角、四角一个的大角鱼、一毛多一斤的肥猪肉。

大家自动的要求吃苦，要求缩减。于是在一次常委会中，决议薪水打七折支给。又公推蒋梦麟先生兼总务长，梅贻琦先生兼教务长、张伯苓先生兼建设长。后来蒋先生成天算账，累出病来，才让别人帮他的忙。

至于课程方面亦多整理。三校院系颇多，加以归并者：如历史社会学合为一系，哲学心理学合为一系，地理气象亦合为一系。共设四院（文、理、工、法商）十七系。

最困难的是图书仪器设备。图书方面适逢中央研究院史语所的书籍迁长沙，我们便把地下室借让给他们藏书，同时便与之订立图书馆借用办法。北平图书馆也迁来长沙，我们便把办公室让出一个作他们的办公室，也与之订立图书馆合作办法。又于十月十八日决议在临近的孤儿院与涵德女中的空地上建筑化学实验室及物理修机室。又买了几套中央研究院物理研究所造的仪器。这些简单的仪器却救了一时之急，其后至昆明联大时，也还在用。

十一月十八日开始报到。到的学生多来自战区，生活无办法。即于十月十九日常委会中决议：由学校经常费中节省五千元作为贷金，救济困苦学生。此后救济贷金，虽有种种名称，而长沙临大，实开其端。

先生学生到的渐渐多起来，长沙临时校址容纳不下，遂将文学院迁于南岳。

十一月一日，二十六年度开始上课。虽比平时校历晚了一个多月，然在敌人不断的空袭中，学校到底开了课，大家这才松了一口气。

在那时大家很自然的看重国防问题。学校组织国防技艺服务委员会及介绍委员会。又注重军事训练。曾于十二月十日布告学生，凡服务与国防有关机关者，得请保留学籍，并得由学校介绍。这也是后来西南联大学生参军的先声。至军事训练方面，曾经推定张伯苓先生为军训队队长。此时学生宿舍方面，也完全用军事管理。女生则兼习看护。

这个在播迁中的临时大学，设备虽极简陋，大家却那么富有朝气。而生活愈简单，做事的效率愈高，纠纷也愈少。我那时还常在想：这正是三校反省的机会了。

重要不在留恋过去的光荣，而在如何创造一个崭新的将来。三校比较之下，各校的短长互见。既可取长补短；而人才集中，也为任何一校所不及。当时一位清华的朋友对我说："从来学校的人材没有这样盛，个人的朋友也没有这样多，我们为什么不可以永久合作呢？"这也可见三校的融洽无间了。

二十六年底，战事风声渐紧，至二十七年一月十九日长沙临时大学始决议迁往昆明。一方面派人到昆明布置校舍，添置设备。一方面于一月二十四日办理第一次学期考试。一月二十七日学生开始填写入滇志愿书。至二月十日，总计欲赴滇就学学生八百二十人。此次学校再迁，大家不但不感到颓丧，精神反更振作起来。

最值得大书特书的，是自长沙徒步至昆明的旅行团了。除女生及身体不适于长途旅行的男生外，学生自愿参加者共有二百四十四人。教员方面参加者也有黄钰生、李继侗、闻一多、曾昭抡、袁复礼诸先生。

二月中一个早晨，阴沉的初春天气，两部大卡车，满载着二百多人的行李，先行出动。大队渐渐集中，我们在骄傲的眼光中看着他们出发时的热情与勇敢。从此他们深入民间，亲身接触各地的风土民情，亲眼看见各地的民生疾苦，亲手采集各处的科学标本。他们在路上共行一千六百七十一公里，为时七十三日。于四月二十七日到达昆明。我们在昆明拓东路又以骄傲的眼光去迎接他们。他们都晒得黑光光的，腿肚走粗了，脚皮磨厚了；同时人生的经验增加了，吃苦的本领加大了，精神也更饱满了。就这样的他们步入了历史的新页。

同时，在他们到的二十五天前，二十七年四月二日长沙临时大学正式改为国立西南联合大学。

四月二十九日 上午十一时在学校办公处参加常务委员会议，梅贻琦作为常务委员会主席照例主持会议。

本日，参加清华大学二十七周年校庆。梅贻琦作报告，振作全校师生精神。

四月三十日 闻一多致函其妻高孝贞，谈及：

我们自从二月二十日从长沙出发，四月二十八日到昆明，统共在途中六十八天，除沿途休息及因天气阻滞外，实际步行了四十多天。全团师生及伙夫共三百余人，中途因病或职务关系退出团体，先行搭车到昆明者四十余人，我不在其中。教授五人中有二人中途退出，黄子坚因职务关系先到昆明，途中并时时坐车，袁希渊则因走不动，也坐了许多次的车，始终步行者只有李继侗、曾昭抡和我三人而已。我们到了昆明后，自然人人惊讶并表示钦佩。杨今甫在长沙时曾对人说，“一多加入旅行团，应该带一具棺材走”，这次我到昆明，见到今甫，就对他说“假使这次我真带了棺材，现在就可以送给你了”，于是彼此大笑一场。①

本月 毛子水关于文学院补充图书、仪器概算致杨振声：

今甫兄：

关于文学院应补充之最低限度图书、仪器的经费概算，弟意合五系计之。在现在国家的经济状况之下，本年内得有 1 万元至 1 万 5 千元之数便足应用，如作较详

① 闻一多：《闻一多书信选集》，北京：人民文学出版社，1986 年，第 284 页。

细的分析，则：

哲学系	1500 元至 2000 元
中国文学系	2000 元至 3000 元
外国语文学系	2000 元
历史社会学系	3000 元至 5000 元
（购备英、法、德的百科全书，亦在此项目下）	
教育心理学系	1500 元至 3000 元

弟　毛子水上[①]

五月一日 据《朱自清日记》：

岱孙带来糕点一盒，为陈小姐所赠，味甚美。金告以杨拟在蒙自租房作为出版教科书的办公室，我认为无此必要。写信给今甫，请他将办公室设在昆明，并让萧来此一月，此外，请他尽速确定目录。[②]

本日，中华全国文艺界抗敌协会第一个省级分会——昆明分会成立。朱自清、杨振声、楚图南、顾颉刚、徐嘉端、穆木天、沈从文、冯素陶、杨东明等为理事。[③]

五月三日 下午三时，与梅贻琦、张伯苓（黄钰生代）、蒋梦麟出席第六十二次常委会议。

五月四日 西南联大正式开始上课。

五月六日 下午三时，与蒋梦麟、张伯苓（黄钰生代）召开第六十三次常委会议。

---

① 清华大学档案《西南联大各系补充图书、仪器的经费概算》，《国立西南联合大学史料》（六经费、校舍、设备卷），昆明：云南教育出版社，1998 年，第 100 页。

② 朱乔森编：《朱自清全集》“日记编”，南京：江苏教育出版社，1998 年。

③ 参见唐正芒等著：《中国西部抗战文化史》，北京：中共党史出版社，2004 年，第 158 页。

五月十日 下午三时，与蒋梦麟、张伯苓（黄钰生代）、梅贻琦（潘光旦代）召开第六十四次常委会议。

五月十三日 下午三时，参加第六十五次常委会议。

五月十七日 下午三时，参加第六十六次常委会议。

五月二十日 据《朱自清日记》：

> 收到今甫寄来二百四十元，很感谢，但感到难以偿还。①

五月二十一日 下午三时，参加第六十七次常委会议。

五月二十四日 下午三时，参加西南联大第六十八次常委会议。

本日，常委会议发出关于杨振声等人任职的布告，首条云："总务长周炳琳先生因事离校，请由杨振声先生暂行兼代。"②

五月二十七日 下午三时，参加第六十九次常委会议。

本日，致函尚在合肥的张充和：

> 四小姐：
>
> 接到五月四日的信，谢谢你。正在自悔荒唐，未曾留得你一痕踪迹。忆昔相别，亦太似秋云白鹤，不着影相也。
>
> 隐士之谋成乎？窃恐未必。"去静静地过一个暑假"，说来多动听，恐小姐未必有此清福耳。晨风落于水上时，清波漪漪，此非风之过也，然而风行水动，又岂水之过乎？有一般好人，都是一股纯真，把人生放在鸟笼里而

---

① 朱乔森编：《朱自清全集》"日记编"，南京：江苏教育出版社，1998年。

② 清华大学档案《西南联大关于杨振声等人任职的布告》，《国立西南联合大学史料》（四教职员卷），昆明：云南教育出版社，1998年，第11页。

赞叹称美之，并不缺乏善意与真诚，只差心性虚彻而已。冒险于心之领土以入生命之奥者，并不属于一般人，小姐，只好请你原谅了。

区区亦有可说者，未来昆明时，本想脱离事务，现来昆明后，事务加倍于昔，人生偏偏是如此！犹不止于此，未来时设想昆明湖边，筑一茅舍。洁水门前，青山屋后，左辟菜圃，右开鸡林，——休怪名词生硬，盖竹林中卷鸡之意也。闲放门前所系小舟，请你到湖中钓鱼。现来后一所容身的房子都找不到。萧乾在青云街二一七号找到□□院的三分一，于是从文阿丽都安置在那里。我呢？在办公室的角落里，放了八只火油箱子，睡在上面梦想钓鱼。这里有西山、汤山、黑龙潭、节竹庵诸名胜，一处都没得工夫去。听说西山比北平者尤佳。汤山有一旅馆，新落成。当清洁可居。租一卧室带一客厅，月可二十元。唯去城市稍远，汽车一个半钟头，是亦隐士之居也，闻之得勿心动乎？我们也并未安于杂院之居，还在努力找房子，有了好消息再以报远人也。请安

振声　敬白

五月廿七日[①]

五月三十日　下午三时，参加第七十次常委会议。

时，沈从文只身住青云街六号一临街房屋楼上一间。杨振声平时除参与校务外，继续负责编写中学国文教科书。临时办公室即沈从文住处。[②]据施蛰存所述：

① 据杨振声原函复印件。

② 施蛰存：《滇云浦雨话从文》，《沙上的脚印》，沈阳：辽宁教育出版社，1995 年。

杨振声和他的女儿杨蔚，还有林徽音，都是我在从文屋里认识的。杨振声是位忠厚长者，写过一本小说《玉君》之后，就放弃了文学创作，很可惜。林徽因很健谈，坐在稻草墩上，她会海阔天空的谈文学，谈人生，谈时事，谈昆明印象。从文还是眯着眼，笑着听，难得插一二句话，转换话题。[①]

未久，刘本钊携长女及女婿由已沦陷的蓬莱老家辗转到达昆明。杨振声住处改为北门街四十五号[②]，并安排刘本钊父女等同住于此。随后，刘成为西南联大常务委员会三秘书之一。

时，杨文衡等也已到昆明。据徐植琬所述：

抗战爆发后，1938年我由上海去昆明工作，其时杨校长已在西南联大工作，与子女等一起住在昆明，我多次到他们家拜访。后来文衡去湖南工作，焕成又搬来与我同住，杨校长也曾来我们住处，师生之情多年未变。

后来，昆明屡遭日机轰炸，又无防空设施，我又返回上海的药厂工作。从此，只能由焕成信中得悉杨校长的消息。[③]

六月七日，据《朱自清日记》：

与今甫谈，他似乎想把教科书的机构设在昆明。[④]

---

① 施蛰存：《滇云浦雨话从文》，《沙上的脚印》，沈阳：辽宁教育出版社，1995年。

② 西南联大教职员住址可参见清华大学档案《国立西南联合大学职员录（1938年）》与《国立西南联合大学教员录（1938年）》，《国立西南联合大学史料》（四教职员卷），昆明：云南教育出版社，1998年，第63—80页。

③ 徐植琬：《一段七十年前的记忆——回忆杨振声校长》，未刊文稿。

④ 朱乔森编：《朱自清全集》“日记编”，南京：江苏教育出版社，1998年。

六月十日 下午三时，与梅贻琦、张伯苓（黄钰生代）召开第七十一次常委会议。

六月十四日 下午三时，与梅贻琦、张伯苓（黄钰生代）参加第七十二次常委会议。

六月十六日 中常会决议国民参政会七月一日召开，参政员改为二百人，王兆铭、张伯苓分任正副议长，杨振声为“（甲）依照国民参政会组织条例第三条甲项遴选者”中的青岛市唯一代表。[①]

六月十七日 下午三时，参加第七十三次常委会议。会上，准辞兼代总务长职。

六月二十日 西南联大布告：

> 兹经第七十三次常务委员会决议：杨振声先生函请准予辞去兼代总务长职务，应照准。聘请沈履先生为本校总务长。等语；记录在案，合行布告，仰各知照。此布。[②]

六月二十一日 下午三时，参加第七十四次常委会议。

本日，民国政府公布第一届国民参政会参政员名单，杨振声为“依照国民参政会组织条例第三条甲项遴选者”中的青岛市代表。[③]

六月二十八日 下午三时，参加在崇仁街学校办公处召开的第七十五次常委会议。

---

①《昨中常会决议　参政会月初召集　参政员改为二百人名单发表　王兆铭、张伯苓分任正副议长》，《申报》1938年6月17日，第一张（一）；《中常会议决　参政会月初召集　参政员改为二百人　汪张分任正副议长》，《申报》1938年6月21日，第一张（二）。

② 清华大学档案《西南联大关于聘沈履为总务长的布告》，《国立西南联合大学史料》（四教职员卷），昆明：云南教育出版社，1998年，第12页。

③《国民参政会参政员名录》，徐友春主编：《民国人物大辞典》，石家庄：河北人民出版社，1991年，第1713页。

七月一日 下午三时，参加第七十六次常委会议。会上商议购昆明市西北角城外三分寺附近荒地124亩为校址。随后，学校在此修建一百多间新教室和宿舍，均泥土为墙，茅草为顶，比较简陋。

七月五日 下午三时，参加第七十七次常委会议。

七月八日 下午三时，参加第七十八次常委会议。

七月六日至十五日 国民参政会一届一次会议在武汉举行。据七月十三日《申报》报道：

> 国民参政会第一期集会，十二日晨继续举行会议，出席汪议长、张副议长，参政员一百五十三人。由秘书长报告参政员出席人已过半数，汪议长宣布开会。（一）秘书处报告：……（3）参政员杨振声加入第五审查委员会。……[①]

会上，与钱公来、王寒生、魏元光、钱端升、周士观、王化一、李治、高惜冰、苏振甲、傅斯年、褚辅成、陈裕光、王云五、冷遹、梅光迪、陆费逵、马愚忱、谭文彬、李中襄、刘百闵、范予遂等共二十二人，共同提《请政府通令各省市地方重申保护古代寺观、神相、壁画及其他陵寝、坊表有关历史文化公共纪念物以备考古者历史博物馆教材而发皇民族精神案》（提案第卅五号）。

七月二十三日 据《朱自清日记》：

> 上午与芝生商谈大一国文问题，其意见为：一、讲解如《庄子·天下篇》一类课文，因生字多，必须设法

①《参政员一致拥护抗战建国纲领案》，《申报》1938年7月13日，第一张（一）。

引起学生兴趣。二、教授桐城派或章太炎的文选派文章，教师使学生从总体上加以体会，今废除此二法，使学生不觉新意，乃最大失败。然所谓新桐城派的杨今甫所做的努力，却稍能体现其味道。三、必须充分认识朗诵之必要。诸说均有见地。[①]

八月 西南联大遵教育部令，增设师范学院，并将哲学心理教育学系的教育学部分划归师院，后云南大学教育系也并入西南联大师范学院。师范学院中文系的系主任以及教员基本由文学院教员兼任。其中，杨振声与朱自清、罗常培、浦江清等兼任教授，副教授有萧涤非等。

本月 中华全国文艺界抗敌协会昆明分会成立，与朱自清、高寒、穆木天、徐嘉瑞、彭慧等当选为理事。[②]

九月八日 朱自清前来看望。据《朱自清日记》：

看望杨今甫，彼患疟疾。[③]

九月十二日 据《朱自清日记》：

芝生告我今甫近来有两个职位供选择，一为武汉大学中文系主任，一为北京大学政治系主任。[④]

九月十八日 上午十时，与张伯苓（黄钰生代）、蒋梦麟（樊际昌代）、梅贻琦（沈履代）召开第八十七次常委会议。

九月二十八日 晨，日机九架首次轰炸昆明。学校租借的教职员宿舍昆华师范学校被炸，一楼全毁，死伤甚多，其中

① 朱乔森编：《朱自清全集》"日记编"，南京：江苏教育出版社，1998 年。
② 参见刘北汜：《忆朱自清先生》，《新文学史料》1982 年第 4 期。
③ 朱乔森编：《朱自清全集》"日记编"，南京：江苏教育出版社，1998 年。
④ 朱乔森编：《朱自清全集》"日记编"，南京：江苏教育出版社，1998 年。

有少数学生。[1]

九月三十日 第二次空袭警报来，众人到野地躲避。[2]

十月一日 朱自清来访。据《朱自清日记》：

> 访今甫，暗示教科书完成之期限。[3]

十月三日 下午三时，与蒋梦麟、张伯苓、梅贻琦（沈履代）召开第八十八次常委会议。另据本日《朱自清日记》：

> 今甫谓傅斯年将出任北大文学院院长。今甫认为傅是北大的合适人选，但可能不适于协调三个大学。[4]

十月六日 下午三时，与三常委召开第八十九次常委会议。

十月十一日 下午三时，与蒋梦麟、张伯苓（杨石先代）、梅贻琦召开第九十次常委会议。

十月十二日 警报，外出避险。[5]

十月十八日 下午三时，与梅贻琦、蒋梦麟、张伯苓（杨石先代）出席第九十一次常委会议，樊际昌、王明之、沈履、冯友兰、吴有训列席。会上决定以后常务委员会开会时，请各院、处长列席。同时会上还决议，由于胡适已出任中国驻美公使，文学院院长由冯友兰正式担任。

十月二十日 据《朱自清日记》：

> 下午开系主任会。
>
> 邀今甫与从文晚餐，不成功。[6]

---

① 吴学昭整理：《吴宓日记》（Ⅵ），北京：生活·读书·新知三联书店，1998 年。
② 吴学昭整理：《吴宓日记》（Ⅵ），北京：生活·读书·新知三联书店，1998 年。
③ 朱乔森编：《朱自清全集》“日记编”，南京：江苏教育出版社，1998 年。
④ 朱乔森编：《朱自清全集》“日记编”，南京：江苏教育出版社，1998 年。
⑤ 吴学昭整理：《吴宓日记》（Ⅵ），北京：生活·读书·新知三联书店，1998 年。
⑥ 朱乔森编：《朱自清全集》“日记编”，南京：江苏教育出版社，1998 年。

十月二十二日 赴重庆参加国民参政会第二次大会。据《朱自清日记》：

今甫去重庆。①

另据本日《申报》报道：

具有二十年以上历史之商务印书馆函授学校，为适应社会之需要，近将中学部加以扩充。共设置国文、英文、日文、算学、自然、史地、图书馆学七科，并添加办大学部，共设十五学系六十课程，讲义之编撰、课卷之改正，均由专家主持。顷闻集合于西南方面之学者，如丁燮林、余青松、李书华、汪懋祖、周仁、梅贻琦、冯友兰、傅斯年、杨振声、潘光旦、蒋梦麟、刘文典诸先生，"深知该校以往之成绩，熟闻教育界之交口称许"，特联名介绍，并闻失学青年踊跃参加，藉以修习相当于普通学校之各级课程。②

十月二十九日 上午，国民参政会第二次大会第一次会议举行，"到汪、张两议长及参政员胡景伊、刘古模等一百二十五人，列席王、彭两秘书长、秘书雷震、谷锡五等。各长官到有孔、居两院长，张群、钮永建两副院长，王宠惠、何键、翁文灏等部长三十余人。"会上通过《各审查委员会审查委员名单》，杨振声与傅斯年、周炳琳等为第五审查委员会

---

① 朱乔森编：《朱自清全集》"日记编"，南京：江苏教育出版社，1998 年。

② 《商务书馆扩充函授教育》，《申报》（香港版）1938 年 10 月 22 日，第一张（四）。

审查委员。[1]

十一月四日 杨振声等二十一人提请外汇以补充高等教育教学上最低限度之设备案，决议通过。据《申报》报道：

> 四日为国民参政会大会开会第八日，上午各组举行审查委员会，下午三时举行第七次会议，到长官孔、居、孙三院长，张院长群、何部长键、翁部长文灏、王委员用宾等，中委丁惟汾、邹鲁、王法勤等四十余人，出席汪、张两议长，参政员李永新、钱端升、韩克温等一三八人，列席彭学沛秘书长，雷震、谷锡五秘书等。……
>
> （九）杨振声等二十一人提请外汇以补充高等教育教学上最低限度之设备案，决议通过，送请教部会同财部商订妥善办法，原办法第一条修改为“按照全国高等教育经费预算数购买外汇，以百分之十五为范围”。……[2]

本日，沈从文夫人张兆和带孩子同九妹沈岳萌抵昆明，与沈从文住青云街六号。

十一月六日 继续参加国民参政会二次大会第十日会议，

①《申报》“二十九日电”：第五审查委员会审查委员为：傅斯年、周炳琳、吴贻芳（以上召集人）黄建中、陈裕光、邓颖超、杨振声、茹欲立、邹韬奋、刘蘅静、卢前、梁实秋、张申府、喜饶嘉错、欧元怀、胡元　、陈启天、胡石青、江恒源、陶行知、韦卓民（《国参会昨开两次会议　各审查委员会审查委员名单》，《申报》1938年10月30日，第一张（三））。而“中央社”的消息则为：傅斯年、周炳琳、吴贻芳（以上召集人）黄建中、邹韬奋、王近信、孙佩苍、陈裕光、邓颖超、杨振声、茹欲立、刘蘅静、卢前、梁实秋、张申府、常乃　、喜饶嘉错、欧元怀、钱公来、胡元　、陈启天、胡石青、江恒源、陶行知、韦卓民（《各审查委员会审查委员名单》《申报》1938年10月30日，第一张（二）），两方报道名单有所差别。

②《图书杂志原稿　撤销审查　国参会昨议决》，《申报》1938年11月5日，第一张（二）。

据《申报》报道：

> 六日为国民参政会二次大会开会第十日，晨八时举行全体审查委员会，到参政员林籁等一二八人，汪议长主席，审议关于军事、政治、财政等问题，孔院长祥熙、张院长群出席说明，至十二时始散会。下午三时，举行第十次会议，到中委邹鲁、邵力子等，长官孔、于、居三院长、叶副院长楚伧，各部会长何键、翁文灏、谢冠生、吴忠信、王用宾等，出席汪、张两议长，参政员……杨振声……等一三八人。列席王世杰、彭学沛，两秘书长雷震、谷锡五等。[①]

十一月八日 常务委员会议决定改组本校建筑设计委员会，杨振声担任委员，另有黄钰生、冯友兰、施嘉炀、庄前鼎、吴有训、袁同礼、杨石先、孙云铸、李继侗、赵有民、陈序经、沈履、樊际昌、饶毓泰和王裕光等，黄钰生负责召集。

十一月九日 据《朱自清日记》：

> 给今甫去电报请他回来，希望他能在此担任一门课程，因傅与周给罗拍了电报，说杨不会回来，并要求罗帮他在北京大学谋教授职。但据冯说，这个问题很复杂，他认为最好还是让他担任北京大学的文学系主任。[②]

未久，沈从文一家连同其九妹沈岳萌、四妹张充和搬进北门街杨振声等所住的大院。此前，此处已住杨振声及子女、刘本钊父女、汪和宗等几人。据沈从文所述：

---

① 《十日会之讨论》，《申报》1938 年 11 月 7 日，第一张（四）。
② 朱乔森编：《朱自清全集》"日记编"，南京：江苏教育出版社，1998 年。

清华北大南开三校合并成立西南联合大学时，杨任教育部代表，时住昆明北门街一旧楼，为辛亥革命以后反对帝制有功之蔡锷将军旧居，对过则为当时云南督军唐继尧的公馆，如同王府一般，当时主要房屋都租给美国领事馆办公，附带部分偏院、戏楼，都租给西南联大几位单身教授居住。[①]

另据沈从文所述：

初到昆明时，事有凑巧，住处即在五省联帅唐蓂赓住宅对面，湖南军人蔡松坡先生住过的一所小房子中。斑驳陆离的瓷砖上，有宣统二年建造字样。老式的一楼一底，楼梯已霉腐不堪，走动时便轧轧作声，如打量向每个登楼者有所申诉。大大的砖拱曲尺形长廊，早已倾斜，房东刘先生便因陋就简，在拱廊下加上几个砖柱。院子是个小小土坪，点缀有三人方能合抱的大尤加利树两株，二十丈高摇摇树身，细小叶片在微风中绿浪翻银，使人想起树下默不言功的将军冯异，和不忍剪伐的召伯甘棠。瓦檐梁柱和树枝高处，长日可看见松鼠三三五五追逐游戏，院中闲静萧条亦可想象。这房屋的简陋情况，和路东那座美轮美色以花木亭园著名西南各省的唐公馆，恰作成一奇异的对比。若有人注意到这个对比，温习过去历史时，真不免感慨系之！原来这两所房子和推翻帝制都有关系。战事发生不久，唐公馆则已成为老米的领事馆，我住的一所，自然更少有人知道注意了。[②]

① 据沈从文未刊手稿复印件。

② 沈从文：《怀昆明》，《非梦集》，《沈从文文集》(10)，广州：花城出版社，1984 年。

又据张充和所述：

我同九小姐住一间，中隔一大帷幕。杨先生俨然家长，吃饭时，团团一大桌子，他面南而坐，刘在其左，沈在其右，座位虽无人指定，却自然有个秩序。我坐在最下首，三姐在我左手边。汪和宗总管我们伙食饭帐。在我窗前有一小路通山下，下边便是靛花巷，是中央研究院史语所所在地。时而有人由灌木丛中走上来，傅斯年、李济之、罗常培或来吃饭，或来聊天。院中养个大公鸡，是金岳霖寄养的，一到拉空袭警报时，别人都出城疏散，他却进城来抱他的大公鸡。[①]

另据汪曾祺所述：

联大教授里不少光棍，杨振声先生曾写过一篇游戏文章《释鳏》，在教授间传阅。[②]

据冰心所述：

那时有几位昆明没有家的联大教授，常到我们家里来作客，尤其是自称为“三剑客”的郑天挺（毅生）先生、杨振声（今甫）先生和罗莘田先生。[③]

其时，教科书编辑工作尚在进行。张充和因无工作，整日吹笛、拍曲、练字，杨振声遂安排其专职编教科书。据张充和所述：

① 张充和：《三姐夫沈二哥》，《海内外》第二十八期，1980年。
② 汪曾祺：《金岳霖先生》，《蒲桥集》，北京：作家出版社，1989年。
③ 冰心：《追念罗莘田先生》，《罗常培纪念论文集》，北京：商务印书馆，1984年。

杨振声领首，但他不常来。朱自清约一周来一二次。沈二哥是总编辑，归他选小说，朱自清选散文，我选点散曲，兼做注释，汪和宗抄写。他们都兼别的，只有汪和宗同我是整工。[1]

十一月十六日 下午三时，在昆明才盛巷联大办公处会议室参加第九十四次常务文会议，另有张伯苓（黄钰生代）、陈序经（陈岱孙代）、蒋梦麟、沈履、樊际昌、黄钰生、冯友兰、施嘉炀、王明之参加。

十一月二十一日 据《朱自清日记》：

今甫对中文系很感兴趣，他想把创作训练作为中文系的培养目标之一。但这个计划不会成功的，他对此提出不少想法，我不愿同他争辩。他想召开一个会议来讨论一年级的作文课，我只好同意。[2]

十一月二十六日 上午十时，在才盛巷参加第九十五次常务委员会议。

十二月一日 西南联大上课。本年度，西南联大招收新生七百余人。

十二月六日 下午三时，参加九十六次常务委员会议。

十二月十二日 师范学院上课。

十二月十三日 下午三时，在才盛巷学校办公处会议室参加常务委员会第九十七次会议。

十二月十四日 据《朱自清日记》：

我系两名助教不称职。

① 张充和：《三姐夫沈二哥》，《海内外》第二十八期，1980年。
② 朱乔森编：《朱自清全集》"日记编"，南京：江苏教育出版社，1998年。

蒋校长说中文系一年级应有一位负责指导阅读的教师。我们一直认为今甫是合适人选。[①]

十二月十五日 据《朱自清日记》：

下午大一国文作文委员会开会，规定作文规则，颇为严格。[②]

十二月十六日 据《顾颉刚日记》：

与辰伯同到才盛巷赴端升约，并晤金甫等。[③]

十二月十七日 据《周佛海日记》：

八时起。春圃来谈，谓汪来电，取消十九赴河内之车票。是则廿前不能离渝。余究应如何，实难决定，心绪之烦，向所未有。见客五人，强作应酬，内心实痛苦万分也。十一时赴留日同学之欢迎茶会，并致词。十二时半，赴钱端升之宴，座仅蒋梦麟、张奚若、杨振声。二时半返寓，略睡，三时半起。考虑再四，决仍返渝，徐观形势。……[④]

十二月二十日 据《竺可桢日记》：

十一点至才盛巷联合大学办事处，晤蒋梦麟、杨振声、樊际昌诸人，知联大办师范学院亦仅增加五万元一年。关于招生、会计室、训导等之问题与余有同感。联大现租得昆阳中学、工校、农校等四校址及三四会馆，

① 朱乔森编：《朱自清全集》"日记编"，南京：江苏教育出版社，1998 年。
② 朱乔森编：《朱自清全集》"日记编"，南京：江苏教育出版社，1998 年。
③ 顾颉刚：《顾颉刚日记》（第四卷），台北：联经出版事业公司，2000 年。
④ 蔡德金编注：《周佛海日记》（上），北京：中国社会科学出版社，1986 年。

勉强应付，学生拥挤不堪。每月租金二三千元。清华由重庆汽车运至昆明，每吨运费三百六十元。中央研究院自海防车运至昆明，每吨亦三百元。自香港至海防三十余元一吨云。①

十二月二十一日 下午三时，在才盛巷学校办公处会议室参加常务委员会第九十八次会议。

十二月二十二日 据《朱自清日记》：

今甫决定下周二召集系务会议，并建议举行晚餐会。这不符合节约运动，但我同意他的建议而未加以反对。②

本日，据《竺可桢日记》：

日中杨振声、熊迪之、李宪之、严慕光、陈秉仁、张禄（服真）来。③

十二月二十四日 据《竺可桢日记》：

接杨振声函。④

十二月二十六日 据《顾颉刚日记》：

先至新雅赴谦之宴。次至厚德福赴侃如宴。次至海棠春赴经利彬宴。

今晚同席：汤锡予　元胎　江应樑　莘田　毅生

① 竺可桢：《竺可桢全集》第6卷，上海：上海科技教育出版社，2005年，第632页。
② 朱乔森编：《朱自清全集》"日记编"，南京：江苏教育出版社，1998年。
③ 竺可桢：《竺可桢全集》第6卷，上海：上海科技教育出版社，2005年，第633页。
④ 竺可桢：《竺可桢全集》第6卷，上海：上海科技教育出版社，2005年，第635页。

荫麟　辰伯　邓君　予（以上客）谦之（主）

今晚又同席：旭生　今甫　孟真　沈从文夫妇　佩弦（以上客）侃如夫妇（主）

今晚又同席：崔之兰（张景钺夫人）旭生　刘为涛　蔡无忌　严慕光夫妇　江泽涵夫妇　张汉良夫妇　张尔玉　杨克强　顾功叙等　凡四桌（以上客）经利彬（主）①

十二月二十七日　下午三时，在才盛巷学校办公处会议室参加常务委员会第九十九次会议。会上，杨振声、刘仙洲二人被西南联大教授会加聘为文、理、法、工四学院一年级学生课业生活指导委员会委员。

十二月二十八日，下午，召开国文系会议及大一国文会议。据《朱自清日记》：

下午开国文系会议及大一国文会议。决议准许转学生由学二年级英文改为一年。关于后者通过议案三则：一、定背诵者为七篇；二、课外制定必要的新文学读物；三、作文考试不及格者，每年继续接受相同之考试，不必重修。②

十二月二十九日　据《朱自清日记》：

今甫颇喜空想。我经常劝他，但徒然。以后我不再劝他了，应尽力保持沉默。③

十二月三十日　朱自清来访。据《朱自清日记》：

---

① 顾颉刚：《顾颉刚日记》（第四卷），台北：联经出版事业公司，2000 年。
② 朱乔森编：《朱自清全集》"日记编"，南京：江苏教育出版社，1998 年。
③ 朱乔森编：《朱自清全集》"日记编"，南京：江苏教育出版社，1998 年。

下午访今甫，商谈大一国文委员会议案公布事宜。决定送教务处请彼等公布。[①]

据周定一所述：

当初成立了一个大一国文编撰委员会，由杨先生主持。从1938年初到1942年，这个读本经过三次改编而定。最后一本包含15篇文言文，11篇新文学运动以来的语体文，44首诗（旧体诗），一篇附录（据罗常培先生的统计文章）。这个读本在中国现代教育史、文学史上具有划时代的意义。15篇文言文与11篇语体文的数量对比，显示了以杨先生为首的编撰者的鲜明立场，即语体文与文言文有同等的文学地位。这是很不容易的，是当时大学课程中的创举。从精选的11篇语体文（例如：胡适《建设的革命文学论》，鲁迅《狂人日记》、《示众》，徐志摩《我所知道的康桥》，林徽因《窗子以外》，丁西林独幕剧《压迫》，等等）看来，颇能体现今甫先生对新文学的衡量标准。[②]

据本年考入联大的吴宏聪所述：

1938年，我考进西南联合大学中文系，获悉杨振声先生、闻一多先生、朱自清先生、沈从文先生等均在系里任教，非常高兴。我在中学念书时便拜读过杨振声等先生的文学创作和翻译作品，心仪已久。杨先生是“五四”新文化运动的闯将，1919年初与傅斯年、罗家伦创办《新潮》杂志，“五四”北京学生大游行那天，他

① 朱乔森编：《朱自清全集》“日记编”，南京：江苏教育出版社，1998年。
② 据周定一致杨起原函（2001年7月3日）复印件。

不顾个人安危，冲破军警重重包围，跟北大的几个同学，首先越墙跃入卖国贼的巢穴——赵家楼的英勇事迹，早已为人所熟知，所以我到联大后想做的第一件事，便是找个机会，瞻仰上述几位先生的丰采。

由于我刚到学校，一切都很生疏，不敢“乱撞”，要找机会瞻仰先生丰采，一时也未能如愿。好在联大初到昆明，文、法、理学院借用大西门外昆华农校上课，课室都在一座大楼里，教师出出进进，上课前或下课后也偶尔有机会“幸会”。

有一天，碰巧先生正从一间课室里出来，后面跟着几个同学，边走边谈，我与先生没有见过面，不知课室里出来的是哪位老师，赶紧凑过去，一问原来是先生，喜出望外，便跟着那几位同学一起走。有同学问他，“大一国文”是先生主持编印的，选了不少语体文，为什么您和闻先生、朱先生、沈先生的作品却一篇未收，是什么原因？他说闻先生、朱先生和沈先生都有上佳作品可作教材，但这本书是中文系自己编的，系里教师的作品，最好还是回避一下，所以没有选。他嘴里叼着烟斗，和颜悦色，态度是那样的谦虚，给我留下了极为深刻的印象。①

本年 在中文系开设“中国新文学简史与创作实习”课。据杨振声自述：

我知道以往的国文系，实在是“国学专修馆”（闻先生的名词）。其中包括哲学，历史，语言，文字，考据，古文词，校勘目录学各种专门学问，非穷十年以至数十

① 吴宏聪：《忆恩师杨振声先生》，北京《现代教育报》，2004 年 3 月 19 日。

年之力，不能“一旦豁然贯通焉”。而今天大学生来自中学，其基础既不够，四年大学，又无从饱读奇书。而且他们的出路，是今日社会上所需要的人材：中学教员，新闻记者，编译员或写作家。难怪学生对课程感不到深刻的兴趣。而先生与学生中间隔着几个世纪，先生不能领导学生走入现代社会，学生在生活方面亦难与先生接触。原来那些课程只适宜于将来入研究所的研究生，而研究生每系只考取一二人，甚至一人也无。

过去的中国文学系具备一切课程，只缺乏文学！现在大学既已分系，哲学部份有哲学系（那是中外哲学会通的），历史部份有历史系（也是中外合授的），考据大部分已属历史系，语言文字部份按新计划可入语言学系（更是世界性的）。这些，中国文学系学生都可以选修。剩下的古文词，校勘，部份的考据、目录学，自然当入文学系。文学系的教员不一定，且不必需，都是中外文学兼通的。各教员更可以各授所长，因人成风。甚至将来某大学中国文学系以古文词胜，某大学以校勘，考据胜也都可能。只是在新计划中，中外文学合流，一切学问，不要闭关自守，抱残守缺就够了。硬要各校一致，中外兼通，结果必至非驴非马，强不通以为通。[1]

……学生写的是语体文（并且往往是很好的语体文），先生却只教古文词；学生的生活是现代的，先生所授的古书的思想与内容都是过去的。这先生与学生中间的距离，当前两代的冲突与矛盾，都是不可长久，也是

① 杨振声：《为追悼朱自清先生讲到中国文学系》，《文学杂志》第三卷第五期，1948年。

不能长久的。新文学佳品比之古文并无不及，为什么大学里可以授古文词而不能授新文艺。大学里讲授文学史，文学欣赏与批评，为什么我们这个时代不能创造我们自己的文学史创作文艺，让后人来欣赏与批评呢？我们考据古人，也留点材料让后人作考据呢？难道我们只有过去，没有将来吗？创作并不是旁的，只是创新的想象力（Creative imagination）。没有它，一切都是死的，连考据都只是钻坟墓。①

处理校务之余，杨振声甚关心爱好新文学的学生。据孙昌熙所述：

我无意中写出了先生认为较好的作业，我自己对它没有认识，如果不是受到先生的启蒙，我根本不知道这就是一篇讽刺小说。……

我这篇作业得到先生的好评，发了第二卷。回到座位上，仔细研究先生的精心批改：先生不仅告诉我应该怎样写，而且把我的作业点石成金。我越揣摩越感动，我决心在先生的指导下，走创作的路。

先生把这篇《小队长的故事》交由沈从文先生，推荐给凤子先生主编的昆明《中央日报》副刊《平明》发表了，但删掉了“的故事”三字，（可能因为是篇人物素描？）也许是沈先生？他叫我继续向《平明》副刊投稿。从此我在《平明》上连续发表了《河边》《长江上》《某夜》等，算是敲开了昆明文艺界的大门。我把这些不像样的东西都送到先生家里，请先生继续指点，先生很高

① 杨振声：《为追悼朱自清先生讲到中国文学系》，《文学杂志》第三卷第五期，1948 年。

兴，并嘱我多读作品，越是大作家的作品越要揣摩。少读当时这派、那派的文艺理论；尤其要结合自己的笔性选读与自己相近的外国名家作品。先生曾为我选借一本英女作家真·奥斯登的《骄傲与偏见》，是原文的，我的英语基础不够，但在先生的鼓励下，我还是用一个暑假，多查勤翻各种英文字典，把一本厚厚的小说半懂不懂地啃完了。而它的讽刺味我没有尝到。学文艺创作，应直接阅读原文书，光靠别人的翻译是不行的，这是我对先生借外文小说读的体会。但我很自惭，我始终没有把英语学好。[①]

另据周定一所述：

记得我在联大读四年级的时候（1938年下半年至1939年上半年），选修过杨先生开的一门课，名称仿佛是“新文学研究”（有的资料说杨先生1938-1939开过“现代中国文学讨论及习作”，是中文系文学专业四年级必修课，也许指的就是我记忆中的这门课，我因为是语言专业，所以选修）。这门课讲授中国新文学的发生与发展，在各个方面的成就。杨先生鼓励大家写作实践，不限题目和体裁，不过只能写语体。杨先生认为写得比较好的，就介绍到当时在昆明和香港的报刊去发表（杨先生一般不作修改，或只稍作点拨，让作者自己改动）。我记得杨先生就介绍我的一首新诗和一篇散文发表在昆明一家报纸的副刊上（大约是在昆明的《中央日报·平明文艺副刊》）。在大学中文系正式开设新文学课程，这是个

① 孙昌熙：《把中国新文学抬上大学讲坛的人——追忆在抗日战争期间接受恩师杨振声（今甫）教授教诲的日子》，《泰安师专学报》1989年第2期。

很了不起的首创。[①]

◎1939 年　民国二十八年　己卯　四十九岁

本年度　与朱自清指导毕业生刘泮溪，论文题目为《从诗界革命到新诗》。[②]

本学期　为中文系四年级学生开选修课“现代中国文学讨论及习作”（2 学分）。[③] 据阴法鲁所述：

> 1939 年在昆明担任“现代文学讨论及习作”课程，我们听过他对鲁迅作品的很高的评价。他耐心地细致地修改学生的习作，不但每篇都有详尽的总批语，而且还有很多眉批。在他的课堂上，暴露社会黑暗的习作受到了表扬。这就给了青年们一点启示：新文学的使命是什么。[④]

另据一九三八至一九四〇年就读于西南联大历史系的赵捷民所述：

> 杨振声教授，是五四时代的作家，……讲“现代文艺”。我没有选他的课，不过有时也去听。杨先生讲课不紧不慢，很有节奏，时常讲些文坛轶闻，颇有趣味。一次，他讲作：“我和郁达夫[⑤]一天夜间在北平中山公园，

---

① 据周定一致杨起原函（2001 年 7 月 3 日）复印件。
② 北京大学档案《西南联大中国文学系历届毕业学生论文题目及导师》，《国立西南联合大学史料》（三教学、科研卷），昆明：云南教育出版社，1998 年，第 108 页。
③ 清华大学档案《国立西南联合大学各院系必修选修学程表》，《国立西南联合大学史料》（三教学、科研卷），昆明：云南教育出版社，1998 年，第 150 页。
④ 阴法鲁：《追悼杨振声同志》，《九三社讯》1956 年第 4 期。
⑤ 按：赵捷民先生此处记忆有误，“郁达夫”当为“徐志摩”。参见杨振声：《与志摩最后的一别》，《独立评论》第四号及《新月》月刊第四卷第一期。

周围非常静，忽然我们仿佛听到了妇女的哭声，达夫就说是可怜的宫女鬼魂在夜哭了。这说明达夫是很同情妇女，又极有想象力的。”他还讲过：“鲁迅先生（是他的老师）短篇小说十分出色，可是后来专写杂文骂人，浪费了不少笔墨。”课后同学们评论这句话，认为他说的后半句是错误的，存有偏见。杨先生是位爱护青年的忠厚长者，经常批改学生们的作品，对于不成熟的作品也经常鼓励指导。①

一月 与朱自清、吴晗等出席在昆明召开的中华全国文艺界抗敌协会云南分会。

一月十日 下午三时，参加在才盛巷学校办公处会议室召开的常务委员会第一百次会议。

一月十五日 评论《拜访》刊于《今日评论》第一卷第三期，署名希声。

一月十七日 下午三时，在才盛巷学校办公处会议室出席西南联大第一次校务会议。另有梅贻琦、施嘉炀、沈履、杨石先、黄钰生、樊际昌、吴有训、陈序经、查良钊、庄前鼎、陈福田、叶公超、冯友兰、陈岱孙、叶企孙、张奚若出席。

一月十八日 樊际昌、朱自清等来访。据《朱自清日记》：

访杨先生，商量中文系一年级书目。

在杨家遇樊先生，他将去外地。②

一月二十四日 下午三时，参加常务委员会第一百零一次会议。

---

① 赵捷民：《西南联大的师生们》，《文史精华》编辑部：《文史精华撷珍本》（上卷），呼和浩特：内蒙古人民出版社，1997年，第259页。

② 朱乔森编：《朱自清全集》“日记编”，南京：江苏教育出版社，1998年。

一月三十一日 下午三时，参加常务委员会第一百零二次会议。

三月十四日 据《朱自清日记》：

> 今甫归。昨欧亚航空公司一飞机失事。[①]

三月二十五日 参加常务委员会第一百零五次会议。

本月底 联大办公室和北大办公处由才盛巷二号迁到郊外，才盛巷成为北大同人的宿舍，[②]杨振声等后来住在此处。据杨文衡所述：

> 在昆明时，西南联大有一所办事处和宿舍在城里，有2-3位教授来来往往住在那里，他老人家是常住那里办公的。屋里只有一个床，有一次我从乡下到昆明去看他老人家，时已太晚只好住在那里，要打地铺，忽然想到有一位教授那天不在，他的屋子空可以借住一宿。于是一同摸黑去看看，谁想到一碰门，没有锁就开了，而里面有人不分青红皂白就大骂起来了。我当时很生气要同骂者说理，但他老人家阻止了我，说了声对不起就拉我走开了。结果还是打了地铺睡了一晚。[③]

四月四日 下午三时，出席在龙翔街联大办公室召开的第三校务会议。参加者还有刘崇鋐、吴有训、陈岱孙、叶公超、陈序经、朱自清、王明之、钱端升、施嘉炀、黄钰生、沈履、叶企孙、冯友兰、梅贻琦、蒋梦麟、杨石先。

① 朱乔森编：《朱自清全集》"日记编"，南京：江苏教育出版社，1998年。
② 章廷谦：《在昆明》，《国立北京大学五十周年纪念一览》，北平：北京大学出版部印行，1948年。
③ 杨文衡：《我们敬爱的父亲》，未刊手稿。

四月八日 下午一时半，空袭警报。外出躲避。三时之后，敌机飞过。四时半，警报解除。事后获悉敌机共二十余架，炸毁航空学校，造成相当大损失，伤及卫兵数人。[①]

九日，正午，空袭警报，与城中众人涌出西门至远处田野沟壕间躲避。二时半，警报解除，返回城中。[②]晚，与沈从文招宴。据《朱自清日记》：

> 有警报，但敌机未来。
>
> 参加今甫、从文的晚宴，遇吴正之夫妇。[③]

据冯友兰所述：

> 日本向昆明空袭是从武汉出发，到达昆明是在上午十点钟左右。人们摸到这个规律，就把每天活动的时间提前，联大也将上课时间提前，到十点左右就把上午的课上完。下午三点以后上课，这中间是准备空袭疏散的时间。一有警报，师生们都向新校舍后面的一些土山上疏散。一座土山中间有道峡谷，我们称之为“一线天”，都认为那里是一个很安全的地方。空袭时到那里去的人最多。[④]

四月十一日 下午四时，在龙翔街学校总办公处会议室参加常务委员会第一百零六次会议。郑天挺代蒋梦麟出席。

① 吴学昭整理：《吴宓日记》（Ⅶ），北京：生活·读书·新知三联书店，1998年。

② 吴学昭整理：《吴宓日记》（Ⅶ），北京：生活·读书·新知三联书店，1998年。

③ 朱乔森编：《朱自清全集》“日记编”，南京：江苏教育出版社，1998年。

④ 冯友兰：《三松堂自序》，北京：生活·读书·新知三联书店，1984年，第一〇六页。

四月二十五日 下午四时，在龙翔街学校总办公处会议室参加常务委员会第一百零七次会议。潘光旦代梅贻琦，郑天挺代蒋梦麟。

四月二十八日 与朱自清、浦江清等一起出去买书。据《朱自清日记》：

> 同今甫、江清一起买书。今甫对陪同我们购买的图书馆职员似太势利。①

本月 “开始考虑到选择居住的地方，要疏散，不要集中，要远离军事目标。人们就开始向城外迁移，用当时的话说，叫做‘疏散’。”② 据搬到乡下的冰心后来在《我的老伴——吴文藻》一文所述：

> 他每到周末，就从城里骑马回家，还往往带着几位西南联大的没带家眷的朋友，如称为“三剑客”的罗常培、郑天翔和杨振声。这些苦中作乐的情况，我在为罗常培先生写的《蜀道难》序中，也都描述过了。③

五月五日 据《朱自清日记》：

> 下午访莘田，决定部分文学史助教。请莘田及今甫到华山咖啡馆。④

五月九日 下午四时，在龙翔街学校总办公处会议室参加常务委员会第一百零八次会议。

---

① 朱乔森编：《朱自清全集》“日记编”，南京：江苏教育出版社，1998 年。
② 冯友兰：《三松堂自序》，北京：生活·读书·新知三联书店，1984 年，第一〇五页。
③ 冰心：《我的老伴——吴文藻》，《民族教育研究》1994 年第 2 期。
④ 朱乔森编：《朱自清全集》“日记编”，南京：江苏教育出版社，1998 年。

五月十三日 下午四时，到农业学校中楼三层出席二十七年度第一次教授会议。八十位教授代表参加，主席为校长梅贻琦。

五月十六日 下午四时，出席第四次校务会议。

五月十九日 下午朱自清、罗常培来访。据《朱自清日记》：

> 下午在今甫家与莘田、今甫商谈大一国文问题。谈到关于闻的态度时，我述说我的学术地位低得可怜，这确实有些失态。[①]

五月二十八 评论《被批评》刊于《今日评论》第一卷第二十二期，署名希声

五月三十日 下午四时，参加常务委员会第一百零九次会议。

本月 北大文科研究所筹备恢复，杨振声任文学组导师。据《申报》报道：

> 国立北京大学文科研究所，自二十八年五月间筹备恢复以来，由该校聘请傅斯年、杨振声、汤用彤、罗常培、姚从吾、郑天挺、叶公超七人为委员，其主任一职，原由胡适担任，在胡氏未返校前，暂由傅斯年代理，并任郑天挺为副主任，处理日常所务，凡北京大学文学院教授、副教授及研究生受其指导者，皆为当然导师。又聘陈寅恪、李芳桂、丁树声为特约导师，向达为专任导师，研究生名额暂定十五人，研究范围暂分五部。[②]

---

① 朱乔森编：《朱自清全集》“日记编”，南京：江苏教育出版社，1998 年。

②《北大文科研究所近况》，上海《申报》1940 年 4 月 17 日，第三张（十二）。

据本所研究生周法高所述：

到了 1939 年，北大文学院的一些首脑，和中央研究院历史语言研究所的傅斯年所长，在蒋梦麟校长赞同之下，计划恢复北大文科研究所，由文学院院长胡适先生担任所长。当时胡先生任驻美大使，就由傅先生代理所长，而由郑天挺先生任副所长。下面设语言、文字、文学、哲学、史学各组。语言组的导师是罗常培、李方桂、丁树声诸先生（本来还有魏建功先生，因为魏和罗闹别扭，不久就离开北大了），文字组的导师是唐兰先生，文学组的导师是罗庸、杨振声诸先生，哲学组的导师是汤用彤先生，史学组的导师是陈寅恪、姚从吾、向达、郑天挺诸先生。[①]

另据任继愈所述：

当时文科研究所的导师，有陈寅恪、向达、姚从吾、郑天挺、罗常培、罗庸、杨振声、汤用彤、贺麟。

师生们共同租用了一幢三层楼的宿舍，在昆明靛花巷 3 号。师生们同灶吃饭，分在两个餐厅，因为房间小，一间屋摆不开两张饭桌。师生天天见面，朝夕相处。郑天挺担任文科研究所的副所长（正所长是傅斯年先生，后来兼任中央研究院总干事，常驻重庆）。罗莘田先生戏称我们过着古代书院生活，郑先生是书院的“山长”。当时同学周法高是罗先生的研究生，周戏编了一副对联：

郑所长，副所长，傅所长，正所长，正副所长；

甄宝玉，假宝玉，贾宝玉，真宝玉，真假宝玉。

---

① 周法高：《记昆明北大文科研究所》，台北《传记文学》第 42 卷第 1、2 期。

> 对仗不大工稳，在同学中流传，后来传到罗先生耳中，把周法高叫来，要他把心思用在正道上，不要逞歪才。[1]

而据周法高所述，该对联是周的同门师兄刘念和所作。在周的记忆中，刘念和“有四川人摆龙门阵的本事，谈起话来滔滔不绝；不过，他似乎缺少恒心和耐心，所以没有什么大的著作发表。不过他还是相当机智的，前述‘傅所长是正所长’的对子，就是他想出来的，颇为脍炙人口”[2]。

据阴法鲁所述：

> 1939 年，我在导师罗庸先生指导下，试写大学毕业论文《先汉乐律初探》，后就读北大文科研究所，导师罗庸、杨振声两位先生，给我定的题目是《词的起源及其演变》……[3]

六月六日 下午四时，出席第五次校务会议。另据《朱自清日记》：

> 开校务会议，决定校历及预算。暂定下学年之始业日为十月二日。
>
> 参加师范学院教师节聚餐会及游艺会。但教师节已改为八月二十七日。师范学院学生之精神甚佳。
>
> 今甫提议聘请沈从文为师院教师，甚困难。[4]

六月十三日 下午四时，参加常务委员会第一百一十次

---

① 任继愈：《北大文科研究所师生生活杂忆——纪念罗莘田先生诞辰 100 周年》，《语文建设》1999 年第 5 期。
② 周法高：《记昆明北大文科研究所》，台北《传记文学》第 42 卷第 1、2 期。
③ 曾贻芬：《阴法鲁先生访谈录》，《史学史研究》1997 年第 2 期。
④ 朱乔森编：《朱自清全集》"日记编"，南京：江苏教育出版社，1998 年。

会议。

六月二十六日 下午访朱自清。据《朱自清日记》：

> 杨先生来访，借去《全晋文》。[①]

六月二十七日 下午四时，参加常务委员会第一一一次会议。会上，杨振声提议让沈从文到西南联大师范学院中文系任教，最后得以通过。据周定一所述：

> 引荐作家沈从文先生到联大任教，这是杨先生为扩大新文学影响的一着好棋。联大本是新文学名流荟萃的学府，除杨先生本人外，有闻一多、朱自清、冯至，等等。但他们教的都是学术性的课（杨先生既教新文学，又开过汉魏六朝诗，有点例外），他们新文学的活动和影响在课堂之外。惟独沈先生在今甫先生的引荐下，是以作家的身份而非以“学者”的身份来联大任教（起初任联大师范学院国文系副教授，后来任文学院中文系教授），教的课程主要就是新文学的历史和语体文的写作（包括教“大一国文”）。他也通过课堂外的讲演，对文学社团的辅导，把新文学的观点和作品加以传播。把一个知名作家汲引到教授岗位去发挥独特的作用，这是杨先生的明智创举。（关于杨先生举荐沈先生来联大这件事，日前老同学任继愈（国家图书馆馆长）在电话中也认为是很重要的一着。）[②]

据杨起夫妇所述：

---

① 朱乔森编：《朱自清全集》"日记编"，南京：江苏教育出版社，1998 年。

② 周定一致杨起原函（2001 年 7 月 3 日）复印件。

一年暑假，在联大就读的杨振声的儿子杨起，到昆明东南部的阳宗海去游泳，休息时，在汤池边上的一个茶馆喝茶，桌上的查良铮（他不认识杨起）说："沈从文这样的人到联大来教书，就是杨振声这样没有眼光的人引荐来的。"可见当时阻力之大，更反衬出杨振声先生慧眼识珠。后来，有人告诉查先生杨起就是杨振声的儿子，查先生又来道歉。杨起认为没有必要，人们可以有自己的看法，事实会证明一切的。①

据孙昌熙所述：

为了壮大新文学的声势，占领广阔地盘，先生还请沈从文教师在联大师范学院开《中国新小说》课。"泰山遍雨"，更为了普及新文学教育，为普及新文学教育，先生亲自主持全校一年级共同必修课《大一国文》。自选教材，虽也有古典文学，而绝大部分年是新文学作品。像丁西林的《一只马蜂》、徐志摩的《我所知道的康桥》……先生还带一年轻教师合讲，而自教的是新文学部分。当时朱自清先生教古典文学批评，先生也请他带着我去教《大一国文》，由我担任古典部分。②

据诸有琼所述：

经杨振声推荐，沈从文到西南联大师范学院任副教授，第二年由北京大学聘任，到西南联大中文系任教授。

① 杨起王荣禧：《淡泊名利功成身退——杨振声先生在昆明》，昆明市政协文史学习委员会编：《抗战时期文化名人在昆明》（二），昆明：云南人民出版社，2002 年。

② 孙昌熙：《把中国新文学抬上大学讲坛的人——追忆在抗日战争期间接受恩师杨振声（今甫）教授教诲的日子》，《泰安师专学报》1989 年第 2 期。

只有小小学历竟能成为北京大学的教授，在当时是绝无仅有的。杨振声教授真乃今之“伯乐”也！[①]

据赵捷民所述：

沈从文教授，是有名的作家，由杨振声教授介绍到联大教书，在中文系讲“现代文艺”。我在中学时即知道沈先生，那时《小说月报》几乎每期都有他的文章。中学老师还给我们介绍过他的经历：当过兵，后同丁玲、胡也频同住北大附近汉园公寓中，并在北大旁听。他同胡适关系甚好，其夫人便是胡适介绍的。沈先生讲课时声音太小，我听了两节就不去了。沈先生还是联大教授主办的《今日评论》刊物的文艺编辑。[②]

七月四日 下午四时，在龙翔街学校总办公处会议室参加第六次校务会议。

七月十一日 下午四时，参加常务委员会第一一二次会议。

七月十三日 朱自清来访。据《朱自清日记》：

访今甫他谈大一国文考试的判分问题。[③]

七月十八日 下午四时，参加常务委员会第一一三次会议。

七月二十二日 招晚宴。据《朱自清日记》：

参加杨、邵的晚餐会，万家宝是主宾。[④]

① 诸有琼：《星斗其文赤子其心——怀念沈从文教授》，《西南联大北京校友会简讯》第 32 期，2002 年 10 月。

② 赵捷民：《西南联大的师生们》，《文史精华》编辑部：《文史精华撷珍本》（上卷），呼和浩特：内蒙古人民出版社，1997 年，第 260 页。

③ 朱乔森编：《朱自清全集》“日记编”，南京：江苏教育出版社，1998 年。

④ 朱乔森编：《朱自清全集》“日记编”，南京：江苏教育出版社，1998 年。

七月二十四日 据《朱自清日记》：

将我唯一一本诗类辨异借给今甫。[1]

七月二十五日 下午四时，参加常务委员会第一一四次会议。

七月三十日 李启之、朱自清来访。据《朱自清日记》：

访今甫，与他商议如何确定中文系一年级的分数。在他那里遇李启之大夫，李下意识地流露出大学者的风度。

今甫向李推荐潘先生，李接受之。[2]

八月一日 上午九时参加常务委员会第一一五次会议。

八月二日 据《朱自清日记》：

早，到开智阅试题校正本，达三小时。

与杨商谈教科书编辑问题。[3]

八月十四日 据《朱自清日记》：

早，商谈教科书内容。

杨小姐恋爱发生纠葛，致父女发生冲突。

……

晚杨今甫来，示以国文选的白话文，颇有新见解。[4]

八月十五日 上午九时参加常务委员会第一一六次会议。

八月二十五日 访朱自清。据《朱自清日记》：

① 朱乔森编：《朱自清全集》"日记编"，南京：江苏教育出版社，1998 年。
② 朱乔森编：《朱自清全集》"日记编"，南京：江苏教育出版社，1998 年。
③ 朱乔森编：《朱自清全集》"日记编"，南京：江苏教育出版社，1998 年。
④ 朱乔森编：《朱自清全集》"日记编"，南京：江苏教育出版社，1998 年。

杨先生来访。中文系一年级教科书中引语太多。[①]

八月二十六日 据《朱自清日记》：

上午与今甫、从文定教科书第一本与第二本目录。[②]

九月 至重庆开会。由王世杰介绍，担任三民主义青年团中央监察委员会监察。[③]

九月五日 晚，到重庆朱家骅宅赴宴。据《竺可桢日记》：

待至七时未至，偕毅侯至牛角沱比国公使馆后面朱骝先宅晚膳，到孟和、鲠生、端升、毅侯、杨振声、周枚荪及安徽第八国立中学邵君等。骝先性质极豪，押拳饮酒，杨振声于二者均长，毅侯不发拳，但饮酒甚多，结果毅侯、鲠生皆大醉，今甫亦有醉意矣。至十点三刻始散。[④]

九月七日 刘敦桢《川、康古建调查日记》载：

上午访陶孟和、杨金甫二君，托代觅赴蓉汽车。下午访鲍鼎君，归后作书寄思成、敬之及周寄梅先生。

此次所带行李过多，欲将一部分托中国旅行社寄蓉。打听其运费每百公斤五十元，一星期可寄到。[⑤]

一九三九至一九四〇年度 为中文系三年级学生开选修课

① 朱乔森编：《朱自清全集》"日记编"，南京：江苏教育出版社，1998 年。
② 朱乔森编：《朱自清全集》"日记编"，南京：江苏教育出版社，1998 年。
③ 徐友春主编：《民国人物大辞典》，石家庄：河北人民出版社，1991 年，第 1232 页。
④ 竺可桢：《竺可桢全集》第 7 卷，上海：上海科技教育出版社，2005 年，第 154 页。
⑤ 刘敦桢：《川、康古建调查日记》，《刘敦桢文集》（三），北京：中国建筑工业出版社，1987 年。

“现代中国文学”，上学期讲授概论及小说部分，下学期讲授戏剧、诗及散文，部分学生得以分期选习，各以二学分计。[①] 为师范学院国文系二年级学生开必修课“现代中国文学”（4学分）。[②] 为国文科进修班开“现代中国文学”（4学分）及“中学国文教材教法研究甲”（2学分）。[③]

十月四日 上午九时至十一时在西南联大新校舍参加联大始业式及精神总动员集会，校长梅贻琦任主席。[④] 下午朱自清来访未遇。据《朱自清日记》：

> 访今甫不遇。[⑤]

十月五日 据《朱自清日记》：

> 上午与今甫长谈。[⑥]

十月十二日 朱自清来访。据《朱自清日记》：

> 晨开始写宋诗讲稿。事多甚忙。访杨、沈。
>
> 大一国文委员会推到下星期四。[⑦]

十月十三日 出席在新校舍图书馆召开的二十八年度第一次教授会议。八十三位教授代表，主席为梅贻琦。

---

① 清华大学档案《国立西南联合大学各院系必修选修学程表》，《国立西南联合大学史料》（三教学、科研卷），昆明：云南教育出版社，1998年，第175页。

② 清华大学档案《国立西南联合大学各院系必修选修学程表》，《国立西南联合大学史料》（三教学、科研卷），昆明：云南教育出版社，1998年，第197页。

③ 清华大学档案《国立西南联合大学各院系必修选修学程表》，《国立西南联合大学史料》（三教学、科研卷），昆明：云南教育出版社，1998年，第200页。

④ 吴学昭整理：《吴宓日记》（Ⅶ），北京：生活·读书·新知三联书店，1998年。

⑤ 朱乔森编：《朱自清全集》“日记编”，南京：江苏教育出版社，1998年。

⑥ 朱乔森编：《朱自清全集》“日记编”，南京：江苏教育出版社，1998年。

⑦ 朱乔森编：《朱自清全集》“日记编”，南京：江苏教育出版社，1998年。

十月十七日 下午三时半，参加常务委员会第一二三次会议。会上决定改组一年级学生课业指导委员会，杨振声与陈福田、罗常培、郑华炽、杨武之、杨石先、陈总、雷海宗、查良钊、刘仙洲、李继侗等人被聘为该会委员。陈福田为召集人。

十月二十三日 朱自清来访。据《朱自清日记》：

访杨今甫，商谈助教之候选人问题。[①]

十月二十四日 下午三时，参加常务委员会第一二四次会议。

十月三十一日 下午三时半，参加常务委员会第一二五次会议。

本月底 与梅贻琦、郑天挺、陈雪屏至呈贡访吴文藻、谢冰心夫妇。据郑嗣仁所述：

1939年10月底，梅、郑及杨振声（今甫，联大中文系教授，校常委会秘书主任）、陈雪屏（教育系教授）四人至呈贡看望吴文藻（云大教授）、谢冰心夫妇的新居。当时他们一家为了躲避空袭，移往这里的一个小山头上。呈贡离昆明很近，火车须行驶近一小时，四等车来回票价一元三角。呈贡车站离县城尚有八里路，乘马亦要一小时。吴谢一家即住该县东门（就日门）山上之华氏墓庐。大家一起稍作休息后，即由主人陪同绕山头一周。这里风光秀丽，"远望滇池，彩叠数色，不辨为云、为岚、为光、为水、为山、为田"。至晚饭后，则"月色绝清，万顷溶溟，似昼而淡，似灯而静"，确是乡

① 朱乔森编：《朱自清全集》"日记编"，南京：江苏教育出版社，1998年。

间难得见到的景致。当晚郑、陈二人即住在吴寓，梅、杨先生则住龙街郑颖孙先生寓所。

次日，由“朋友第一”的吴、谢夫妇带领，大家又出县南门（文明门）乘马十八里至乌龙浦游玩。“登山而望，前临昆池，西山屏列，风景大似南京燕子矶”。宾主及小孩在此共进野餐，别具风味。是晚众人又在郑颖孙处听其抚琴及张仲和女士昆曲，尽兴而归。梅先生每餐喜欢些酒，热情的主人当然不会忘的。

又次日10时，由女主人导游龙井。大家一同共出北门（朝京门），越公路东北行，即见一亭，其旁一泉，全城饮水全赖此泉。中午，大家食完饺子后，郑、陈二人因次日有课，于下午即乘火车返昆明，梅、杨二人仍留呈贡。

此次旅行，大家不仅饱览此地的风光，会见了老友，同时也得到很好的休息。唯一不足者，即梅先生行路中不小心蹩了脚。①

十一月一日 据《朱自清日记》：

上午注射伤寒霍乱双联预防针。注射后，参加每月的精神动员会。在阳光下站立两小时，使我感到头晕目眩。

陪今甫访公超。公超很讨厌英国赔款委员会。感到公超经常过于高傲。今甫要求他给得庚子赔款奖学金的学生讲些英文课，他答应下来，但又说不要酬金。岂非矫揉造作。

公超给我们看他的英语教科书计划，他的意思是与

① 郑嗣仁：《梅贻琦与郑天挺在昆明》，《北京大学校友会通讯》第30期，2001年。

乔卢西合作，但为上述赔款委员会所拒绝。他的计划尚值得一读。

在公超家用午餐，炸牛排甚佳，糖拌燕麦粉也不错。[1]

十一月七日 下午四时，出席第二届第一次校务会议。

十一月十四日 阴雨。下午三时半，参加常务委员会第一二六次会议。会上，朱自清由于健康原因辞去联大中国文学系主任职务，决议由系里罗常培教授继任。

十一月二十日 中央研究院历史语言研究所关于借阅图书办法致函西南联大：

月涵、梦麟、子坚、今甫先生通鉴：查敝所各部分书，均已整理就绪。其中普通汉籍一部分约十万册，已与贵校订立合同，规定阅读借出各项办法：

一、方志之部，约千余种，可以阅读出借，原订合同各条尽适用之。

二、西籍阅览室可供贵校教员阅读，原合同关于阅读办法第一条可推广适用之，其借出一事，容待后商。

三、特存书库（即善本）在本所同人亦以不借为原则，如贵校教员来此阅读普通书时，感觉有往参考之必要，可随时与斯年或代理人商量，在可能范围内予以最多可能之便利。

一切乃乞考虑见复为荷！[2]

十一月二十二日 下午三时半，参加常务委员会第一二七

① 朱乔森编：《朱自清全集》"日记编"，南京：江苏教育出版社，1998 年。
② 云南师范大学档案《中央研究院历史语言研究所关于借阅图书办法致函西南联大》，《国立西南联合大学史料》（六经费、校舍、设备卷），昆明：云南教育出版社，1998 年，第 319 页。

次会议。

十一月二十八日 下午三时半，参加常务委员会第一二八次会议。

十一月三十日 下午三时半，参加常务委员会第一二九次会议。

十二月二日 晚，参加北京大学教职员俱乐部在才盛巷举行的公宴。时吴宓在叶公超强邀之下也来参加。杨振声等频来劝饮，使得吴宓饮黄酒十五六杯。[①]

十二月五日 下午三时半，参加常务委员会第一百三十次会议。

十二月十二日 下午四时，出席第二届第二次校务会议。

十二月十七日 参加北大四十一周年纪念会，并与蒋梦麟、梅贻琦等十八人联名致函胡适：

> 适之先生：
>
> 今天是学校的生日，也是先生的生日。我们忘不了先生的生日，也如忘不了学校的生日一样。我们刚开过纪念会，就写这封信来庆祝先生的生辰。[②]

十二月十九日 下午三时半，参加常务委员会第一三一次会议。

十二月二十一日 据《朱自清日记》：

> 在沈宅晚餐。
>
> 今甫草拟一编写高中语文课本的计划。我得为此写

---

① 吴学昭整理：《吴宓日记》（Ⅶ），北京：生活·读书·新知三联书店，1998 年。

② 北京大学图书馆编：《北京大学图书馆藏胡适未刊书信日记》，北京：清华大学出版社，2003 年，彩页二、三及第 159 页。

几篇关于中国文学史的文章。

今甫劝我在完成高中语文课本前，不要发表中文课讲稿。[1]

十二月三十日 上午十时半，空袭警报。外出躲避。下午二时，警报解除。

十二月三十一日 晚九时，到西仓坡五号梅贻琦宅参加除夕迎年茶会。

本月 出席联大中文系迎新茶话会。据刘北汜所述：

茶会地点在中文系办公室附近的一间大教室里，时间大约在开学后三个来月，学期结束之前。参加茶会的有中文系主任罗常培，教授罗庸、魏建功、浦江清、朱自清、杨振声，少数讲师、助教，再就是这个学期才入学的二十来名中文系新生了。人虽不算很多，但因为教室中间摆了很大一个长桌，还是显得很拥挤。

这次茶会，闻一多、沈从文两先生都没有在场。闻先生当时正在昆明南边近百里的晋宁县休假，沈先生当时住在昆明文林街，没有来参加。李广田当时还在四川叙永县西南临大分校任教。当时在场的教授、讲师和助教还有谁，我已记不清了。

主持这次茶会的罗常培先生，字莘田，是著名的语言文字学家，高高的个子，身穿大褂，戴黑框眼镜。他端坐长桌的一头，首先讲话。他嗓音宏亮，吐字清新，边讲，眼光边透过眼镜扫视围桌而坐的每一个人。一开头主要讲了系里的情况，接着讲别的事情、下学期的一

① 朱乔森编：《朱自清全集》"日记编"，南京：江苏教育出版社，1998 年。

些安排。忽然，他略为提高声音，话头一转，讲起一件事情来：

“有一个同学，学号是一一八八。他填的表里，说他爱读新文学，讨厌旧文学、老古董。这思想要纠正。中国文学系，就是研究中国语言文字、中国古代文学的系。爱读新文学，就不该读中文系！……”

说到这里，罗先生声色都有些激动了。

罗先生没有提我的名字，但他说的学号正是我的。他说到表上的话，也正是开学后不久我在系里发给每个新生的表上填的，似乎是写在“课外爱读书籍”一栏里，只是我还写了希望系里多增加新文学课之类的话，而罗先生没有提起来。

当时联大中文系一、二年级学生上基础课，选学一门社会科学、一门自然科学、一门第二外国语。三、四年级以后分为两组，一为语言组，攻读训诂学、古文字学、中国音韵学、中国语法学等；另一组为文学组，攻读中国古代文学：诗经、唐诗、宋诗、战国策研究等，现代文学课只有杨振声先生开的课“中国现代文学”，沈从文先生开的课“各体文习作”（后改称“创作实习”）。我是了解到这种情况，感到在系里能学到新文学课程不多，才在表里那样填的。听到罗先生这样一说，我一时很是狼狈，整个教室里一时也鸦静下来。

罗先生讲完话，刚坐下来，坐在我右侧桌边的朱自清先生忽然一挺身站起，说：

“这同学的意见，我认为很值得重视。既把古汉语、古代文学学好，又能学好现代汉语、现代文学，这应该是中文系的方向；不能说中文系的学生爱读新文学就要不得。研读古文，不过为的便于了解和运用古代文学遗产，但这绝不是中文系的唯一目标！……”

朱先生针对罗常培先生的话，显然更出与会者的意外，教室里就更鸦静了。

不料写过中篇小说《玉君》的杨振声教授又站起来附和朱先生的意见，甚至直截了当提出中文系课程中应该增加现代文学比重的问题。他也说了很多，神情严肃，声音宏亮。茶话会一时开成了针锋相对的辩论会，整个气氛更加有些紧张了。

罗常培先生没有再就这个问题说什么，别的教授也没有再谈这个问题，气氛才逐渐缓和下来。①

另据刘北汜所述：

那时候我刚考进西南联大中国文学系。……在入学之后，系里曾发给每一个新生一份表格，调查他们的兴趣和家庭情况。我在“课外爱读书籍”项下填的是“爱读新文艺作品，讨厌旧文学”。不料这一条引起罗常培先生的不满，在系里举行的迎新茶会上，他站起来说：“一个（未提我的名字，只提了学号）学生的思想需要纠正。他说讨厌古文学，这是不成的，中国文学系就是研读古文的系。”他很激动，我呢，觉得受了指责，是惹了祸，一时很是狼狈。没有想到的是朱自清先生和杨振声先生都立即站起来为我说了话。他们的意见相近，都觉得中国文学系应着重研究白话文。朱先生当时很激愤地说：“我们不能认为学生爱好新文艺是要不得的事。我认

① 刘北汜：《忆朱自清先生》，《新文学史料》1982 年第 4 期。

为这是好现象，我们应该指导学生向学习白话文的路子走。这应是中文系的主要道路。研读古文不过便利学生发掘古代文化遗产，不能当作中文系唯一的目标！①

◎1940年　民国二十九年　庚辰　五十岁

一月九日　下午三时半，参加常务委员会第一三二次会议。晚，校长梅贻琦为欢送秘书长沈履举办晚餐会。另据郑天挺所述：

> 1940年，西南联大总务长沈履去川大离校，清华梅贻琦诸人推荐由我继任，让汤用彤来探询我意。我表示还是专心教书，致力研究明清史，行政事绝不就，汤亦以为然。罗常培也劝我不就，更坚定了我的决心。但联大常委会议悄然通过，聘书已送来。梅多次找我，我尽力躲避。校方领导黄子坚、查良钊、冯友兰、杨振声诸人也来劝驾，且有“斯人不出，如苍生何”之语。我虽多次上书，希望专事学问。事情往返周旋多次，仍然无效，北大的领导又以照顾三校关系为由，力促上任，于是在是年二月，遂应允就职。②

一月十六日　下午三时半，在龙翔街联大总办公处会议室参加常务委员会第一三三次会议。

一月二十三日　下午三时半，参加常务委员会第一三四次会议。

① 刘北汜：《朱自清先生在昆明的一段日子》，《文讯》第九卷第三期。
② 郑天挺：《南迁岁月——我在联大的八年》，《郑天挺先生百年诞辰纪念文集》，北京：中华书局，2000年。

一月二十五日 朱自清来访。据《朱自清日记》：

访今甫，谈及中文系助教人选问题。①

一月三十一日 下午二时半，参加常务委员会第一三五次会议。

二月十四日 下午三时半，参加常务委员会第一三六次会议。

二月二十七日 下午三时半，参加常务委员会第一三七次会议。

三月五日 下午四时，出席第二届第三次校务会议。本日，蔡元培先生在香港病故，举国哀悼。

三月八日 到昆中北院南食堂出席二十八年度第二次教授会议。七十位教授代表出席，主席梅贻琦。

三月二十日《五五宪草修正案》以罗隆基、罗文干、陶孟和、周炳琳、傅斯年、钱端升、张奚若、杨振声、任鸿隽九位参政员之名，向宪政期成会正式提出。②据罗文干所述：

留昆期成会会员陶孟和、周炳琳、傅斯年、罗隆基诸先生及文干等，自渝返昆后，即集会研究，并推罗隆基先生主稿。稿成后，讨论数月，几经修正。留昆参政员张奚若、杨振声、任鸿隽三先生，于讨论时，均肯惠然参加。留昆期成会会员钱端升先生于3月从美返回、阅览全稿，亦表赞同，兹将定稿付印。③

① 朱乔森编：《朱自清全集》"日记编"，南京：江苏教育出版社，1998 年。
② 参见陈波：《"期成宪草"探微——抗战时期民主宪政运动的重要成果》，《湖北大学学报》（哲学社会科学版）2000 年第 3 期。
③ 罗文干：《五五宪草之修正序言》，《再生》第 45 期，1940 年 4 月 10 日。

三月二十九日 抵达重庆参加四月一日举行的国民参政会一届五次会议。

三月三十日 致函昆明的女儿杨蔚、三子杨起：

丽儿

三儿：

我昨天来重庆，即住在油市街四号，周伯伯、陶伯伯、钱端升先生都住在这里。后天开会，宴会很多，来此即不得片刻闲暇矣。丁伯伯亦在重庆，他的飞机晚班，廿五日才到，中央研究院的会已经开过了。

我的棉袍后面也破了，作件新的此处也要上百元，所以未作。昨天穿了破袍子看朋友，惹得大家笑。今天找出袍罩子罩上。管它纱的罗的也罢，反正没有破。

祝你们快乐。

父字　三月卅日[①]

四月一日 作为参政员在重庆出席国民参政会第五次大会第一次会议。据《申报》报道：

国民参政会此次大会，在全国军事、政治顺利进展，全国人民积极促成宪政之空气中举行，开会之第一日，全场即充满紧张热烈之情绪。历次到会参政员，此次为最多，向在各地养病及因工作关系从未能到会者，如陈嘉庚、庄西言、陆费逵、刘哲等，均特来渝出席。截至今日正午止，已报到者计一百四十五人，因交通关系业经出发而尚在途中者约十余人，日内当可到达。

今日中午国民参政会蒋议长及张副议长，在嘉陵宾

① 据杨起保存父亲杨振声原函。

馆设宴招待全体参政员。（一日电）[1]

四月二日 上午八时举行国民参政会第二次会议，会上通过《各审委会委员名单》，分为军事国防组、外交国际组、内政组、财政经济组、教育文化组，其中教育文化组名单为：

耿毅、陆费伯鸿、陈时、潘秀仁、钱公来、陶玄、欧元怀、陶行知、余家菊、任鸿隽、胡元倓、刘哲、黄建中、陈裕光、刘百闵、常乃悳、梅光迪、李洽、杨振声、张奚若、茹欲立、江恒源、李中襄、梁实秋、钟荣光、张伯谨、周炳琳、张申府、吴贻芳，召集人杨振声、刘百闵、吴贻芳。[2]

四月十七日 下午三时半，参加西南联大常务委员会第一百四十次会议。

四月三十日 下午三时半，参加常务委员会第一四一次会议。

五月七日 下午四时，出席第二届第四次校务会议。

五月九日 下午一时，空袭警报至，与众人外出躲避。有敌机二十七架整齐飞过，在航空学校及附近村子投弹，据称死伤二百余人。

五月十四日 下午三时半，参加常务委员会第一四二次会议。

五月二十一日 下午三时半，参加常务委员会第一四三次会议。

五月二十八日 下午三时半，参加常务委员会第一四四次

①《到会参政员之名单》，上海《申报》1940年4月2日，第一张（四）。
②《国民参政会三次会议》，上海《申报》1940年4月4日，第一张（四）。

会议。

六月三日 欧洲萧乾致函美国胡适，自我介绍：

> 我不知道怎样介绍自己。我只六年前在海甸［淀］燕大礼堂上见过您，但您一定看不到我。一九三七年我在珞珈山通伯先生家避难，您访陈先生辞行时，我不巧刚过江。但我读书上最好的老师今甫先生，写作上最好的老师从文先生，恰巧都是您的“门生”。所以论辈数，我是称不起您弟子的。但和这一代千万青年一样，我也是您手创的文学革命的产儿。①

六月四日 下午四时，出席第二届第五次校务会议。

六月十一日 下午三时半，参加常务委员会第一四五次会议。

本年夏 朱自清按联大规定的教师“轮休”制度，带薪离校休假一年。

七月十六日 致函成都女儿杨蔚：

> 丽儿：
>
> 前后接到你三封信，接到第三封信时，知道你已住庞先生家，又遇到许多熟人，心境渐好，十分欢喜，我接到你第一封信后，有一信寄来由王鑫先生处转，不知已收到否？
>
> 近来四川天气很热，在成都虽比在重庆好的多，但怕也够苦的了。华西坝一带是成都最好的住所。你在庞先生家若要住下去，要担任一部分房钱及饭钱，时下生

---

①《萧乾致胡适》，《胡适来往书信选》（中），北京：中华书局，1979年，第469页。

活困难比不得平时。大家都对你那样好，你也得更对旁人好，情感都应是交换来的，黄金交换黄金，破铁也交换破铁。

对书堂、源璋，不要老怀抱怨，他们因为对你太好，不免爱护过甚，行动也就太早了点。但都应是十分纯真的好意，你要原谅他们的心。至于王鑫君夫妇，他们的习惯不同，也许是因为环境的不同，只要心好，也当原谅。书堂本不晓得你在成都有那末多的地方可住。远方作客，觉得自己亲戚可託，又有老太太的关系，自然是那种计划着。弟弟从木希村回来，说是书堂说在庞先生家中很好，这也是可以知道他的意思了。总之，书堂在他家中及朋友中是个杰出的人才，与他们都不同，你也不能希望的太多了。李有行先生在那里作什么？还作漆盒子，还是办学校？我想，你在庞先生家里住，自然很好，只是你们三个人三处住，三处消耗，怕书堂担负太重。自然不肯多化钱。最好把每月最低用费告诉他，使他有个数。等到天气一凉，你也最好作点事情，免得闲着，闲久更会发胖呢。

庞先生现在作的什么事？生活很好罢？你在成都，既有那些先生与熟人，留心，不可轻易交新朋友，老罗也不可过从太多，离家远了，防备人家的传言。这回才真是你独立作人的机会，从来没有一人离家这样远！我十分担心，同时也十分信任你。我来不来川尚不定，月底也许可以知道。弟弟才来了，拿他的衣服，要出门调查去啦。我写完这封信，也就要进城去，今晚有个吃客的。问好

父字　七月十六日

下次再写信给庞先生，先替我问好。[1]

七月十七日 下午三时，参加常务委员会第一四九次会议。会上遵照教育部指示，开始作万一必要之迁校准备。时，法国投降，日军进入越南（时称安南），滇边紧张。“昆明本是后方名城，这时变成了前方重镇。日本向昆明空袭，改从河内出发，距离近了些，到得早了些，但基本上还是在中午那段时间内。”[2]

七月三十一日 下午三时，参加常务委员会第一百五十次会议。

八月七日 下午四时，出席第二届第六次校务会议。

八月十四日 下午三时，参加常务委员会第一五一次会议。

八月十六日 下午三时，在昆中北院南食堂出席二十八年度第三次教授会议。八十四位教授代表出席，主席梅贻琦。

八月二十一日 下午三时，参加常务委员会第一五二次会议。

九月九日 教育部又派员来商洽迁校问题。本日，参加常务委员会在西仓坡五号清华大学办事处第一五四次会议。

九月十一日 下午三时，在西仓坡五号清华大学办事处参加常务委员会第一五五次会议。

九月十八日 蒋梦麟专程到贵州商洽迁校事宜。

九月二十四日 晚，访汤用彤。时，吴宓亦至汤宅，此前吴宓拟赴浙江大学，后又决定留在联大。杨振声谈及“宓赴浙大为助友，如从井救人。今年纵有妥善接洽，到明年又将

---

① 据杨起保存父亲杨振声原函。

② 冯友兰：《三松堂自序》，北京：生活·读书·新知三联书店，1984年，第106页。

如何栖止？宓之不去浙大而留此，极是。”时，“彤谓始终惟忧宓与迪冲突。龢等或欲借宓以攻摧迪。此外均不足虑。今不去亦佳。云云。”①

九月二十五日，下午三时，在清华大学办事处参加常务委员会第一五一次会议。

九月二十七日，《申报》报道：

关于滇缅路禁运事，国民参政会张副议长，暨参政员孔庚、傅斯年、罗隆基、胡景伊、褚辅成、秦邦宪、杭立武、李永新、奚伦、杨振声、陶孟和、周炳琳、陶玄、徐柏园、钱端升、许孝炎、陈博生、刘叔模、李中襄、陈豹隐、许德珩、左舜生、任鸿隽、高惜冰、范予遂、邓飞黄、王立明、王家桢、张忠绂、王启江等数十人以私人名义于六月间致电英国上下议院议员薛西尔·李顿勋爵及贝克金豪等数十人，阻止对日妥协，虽英政府现有三月禁运之决定，但议会中颇有责难之声，兹因三月之期将届，张副议长等特于日昨再以私人名义致电英国会议员，指陈滇缅路对我国抗战建国及英国远东权益之重要性，希望在此英国战争渐趋稳定之局势下，勿作不必要之顾虑，能毅然决定对滇缅路无条件开放。（二十六日电）②

九月三十日 有日军敌机来昆明。

十月一日、七日、八日、十一日、十三日、二十五日、

① 吴学昭整理：《吴宓日记》（Ⅶ），北京：生活·读书·新知三联书店，1998 年。

②《重行开放滇缅路》，上海《申报》1940 年 9 月 27 日，第二张（六）。

二十七日、二十九日 均有敌机来昆明。[①]

本年秋 因日军空袭频繁，北大在岗头村盖了两排七间简陋的教授临时宿舍。据张友仁所述：

> 在抗战时期的昆明，由于敌机的频频空袭、狂轰滥炸，西南联大的教授们曾一度从城内移居到郊外。那时，北京大学在昆明北郊岗头村新建了北大教授临时宿舍。那是一处基本上由茅草屋顶和土墙的房舍构成的中式院落。木条组成的窗子上没有玻璃，糊着白纸，有的连白纸也没有，而是糊着出国留学生考试的试卷来阻挡风沙。在这处临时宿舍里，周炳琳、赵乃抟、杨振声（北大中文系教授，五四时期著名文学家）、吴大猷（北大物理系教授，后来曾任台湾中央研究院院长）、饶毓泰（北大物理系教授、理学院院长，我国物理学界的一代宗师）、孙云铸（北大地质系教授、系主任、地层古生物学家，解放后任地质科学院副院长）、戴修瓒（北大法律系教授，曾任京师检察厅检察长、最高法院首席检察官）、张景钺（北大生物系教授、系主任）、崔芝兰（北大生物系教授）夫妇、雷海宗（清华大学历史系教授、西南联大历史系主任）等教授、章廷谦副教授，各住一间茅草房。蒋梦麟校长则住在正北的三间瓦房中。[②]

据吴大猷所述：

> 那七间小房的分配，是以先入为主为原则的。饶老

① 吴学昭整理：《吴宓日记》（Ⅶ），北京：生活•读书•新知三联书店，1998 年。
② 张友仁：《北京大学教授在昆明的几处宿舍》，《北京大学校友通讯》第 30 期，2001 年 4 月。

师、周炳琳夫妇、杨振声（今甫）先生各住了一间；我夫妇及陈嫂再加上他小孩子统睡在一间里；章廷谦夫妇和三个孩子一间；戴修瓒夫妇和一个女孩住一间；剩下的另一间，由孙云铸太太（带一个孩子）、刘云浦（带一个孩子）四人合住；孙、刘两位先生只好在那间公用大厅里搭行军床，睡“统舱”了。赵乃抟则只得屈居在大厅旁边那间小室里。“统舱”除住单身汉外，还有一大用场，即是打牌的战场，那时已有了基本队伍，即孙、刘、戴、章、饶五将，不愁三缺一了。这时咖啡尚买得到，晚餐后，周、杨二位时常来我家聊聊天，喝杯咖啡。虽一间小小斗室，却兼有卧室、书房、饭厅等多种用途。[①]

一九四〇至一九四一年度 为中文系四年级学生开选修课“陶谢诗”（4 学分）。[②]

十月二日 因四川政府来电表示欢迎西南联大迁入四川，本日常委会议决定，劝告教职员家属立即疏散；图书仪器能运川的运川，不能运川的理工学院图书仪器移到大普吉清华研究所存放，图书馆书籍移至龙头村及岗头村北大校舍存放；为避免空袭，上课时间改为每天上午七时到十时，下午三时到六时，每节课四十分钟，中间休息五分钟，遇到警报一律停课，警报解除后一小时内，照常上课。另外，派樊际昌、黄钰生赴四川勘察新校舍。

十月十一日 晚七时半，到昆北南食堂出席二十九年度第

① 吴大猷：《回忆》，北京：中国友谊出版公司，1984 年。

② 清华大学档案《国立西南联合大学各院系必修选修学程表》，《国立西南联合大学史料》（三教学、科研卷），昆明：云南教育出版社，1998 年，第 205 页。另见齐家莹编：《清华人文学科年谱》（清华文丛之八），北京：清华大学出版社，1999 年，第 240 页。

一次教授会议。四十五位教授代表参加，主席为梅贻琦。

十月三十日 沈履、樊际昌、黄钰生来函报告在叙永、泸县一带勘察校舍的情形。常委会决定将理学院及师范学院一部迁到晋宁，文学院、法学院及师范学院一部筹备迁往澂江。

十一月十三日 晚七时，在西仓坡五号清华大学办事处参加常务委员会第一六一次会议。会上决议：

> 聘请杨振声先生为本大学叙永分校主任。
>
> 聘请杨振声、陈嘉、郑华炽、蒋硕民、吴之椿诸先生为本大学叙永分校校务委员会委员，并请杨振声先生为该委员会主席。[①]

同时，限令联大一年级学生于十二月二十日之前到叙永分校报到。

十一月二十日 晚七时，参加常务委员会第一六二次会议。

十一月二十七日 晚七时，参加常务委员会第一六三次会议。

本日，樊际昌自叙永致函梅贻琦、蒋梦麟谈叙永分校校舍等情况，函末云：

> 分校职员请速派定，偕今甫兄早日来叙。[②]

十一月二十六日 致函女儿杨蔚：

丽儿：

① 北京大学档案《西南联大常委会关于聘杨振声为叙永分校主任和校务委员会主席的决议》，《国立西南联合大学史料》（四教职员卷），昆明：云南教育出版社，1998 年，第 27 页。

② 云南师范大学档案《樊际昌关于叙永分校校舍致梅贻琦、蒋梦麟》，《国立西南联合大学史料》（六经费、校舍、设备卷），昆明：云南教育出版社，1998 年，第 151 页。

这是廿六日早晨，你们结婚的第三天。天气阴阴的，想你们不能出门玩，你又忘记带书，不问罢？弟弟正在我身边，一早起来给我打脸水，擦桌子，扫地。老金昨天进城，早饭未归，弟弟还替我煎鸡蛋。我们昨晨离别你们之后，火车上的客人还客气，让出了几个座位给我们，所以在车上不太苦，你们一定担心我们没有座位，又怕我冷。其实我坐着还打了个小盹，倒是有点微冷，弟弟要把大氅还给我，我说不冷。后来弟弟也靠在我身边入睡了。这样靠着也够暖和。

快六点才到昆明，有小车子在等。我们还到护国路吃点咖啡、面包、鸡蛋，正是上次我们从木希村回来吃早点的地方。吃后一直回苷头村。我带弟弟回来，是我实在离不开他，让他暂时安慰我心里的空虚。我觉着我有点太自私，不过弟弟也离不开我，我猜想他也同样地感到空虚。我们睡到吃午饭才起来。下午弟弟劝我睡，我不正困。弟弟替我收拾房间，替我检检东西，我们一面作这，一面谈着你，我们俩都低着头不敢相看，两个人的眼都有点发潮了。

我找出北平带来从未用过的大红信笺，恭恭敬敬的写一封信禀明你祖父。信写的很长，对于书堂我大大的称赞了一番，让你祖父及母亲听了也高兴。还请家里把信转给你姑父、姑母，让他们也高兴。写好我念给弟弟听，让弟弟想象祖父的心理，话是否说的正合他老人家的心事。我们还商量着加上了几句，都是讨老人家欢喜的话。又用大红笺作了信封，恭恭敬敬的封好，寄航空快信。弟弟说：爸爸好久不这样写家信了！我说：这是姐姐的终身大事，也是爷爷的心中大事，又是你、我、偺们一家的大事。在以前的时候，我若作官，还得穿上朝服写这封信呢！

晚饭草草的吃了，我觉到屋子里太阴湿凄凉，弟弟替我生上火，我们又接着写帖子，北平的帖子不能发，怕我的名字给人麻烦。四川发了不少，湖南沈家也发了。刘伯伯及吴伯伯处都用信，丁伯伯虽在重庆，不知地址。李伯伯处以后再发，广西还有几份。我的朋友中认识你的或知道你的我才发帖子，不然不发。

夜间十点钟，弟弟劝我睡下，我想源璋今晚到宜良，你们大概在等他，还未就寝罢。

以上的话虽是说的太详细些，我怕你也在想念着我们，所以多告诉你我们一些情形。我想你以往的家庭的生活，父女兄弟之爱，只在养成你情感的纯洁，知道人生的可贵，家庭的快乐，以后你一生的幸福，全在你能以这些观念移到你的新家庭上面。而根本重要的是你能以高尚纯洁的情感爱书堂。书堂是有性情有理想的男子，他也必能以同样的情感爱你。你们的快乐同时也是我的快乐。我们这样的祝祷，这样的希望。并问书堂好。

父字　廿六日晨①

十一月二十八日 致函女儿杨蔚：

丽儿：

今天是廿八了，你结婚离家有几天了呢？

晨起天气总是阴阴的，象征着人生暗淡；远处天边云开处，露出蔚蓝的天光，又象征着广漠的人生中一线辽

---

① 据杨起保存父亲杨振声原函。

远恍惚的希望。不过，在你们这边应该满是日光的辉煌。

弟弟昨晚有课，未住在此，周伯伯与赵伯伯也都在城里上课，老金自然也在城里，晨起稀饭馒头都没有。我又哪来的勇气自己作饭自己吃呢？就以写信来替代罢。想起将来我一个人过日子，若没有一个好听差的，总会常常像这个样子吧？生命中失掉了什么似的，没有劲儿！不过我会慢慢的找到勇气的，你放心罢。

昨天又是整日写信写帖子，写好了弟弟送到城里去发。我们一面工作，一面还是谈着你。我劝弟弟以后每个星期尾来看你，他不言语，想是默认了。我想能够那样，你们会很快乐，你大哥也会每星期有几天高兴。我呢？想象着你们快乐，也就快乐了。

今次要我担任分校主任，我知道是如何麻烦的一件事！不过，我想到忙碌会使我疲倦、烦恼，同时也会使我不暇多想，减少些内心的痛苦。所以答应了这讨厌的位置。不然我不会答应的。昨天下午及晚上，都在梅先生家讨论迁校的事情。决定下月四日动身，有五辆卡车同行。四川有电报催我先去，大家也都要我坐飞机先走，我告诉他们我要等你下月二日回家，父女少聚而后离别。梅先生很知道我的心事，他要我等大家走后再坐飞机去。我想，我应当与大家共甘苦，不愿自己坐飞机，并且，坐飞机到重庆，再到泸县转叙永，也不见得舒服。所以我还是想四日与大家同行。若有问题的话，缓行一二日，不再延迟了。

我们以前约定，十二月二日（星期一）你同书堂回苷头村吃午饭，我已预备三桌客欢迎你们。三日晚梅先生请你们便饭。我想，在我走以前有些话同你谈谈，假如你能留在苷头村住一二日，我很盼望。书堂不至于反对罢？但假如你们分离不开，我也就不勉强了。但还盼望你们二日能来吃午饭，因为我已约了客人。哪怕吃完饭你们就走，总也要来一趟才像样子。

廿六日的信收到了罢？人性是这般的急，递信又是那般迟！

大奶妈可怜我没吃早饭，送来了一碗牛肉面。世界上还有好心人，也许我不至于终身孤零罢？祝你们幸福

父字　廿八日[①]

十二月十一日 下午四时，出席第三届第二次校务会议。

十二月十八日 晚七时，参加常务委员会第一六三次会议。随后，与刘本钊父女启程赶往四川叙永。

十二月二十三日 国民政府公布第二届国民参政会参政员名单，杨振声为“依照国民参政会组织条例第三条甲项遴选者”中的青岛市唯一代表。[②]

本年 主编的中学国文教科书完成，与吴晗主编的历史教科书等一起送交重庆教育部。此前，教育部已另行成立一“中小学教科书编辑委员会”，教育次长张道藩任梁实秋为教科书组主任，李清悚为副主任，“其任务是编印一套教科书，包括国文、史、地、公民四科，供应战时后方急需。因为前后方交通梗塞，后方急需适应抗战情势的教科用书，非立即赶编不可”。[③] 据梁实秋所述：

① 据杨起保存父亲杨振声原函。

②《国民参政会参政员名录》，徐友春主编《民国人物大辞典》，石家庄：河北人民出版社，1991 年，第 1714 页。

③ 梁实秋：《回忆抗战时期》，《雅舍散文》，北京：文化艺术出版社，1998 年。

> 在抗战之前数年，国防会议曾拨款由王世杰先生负责主编一套中学教科书，国文由杨振声、沈从文二先生主编，历史由吴晗先生主编，公民由陈之迈先生主编，仅完成一部分，交教育部酌量采用。国文历史部分稿件，我曾与清悚先生共同看过，佥以为非常高明，但不适于抗战时期，决定建议不予采用，而重新编写，对于此事甚感遗憾。[①]

另据梁实秋1973年3月6日致聂华苓函云：

> 华苓：收到大作《沈从文》，谢谢。文字写得太好了，除了欣赏之外，还有钦佩与羡慕。沈从文的作品，是不是像你所说的那样有价值，我不敢说，因为有很大一部分我没有读过，我只看过他早年的写作。你在传记部分，忽略了抗战前三年中，他和杨振声合编中学国文教科书那一段，那些教科书展转发到了国立编译馆，我适主管此事，有机会看到书稿，编得很好，只可惜不合学校使用，尤其不合抗战期间使用，所以弃置未用。[②]

本年 教育部公布《重行修正初、高中国文课程标准》，该《标准》部聘及征询专家二十八人，有朱家骅、常道直、杨振声、张道藩、陆志韦等。据称，杨振声、陆志韦等都给国文科提出具体意见。[③]

---

① 梁实秋：《回忆抗战时期》，《雅舍散文》，北京：文化艺术出版社，1998年。

② 梁实秋著、余光中等编：《雅舍轶文》，北京：中国友谊出版公司，1999年，第427—428页。

③ 刘正伟：《别求新声于异邦——留学生与现代语文教育改革》（续），《中学语文教学参考》1999年第1期。

◎1941年　民国三十年　辛巳　五十一岁

本年　由教育部次长朱家骅介绍并代为填表，加入国民党。[①]时，“重庆教育部有命令，大学院长以上的人都必须是国民党党员。如果还不是，可以邀请加入”。[②]

本年度　与沈从文指导毕业生姚殿芳，论文题目为《红楼梦中的描写举例》。[③]据姚殿芳所述：

> 杨先生在昆明西南联大任教期间，曾指导学生毕业论文多篇。我是1938年入学的“联”字号第一届毕业生。毕业论文有幸由杨先生指导。题目是《石头记中人物描写举例》，选择林黛玉和薛宝钗两位典型的女性，用弗洛伊德心理分析学派的心理分析方法，对小说里这两位典型的人物的社会家庭背景、性格形成、心理活动和行为表现以及作者曹雪芹的人物描写方法试作分析。在指导过程中，杨先生从引导反复阅读原著，参考心理分析学派的著作，到列提纲、写论文，都始终采用启发提示——细致引导——严格要求、反复修改的方法。论文完成后，我深感自己在专业知识、研究方法、思想境界和文字表达诸方面都提高了一大步。[④]

一月二日　叙永分校开学，到校新生六百余人。另据杨起

---

① 孙昌熙、张华：《杨振声著作系年简表》，《杨振声选集》，北京：人民文学出版社，1987年。

② 冯友兰：《三松堂自序》，北京：生活·读书·新知三联书店，1984年，第110页。

③ 北京大学档案《西南联大中国文学系历届毕业学生论文题目及导师》，《国立西南联合大学史料》（三教学、科研卷），昆明：云南教育出版社，1998年，第108页。

④ 据姚殿芳致杨起原函（2001年6月17日）复印件。

夫妇所述：

> 叙永是川、滇、黔三省交界处的一个小县，属四川管辖，条件较昆明更为艰苦。庙宇就是校舍与宿舍，教室里桌椅不全，参考书极少，更没有电灯，食堂没有桌椅，大家蹲地而食。永宁河是唯一水源，居民们洗衣、洗澡都在里边，致使水源被污染，所以，有不少人拉肚子。但师生们的爱国热情丝毫不减，教和学热情依旧。[①]

一月四日 与刘本钊父女到达四川叙永。而后租住小街子五十号一民房。

一月六日 分校正式上课。

据周明道所述：

> 当时在叙永分校任教的几位老师有：分校主任杨振声先生，杨先生的衣冠最为整齐，身上永远找不到一条绉纹，走路也是那么从容不迫，有外交家风度。教务长樊际昌（逵羽）老师，负责文法学院，也是叙永分校的创设人。生物系有李继侗先生，地质系有袁复礼先生，数学系有曾远荣先生，工学院有褚士荃先生，教微积分的是赵淞副教授，政治学是龚祥瑞教授，化学系唐助教，地质系助教为苏良赫，体育是黄中孚先生，数学系助教是刘欣年，外文系有杨周翰、王佐良、王还、查良铮，还有张振先夫妇。[②]

---

① 杨起、王荣禧：《为传播北大精神而奋斗不息——追思家父杨振声的一生》，钱理群、严瑞芳主编：《我的父辈与北京大学》，北京：北京大学出版社，2006 年。

② 周明道：《令人难忘的叙永生活》，肖卫编：《北大岁月》，呼和浩特：内蒙古文化出版社，2001 年。

据彭国涛所述：

1940年我考入西南联大文学院，在四川叙永读大学一年级。我的国文课有幸被编在A班。授课老师有三人：杨振声教授教现代文学，彭仲铎副教授教古典文学，刚进入西南联大的李广田先生教作文。他和杨振声教授都是山东人。杨振声教授身材高大，满口京腔。李广田先生与之相比，就显得矮小，说的是带山东口音的普通话。[①]

李广田到西南联大也是杨振声所聘。据孙昌熙所述：

在三十年代初即展露头角的散文家、诗人、文论家的李广田先生，是先生聘请到联大来的，李先生也担任了《大一国文》课。李先生还在中文系开《文学理论》（现在香港出版题名《文学论》）偷偷摸摸地传播马列文论，受到先生的热烈欢迎。[②]

据秦泥等所述：

叙永分校的教师队伍是配备得很整齐、很充实的。由杨振声、郑华炽、吴之椿、陈嘉、蒋硕民、李继侗、霍秉权、褚士荃、刘云浦九位教授组成分校校务委员会，以著名文学家杨振声教授任校委会主席，即分校校长。郑华炽任教务主任，褚士荃任训导主任。

物理系的郑华炽和霍秉权，化学系的孙承谔和刘云浦，数学系的程毓淮和蒋硕民，生物系的李继侗，地质系

① 彭国涛：《我所知道的李广田先生》，《西南联大北京校友会简讯》第32期，2002年10月。

② 孙昌熙：《把中国新文学抬上大学讲坛的人——追忆在抗日战争期间接受恩师杨振声（今甫）教授教诲的日子》，《泰安师专学报》1989年第2期。

的袁复礼，外语系的陈嘉，社会系的吴之椿等，都是国内外知名的科学家和学者。此外，还有从外国学成归国的新秀，如政治系的龚祥瑞和经济系的滕茂桐等。大一必修的基础课较多，一些著名的教授都亲自讲授这些不分科系的大课，如杨振声教大一国文，陈嘉教大一英语，李继侗教生物学等。当时任讲师的吴晗教的中国通史以及任助教的李广田的大一国文，都是颇受学生欢迎的课。[1]

一月七日“皖南事变”。据杨起夫妇所述：

皖南事变爆发的消息传到叙永后，同学们对国民党的倒行逆施非常气愤。以进步组织《群社》为核心，同学们上街游行、写揭露国民党反共内幕的壁报、举行了一系列的抗议活动，因而招致当地国民党分子的破坏，他们唆使驻军来强行搜查女宿舍，由于学校方面据理力争才未能得逞。据一位当年在叙永分校时，参加过为抗议国民党发动皖南事变而举行游行的老校友回忆：“杨振声主任坚定地站在进步学生一边，他举起五四‘民主、自由’的大旗，来庇护学生，坚决反对反动军警到学校抓人。地下党员学生徐树仁（徐干）和袁月如奉命转移离开学校，反动当局来校要人时，杨振声以‘学校只管学生的学习，课堂以外的事学校管不着，那是学生们的自由！’来把他们顶了回去。”[2]

---

① 秦泥执笔：《联大叙永分校生活纪实》，西南联大校友会编：《笳吹弦诵在春城——回忆西南联大》，昆明：云南人民出版社；北京，北京大学出版社，1986 年，第 233—234 页。

② 杨起、王荣禧：《为传播北大精神而奋斗不息——追思家父杨振声的一生》，钱理群、严瑞芳主编：《我的父辈与北京大学》，北京：北京大学出版社，2006 年。

据李循堂所述：

来叙永分校的老师们，特别要提到的是当时负责学校行政的杨振声、霍秉权、郑华炽、褚士荃等诸先生。他们既负分校的行政责任，又都教课。最重要的是他们都有民主作风。我们称此为蔡元培式的作风。在整个分校运行中，这对同学是起了保护作用的。[1]

一月九日《申报》报道：

重庆　蒋夫人文学奖金评判委员会，兹已聘评定委员十人，主任委员由谢冰心担任，钱用和任秘书，评判员分两组，论文组为陈布雷、钱用和、罗家伦、吴贻芳、陈衡哲，文艺组为谢冰心、郭沫若、苏雪林、朱光潜、杨振声，全部稿件已开始初审云。（七日电）[2]

本日，致函女儿杨蔚、三子杨起：

丽儿
起儿：

我是一月四日才到叙永，路途辗转，艰苦可知。到此后自然正忙，好在学校已于六日开学，七日上课，便可稍松一口气了。

今天是一月九日，离开你们已是整整二十天了！我中午在吴伯伯那里吃面——他们还住在旅馆里，房子不好找。下午三点后我回到中国旅行社，隔壁房间里刘伯伯与刘姐姐都在生病。我过去看看他们，自己静静的回

①《文学奖金评委会聘定委员》，上海《申报》1941 年 1 月 9 日，第一张（三）。
② 李循堂：《抗战时期西南联大叙永分校的两大特色》，《叙永县文史资料选辑》（第十九辑），1996 年，第 84 页。

到房间里，望望窗子外的远山上，晒满了一山金色的太阳。在此处是不易得的天气，很想出去散散心。但又懒得动，不自觉的坐在藤椅上，拿起你们的信看。共接到你们每人两封，丽儿的是十二月十五及廿四的，起儿的是廿六及廿八的。想想我们前后，你们回昔头村一日的感觉，寂寞的情况，两个可怜的失家的孩子，我也不觉眼潮了。人们都是蠢才，我们家庭相聚时，何以那样轻轻的放过，离别后才知道那深深浸在爱里的家庭，应当如何的宝贵与爱惜，于今是风流云散，逝水不归了！剩下的只有无穷的惆怅！

然而，一样花开鼎盛时，一夜风雨，花散人悲。总比花飞花落，来得有劲些。况且这个幸福的家庭不散时，你们又如何去创造自己的生活与幸福呢？我是太自私了！

丽儿已经走在幸福的征途上，当然还是要处处留心，处处努力，幸福是自己创造的。起儿的痛苦最深，将来的希望也更大。你形容姐姐送你到学校后，你好像是才踏进校门的新生，到一个新的环境去生活，这形容得最好。是的，你是今日才离开家庭的怀抱，去开始寻找自己的生命了。你得鼓起勇气，像一个探险家去开辟新天地，像一个武士去访寻崇拜或奋斗的对象，像一个科学家去探讨宇宙之秘密，像一个艺术家去创造美丽的人生。你父亲是失败了，因为他知道得一切都太晚，那时无人能告诉他。旧式的家庭与半旧的教育，把他像囚犯一样的囚在笼中了！他没有打破这木笼，因为他怕使旁人痛苦，于是安居于笼中者三十年，无人了解与原谅他。于今他是老了，飘零天涯，顾影自慰。回首往事，空余惆怅。每当夕阳人归，他如长行的旅客，翘首前程，茫茫无所宿止。然而他心中有一种希望与安慰，那便是你们的幸福。

父字　一月九日[①]

一月十日 分校王裴庆等三十九人联名呈西南联大常委会函请增加生活津贴。因叙永物价飞涨，出人意料，致使部分教员生活费用亟缺。

一月十一日 附签呈于此函后：

谨呈者：今有分校低薪教职员（月薪在200元以下者）公函一件，因叙永生活昂贵，请求发给津贴，每人每月60元。函中所陈各节，当属实情。

伏乞钧会体念艰苦，赐予采纳。并请将卓裁结果，电报示知。俾其生活早定，安心教学，至感公便。谨呈

常务委员会

叙永分校主任　杨振声谨呈[②]

一月十五日 致电梅贻琦请速汇款：

昆明西南联大梅月涵先生：分校报到学生544人，续到者络绎，贷金名额相差甚多，救济金可分若干；抗战日久，物价增高，贫苦学生日多，贷金名额应请交涉增加，不必独后于他校。又学术研究补助金及去年米贴皆请催促早发。又一月份薪是否十成发给，一切迫切待命，祈

① 据杨起保存父亲杨振声原函。

②《叙永分校王裴庆等39人呈函请增生活津贴》，《国立西南联合大学史料》（四教职员卷），昆明：云南教育出版社，1998年，第538页。

速电示，并速电汇五万元，振声 删。[1]

一月十九日 上午，以杨振声为主席的叙永分校校务委员会在春秋祠召开第一次会议。另有樊际昌、吴之椿、陈嘉、蒋硕民（程毓淮代）、郑华炽（霍秉权代）出席。会议由樊际昌记录。会上，主席杨振声报告分校进行情况，教务长樊际昌报告校舍分配情况。提议：分校女生宿舍定为帝主宫，现女生请求仍住春秋祠，应如何处理。决议女生宿舍定为帝主宫为分校校舍通盘计划的一部分，未便变更。[2]

一月二十二日 关于购买实验用品致电教育部：

重庆教育部顾次长一樵兄：事务主任毕正宣在渝为分校购买图书及实验用品，需 5000，请设法垫借，由校款扣还。弟杨振声。[3]

一月二十五日 下午三时，在叙永中国旅行社招待所召开分校校务委员会第二次会议。另有吴之椿、陈嘉、蒋硕民、郑华炽（霍秉权代）、樊际昌出席，刘本钊记录。会上，教务长樊际昌报告分校学生贷金情形。通过本校校历案，并呈本校备案；通过追认组织贷金委员会案，聘樊际昌、霍秉权、刘云浦、褚士荃等为委员，由樊际昌负责召集；通过组织大一学生课业指导委员会案，聘请郑华炽、陈嘉、程毓淮、李

① 云南师范大学档案《叙永分校关于速汇款的电文》，《国立西南联合大学史料》（六经费、校舍、设备卷），昆明：云南教育出版社，1998 年，第 123 页。
② 北京大学档案《国立西南联合大学叙永分校校务委员会会议记录》，《国立西南联合大学史料》（二会议记录卷）"附录"，昆明：云南教育出版社，1998 年，第 571 页。
③ 云南师范大学档案《叙永分校关于购买实验用品电教育部》，《国立西南联合大学史料》（六经费、校舍、设备卷），昆明：云南教育出版社，1998 年，第 123—124 页。

继侗、刘云浦、袁复礼、吴之椿、杨振声、褚士荃诸先生为委员，由郑华炽负责召集。[①]

一月二十七日 正月初一。据张之良所述：

昆明本校很重视叙永分校。樊教务长把分校组织好后回昆明了，随后派来了中文系教授杨振声先生来负责叙永分校。……

春节到了，由杨振声教授主持唱了五天京戏。记得有一个剧目是“苏三起解”，是工学院姓王的同学主演，他在北平时，从小在家请家庭教师教戏，所以表演唱腔均好。后来这位同学中途辍学，参加中印空运工作，在一次飞机失事中牺牲了。[②]

一月二十九日 致函西南联大催款：

常务委员会钧鉴：接奉二十四日电祇悉一是，所汇3万元亦已到叙。唯因分校诸设备需款甚巨，所垫教职员旅费及12月份以前薪金、学生贷金、师范学生膳费等为数极多，业由银行透支5000元方可勉度旧历年关，拟请速赐再汇50000元，以应急需。至可否将迁建费拨一部分存于分校，一方面为设备之需，一方面于缓急之际俾可稍资周转，并乞核示。所有分校在昆明未领12月份以前薪水及旅费名单请早开示，以凭清理。关于米贴一事，分校旧教职员似本校曾经调查有案，请即将调查表寄下，

① 北京大学档案《国立西南联合大学叙永分校校务委员会会议记录》，《国立西南联合大学史料》（二会议记录卷）“附录”，昆明：云南教育出版社，1998年，第571—572页。

② 张之良：《我的大学生活》，西南联大校友会编：《笳吹弦诵在春城——回忆西南联大》，昆明：云南人民出版社；北京，北京大学出版社，1986年，第254页。

以凭发给。唯新聘教员尚须由叙调查，即祈速将米贴办法及调查表格快邮检寄，俾便进行，以分校同人希望早日拨发至切也。分校低级教职员要求另给津贴事，已遵电转达，谨以奉闻。分校主任杨振声 艳。[①]

一月三十一日 下午三时，在叙永中国旅行社招待所召开分校校务委员会第三次会议，另有吴之椿、蒋硕民、陈嘉、郑华炽（霍秉权代）、樊际昌出席。会上，主席杨振声报告截至本月底各院系注册新生共计五百九十七人。提议关于迟期报到新生限减修学分案，决议自一月六日上课起，新生迟至第六、第七两个星期内（即自二月十日起至二十三日止）始报到者，限减修学分三分之一。第八、第九两个星期内（即自二月二十四日起至三月三日止）始报到者，限减修学分二分之一。再迟到者，限作旁听生。另提议并决议通过组织训导委员会案，聘请查良钊、褚士荃、霍秉权、樊际昌为委员，由查良钊负责召集，在查良钊缺席时，由褚士荃负责召集。[②]

叙永生活艰苦。来此不久，患顽固胃疾。

二月三日 沈从文复施蛰存函，谈及：

今甫先生已去叙永，管理联大一年级事务。[③]

二月七日 下午三时，在中国旅行社招待所召开第四次会

① 云南师范大学档案《叙永分校关于购买实验用品电教育部》，《国立西南联合大学史料》（六经费、校舍、设备卷），昆明：云南教育出版社，1998 年，第 124 页。

② 北京大学档案《国立西南联合大学叙永分校校务委员会会议记录》，《国立西南联合大学史料》（二会议记录卷）"附录"，昆明：云南教育出版社，1998 年，第 572—573 页。

③《复施蛰存》，《沈从文全集》（18），太原：北岳文艺出版社，2002 年，第 390 页。

议，另有樊际昌、吴之椿、蒋硕民、陈嘉出席。会上，主席杨振声报告本大学常务委员会第一六七次会议决议事项，同时报告奉教育部代电并附发国立各学校教职员学生膳食费用补助办法实施规则。提议拟制定分校学生会社管理规则及学生壁报管理办法案，并修正通过。①

二月十一日 在中国旅行社叙永招待所召开第五次会议，另有樊际昌、吴之椿、蒋硕民、郑华炽（霍秉权代）、陈嘉出席。会上提议制定本大学分校组织简则草案案，并修正通过。②

二月十二日 致函女儿杨蔚、三子杨起：

> 丽儿
> 三儿：
>
> 前几天一连接到三儿一月二日及十七日的信，丽儿一月十四日及廿一日的信，这些信都远从天涯寄来无穷的安慰。从我情感所寄的地方寄回来交互的情感，寄来多少往事的回忆，流水不归的时光，人生如梦的惆怅！
>
> 我已经有半月多没写信了，因为我实在太忙，有时累得饭都吃不下，不过，身体还好，来后那样忙也未累病。这是旧历正月十七的夜间，窗外下着凄凄的细雨，使我想起少时在家乡，今夜正是所谓残灯了，我那时虽小，但对残灯之夜，已感到行将失去的最后爱惜，总还跑去凄凉的灯棚之下留恋一回，然后惆怅的归来，抱着

① 北京大学档案《国立西南联合大学叙永分校校务委员会会议记录》，《国立西南联合大学史料》（二会议记录卷）“附录”，昆明：云南教育出版社，1998年，第573页。

② 北京大学档案《国立西南联合大学叙永分校校务委员会会议记录》，《国立西南联合大学史料》（二会议记录卷）“附录”，昆明：云南教育出版社，1998年，第574页。

什么悲哀似的一声不响去睡觉。说起已是将近四十年的事了，那时不过十二三岁，一个见人脸红，常在海边、月下、花前，发呆出神，带着忧郁性的孩子。不过有时也忘其所以，记得看灯的时候，有人问我灯上画的故事，我就口讲指画的说给人听，我那时《三国演义》、《西游记》、《封神演义》一类的灯画，都讲得源源本本，娓娓动听，四周围了很多人，还听得津津有味呢。有个老年人说："这小孩子讲的真不错，是谁家的孩子？"我忽然发觉了我在许多人中间讲故事，羞得满脸飞红，一转身就溜在人群中逃跑了。现在想起，真是流水年华了。

十五、十六我就想写信，总不得工夫。直至今天晚上，才得在微弱的油灯之下，丽儿所谓容易追念往事的光影之下，写几个字寄来。问大家好。

父字　二月十二[①]

二月十四日　下午三时，在中国旅行社招待所召开第六次会议，另有蒋硕民、吴之椿、郑华炽（霍秉权代）、褚士荃出席，刘本钊记录。会上提议在校务委员会主席杨振声赴重庆开会期间，应公推一人代理主席案，决议由霍秉权担任。[②]

二月十七日　下午二时，在中国旅行社招待所召开第七次会议，另有褚士荃、吴之椿、蒋硕民、查良钊、郑华炽出席，刘本钊记录。会议提议并决议通过请追认聘导师会议主席褚士荃兼任训导主任案；请聘大一课业指导委员会主席郑华炽兼任教务主任案；请合体育组及校医室组织一体育卫生组案。

① 据杨起保存父亲杨振声原函。

② 北京大学档案《国立西南联合大学叙永分校校务委员会会议记录》，《国立西南联合大学史料》（二会议记录卷）"附录"，昆明：云南教育出版社，1998年，第574页。

同时提议贷金名额已达三百五十四名，而清寒学生仍多须救济者，宜如何分配俾多数清寒学生悉得救济案，决议：（一）贷金分甲乙两种：甲、全额膳食贷金。即新量二斗一升当地之米价，加油盐、菜蔬、燃料、工资等十四元。乙、半额膳食贷金。即全额贷金总数之半。（二）学生应各就所需申请一种，至前经核定之名额一律有效，但先以乙种贷金计算。如有家境极端清寒者，得重新申请改为甲种。如得有乙种已足用者，不得再行申请，以后即以乙种计算，至在前未经申请者，亦得申请一种，统限于三日内，将申请书交付审查。（在前已有申请书者，勿须重写，只声明需要某种贷金即可。）另外，提议审核分校二十九年度教职员填报家属人口调查表案，决议分别审查通过，并规定凡夫妻同在本校服务者，直系亲属须按国立各学校教职员、学生膳食费用补助办法实施细则第三条规定，只准一人列报。提议审核本分校三十年度每月经常费概算案，初审修正通过。①

二月二十八日 午，身陷香港的陈寅恪致函傅斯年，有意得返内地后去叙永任教，函云：

> 如有暇则赴李庄一看情形，以为迁后之准备。大约昆明地太高，心脏不能堪。如不能去李庄，叙永不知如何？叙永情形在渝可详问杨金甫兄一切也。②

三月十日 叙永分校组织接收工程委员会，聘请杨振声、李继侗、褚士荃、刘本钊、罗岐生为委员，杨振声负责召集。

① 北京大学档案《国立西南联合大学叙永分校校务委员会会议记录》，《国立西南联合大学史料》（二会议记录卷）“附录”，昆明：云南教育出版社，1998年，第575—576页。

② 陈寅恪：《陈寅恪集·书信集》，北京：生活·读书·新知三联书店，2001年，第七六页。

三月十三日 据《梅贻琦日记》：

晚为重衡、今甫各作一信。[1]

三月二十九日 下午三时，在叙永中国旅行社招待所召开第十次会议，另有郑华炽、蒋硕民、刘云浦、褚士荃、吴之椿、李继侗、陈嘉、霍秉权出席，刘本钊列席并作记录。会上，主席杨振声报告工程接收委员会审查工程处所送购置家具、教具及工程修缮表册情形，并报告梅贻琦常委来函所述关于分校组织简则等意见及昆明本校情形。提议学生徐欣堂擅自离校多日，未经请假亦未返校，应如何处分以儆效尤案，决议徐欣堂着即开除学籍；通过嗣后学生记小过时，由教务主任或训导主任商承分校主任办理，记大过或开除学籍，由校务会议议决案；通过拟组织檀香山贷金委员会案，并推请李继侗、郑华炽、陈嘉三位为檀香山贷金委员会委员，由李继侗负责召集；提议会计室拟定分校暂行收支程序及备置各种账簿报表案，决议交总务主任审核后，自四月一日实行，若有困难时，得由总务主任商请分校主任修正之；提议调整工读生办法案，决议交由教务主任、训导主任、总务主任商同办理；通过教务主任提议将下学期校历推后一星期，并将本学期考试日期延长二日案；通过大一课业指导委员会建议，本学年开学较迟，凡一年级学生对于微积分、物理及化学三种课程，不得同时选修案（此条暂缓实行）。[2]

四月四日 下午二时，在分校主任办公室召开第十一次会

① 黄延复、王小宁整理：《梅贻琦日记》，北京：清华大学出版社，2002 年。

② 北京大学档案《国立西南联合大学叙永分校校务委员会会议记录》，《国立西南联合大学史料》（二会议记录卷）“附录”，昆明：云南教育出版社，1998 年，第 578—579 页。

议，另有蒋硕民、刘云浦、李继侗、褚士荃、霍秉权、郑华炽、陈嘉、吴之椿出席，刘本钊列席并做记录。会上教务主任报告调整工读生情形，主席杨振声报告工程接收委员会结束情形。通过拟组织图书仪器设计委员会案，并聘请霍秉权、刘云浦、陈嘉、吴之椿、褚士荃五先生为委员，由霍秉权负责；通过拟组织防空消防委员会案，并聘请褚士荃、黄中孚、毛鸿、魏可钧、罗岐生五先生为委员，由褚士荃负责召集；通过拟组织校舍（设计添设校舍及分配）委员会案，并聘请李继侗、刘本钊、褚士荃、郑华炽、罗岐生五先生为委员，由李继侗负责召集；提议拟规定补助教职员迁移损失费数目案，决议：单身教职员补助二百元，有家眷者补助四百元，凡本人及家眷从任何地方到叙永，或家眷从昆明到四川任何地方，皆得领取此项补助费，惟本人至少在叙永一学期，又本办法在本学年有效，下学年应如何补助另议定之；通过审核新到校教职员家属人口调查表案，剔除五件，交总务处调查决定之。随后，杨振声针对叙永教职员及家眷补贴问题，写信向昆明校本部梅贻琦说明情况。①

四月七日 下午三时，在分校会议室召开校务委员会第十二次会议，另有吴之椿、刘云浦、褚士荃、陈嘉、蒋硕民、李继侗、郑华炽、霍秉权出席，刘本钊列席并作记录。会上提议并修正通过复审三十年每月经常费概算案；通过分校各系添用练习生或技工皆须向本校各系办理案；通过聘请朱智仁为清寒学生奖金委员会委员案，聘请郑华炽、吴之椿、程

① 北京大学档案《国立西南联合大学叙永分校校务委员会会议记录》，《国立西南联合大学史料》（二会议记录卷）“附录”，昆明：云南教育出版社，1998年，第579—580页。

毓淮、褚士荃为委员，由郑华炽召集之。①

四月八日 呈西南联大常委会：

查分校成立，经常用费当无确实预算数目，于执行预算关系甚巨。兹由分校参酌总校总预算及分校实际需要，拟具分校民国二十年年度每月经常费概算书，计每月共支国币40375元，业经分校校务委员会议决通过。兹并附具说明及由昆来叙教职员名额薪俸清单，分校在叙增加职员名额停薪清单各一份，理合备文呈请钧会鉴核示遵。②

四月十日 呈西南联大常委会：

敬呈者：查此次分校成立，凡自昆明或其他地方前来叙永者，迁移既受损失，安家又多所费用。前此来叙者，仅发旅费及行李等费，而安家有极感困难者，要求补助亦属情理之常。因此分校校务委员会第十一次会议议决："单身救职员补助200元，有家眷者补助400元。凡本人及家眷从任何地方来叙永或家属从昆明到四川任何地方，皆得领取此项损失补助费，惟本人至少在叙永一学期。又本办法在本学年有效，下学期应如何补助，另议定之。"等情，理合具文呈请钧会鉴核照准，并自迁移费项下拨汇，实为公便。③

① 北京大学档案《国立西南联合大学叙永分校校务委员会会议记录》，《国立西南联合大学史料》（二会议记录卷）"附录"，昆明：云南教育出版社，1998年，第580—581页。

② 云南师范大学档案《叙永分校杨振声呈常委会文》，《国立西南联合大学史料》（六经费、校舍、设备卷），昆明：云南教育出版社，1998年，第124页。

③ 云南师范大学档案《杨振声为补助经费呈常委会文》，《国立西南联合大学史料》（六经费、校舍、设备卷），昆明：云南教育出版社，1998年，第128页。

四月十六日《梅贻琦日记》：

> 上午适接杨今甫函，谓昆明有不公允之待遇，叙委会乃决定加给迁移津贴。使人不快，而益感分校之不该设立。①

四月二十二日 下午二时，在分校会议室召开第十三次会议，另有郑华炽、刘云浦、褚士荃、陈嘉、蒋硕民、吴之椿、霍秉权、李继侗出席，刘本钊列席并作记录。会上提议学生徐树仁、袁月如未经请假，擅自离校应如何处理案，并决议开除学籍；修正通过军事管理组拟定学生作息时间表案、拟将文具用品质料减低并限制领用案；提议分校书记米贴应如何规定案，决议规定本身及配偶皆得请领米贴。②

五月九日 下午三时，在分校会议室召开叙永分校第十四次分校校务委员会会议，另有吴之椿、李继侗、刘云浦、郑华炽、陈嘉、霍秉权、蒋硕民、褚士荃出席，刘本钊列席并作记录。会上，杨振声首先报告常务委员会第一六九次至一七三次会议记录及本校第二届第三次校务会议记录，随后报告常务委员会第一七五次会议记录关于分校教职员由昆明来叙之补贴费及支配教育部之美金设备费两案。提议并通过拟组织分校消费合作社筹备委员会案，推请李继侗、黄中孚、罗岐生、宋道心、邵式崟五先生为分校消费合作社筹备委员会委员，由李继侗召集之；提议改正膳食米价计算方法案，决议自五月份起，每市斗二斗一升，以本地老斗一斗之八分

① 黄延复、王小宁整理：《梅贻琦日记》，北京：清华大学出版社，2002年。
② 北京大学档案《国立西南联合大学叙永分校校务委员会会议记录》，《国立西南联合大学史料》（二会议记录卷）"附录"，昆明：云南教育出版社，1998年，第581页。

之七计算；书记赖建恒等呈请增给家属米贴案维持原案。①

五月二十三日 下午三时半，在分校会议室召开第十五次会议，另有李继侗、褚士荃、郑华炽、陈嘉、刘云浦、霍秉权、吴之椿、蒋硕民出席，刘本钊列席并作记录。会上，主席杨振声报告本校常务委员会第一四七次会议记录以及本校寄发分校组织规则。提议加聘贷金审查委员会委员案，加聘李继侗、滕茂桐、陈嘉三先生为委员；提议拟改订每日上课时间案，决议：天气过热，警报频传，自五月二十六日起每课改为四十分钟，休息十分钟，每日上午自六时半起始上课，下午时间照旧。②

五月二十六日 据《梅贻琦日记》：

> 下午发信与净珊、杨今甫、叶企孙。③

六月四日 辞西南联大常务委员会秘书主任一职。西南联大第一七九次常委会决议：

> 杨振声先生来函请准辞去本大学秘书主任，应照准。④

本月初 梅贻琦、罗常培和郑天挺一行三人到四川。此行目的之一是到叙永视察分校。⑤

---

① 北京大学档案《国立西南联合大学叙永分校校务委员会会议记录》，《国立西南联合大学史料》（二会议记录卷）"附录"，昆明：云南教育出版社，1998年，第582页。

② 北京大学档案《国立西南联合大学叙永分校校务委员会会议记录》，《国立西南联合大学史料》（二会议记录卷）"附录"，昆明：云南教育出版社，1998年，第583页。

③ 黄延复、王小宁整理：《梅贻琦日记》，北京：清华大学出版社，2002年。

④ 北京大学档案《西南联大常委会关于杨振声辞秘书主任的决议》，《国立西南联合大学史料》（四教职员卷），昆明：云南教育出版社，1998年，第30页。

⑤ 罗常培：《蜀道难》"叙永一周间"，《苍洱之间》，沈阳：辽宁教育出版社，1996年。

六月六日 据罗常培所述：

四点半到叙永车站，有联大分校庶务员罗岐生来接，他已经在中国旅行社替我们定好房间了。旅行社是就着古万寿寺改造的，清洁幽静，胜于泸州。经理虞伟如比泸州的薛卓钧还透着干练。他在院子里给我们布置了一个露天客厅，席棚虽然没遮好，可是铺着地毡，摆着藤椅，亦堂皇，也雅致。简直不像僻处川南的内地样儿。

当晚会到杨今甫先生，国文系的同人也找我来谈这一年来大一国文的授课情形。夜里下了很大的雨，盖着棉被还嫌冷，这是我入川以来第一次感觉到的一点儿秋意。①

六月十日 据罗常培所述：

我们九点半到总办公处，由杨今甫、褚士荃领导着视察各部分，并到春秋祠拜访各位同人。下午四点钟梅先生在寓所召集分校校务委员会，报告常务委员会对于下年度分校问题考虑的经过，今甫因为突发高热没能出席。②

六月十一日 上午十时四十分，罗常培应邀在县文庙第二十教室作题为“中国人与中国文”讲演，听众五百多人，一年级学生大部分都到。十二时二十分，空袭警报，下午三时，紧急，四十分后解除。据罗常培所述：

四时，梅先生约分校全体同人和各家眷属在中国旅行社举行茶会。七点中国文学系同人在四川旅行社招待我

① 罗常培：《蜀道难》“叙永一周间”，《苍洱之间》，沈阳：辽宁教育出版社，1996年。

② 罗常培：《蜀道难》“叙永一周间”，《苍洱之间》，沈阳：辽宁教育出版社，1996年。

晚餐，席间就便问起讲读的进度，作文的次数，分组的标准和各组学生的程度。我很高兴本系这几位同人都能在杨今甫彭啸咸两先生领导之下，努力合作，各尽本分。①

六月十二日 大雨。据罗常培所述：

十二日上午十点冒雨进城到南华宫参加国民月会梅先生报告总校情况，并告诫学生对于选择院系应就个人才性学力和整个的学术前途着想，不可很短视的只注意眼前的出路。午后三点，清华同学会在南华宫招待梅先生，北大同学会在城东公园复兴亭招待毅生和我。②

六月十三日 天转晴。据罗常培所述：

晚六点访今甫谈总校中国文学系近况，并询问分校大一国文的各问题。③

六月十四日 上午十一时，梅贻琦一行离叙永返泸州。

本年春 得知老舍无工作，杨振声致函联大总校中文系主任罗常培，提出拟聘老舍做北大教授，专任大一国文。罗此行四川恰遇老舍，将杨振声意转告老舍。老舍守正安贫，复罗函简单干脆："不教书！三年没念书拿什么教人家？谢谢杨大哥的好意。"④

① 罗常培：《蜀道难》"叙永一周间"，《苍洱之间》，沈阳：辽宁教育出版社，1996 年。
② 罗常培：《蜀道难》"叙永一周间"，《苍洱之间》，沈阳：辽宁教育出版社，1996 年。
③ 罗常培：《蜀道难》"叙永一周间"，《苍洱之间》，沈阳：辽宁教育出版社，1996 年。
④ 罗常培：《蜀道难》"叙永一周间"，《苍洱之间》，沈阳：辽宁教育出版社，1996 年。

另据罗常培所述：

去年春天，杨今甫先生由叙永给我来信，想约老舍到西南联大叙水分校去教大一国文。我把这个意思据实转达后，得到他一封很简单干脆的回信说：“不去教书！三年没念书拿什么教人家？谢谢今甫兄的好意！”①

六月二十三日 致函昆明的女儿杨蔚、长子杨文衡、三子杨起：

丽儿
衡儿
三儿：

接到衡儿五月廿三及六月五日的信，丽儿六月五日及十日的信，三儿六月八日及十二日的信，我很喜欢。衡儿的农场里作出豆浆，又在计划着牧畜，没有能比这些使我更高兴的。我们能为国家增加一点生产，能为社会增进一分福利，哪怕是很微，都应是人生服务的真意义，自己作人的真基础。至于实验，哪里都可以作，不一定要很精细的设备才成。不能作细的还可以作粗的，总要养成那种精神，不使堕落。书及杂志及同行的朋友的通信及讨论，都是不可缺的。那可以给你刺激并可以使你想到试验的题目。总之是要有一种时时提高自己的那种精神。一个人不往前进，就会往后退的。古人说：“学如逆水行舟，不进则退。”其实何只学问，一切事都是如此。你们无论在学问上，作事上，作人上有一点进

① 罗常培：《老舍在云南》，《中国人与中国文》，开明书店，1947年。此处引自宋炳辉编《老舍印象》，上海：学林出版社，1997年，第74页。

步，都是我最大的快乐与安慰，其余的都是枝节问题，不关重要了。

书堂的病好了，听了十分喜慰。丽儿五日的信，虽使我十分着急，但不久十日的信，也同样使我十分高兴。我也许能在七月内回昆明一行，总能有个时期，大家住的相近，可以团聚一下。如何住法，回昆明后再商量。

三儿的信中，把自己的心境告诉我，我很乐意听。那些心境的发展，足以证明你自己已有一种批评自己的能力与勇气。你既是一个人在自由中发展，这种自我的批评是必要，而且是使你向上的引导力。至于有时乐观，有时厌世，我记得我少时也有过此种心境。还记得是身体好时多乐观，坏时多悲观，不知你是不是也这样。总之乐观悲观都不要紧，要紧的是能够自己反省，你有这个力量我就放心你会作你自己的先生。问大家都好。

父字　六月廿三日[①]

六月二十六日　下午三时半，在寓（小街子五十号）召开第十六次会议，另有蒋硕民、刘云浦、吴之椿、李继侗、陈嘉、郑华炽、霍秉权、褚士荃出席，刘本钊列席并记录。主席杨振声报告常委会第一七七次至一七九次会议记录五件、常委会通知分校图书仪器与各院系接洽、总务处通知教职员所得补助津贴种类、总校会计室所寄分校三十年度预算分配表、分校经费概况等事宜。提议审核教职员米贴案，决议：（1）郅汝梅、李广田两助教请发米贴，通过；（2）请求增加儿童米贴者四人，通过；（3）请求增加祖父母米贴者计二十九份，须由各院系及处组负责人证明。提议学生某人所

① 据杨起保存父亲杨振声原函。

填入学调查表报告不实；行为不检，应如何处分案，决议着即开除学籍；提议第二届全国专科以上学校学生学业竞试，分校学生如何参加案，决议因时间不及本届暂不参加；提议本会主席杨振声赴总校商讨校务时，应推举代理主席案，决议公推霍秉权代为主席。①

七月 离叙永赴西南联大总校。据杨起夫妇所述：

> 联大校本部在昆明属云南省，是龙云的势力范围，龙云不支持国民党让他抓学生的要求。而联大分校叙永所在的四川省，蒋介石的势力极强，蒋介石不但残酷镇压学生，还企图通过控制分校来控制联大，在这种情况下，分校是不是还在叙永办下去？就提到日程上来了。家父是主张分校迁回昆明的，他不买国民党的账，对前来劝说让叙永分校留在四川的人说："我是联大派来的，我只听联大的"就这样拒绝了国民党的要求，然后辞去分校主任职务返昆。他在叙永得了重病，回来时人瘦得非常厉害，可见他在叙永工作之艰辛、难心，付出之巨大。②

七月七日 据《顾颉刚日记》：

> （下午）五时到歌乐山，入中央医院访孟真，并晤金甫。有警报，即乘滑杆赴山洞。③

① 北京大学档案《国立西南联合大学叙永分校校务委员会会议记录》，《国立西南联合大学史料》（二会议记录卷）"附录"，昆明：云南教育出版社，1998年，第583—584页。

② 杨起、王荣禧：《为传播北大精神而奋斗不息——追思家父杨振声的一生》，钱理群、严瑞芳主编：《我的父辈与北京大学》，北京：北京大学出版社，2006年。

③ 顾颉刚：《顾颉刚日记》（第四卷），台北：联经出版事业公司，2000年。

七月十七日 叙永分校校务委员会第十八次会议上，提议电请总校催分校主任杨振声返校主持结束事宜，如杨主任一时不归，请派人前来负责案，将电文修正通过。①

本年夏 文科研究所组成委员会口试学生。据周法高所述：

> 1941 年夏季，我参加由罗常培、王力、杨振声、唐兰、袁家骅诸先生组成的委员会的口试时，王力先生就说：单凭《广韵重纽的研究》这一篇文章已经够资格获得硕士学位了。②

八月六日 晚七时，列席联大常务委员会第一八四次会议。

八月十二日 上午九时，警报至。外出坐避。敌机二十七架盘旋轰炸。死数人。下午二时，警报解除，返回学校办公。傍晚，遇吴宓，略谈③。晚七时，列席常务委员会第一八五次会议。

八月十三日 上午九时，警报至。出避。有敌机二十七架炸西车站一带及城内武成路、中和巷、华山南路等处。下午二时解除。④ 晚七时，列席第三届第六次校务会议。

八月十四日 阴雨。上午八时半，警报。出避。十时半左右，敌机二十七架来炸联大及拓东路，状元楼立即起火，远远可见。警报解除后回城，知师院处落弹二十枚，新楼全毁；

---

① 北京大学档案《国立西南联合大学叙永分校校务委员会会议记录》，《国立西南联合大学史料》（二会议记录卷）"附录"，昆明：云南教育出版社，1998 年，第 586 页。

② 周法高：《周法高自述》，高增德丁东编：《世纪学人自述》（第五卷），北京：北京十月文艺出版社，2000 年，第 196 页。

③ 吴学昭整理：《吴宓日记》（Ⅷ），北京：生活•读书•新知三联书店，1998 年。

④ 吴学昭整理：《吴宓日记》（Ⅷ），北京：生活•读书•新知三联书店，1998 年。

联大新校舍北区弹毁学生三宿舍、图书馆书库、教务处、出纳组、校委办公处等处；南区毁生物试验室等，校门之云门饭馆夷为平地。[①]

本月中旬 叙永分校师生迁回昆明。

八月二十日 晚七时，列席常务委员会在才盛巷二号召开的第一八六次会议。会上，由于叙永分校已经撤回，请辞去分校主任职务，照准。

八月二十六日 阴有小雨。上午，访梅贻琦。据《梅贻琦日记》：

> 早点后，与蒋［谈］联大数事。今甫来谈。[②]

本日，滞留香港的陈寅恪致函傅斯年，内云：

> 弟自今年七月十日接杭君函，言港大讲座不能继续，即拟移家离港，同时接北大文科研究所不移川之信，故致函北大请其资助旅费，得今甫转告可助三千元（今已请其不寄来），忽闻广州湾路阻，上海即一间房亦须顶费。且未觅得亦不能去，近更不妥故也，几于无地可去，而香港只余一月粮，不能久住。飞机则港渝票六百四十元港币，港昆票八百二十元港币，故即得北大三千元之助，亦须取道公路，作一月余之旅行。总此诸端，其难可想。无怪三舅母、大纲、若农又徐森玉及诸亲友之为弟焦急也。近因许地山逝世，其所遗之中国历史课二门（共八点钟）由弟暂代，其余行政事务一概不管，大约月可得港币四百元，以近一年港地物价计（每月渐涨），想可敷衍（近一

---

① 吴学昭整理：《吴宓日记》（Ⅷ），北京：生活•读书•新知三联书店，1998 年。

② 黄延复、王小宁整理：《梅贻琦日记》，北京：清华大学出版社，2002 年。

年来每月约费三百六十元上下），惟求其不生大病，则大幸矣。[①]

九月五日 阴微雨。据《梅贻琦日记》：

天夕由联大与今甫步行进北门，一路闲谈颇有意味。杨、郑、章、饶、吴、陈在冠生园宴叶、舒，余作陪，饭后，在杨处饮茶、吃石榴。[②]

九月十八日 罗常培请辞文学院中国文学系及师范学院国文系主任，闻一多辞代理主任，杨振声受聘任文学院中文系及师范学院国文系主任。

九月二十四日 西南联大常委会关于聘杨振声为联大文学院中国文学系及师范学院国文学系主任发出通知：

兹经第一九〇次常委会议决：

“罗常培先生再函请准辞去本大学文学院中国文学系主任及师范学院国文学系主任职务，应照推。”

“闻一多先生请准辞去本大学文学院中国文学系及师范学院国文学系代理主任职务，应照准。”

“聘请杨振声先生为本大学文学院中国文学系主任及师范学院国文学系主任。”各等语；记录在卷，除分函外，相应函请查照。此致。

国立西南联合大学常务委员会办公室启[③]

① 陈寅恪：《陈寅恪集·书信集》，北京：生活·读书·新知三联书店，2001年，第七七页。

② 黄延复、王小宁整理：《梅贻琦日记》，北京：清华大学出版社，2002年。

③ 清华大学档案《西南联大常委会关于聘杨振声为中国文学系及国文学系主任的通知》，《国立西南联合大学史料》（四教职员卷），昆明：云南教育出版社，1998年，第32页。

九月二十五日 阴雨。梅贻琦等来访。据《梅贻琦日记》：

> 午前与芝生访今甫于才盛巷，谈国文系问题。午饭今甫约在燕市酒家。[1]

本月 《妇女新运》“蒋夫人文学奖金征文专号”刊载冰心《评阅述感》，内云：

> 从去年三月八日蒋夫人文学奖金举办以后，转瞬已一年多了……这次应征蒋夫人文学奖金的姊妹有五百五十二人，收到的应征文卷只有三百六十本，经本组初审后，保留一百二十本。论文卷子由陈衡哲先生，吴怡芳先生，钱用和先生，陈布雷先生及罗家伦先生评阅；文艺的卷子由郭沫若先生，杨振声先生，朱光潜先生，苏雪林先生和我五人来看。[2]

一九四一至一九四二年度 为全校一年级共同必修课“国文壹A（读本）”（4学分）。据本年秋入学的袁可嘉所述：

> 中外文系更拥有一批著名诗人、作家、教授，如中文系的闻一多、朱自清、沈从文、杨振声、罗常培、余冠英、李广田、废名等，外文系的吴宓、叶公超、钱锺书、冯至、卞之琳、燕卜荪等，他们吸引着爱好文艺的青年。当年教我语文的是杨振声老师，他身穿长袍，口衔烟斗，娓娓而谈徐志摩的情景，历历如在眼前。这些老师都学有所长，著译丰赡，品格高尚，平易近人。他们对我的影响既在为人方面，也在学术写作领域。[3]

---

① 黄延复、王小宁整理：《梅贻琦日记》，北京：清华大学出版社，2002年。
② 冰心：《评阅述感》，《妇女新运》季刊第三卷第三期，1941年9月。
③ 袁可嘉：《我与现代派》，《诗探索》2001年第2期。

本年度 为文学院四年级学生开选修课“现代中国文学”（4 学分）。[①] 为师范学院国文系三、四年级学生开选修课“现代中国文学”（4 学分）。[②] 据吴宏聪所述：

> 1940 年，先生到四川主持联大叙永分校，1941 年才回到昆明，当年他在中文系便开了两门课，《现代中国文学讨论及习作》和《文学概论》，我先修了《现代中国文学讨论及习作》。他的教学方法是全新的，每次上课都由先生提出一些问题让大家讨论。例如学习鲁迅的《狂人日记》，他便提出为什么鲁迅说他写的《狂人日记》比果戈理的忧愤深广，不如尼采的《超人》渺茫。学习《阿 Q 正传》时，他便提出阿 Q 的精神胜利法有那些表现？是怎样形成的等等。让大家自由讨论，然后先生再针对同学讨论中提出的问题议论开去，做个总结。
>
> 讨论后跟着要交习作，讨论小说交小说，讨论散文交散文，训练很严格，要求也很高，作业批改更详尽，每次作业都批改得密密麻麻，有时为了示范，先生还替我们加上几行，碰到有人写出较好的习作，先生便把它推荐到报刊杂志上发表，这是我在西南联合大学学习时感到真正意义上的“讨论与习作”，受益匪浅。[③]

十月八日 教授会议上与张奚若、燕树棠、周炳琳、陈福田、陈总、陈雪屏、李继侗、潘光旦、王信忠、罗常培、李辑祥等十二人当选本大学出席第四届校务会议的教授代表。

---

① 清华大学档案《国立西南联合大学各院系必修选修学程表》，《国立西南联合大学史料》（三教学、科研卷），昆明：云南教育出版社，1998 年，第 235 页。
② 清华大学档案《国立西南联合大学各院系必修选修学程表》，《国立西南联合大学史料》（三教学、科研卷），昆明：云南教育出版社，1998 年，第 263 页。
③ 吴宏聪：《忆恩师杨振声先生》，北京《现代教育报》，2004 年 3 月 19 日。

十月二十三日 与郑华炽、李继侗、陈福田、杨武之、杨石先、雷海宗、陈总受聘担任三十年度一年级学生课业指导委员会委员，郑华炽为该会主席。

本年八月二十六日至十一月十日 老舍应邀来昆明。据老舍所述：

> 八月二十六日早七点半抵昆明。同行的是罗莘田先生。他是我幼时的同学，现在已成为国内有数的音韵学家。老朋友在久别之后相遇，谈些小时候的事情，都快活得要落泪。他住在昆明青云街靛花巷，所以我也去住在那里。
>
> 住在靛花巷的，还有郑毅生先生，汤老先生，袁家骅先生，许宝禄先生，郁泰然先生。
>
> ……
>
> 此外，在这里还遇到杨今甫、闻一多、沈从文、卞之琳、陈梦家、朱自清、罗膺中、魏建功、章川岛……诸位文坛老将，好像是到了“文艺之家”。关于这些位先生的事，容我以后随时报告。[①]

另据萧涤非所述：

> 大概是这年的十月底或十一月初的一天下午，我进城去上课，我把剩得很少的一点钱留作家用，打算进城后找卞之琳再解决自己的伙食问题。之琳这时还未成家，负担较轻，我和他又是川大老同事，所以有困难时我便和他通融。他在城里和杨振声、罗常培先生住在靛花巷

① 老舍：《滇行短记》，此处引自陆言：《老舍的昆明之行——〈滇行短记〉注释》，昆明市政协文史学习委员会编：《抗战时期文化名人在昆明》（二），昆明：云南人民出版社，2002年。

三号二楼上。他为人好静，有点“静若处女”，很少外出，我一心以为准能找到他，不料却扑了个空。再回头一看，却见堂屋里老舍独自一个人端端地坐在那里，这出乎意外的邂逅，使我不禁狂喜，他也笑逐颜开。问答之间，才知道他是应邀来联大讲学的，已有一段时间了，并在乡下完成了《大地龙蛇》一剧，今天来是找杨大哥（他总是这样称呼杨振声先生）商量回重庆的问题，不巧未遇，只好等着（当时罗常培因病住在乡下）。老舍的人事，比 1939 年我见到他时要好一些。他说，你由川大来昆明我已听说，但不知近况如何，“嫂夫人可好？”我说：“真该多谢老兄送我们那份珍贵礼品，我们已经有了两头小黄牛了。只是真个抱歉：不要说一杯喜酒，就连一块喜糖也没有请你吃得。现在老兄来了我是个当然的东道主人，可……”老舍知道我要说的是什么，忙插话：“涤非，别说了！杨大哥还说他请不起我吃饭呢。来日方长，你就甭费心了！”……

……

我和老舍已谈了很久，可主人不见回来，好像有谁暗中安排了似的，不让第三者出场，一任我们畅所欲言。因谈兴正浓，老舍又说到话剧上。他说，我已经改行了，不写小说，改写话剧，虽是半路出家，倒也取得一些成果。他提到和宋之的合写的《国家至上》，连续演出，场场满座，对团结抗战起了一定的作用，使专业剧作家也不免为之瞠目。这时，他索性拿出他最近完成的《大地龙蛇》摊在桌上，翻到某一页上，对我说：“涤非，让我念一段台词给你听听。”接着他就正襟危坐，一本正经地读起来。读的是剧中的哪一段我不清楚，而今事隔四十几年更没影子。但给我的印象还是很深刻的。记得这段台词约有二百字左右，文句都比较短，他读得铿锵错落，轻重分明，确是动听。这表明，当他下笔之先，这些台词早已烂熟于胸中，不知默诵了多少遍了。读完后，他轻轻拍了一下桌子，不无自负地说："涤非，你看，单凭这一段，杨大哥还不得给我买张飞机票送我回重庆？！"——这里需要说明一点，当时西南联大是由北大、清华和南开三校组成的。清华负责人是梅贻琦，南开负责人是黄钰生，而北大则是杨振声，所以老舍有此言。后来我知道，他确是坐飞机回去的。①

另据罗常培所述：

就在这个"勤工俭学"的当儿，他居然把那本三幕六景的《大地龙蛇》写完了。这本戏是重庆东方文化协会委托他编的，起初想定名为《东方文化》。我觉得这个问题太大了。什么叫东方文化？直到现在还没人解答的圆满，纵然可以折衷一家之言，在几幕戏里又怎样可以表现得充分？因此我劝他缩小范围，于是他才改成这个颇有好莱坞味儿的名称。他从九月三日写起，到十月七日写完，写完一幕便朗读给几个朋友听，请大家批评。我和今甫，膺中，了一，晓铃，骏斋，嘉言，还有北大文科研究所的几位同学都听他念过。大家对于对话的自然，歌词的雅洁，都非常佩服，我个人只觉得同幕换景的办法，除非借助于电影或转台之外，很有些困难。今

① 萧涤非：《我和老舍》，《山东医科大学学报》（社会科学版），1987 年第 1 期。

甫，膺中，了一也颇以为然。这种演出的技巧问题，只好等舞台专家来解决。[1]

十一月十九日 上下午分别召开第二届国民参政会第四次、第五次大会。第四次会议上通过“各组审查委员会委员及召集人名单”，杨振声为教育文化组审查委员之一。[2]

十一月二十三日 据《顾颉刚日记》：

孟和、曼青、通伯、金甫、一山来。[3]

十一月二十四日 据《顾颉刚日记》：

到中央党部秘书处宴客。十一时归。雁浦来。

今晚同席：陈通伯 杨金甫 徐旭生 陶百川 刘百闵 章渊若（力生）王化成 浦薛凤 萧一山 王云五 孙芹池 钱端升 张子春 陈之迈（以上客） 慰堂 英士 予（准主） 吴铁城 骝先（主）[4]

十一月二十六日 出席第二届国民参政会第十次大会，据《申报》报道：

重庆第二届国民参政会第二届大会，二十六日上午八时举行第十次大会，张伯苓主席，首由秘书处公布前日大会选举驻会委员会委员，由监票员黄炎培、杨振声、陈逸云三参政员开票，结果孔参政员庚等二十五人当选为第二届第二次会休会期间驻会委员，继即讨论其余提案及临

① 罗常培：《老舍在云南》，《中国人与中国文》，开明书店，1947 年。此处引自宋炳辉编《老舍印象》，上海：学林出版社，1997 年，第 78 页。
②《参政会昨开大会两次》，上海《申报》1941 年 11 月 20 日，第一张（四）。
③ 顾颉刚：《顾颉刚日记》（第四卷），台北：联经出版事业公司，2000 年。
④ 顾颉刚：《顾颉刚日记》（第四卷），台北：联经出版事业公司，2000 年。

时动议各案，其最关重要者，为对于收复失地及奋战目的等案，有严正之表示，当经全体起立，一致通过。九时五十分全部提案讨论完毕，休息十分钟，举行闭会式，出席主席团蒋中正、张伯苓、左舜生、张君劢、吴贻芳，及参政员王云五等一百五十六人，列席秘书长王世杰、副秘书长周炳琳，各院部会长官有居正、戴传贤、何应钦、白崇禧、王宠惠、吴铁城、李文范、朱家骅、程潜、周钟岳、翁文灏、张嘉璈、郭太祺、谷正纲、钮永建、张絮、陈布雷、何键、何成浚、陈调元、陈绍宽、许世英、陈树人、谢冠生等，及特别来宾中外记者等共五百余人，会场座无虚席，后至者在两廊就坐。十时由蒋主席中正致闭会辞，对于本届大会决议各要案，详加阐述，并于今后参政会应努力各点，殷殷勗勉。辞毕，由海外归来谭参政员赞致词，对于全国上下精神团结及领袖艰苦卓绝之精神，备致赞扬，并表示代表全体参政员接受蒋主席之勗勉，一致努力，完成抗建大业，迄十二时正，于庄严肃穆之空气中，宣告礼成，摄影散会。①

十一月二十九日 晚，顾颉刚来访。据《顾颉刚日记》：

到通伯、金甫、皮皓白、曾省斋处。②

十二月四日 据《顾颉刚日记》：

金甫来。

到图书馆赴宴。

今晚同席：黄强 刘师舜 陈叔谅 金甫 叶企孙 骝先

①《参政会二届大会闭幕》，上海《申报》1941年11月27日，第一张（三）。

② 顾颉刚：《顾颉刚日记》（第四卷），台北：联经出版事业公司，2000年。

高廷梓 王毅侯 李润章 徐道邻 丁文渊 张北海 顾一樵 陈伯庄 树帜（以上客） 张子春 可忠 慰堂（以上主）[①]

十二月七日 据《朱自清日记》：

下午芝生来访，告以莘田将在我系任职，条件是有关人士要订个君子协定。我意这样不好。建议莘田向芝生与子坚写一申请，陈述其观点与条件，从而得到他们的正式批准。芝生接受了我的建议。他引用今甫的话，说他未侵犯系主任的特权，我用杨的情况提醒他，并责一多。虽如此，他们认为一多这样做是无意识的。[②]

十二月十八日 上午九时半，空袭警报。出城躲避。敌机十架空袭昆明，在大东门外投弹，死近百人。下午二时半，警报解除。本日，辞文学院中国文学系主任职，仍请罗常培继续担任。[③]

十二月二十六日 下午四时，出席第四届第二次校务会议。晚七时，赴梅贻琦、蒋梦麟约，聚餐。据《梅贻琦日记》：

下午三点清华校务会议。四点联大校务会议。

七点与蒋约杨、郑及各处长、组主任聚餐。[④]

---

① 顾颉刚：《顾颉刚日记》（第四卷），台北：联经出版事业公司，2000 年。

② 朱乔森编：《朱自清全集》“日记编”，南京：江苏教育出版社，1998 年。

③《西南联合大学大事记》及吴学昭整理：《吴宓日记》（Ⅷ），北京：生活 • 读书 • 新知三联书店，1998 年。

④ 黄延复、王小宁整理：《梅贻琦日记》，北京：清华大学出版社，2002 年。

◎1942年 民国三十一年 壬午 五十二岁

本年度 与沈从文指导毕业生吴宏聪，论文题目为《曹禺研究》，与朱自清指导林抡元，论文题目为《抗战后文艺发展情形》。[①] 据吴宏聪所述：

> 四年级选作毕业论文时，我请先生和沈从文先生作导师，论文题目为《曹禺戏剧研究》。我以前没有写过长篇学术论文，心里有点“虚”，连一篇论文提纲也是改了又改才送上去。
>
> 先生看出我这一点，约我到他的住处，一口气谈了两三个小时，从曹禺的家庭出身、教养和《雷雨》、《日出》写作经过以及时人评论都跟我谈了，甚至还把曹禺抗战时期在四川江安戏剧学校与××女生恋爱的感情纠葛也跟我讲了，这种认真态度使我深受感动。他反复强调要了解作品，必须了解作家的生活和时代，不然，你就无法了解为什么他要写这样的作品和怎样去写这样的作品。
>
> 他还告诉我，曹禺很喜欢契珂夫的戏剧，在《日出》跋中公开说他愿意拜这位艺术大师为师，“低声下气地做个低劣的学徒”，不妨找几本契珂夫的剧本来读读。可惜联大因转辗搬迁，北大、清华、南开的藏书很多没有运出来，联大图书馆一本契诃夫的剧本也没有，我很失望。先生知道后托人至云南大学图书馆借了契珂夫的《万尼亚舅舅》和《三姊妹》给我，说云大图书馆馆藏的契诃

① 北京大学档案《西南联大中国文学系历届毕业学生论文题目及导师》，《国立西南联合大学史料》（三教学、科研卷），昆明：云南教育出版社，1998年，第109页。

夫剧本也不多，只能借到这两本，不妨仔细揣摩一下。我拿到书，十分感动，论文导师替学生借参考书是件新鲜事，一时传为佳话，班上许多同学都羡慕不已。

我十分珍惜先生对我的厚爱，把他代借来的两本书读了一遍又一遍，直到现在我还记得《三姊妹》中最后一幕，大姐奥尔加偎依着两个妹妹诉说生活的抑郁和人生的无奈等情节。

我作毕业论文的时间持续了半年多，我多次上门讨教，每次都得到先生热情的指导。但因为我知识面不广，缺乏理论修养，所知有限，不能完全领会先生的意思，有些观点与先生的意见并不完全一致，我感到力不从心，有点为难，向先生提出是否可以考虑另改一个题目？

先生听后马上说，这可不必，导师是指导你做论文，并不要求你的观点跟导师的观点一致，只要能持之有故，言之成理就行。文贵创新，所谓创新也就是有自己的独立见解，不是人云亦云。你的论文题目不必改，有些观点你考虑不成熟，你要保留也可以保留，连这点自由也没有，那还有什么学术民主？即使现在班上还有人愿意做同样的题目，我也愿意指导，不过不能“千篇一律”，导师是指导你写论文，不能我们讲一句你写一句。各抒己见，学术才能有所发展。如果你觉得题目大了一点，倒可以考虑改为《曹禺〈雷雨〉、〈日出〉试论》，把口子收窄一点。

一席话使我茅塞顿开，深深感到先生言传身教，把“五四”科学民主的气氛和追求个性的学术传统也带到西南联大来了。先生从不把自己的观点强加给学生，他只是启发，并不灌输。在先生指导下治学，不知不觉中受到他渊博的学识和高尚的人格熏陶。我在联大四年，选修了不少课程，都有收获，但先生这一课是最为深刻的。①

一月二十八日 据《朱自清日记》：

校正《古典常谈》。出席大一国文会议。

今甫举办茶会，会后访伯伦并与之共进晚餐。②

二月三日 朱自清来访。据《朱自清日记》：

去岗头村访今甫，将《古典常谈》序言手稿给他，他建议将标题改为《经典常谈》，但我不同意他的看法，在归途中经过考虑，我同意了他的意见。去岗头村，马路很难走，我绊倒一次。回司家营。③

三月八日 朱自清来访。据《朱自清日记》：

上午与一多同访谢文通，商谈诗选问题。然后应冠英邀午饭，菜甚佳。饭后又访今甫，商谈诗选问题，在那里饮咖啡。乘马车进城，遇三次降雹，衣服尽湿。岱孙归来，听到新闻甚多。晚再降雹。④

三月十一日 晚，致函女婿王书堂、女儿杨蔚：

书堂
丽儿：

这是星期三夜间十一点半了，有点夜寒，我进城穿的夹袍，夜深不免单薄些。幸而墙壁上挂着弟弟的棉袍，

① 吴宏聪：《忆恩师杨振声先生》，北京《现代教育报》，2004年3月19日。
② 朱乔森编：《朱自清全集》"日记编"，南京：江苏教育出版社，1998年。
③ 朱乔森编：《朱自清全集》"日记编"，南京：江苏教育出版社，1998年。
④ 朱乔森编：《朱自清全集》"日记编"，南京：江苏教育出版社，1998年。

我便取下换上，舒服多了。书堂的信我已看到，让你空跑几次，很对不起。我上星期三下课后，一天开了三个会，夜间十二点方回到家。星期四早晨又上一堂课，就回乡下去，所以使你空跑了。你不必以不到昔头村感觉不安，我知道你进城总是有要事，时间又都是紧促的。既无小车子，跑一趟昔头村，不免耽误作事的时间，并且人也太累。以后你进城若在星期三，下午或晚上，来才盛巷望我一次。若碰得巧，我万分喜欢看到你。不巧可别专跑一趟昔头村，我不赞成那样作，除非有事又有车子的方便。

丽儿替我补了那些袜子，难为你了。补的很好，穿着也舒服。你白天作事已够累，回家还得给爸爸补破袜子，爸爸真有些不近人情了。飞机箱子给我很好，上几次去重庆，总是行李过重，我那只皮箱，本身就有五公斤，难怪每次多拿几十块的行李费。

我今天下午比较清闲，上街理理发，化了十块。又买了些日用零星物品，条帚、衣服扣子、洗衣肥皂之类，你看，真像个管家的老婆婆了！不过我也会照顾自己，比如说，买完了旁的东西，还买一罐咖啡，一斤花生糖，那就是预备作事累了之后，自己也让自己享受享受。

我还忘记告诉你，我们现在请到一位老妈子了。第一天上工，坐着小汽车来的，你说阔气不阔气？她住在城里，每天早晨来，黄昏去。作事也还罢了，但不像能长久的样子。据说是一位阔人的亲戚。

上次过年来住那几天，倒十分写意，只是忙了大家。替我请老太太安并向她“道乏”。梅先生也说还没写信来"道扰"。我说，用不着多礼，我写信时提一声便了。问好。

父字　三月十一夜[1]

四月十五日 朱自清来访。据《朱自清日记》：

访今甫，将了一所搜集有关语言研究之目录交他。今甫已收到我为《中国古典著作》所写之序言，并加以修改。余加改二处。今甫示余杭立武信。[2]

四月二十五日 访朱自清。据《朱自清日记》：

今甫、枚荪、端升、华恽夫妇及饶太太来访。今甫指责清华不委任宗岱为西语系文学与语言教授。[3]

五月四日 联大放假。中午十二时半，警报，出城躲避。下午三时，解除。

五月五日 中午十二时半，空袭警报。出避。敌机三十六架炸保山县，损失惨重。约三时解除，返城。

五月七日 下午四时，出席第四届第三次校务会议。

五月三十一日 上午十时，空袭预警，出城。

六月二日 约十一时，警报，随即紧急警报。出昆明城坐避。中午十二时半解除，返城，时天已下雨。

六月七日 上午十一时，预警。

六月二十四日 据《朱自清日记》：

早访二弟，见今甫，今日集体阅大一国文卷，有饭。

---

① 据杨起保存父亲杨振声原函。
② 朱乔森编：《朱自清全集》"日记编"，南京：江苏教育出版社，1998 年。
③ 朱乔森编：《朱自清全集》"日记编"，南京：江苏教育出版社，1998 年。

余参加。下午因雨不得出门。与一多语及颉刚在中大教书，众微笑，一多微笑，余悚然。①

六月二十五日 朱自清来访。据《朱自清日记》：

> 晨赴大学领津贴及身份证。访今甫，至“田南”饮南洋咖啡，食点心，谈极畅。②

七月三日 下午三时半，出席第四届第四次校务会议。

七月五日 上午八时至十时，到文林堂欢送毕业生，校长梅贻琦发表演说。③

七月二十七日 国民政府公布第三届国民参政会参政员名单，杨振声为“依照国民参政会组织条例第三条甲项遴选者”中的青岛市代表。④

七月三十日 上午九时，到师范学院礼堂出席三十年度第四次教授会议，六十六位教授代表参加。

本月 评论《学生与世界和平》刊于《世界学生》第一卷第七期。评论《批评的的艺术与风度》刊于《中国青年》第四卷第五期。

本年夏 参与西南联大暑期讲习讨论会，据林毓杉所述：

> 1938 年暑期，由于联大的文、法商两学院尚在蒙自，正准备迁昆，因此许多教授还未及到昆明讲习讨论会授课。1942 年举办的暑期讲习讨论会，其组织安排与

---

① 朱乔森编：《朱自清全集》“日记编”，南京：江苏教育出版社，1998 年。

② 朱乔森编：《朱自清全集》“日记编”，南京：江苏教育出版社，1998 年。

③ 吴学昭整理：《吴宓日记》（Ⅷ），北京：生活•读书•新知三联书店，1998 年。

④《国民参政会参政员名录》，徐友春主编：《民国人物大辞典》，石家庄：河北人民出版社，1991 年，第 1715 页。

1938年相同，但联大出动的教授更多，讲习讨论的题目和内容更丰富而有系统，更适应学员的需要。例如：学术专题演讲有黄钰生的《国家与教育》，冯友兰的《人生境界》，潘光旦的《儒家思想与教育》，樊际昌的《家庭、儿童与教师的关系》，郑天挺的《教材之补充与当前教本缺乏之补救》，查良钊的《建立学风问题》，郑华炽的《科学史料的学习与教育的重要》，杨石先的《化工与工业》，华罗庚的《由近代观点谈中国古算学》，罗常培的《近二十年来新旧文学之消长》等等。分科讲习讨论的题目和主讲教授如：历史科的中国通史课有雷海宗的《上古史》，孙毓棠的《秦汉魏晋史》，郑天挺的《隋唐史》、《明清史》，吴晗的《辽金元史》，邵循正的《近百年史》等。又如国文科有闻一多的《古籍校读法》、《春秋战国时期文学名篇校》，罗庸的《国史与国文》(分上古与东汉、建安至唐初、唐初至宋末、元至现代四讲)，罗常培的《反切的方法与应用》，张清常的《国学工具书的使用法》等。

在上述两次讲习讨论会上，每次分科讨论时，除了有教授主持外，还有许多教授、讲师、助教也来参加讨论。例如1942年参加国文科讨论的教授就有杨振声、朱自清、唐兰、王力、彭仲铎、沈从文、萧涤非、余冠英等人。参加演讲和各科讨论会的教授都各各抒己见，各展其长，从不同角度给学员们以丰富的知识和启发诱导。学员们犹如在琳琅满目的知识园地里，美不胜收。在短短的一个月里，他们享受到联大在学学生都难以得到的待遇和机会。[①]

八月十三日 下午，访朱自清。据《朱自清日记》：

今甫下午来访。[②]

八月十七日 朱自清来访。据《朱自清日记》：

访今甫并与之共进午餐。开始读麦克尼斯（Macneice）的《现代诗》，作者能设法言中问题之要害，确使我印象深刻。今甫谈及莘田时颇有保留，我们的话的确很容易被人偷听。又患感冒，在杨家饮咖啡。金听了我的广播演说，谓声音甚清晰。[③]

九月十九日 访朱自清。据《朱自清日记》：

上午今甫来借书。彼对欧战形势有明确分析，并认为美国在南太平洋之攻势十分重要。又谓苏武所作诗第四首中“秋兰”与“十二月”相冲突，今甫疑作者所用为太初历以前之历法。又谓此诗成于两汉之间。一多亦主此说。近来在方法论上，仅据孤证，得出之结论多不可信。例如虞姬之歌，真伪尚难决定。此歌盖源于路贾《新语》之片段，可能系假托者。《韩诗外传》佚文有“胡马依北风，越鸟巢南枝”之句，为现存最早之五言诗。余不信此说，然于感情上又不能否认。[④]

---

① 林毓杉：《西南联大对云南教育事业的贡献》，《云南文史资料选辑》（第三十四辑）“西南联合大学建校五十周年纪念专辑”，昆明：云南人民出版社，1988 年，第 94 页。

② 朱乔森编：《朱自清全集》“日记编”，南京：江苏教育出版社，1998 年。

③ 朱乔森编：《朱自清全集》“日记编”，南京：江苏教育出版社，1998 年。

④ 朱乔森编：《朱自清全集》“日记编”，南京：江苏教育出版社，1998 年。

九月二十五日 朱自清作《中秋从月涵先生及岱孙、继侗至积翠园培源寄居，次金甫与月涵先生倡和韵》①：

天南独客远抛家，容易秋风惜晚花。
佳节偶同湖上过，无边朗月伴清茶。

酒美肴甘即是家，古今上下舌翻花。
兴来那计愁千斛，痛饮卢仝七碗茶。

且住为佳莫问家，茫茫世事眼中花。
人生难得逢知好，树影围窗细品茶。

暂借园居暂作家，重阳节近忆黄花。
主人倘订登高约，布袜青鞋来吃茶。

十月一日 据《朱自清日记》：

今日上午，今甫拟将《世界学生》之文艺编辑交余负责，熟思后表示谢绝。成诗四首赠今甫。②

此四首诗即《叠前韵赠今甫》：

漫郎四海漫为家，看尽春风百种花。
已了向平儿女愿，襟怀淡似雨前茶。

此心安处即吾家，瞥眼前尘雾里花。
省得相知人几个，淡芭菰酽压新茶。

住惯天涯解作家，案头亲供折枝花。
作书看画消清昼，客至红炉缓煮茶。

---

① 参见朱乔森编：《朱自清全集》第五卷及第十卷"日记编"，南京：江苏教育出版社，1997年。
② 朱乔森编：《朱自清全集》"日记编"，南京：江苏教育出版社，1998年。

北望燕云归帝家，宫墙两畔菊堆花。
相期破虏收京后，社稷坛头一盏茶。

杨振声和作一首交梅贻琦，诗文为：

到处为家不是家，陌头开遍刺桐花。
天涯无奈乡思渴，细雨疏帘酒当茶。[①]

杨在昆明另曾作一首赠学生诸有琼：

眼底山河梦里家，一年春尽酴醿花。
匏樽汲取门前水，夜雨烟窗自煮茶。[②]

一九四二至一九四三年度 与赵西陆为大一学生开必修课“国文壹 A（读本）”（4 学分）。[③]

本学期 为文学三年级学生开选修课、语言学四年级学生必修课“历代诗选（汉魏六朝）”（3 学分）。[④] 据汪曾祺所述：

联大中文系读书报告不重抄书，而重有无独创性的见解。有的可以说是怪论。……有一个同学在杨振声先生教的“汉魏六朝诗选”课上就“车轮生四角”这样的合乎情悖乎理的想象写了一篇很短的报告《方车轮》。就凭这份报告，在期终考试时，杨先生宣布该生可以免考。[⑤]

汪曾祺另有所述：

---

① 黄延复：《杨振声和他的一首诗》，《山东大学校史资料》第二期。
② 据杨振声赠诸有琼诗手迹复印件。
③ 清华大学档案《国立西南联合大学各院系必修选修学程表》，《国立西南联合大学史料》（三教学、科研卷），昆明：云南教育出版社，1998 年，第 269 页。
④ 清华大学档案《国立西南联合大学各院系必修选修学程表》，《国立西南联合大学史料》（三教学、科研卷），昆明：云南教育出版社，1998 年，第 270 页。
⑤ 汪曾祺：《西南联大中文系》，《汪曾祺全集》（四），北京：北京师范大学出版社，1998 年。

> 杨振声先生这个人资格很老，他当时是文学院院长，给我们讲汉魏六朝诗。他上课比较随便，也很有长者风度。对我他好像挺照顾，期末考试前他说，汪曾祺可以不考了。①

时，“联大一部分教授组织了一个卖文卖字的会”，②杨振声为此会主要组织者。因通货膨胀、物价飞涨，薪水已到难以养家糊口的程度。许多教授将业余时间都充分利用，以求些许资金补贴家用。

十月六日 据《梅贻琦日记》：

> 晚六点半至才盛巷，今甫与雪屏因近日售书画颇有所获，欲使同人稍享口福耳，菜为五福楼所备，颇有福建味，酒为余携去者，较春间所饮有愧色矣。饭后闲谈甚久，因今甫明日飞渝，适张慰慈亦在座。十点始与树人、雪屏、毅生步行归寓。③

十月八日 据《朱自清日记》：

> 今甫与陈君星期四举办晚餐会，后者送一请柬给金君与余，日期定为今日。如今天饶君不通知余，金先生与余肯定今晚会去参加，但我已另有一晚餐会，系范洗人与卢芷芬两先生所邀。④

本月中下旬 作为参政员飞往重庆参加国民参政会会议。

---

① 李辉：《汪曾祺听沈从文上课》，北京《中华读书报》，2004 年 4 月 14 日。
② 冯友兰：《三松堂自序》，北京：生活·读书·新知三联书店，1984 年，第一〇一页。
③ 黄延复、王小宁整理：《梅贻琦日记》，北京：清华大学出版社，2002 年。
④ 朱乔森编：《朱自清全集》“日记编”，南京：江苏教育出版社，1998 年。

据梁实秋所述，二人每次在重庆见面，都要相互了解一些朋友的近况，杨振声总会告诉他“一些有关一多的事，主要的是说他生活穷苦”。一次，二人谈起闻一多的胡子，杨告诉梁“他的胡须虽然相当茂盛，颜色却在黑中羼杂着不少金黄色”。①

十月二十一日 据身在重庆的顾颉刚在《日记》中所述：

今甫、通伯、端六来。②

十月二十四日 据《顾颉刚日记》：

到参政会，视今甫、通伯疾，并见今甫之女。③

十月二十六日 晚赴蒋介石宴会。据《顾颉刚日记》：

到军委会，赴蒋委员长宴会，听宋子文、顾维钧演说。九时许归。

今晚同席：全体参政员 宋子文 顾维钧等（以上客）蒋总裁（主）④

十月二十七日 据《顾颉刚日记》：

车上与陈志学谈。与李廉方谈。到新运会，开第五组审查会。与金曾澄、梅光迪谈。十一时半散。与马曼青、萧一山同待车，遇李芳霖。写履安信毕，付寄。十二时，乘车到蒋委员长官邸（曾家岩）吃饭。

与连瀛洲、林庆年、王雪艇谈。出，到罗家湾访朱经农，与同出，到组织、宣传、训练诸部会。与永新到国

① 梁实秋：《谈闻一多》，《雅舍怀旧——忆故知》，北京：中国友谊出版公司，1986 年。

② 顾颉刚：《顾颉刚日记》（第四卷），台北：联经出版事业公司，2000 年。

③ 顾颉刚：《顾颉刚日记》（第四卷），台北：联经出版事业公司，2000 年。

④ 顾颉刚：《顾颉刚日记》（第四卷），台北：联经出版事业公司，2000 年。

民政府大礼堂，赴林主席茶会。与王吉甫、杨荫南、李芝亭、云五、陈树人谈。遇闻亦有。遇袁守和。

五时许，到中央党部秘书处吃饭。听讨论物价问题及马乘风、孔祥熙等演讲。余鉴明、胡鸣喈来。

今午同席：司徒美堂 连瀛洲 林庆年 陶孟和 钱端升 傅孟真 杨今甫 陈通伯 成舍我 王雪艇 陈布雷 阿旺坚赞 杨端六 陈裕光等（以上客） 蒋总裁（主）

今日下午同席：全体参政员 冯玉祥 于右任 陈树人等（以上客） 林主席（主）

今日晚间同席：国民党参政员 陈立夫等（以上客）吴铁城（主）[1]

十月三十日 继续参加国民参政会，讨论提案。晚七时散会，乘车到嘉陵宾馆，赴孔祥熙宴。据《顾颉刚日记》：

今晚同席：全体参政员（予与王云五、林虎联坐）顾少川 蒋廷黻 周钟岳 陈立夫等（以上客） 孔祥熙（主） 所吃饭，系以木盘，盛饭及菜（一荤一素），外饼两枚，豆浆一杯，孔氏谓之为“经济营养餐”，此亦公孙弘脱粟布被之类也。[2]

本月 开始主编《世界学生》“文艺栏”，评论《几句关于文艺栏的话》刊于《世界学生》第一卷第十期。

十一月一日 据《顾颉刚日记》：

到广东酒家，参加北大同学会。

今日下午同会：蒋梦麟 陶孟和 傅孟真 许德珩 曾

① 顾颉刚：《顾颉刚日记》（第四卷），台北：联经出版事业公司，2000 年。
② 顾颉刚：《顾颉刚日记》（第四卷），台北：联经出版事业公司，2000 年。

謇 刘熊祥（中立）何兹全 陈通伯 陈豹隐 狄君武 杨振声 王昆仑 曹孟君 谭惕吾 高业茂 宋汉涤 叶桎 邓恭三 王德芳 康选宜 约五六十人[①]

据本年秋入学的张源潜所述：

联大学术空气极其浓厚，这是众所周知的。

且不说各系举行的小型学术讨论会，也不说各个学生社团邀请的学者名流的专题演讲，单是回忆一下国文学会和历史学会联合举办的文史讲座，就够令人神往的。

学期开始时，两个学会就已组织好文史各系的著名教授结合自己的科研成果作学术专题报告。各人讲演的题目自定，日期统一安排，总在每星期二或五的晚上，地点在昆北北食堂。20 多次讲题的顺序单在开学之初公布出来，真是洋洋大观。每到讲演的前一日，另贴一份小型海报，写明讲题、讲演者、时间、地点，用毛笔写在粉红的有光纸上，十分古朴雅致。

记得 1942 年下半年，杨振声先生讲过《书画同源考》。他从考古学的角度讨论国画与书法的来源。雷海宗先生讲《西汉皇帝的私生活》更是轰动一时。……[②]

十一月二十四日 晚，应梅贻琦约到文化巷谈云南留美预备班计划。据《梅贻琦日记》：

① 顾颉刚：《顾颉刚日记》（第四卷），台北：联经出版事业公司，2000 年。

② 张源潜：《大一（1942～1943）生活杂忆》，《云南文史资料选辑》（第三十四辑）“西南联合大学建校五十周年纪念专辑”，昆明：云南人民出版社，1988 年，第 155—156 页。

晚在文化巷约潘、吴、陈、罗、杨、李谈云南留美预备班计划。①

十一月二十六日 被选为第五届校务会议候补教授代表。

十一月三十日 致函学生逯钦立：

钦立贤弟：

前接九月卅日及十月卅日书并近作陶渊明行年简考，至谢至谢。暂就史语所聘，足见贤弟之明达，至佩至慰。前为毕业考试所设九十两题，答案甚佳，此等设题，本为师生互相问难之义，外国大学考研究生毕业时亦复如此。原作所立义例，切不必删。凡义例多不免利弊相间，端在应用时谨慎而已。陶渊明行年简考，颇见精细，对我帮助极大，特再致谢，此请

著安

振声　拜启　十一月卅日②

十二月二十二日 朱自清来访未遇。据《朱自清日记》：

下午到岗头村访今甫不遇。③

十二月二十五日 下午二时半，警报，出城。五时，警报解除。

十二月二十九日 下午三时，警报，出避，四时解除。

① 黄延复、王小宁整理：《梅贻琦日记》，北京：清华大学出版社，2002年。

② 逯钦立：《逯钦立文存》彩页"1942年12月30日，杨振声致逯钦立函"，北京：中华书局，2010年。

③ 朱乔森编：《朱自清全集》"日记编"，南京：江苏教育出版社，1998年。

◎ 1943 年　民国三十二年　癸未　五十三岁

一月十三日 上午到图书馆，遇吴宓等。[①]

一月二十八日 近午，到中文系借书，途中遇到正准备回家的吴宓。随后，由吴宓陪同前去借书。[②]

二月 任三民主义青年团第一届中央监察会监察。[③]

三月十一日 因文学院院长冯友兰休假半年，杨振声代理文学院院长。其时教授情况如下：

中国文学系：朱自清、罗常培、罗庸、魏建功、杨振声、陈寅恪、刘文典、闻一多、王力、浦江清、唐兰、游国恩；

外国语文学系：叶公超、柳无忌、莫泮芹、陈福田、燕卜荪、黄国聪、潘家洵、吴宓、陈铨、吴达元、钱钟书、杨业治、傅恩龄、刘泽荣、朱光潜、吴可读、陈嘉、冯承植、谢文通、李宝堂、林文铮、洪谦、赵诏熊、闻家驷、陈家民、温德、黄炯华、胡毅；

历史学系：刘崇鋐、雷海宗、姚从吾、毛准、郑天挺、陈寅恪、傅斯年、钱穆、王信忠、邵循正、皮名举、向达、张荫麟、蔡维藩、葛邦福、吴晗；

哲学心理学系：汤用彤、冯友兰、金岳霖、沈有鼎、孙国华、周先庚、张荫麟、冯文潜、贺麟、郑昕、容肇祖、王

---

① 吴学昭整理：《吴宓日记》（Ⅸ），北京：生活•读书•新知三联书店，1998 年。

② 吴学昭整理：《吴宓日记》（Ⅸ），北京：生活•读书•新知三联书店，1998 年。

③ 徐友春主编：《民国人物大辞典》，石家庄：河北人民出版社，1991 年，第 1232 页。

维诚、王宪钧、陈康、敦福堂、熊十力（专任讲师）。[①]

本学期 为中文系三、四年级学生开选修课“文学概论”（3 学分）。[②] 为师范学院国文系学生初级部国文科五年级学生开必修课“文学概论”（3 学分）。[③]

三月十三日 因痔疾出血太多住医院治疗。据十四日《梅贻琦日记》：

> 因章矛尘便饭之约往冈头村小聚，出门已中午，幸得W君小汽车送往，未一刻钟即到矣。饭时有饶树人、吴大猷及路三泰在座，食饮极欢洽。饭后与饶、路、章看竹，因留宿焉。今甫因痔疾出血太多，适于昨日住院，未得见。[④]

三月十五日 西南联大常委会发出关于杨振声暂代文学院院长的布告：

> 兹经第二五一次常委会决议：本大学文学院院长冯友兰先生为本学期休假，请准辞去文学院院长兼职，所请辞职，未便照准，在冯先生离职期内，所有本大学文学院院长职务，请杨振声先生暂行代理。等语；记录在卷，合行布告，希各照知。此布。[⑤]

---

① 本列表引自《国立西南联合大学教职员名录》，西南联合大学北京校友会校史编辑委员会编：《西南联合大学校史资料》，北京：北京大学出版社；昆明，云南人民出版社，1986 年。

② 清华大学档案《国立西南联合大学各院系必修选修学程表》，《国立西南联合大学史料》（三教学、科研卷），昆明：云南教育出版社，1998 年，第 270 页。

③ 清华大学档案《国立西南联合大学各院系必修选修学程表》，《国立西南联合大学史料》（三教学、科研卷），昆明：云南教育出版社，1998 年，第 296 页。

④ 黄延复、王小宁整理：《梅贻琦日记》，北京：清华大学出版社，2002 年。

⑤ 清华大学档案《西南联大关于杨振声暂代文学院院长的布告》，《国立西南联合大学史料》（四教职员卷），昆明：云南教育出版社，1998 年，第 37—38 页。

四月二日 朱自清来访。据《朱自清日记》：

上午有预备警报。下午归来。访今甫并商谈。[①]

四月三日 朱自清来访。据《朱自清日记》：

下午访今甫，他谈了科学在文学中的地位，并提出四点看法：

1. 人们相信自然的力量是感情的源泉。

2. 科学揭示了自然的秘密并使人类醒悟。

3. 查理斯阐明了语言的两种功能，并提出科学与文学相协调和结合的方法。

4. 今甫认为人们可以从科学中获得灵感，像天文学与生物学之借助于科学那样。这是罗素（Russel）与怀海德（Whitehead）的见解。

今甫赠奎宁片。[②]

四月七日 下午三时，到文化巷三十号南开大学办事处出席第五届第一次校务会议。

四月十六日 朱自清来访。据《朱自清日记》：

下午访今甫，取回有关陶诗的书籍。[③]

四月二十四日 招宴。据《朱自清日记》：

上午到徐大夫处就诊，因大便不正常，故怀疑为胃癌。参加今甫等六人之午餐会，菜佳。在端生家晚餐，

---

① 朱乔森编：《朱自清全集》"日记编"，南京：江苏教育出版社，1998 年。
② 朱乔森编：《朱自清全集》"日记编"，南京：江苏教育出版社，1998 年。
③ 朱乔森编：《朱自清全集》"日记编"，南京：江苏教育出版社，1998 年。

赠我以蜂蜜。[①]

四月二十八日 参加一年级国文教学会议。据《朱自清日记》：

> 敌机来轰炸。参加一年级国文教学会议，我出言傲慢，想来必定得罪众人，伤害了今甫和广田的自尊心，下次需注意。[②]

本月 评论《诗歌与图画》刊于《世界学生》第二卷第四期。

五月二十二日 朱自清来访。据《朱自清日记》：

> 上午访今甫，赠以《经典常谈》。[③]

五月二十五日 联大中文系为欢送毕业生，在中法大学礼堂演出吴祖光剧作《风雪夜归人》。据报道：

> 中国文学系主任罗常培主持，该校教授孙毓棠导演，杨振声舞台监督，闻一多舞台设计，沈从文、罗膺中顾问，全系同学参加演出，成绩甚佳，观众无不赞誉云。[④]

五月三十日 评论《诗与近代生活》刊于《东方杂志》第三十九卷第六期。

六月二日 下午五时，到昆明文化巷三十号南开大学办事处参加常务委员会第二六二次会议。

晚，参加中文系座谈会。据张源潜日记：

---

① 朱乔森编：《朱自清全集》“日记编”，南京：江苏教育出版社，1998年。
② 朱乔森编：《朱自清全集》“日记编”，南京：江苏教育出版社，1998年。
③ 朱乔森编：《朱自清全集》“日记编”，南京：江苏教育出版社，1998年。
④《吴祖光名剧〈风雪夜归人〉联大精彩演出》，昆明《云南日报》1943年5月26日。

今晚，吴宏聪先生讲《曹禺戏剧研究》，地点在南区7甲教室。6点半，我赶去参加，却见那间教室有算学系学生在开欢送会。这时，李广田先生来了。他找算学系学生了解，干事诿称不知。没办法，临时改在8甲教室。两三个听众，一起从别的教室里搬了些长凳，布置起来。7点，来了许多“大一国文”的老师，赵西陆先生也在里面。我本来坐在前排，自动移到后面靠窗的位置。又陆续来了一些学生，也不过十多人，以一年级的居多，助教也差不多这些。7点半，罗常培先生致开场白，简要地介绍几句，话题就转到刘文典先生。他说，刘先生在磨黑中学，“土司”待他十分恩厚，去了三十多天，每天喝酒，还有“黑饭”供应。大概要到雨季过后才能回来，因为崇山峻岭，跋涉艰难。“土司”把刘先生当做“国宝”。“国宝”一共有四位，康、梁已经作古，除刘先生外，还有陈寅恪先生……

吴宏聪先生很年轻，广东人，国语讲得不大高明。他才任助教，在先修班教国文。他讲话非常谦虚，报告的是他的一篇毕业论文，分三个部分：一、时代与题材，二、人物与性格，三、艺术与人生观。涉及《雷雨》、《日出》、《原野》、《蜕变》、《北京人》五个剧本，两小时才讲完。他认为人物刻画太纤细，缺少性格健全的典型人物。艺术方面，他极力推崇《雷雨》的序幕和尾声。我觉得不免有点过分。

他讲完以后，罗先生讲起他在重庆看《家》的演出。他说，生意之好，简直空前。只是戏太冗长，从1点钟一直演到6点半。观众实在挤，无法到外面吸口新鲜空气，因为出去了就没法再进来。他没买票，是托老舍、宋之的到后台联系了，才设法排了凳子的。为此，他怀疑小说能不能改编成戏剧。杨振声先生说，这还是改编者的技术问题。罗先生问各位助教有什么意见，又问李广田、周定一、赵西陆几位先生，大家都不说什么。有一位戴眼镜的矮个子先生开口了，他说他读过巴金的《家》，也读过曹禺改编的《家》，觉得还是后者写得好。如果把两个本子放在一起，让大一学生对照着读，对提高他们的鉴赏能力一定是有好处的。

李广田先生推荐王松声发言。王是从国立剧专来读中文系的，是曹禺的高足。前不久在《风雪夜归人》中演过魏莲生。他先是推辞，李先生又说，王对曹禺的戏剧也有研究，写过一篇《从曹禺和夏衍看中国戏剧的前途》。罗先生说，那就讲讲曹禺的部分吧。王没办法，略略说了几句关于周萍、曾文清、焦大星、方达生的性格有相同的一面的问题。

罗先生再次问助教们有什么意见，同学们有什么意见。我看看时间已经不早，讨论快要结束，就大胆地讲了几点：一、《雷雨》和《日出》都是在第三幕换景。这样一来，主要演员可以休息，观众的情绪仍保持紧张。二、《家》的结构的一个特点，四幕戏正好表现春夏秋冬四个季节，首尾呼应。三、也有几处运用对比手法失败的情形。悲剧中的戏剧成分太多，有损庄严的气氛。《日出》、《家》、《北京人》、《蜕变》中都有这类例子。讲到这里，杨先生插话，密斯脱张的意见很对。悲剧是庄严的，很严肃，决不容有逗人发笑的情形。希腊悲剧的观众都是戴上高帽子，穿上大礼服进剧场的，是非常认真的。他朝着我说这番话，好像是因为我说到点子上而感到高兴，神态也很正经。他又说，曹禺刻画人物太模糊，决不是什么纤细。譬如《北京人》中的愫方和袁圆，都实有其人，原是姊妹，是北京的名门闺秀。大姐是中国文化的代表，会唱中国戏，写得一手好字，做得一手好诗。小妹则相反，唱洋歌，画洋画，爱好运动，成就也不在她大姐之下。曹禺的老婆很泼辣，但又不能离婚，所以文清实为自己的写照。但是他笔下的愫方和袁圆却写得一点也不像，是失败的，主要是没有观察清楚的缘故。至于《雷雨》的序幕和尾声也并不见得好。杨先生联系到丁西林，称赞他聪明，一切材料到他手里总有办法处理成一出喜剧。曹禺则对一切材料都没有办法，只好写成悲剧。但他的悲剧的人物都算不得悲剧人物，因为悲剧人物应该与命运挣扎，或与社会挣扎，挣扎失败，死了也给人以极大的同情，决不令人可怜。但曹禺的剧中人物，虽然死了，都没有什么挣扎，只是使人觉得可怜，如白露、文清等等，所以并不成功。罗先生说，你讲戏剧则捧丁西林，讲小说则捧沈从文。杨先生听了笑笑，默认了。

讨论结束，回宿舍已 10 点多了。教师还在讨论国文学会的工作。这种报告会是对大一国文教师的进修的一种考核，看看他们授课之余是不是在读书。因此每次请一位助教讲一个题目，还指定一位教授做导师。今天的导师是杨先生。以后还有关于专书的考查。下次赵西陆先生讲《文选》，由刘文典和罗常培两位先生任导师。[①]

另据张源潜所述：

西南联大一年级学生，不管读的文、法学院，还是理、工学院，都要读一年语文，当时叫“大一国文及作文”。课本是中文系编的，选文不加注释，16开本，白纸铅印，厚薄跟现在的期刊（如《文学评论》之类）差不多。米黄色的封面，左上方用黑框围着“国立西南联合大学国文课本”一行2号铅字，很有点古色古香的味道。印数可能不很多，后来的学生用书只能是通过“征求”、“出让”这种方式，从上一届学生手中接过来又传下去的。40多年过去了，不知还有谁保存着？那该是弥足珍贵的“历史文物”了！

这本教材很有特色，选文不多，白话文与文言文大概是一半对一半。北京大学原是“五四”新文学运动的发源地，可能是继承这一传统的关系，现代文学作品特别受到重视，不仅放在前面，而且当一位教授和一位助教（或教员）合开一个小班这门课程的时候，担任现代文学作品讲授人物的总是教授，助教（或教员）只教古文，并负责批改作文。别的学校恐怕不会这样做吧，那也可以说是联大的一个特色。

课本中的现代作品我记得的有四篇（可能是当年只讲这些）：鲁迅的《示众》、徐志摩的《我所知道的康桥》、林徽因的《窗子以外》，还有一篇是丁西林的《压迫》。我们班的国文老师杨振声先生讲《示众》时曾说过：

① 张源潜：《联大旧事两则》，清华校友总会编：《校友文稿资料选编》（清华校友通讯丛书）第六辑，北京：清华大学出版社，2000年。

“本来打算选鲁迅的代表作《狂人日记》的，考虑到课本的篇幅，才换了这篇短一点的。但鲁迅描写人物的功夫也完全体现出来了。”杨先生大概是主持编选课本的工作的，才知道得那么清楚。他讲徐志摩的散文时，把学生叫起来，轮流朗读一大段，也许是借此认识几个学生吧，因为那时上课是从不点名的。国文课本中选独幕剧非常少见，选《压迫》当是出于某种偏爱。杨先生对于丁西林的剧作特别推崇，讲起来更是津津有味。他讲到有一回，清华学生排练《压迫》，他担任导演。杨先生说：导演有两种方式，一种是听任演员自己去创造，还有一种是把演员当傀儡，导演完全独裁。他自己属于前一种。

中文系系主任罗常培先生曾经说过，杨先生讲小说必称沈从文，讲戏剧必称丁西林。这话在国文课上只证实了一半。那末，课本中怎么没选沈从文先生的小说呢？据说，当年讨论篇目时，规定过一个原则，凡是本校同仁的作品，一律不予入选。这么一来，就连朱自清先生脍炙人口的散文名篇《背影》也没有机会在国文课本中露脸了。①

六月十一日 上午十一时，到西仓坡五号清华大学办事处出席第五届第二次校务会议。

本月 小说《荒岛上的故事》刊于《世界学生》第二卷第五期“文艺专号”。

本学期 为《国立西南联合大学师范学院毕业纪念册》

① 张源潜：《大一（1942～1943）生活杂忆》，《云南文史资料选辑》（第三十四辑）“西南联合大学建校五十周年纪念专辑”，昆明：云南人民出版社，1988年，第161—163页。

题辞：

人生最高的目的在创造，而作育人材尤为创造中之最基本者，可不勉乎。①

本年夏 与朱自清负责第六届留美公费生考试国文科命题。②

七月十五日 中午十二时，到西仓坡五号清华大学办事处常务委员会第二六七次会议。下午三时，到北门街七十一号出席三十一年度第二次教授会议。共有五十五位教授代表参加。

七月十六日 西南联大发出关于刘本钊兼任事务组主任的布告：

兹经第二六六次常委会决议：毕正宣先生函请准予辞去本大学事务组主任职务，应照准。聘刘本钊先生兼任本大学事务组主任。等语；记录在案，合行布告，希各知照。此布。③

本日，致函女婿王书堂、女儿杨蔚、长子杨文衡、三子杨起：

书堂　丽儿

文衡　三儿：

来作了那几天老太爷，是抗战以来最享福的日子了。带着愉快与不安回来后，想写封信给老太太、焕成及你

① 欧阳澄：《怀念吾师重温教诲》，《西南联大北京校友会简讯》第39期。
② 清华大学档案《第六届留美公费生考试科目及命题人一览表》，《国立西南联合大学史料》（三教学、科研卷），昆明：云南教育出版社，1998年，第501页。
③ 清华大学档案《西南联大关于刘本钊兼任事务组主任的布告》，《国立西南联合大学史料》（四教职员卷），昆明：云南教育出版社，1998年，第39页。

们道劳，又觉着太生分一些，索性摆起老太爷的架子，一声不响也罢了。

早点回来想作点事，可是又不得清闲。回来后一多半时间在城里，这封信也是在才盛巷早晨起来赶着写的。写完还想煮两个鸡蛋吃，再出去办几件事，赶着上午能回到乡下去，沉下心去好好做点自家的事。放假以来，人都松懈下去，近来更有些心粗气浮，真是要不得。

焕成近来可大好了？尤俐的伤气该早好了罢？

三儿的肚子可已复原？研究生本月廿八日考试，十九、二十两日报名，我已託教务处薛先生替你报名，还有像片论文等件我说在考试前补交，也许他们可以通融，暂准报名。考试时说要早天回来，你不说还有几门课得温习温习吗？考试简章寄一份给你作参考。

今晨风日清丽，写信时满桌日光半窗树影，想起在木希村时，若有此等天气岂不更助清兴？替我请老太太安并问焕成好。

父字　七月十六日[①]

七月二十二日　中午十二时，到清华办事处参加常务委员会第二六八次会议。

七月二十九日　中午十二时，参加常务委员会第二六九次会议。

八月十二日　因冯友兰上学期休假期满业已返校，杨振声请辞代理文学院院长一职。

八月二十一日　西南联大布告：

---

① 据杨起保存父亲杨振声原函。

兹经第二七〇次常委会决议：

“杨振声先生为冯友兰先生业已返校，函请准予辞去暂代本大学文学院院长职务，应照准。”

……①

九月四日 朱自清来访。据《朱自清日记》：

上午访今甫，共进午餐。下午归来。还给杨以海明威的书。②

一九四三至一九四四年度 与赵西陆为一年级学生开必修课“国文壹A（读本）”（4学分）。③

本学期 为中文系三、四年级学生开选修课“现代中国文学”（3学分）。④

据本年入学的诸有琼所述：

我在西南联大中文系上一年级时，杨振声教授和赵西陆先生教我《大一国文》。赵先生是杨先生的助教。我记得，杨先生上课较少，多半都是赵先生讲课。那时对于杨先生，我只是朦朦胧胧地知道他是“五四”运动中的一名闯将，是“新潮社”的创始人之一，还是早期著名的现代化中篇小说《玉君》的作者。⑤

---

① 清华大学档案《西南联大关于潘光旦等人任职的布告》，《国立西南联合大学史料》（四教职员卷），昆明：云南教育出版社，1998年，第40—41页。

② 朱乔森编：《朱自清全集》“日记编”，南京：江苏教育出版社，1998年。

③ 清华大学档案《国立西南联合大学各院系必修选修学程表》，《国立西南联合大学史料》（三教学、科研卷），昆明：云南教育出版社，1998年，第304页。

④ 清华大学档案《国立西南联合大学各院系必修选修学程表》，《国立西南联合大学史料》（三教学、科研卷），昆明：云南教育出版社，1998年，第306页。

⑤ 诸有琼：《忆杨振声老师》，《北京大学校友通讯》第2期，1984年3月。

十月一日 自昆明复美国胡适函：

适之师席：

谢谢您九月廿二的手教，特别那医治失望的药方，也许我在前一信中用的字面太强，话又说的太简单；先生爱人过甚，怕我失望，去来那末当头一棒，不让我一梦沉酣下去。

其实呢，我在国内受了一点激刺或许是矫枉过正了。我见过某大学请人限于本校的毕业生，造成一种窄狭的空气，先是排斥外人，后又自相排斥（都是我亲眼见过的），北大从来不是这样，但近来不免受了邻居的影响。一二炫己之流，颇染一点偏狭，我为此惧。此不独自封，实是死路一条！北大想“成为世界的一个第一流大学”也必是世界的一个学术中心，我们不从世界的文学立场看自己的文学，便不会认识自己的文学；不从世界历史的观点看自己的历史，也不会认识自己的历史。推之于哲学、美术，无不如此。至于自然科学，根本是世界的，更不必说。所以想到将来，世界的一切应是合作的，学术尤其是先锋。北大应当能多容纳世界学者（交换或其他方式），集广取精，以成其大。这态度有诗为证：

“虽然不是家园柳，一样风流牵我思。”

至于我那第二希望，也还有点背景。这几年的学风更不如以前，图书馆失书，宿舍里失盗（战事当然有关系），学生逃避兵役，喜欢尖巧刻薄的文章，男生对于女生关系的不负责……学校不能变化学生的气质，不独是教员与学生的接触太少，也实是许多教员自己莫有新的有力的人生观，对于青年复缺乏了解与同情，尤其是同情，了解同情全与教授们的年岁俱增。但一种适于现代的人生观的育成，是一种觉悟，一种努力，学校可能是这种努力的中心，因为那里应当更有觉悟，至于作到多少，总难期必，而失望与痛苦，是我们应得的报酬，我早已放弃人生中有点快乐的念头，对我快乐的也许仅是痛苦偶尔停止时的一个消极名词，先生看我表面很快活，其实我是个彻底悲观的人：或许为了生在今日的中国，但我绝不抱怨我的命运，这正中先生的诊断："志愿太奢，无不失望。"

至于第二希望，我并不敢把责任都推到先生肩上，只为先生的风态学术文章与资望，最适于作我们的领袖。先生不晓得这几年，我们如何感到孤独与苦闷，国内复古空气的嚣张使人深忧，可是我们有两座堡垒他们决攻不下，一是科学扫除了迷信与昏乱思想，一是白话文运动，解放了青年，使他们能与世界文学相接触，若是白话文不运动，我不知道青年学古文读古书的结果，会不会使中国永远停留在中世纪的文化里，但先生要知道，联大是唯一的大学用一部份白话文作大一课本（教部前年要限用官定课本，全是古文）而大一国文习作限用语体，绝不许作古文，我开一个"中国现代文学"课程（不叫白话文学，因为白话文学是正统，不是旁者，若叫白话文学，便承认更有古文文学），也是国内唯一的孤曲。我们有个文艺月会，一多、佩弦、从文、君培、之琳诸人都在内，常常谈到先生。我愿先生健康，因为我们还有很长的艰苦历程在前面，需要领导，为实现自己的希望，加重旁人的责任，诚然是自私：但这也是先生逃不了的命运，先生只好用乐观减轻自己的艰苦罢。

蒋梦麟先生答复美国政府公函时，说我代理先生为北大文学院院长，这对我实是过分的宣传，可是事实也是如此，我们老是期望着先生回北大，那时先生若能让我负一系之责，于愿斯足。但必在没有合适的人的时候，比如，一多肯来北大，我便情愿他的助手。

信已太长，多耗先生的时间为罪，现在还有一事求先生：Dr. V□□□□ Steinon 请求 Guggenheim Fellowship 的奖学金，他准备翻译陶渊明全集，他的中文和日文可以足用，加以德国学者对于文史的训练作学问的蛮劲，我相信他可以胜任，同时美国对于中学的研究正在增长，需要多种翻译，而陶渊明比较容易翻译也容易了解，此是有益的一件工作，他恳请先生作他的一个□ y □□□□他自己必有信请求先生，让我在这里为之□容。致请

客安

杨振声　拜启

十月一日

P□□□□　B□□□□ y　V□□□□ Steinon L□□□□皆嘱问候先生[1]

十一月十七日 与罗常培等当选第六届校务会议教授代表。据《朱自清日记》：

下午开教授会。梅校长建议四年级学生进行战地服务，大家赞成。去冯至家参加茶会，到会者皆文学界人士。初时说话颇多，后稍节制。今甫谓将任《世界学生》编辑，

① 耿云志主编：《胡适遗稿及秘藏书信》(38)，合肥：黄山书社，1994 年，第 112—113 页。

并告杭已将一千元退英国大使馆新闻处。骏斋来访，告以江清说了些闻家的唐突的话，他认为无甚要紧。我在冯家茶会上批评了一多的文章，颇后悔，今后宜克制。①

据冯姚平所述：

有一段时间，大约是43年底或44年春，杨振声建议，彼此熟识的朋友每星期聚会一次，互通声息，地点就选在位于钱局街敬节堂巷的我家。他们每星期有一个规定的时间，聚会在一起，漫谈文艺问题以及一些掌故。每次来参加聚会的有杨振声、闻一多、闻家驷、朱自清、沈从文、孙毓棠、卞之琳、李广田等人。这样的聚会不知举行过多少次，有人从重庆来，向父亲说："在重庆听说你们这里文采风流，颇有一时之盛啊！"②

另据冯至《昆明往事》一文所述：

我还要想到三位中文系的教授，杨振声、朱自清、罗常培，用旧话说，他们都是我的学长，他们在北京大学毕业后一年或两年，我才考入北京大学预科。我跟他们交往不多，但他们给过我不少帮助和鼓励。③

十二月二十二日 下午四时，出席在清华办事处召开的第六届第一次校务会议。

十二月二十九日 在联大附中办公室出席第六届第二次校务会议。

---

① 朱乔森编：《朱自清全集》"日记编"，南京：江苏教育出版社，1998年。

② 冯姚平：《最难忘的是昆明——记父亲冯至在西南联大》，《西南联大北京校友会简讯》第32期，2002年10月。

③ 冯至：《昆明往事》，《新文学史料》1986年第1期。

本年 评论《文言文与语体文》刊于《国文月刊》第十九期。据张映庚所述：

> 西南联大是坚持选用白话文的，所用的大一国文课本由自己编选，经过三次改编，最后的一本包括十五篇文言文，十一篇语体文，四十四首诗，一篇附录。罗先生对此选本给予充分肯定[①]，接着十分感慨地说道："没想到最近教育部召集地大一国文读本编订委员会只选了五十篇文言文，四首诗，经史子集色色具备，却把语体文删得连影儿都没有了。"作者还尖锐地指出："这不是一件小事，这正是新旧文学消长的枢机！……难道教育当局倒要反其道而行？难道曾经想'打倒国语运动的拦路虎'的小将和曾经参加过新文学运动的作家反倒妥协了？"又如杨振声的《文言文与语体文》中，旗帜鲜明地宣告："我们整个国家民族迫切地要求，是一种为整个人民接受知识的工具，为整个人民传情达意的工具——记载我们语言的语体文。"何等有气魄！
>
> 该期的《编辑后记》中，表明了编发这两篇文章的意图：罗、杨两先生的议论皆为教育部编订大学一年级国文读本一事而发。还谈到，从前中学国文课本最初加入语体文的时候，曾有争论，现在这种讨论又为大学国文课本的编选而引起，并明确表示："我们相信社会不乏注意此种问题的人士，倘有宏论付本刊发表，万分欢迎。"[②]

---

① 按：本期《国文月刊》所刊罗常培（莘田）《中国文学的新陈代谢》一文为1942年7月1日在昆明广播电台的演讲。

② 张映庚：《为了提高语文教学水平——简介联大师院国文月刊社出版的〈国文月刊〉》，《云南文史资料选辑》（第三十四辑）"西南联合大学建校五十周年纪念专辑"，昆明：云南人民出版社，1988年，第132页。

本年 子杨起毕业于西南联大地质地理气象学系。

◎1944年 民国三十三年 甲申 五十四岁

一月底 昆明成立“宪政讨论会”，省政府主席龙云亲任常务理事，附设研究委员会，由杨振声与崔书琴、钱端升、姜亮夫、查良钊等组成。①

本学期 为中文系三、四年级学生开选修课“传记文学”（3学分）。②

三月一日 下午五时，到西仓坡四号出席第六届第三次校务会议。

三月四日 中午十二时，在西仓坡四号出席第六届第四次校务会议。

本月 国民政府宣布取消“五四”纪念，将黄花岗起义的三月二十九日定为青年节，引起联大师生强烈不满。

四月五日 晚七时，到文化巷三十号南开大学办事处出席第六届第五次校务会议。

本月 闻一多始用业余时间公开治印，博取升斗之资补贴家用。浦江清为其写一骈文小启，工楷誊录，装框挂于公开收件处。据清华大学档案，该润例文为：

> 秦玺汉印，攻金切玉之流长。殷契周铭，古文奇字之源远。是非博雅君子，难率尔以操觚，倘有稽古宏才，偶点画而成趣。

---

①《宪政讨论会推定常务理事，研究委员及职员亦决定》，昆明《正义报》1944年1月30日。此处参见闻黎明：《1944年：中国社会的历史性转捩——兼论民族工商业者“问政”的原因》，《近代史研究》1995年第4期。

② 清华大学档案《国立西南联合大学各院系必修选修学程表》，《国立西南联合大学史料》（三教学、科研卷），昆明：云南教育出版社，1998年，第306页。

浠水闻一多教授，文坛先进，经学名家，辨文字于毫芒，几人知己；谈风雅之原始，海内推崇。斫轮老手，积习未除；占毕余闲，游心佳冻。惟是温馨古泽，仅激赏于知交；何当琬琰名章，共榷扬于艺苑。黄济叔之长髯飘洒，今见其人；程瑶田之铁笔恬愉，世尊其学。爰缀短言为引，公定薄润于后。

梅贻琦　蒋梦麟　熊庆来　冯友兰　杨振声
姜寅清　朱自清　罗常培　唐　兰　潘光旦
陈雪屏　沈从文同启①

五月二日 朱自清来访未遇。据《朱自清日记》：

下午访今甫，未晤，应与他相约。②

五月三日 下午五时，在西仓坡四号出席第六届第六次校务会议。

五月四日 参加文学晚会。据《朱自清日记》：

参加文学晚会，但学生为调整宿舍而闹口角，会议根本无法进行。今甫发火，莘田之女站在其父立场上也十分恼怒。一多被她弄得很尴尬。他们共同劝说学生和解，但一多的口气与莘田大不一样。当一多与我们一同去看望莘田并向他道歉时，他对此并不在意。

另据张源潜所述：

……1944 年纪念“五四”活动时，我们才敢以《文

① 清华大学档案《闻一多教授金石润例》，《国立西南联合大学史料》（四教职员卷），昆明：云南教育出版社，1998 年，第 551 页。
② 朱乔森编：《朱自清全集》“日记编”，南京：江苏教育出版社，1998 年。

艺》壁报社的名义，筹备一次文艺晚会。我们先同李广田先生商量，确定晚会（实际上是晚上举行的报告会）的中心是“五四”以来新文学成就的回顾。我们邀请朱自清、李广田先生讲“五四”以来的散文，闻一多、冯至、卞之琳先生讲“五四”以来的诗歌，杨振声、沈从文先生讲“五四”以来的小说，另外请罗常培先生讲“五四”新文学运动的总貌。每人发言半小时，围绕中心就一个方面谈谈自己的看法或想法，各抒己见。我们分头跟八位教授联系，他们乐于承担。李广田先生是我们的导师，晚会就请他主持。时间定在5月4日晚7时，地点在南区十号教室（5月3日晚上历史系主办的时事晚会也准备在那里举行）。海报贴出，轰动全校，因为聚这些著名诗人、散文家、小说家于一堂，进行一次纪念或学习活动，在联大好像还是第一次。

5月4日晚饭以后，同学们陆续来到会场，不到7点，那间仅能容得下一百多人的狭长的教室，早已挤得满满的，连窗台上也坐了不少人。闻一多、杨振声、罗常培几位先生到得较早，先被迎进了会场，坐在同学的中间。等到冯至、李广田先生来的时候，教室的通道也阻塞了，一时挤不进去。参加晚会的人还不断赶来，他们围着这几位教授，纷纷提议另换一个会场。有人说，还是到图书馆去，那边的阅览室比教室大得多，也有椅子。看到当时的情景，李先生也觉得不换一个地方，就没法容纳这许多人。他跟冯先生交换了意见，接受了这一建议。于是有人主动跑到图书馆去联系，停立在教室外面的同学就争先恐后朝北区跑去。法仅陪李先生他们到图书馆去了。

更换会场是临时决定的，那些很早来到南区十号早已占好位置的同学都不会同意。他们围着先来的教授安然不动，根本没有到图书馆去的意思，几位教授也还不了解外面的情况。我不知怎么办好，赶忙去找法仮商量。我赶到图书馆，先奔去的同学已抢到椅子坐定了。后到的只好站在外面，几位教授坐在借书处窗口外临时抬去的一张阅览桌边。我把南区教室里的同学不肯过来的情况给法仮讲了，问他怎么办。他也没有估计到会产生这样的僵局，自然拿不出什么主意。这时又有人提出，既然他们不肯，南区教室里也有几位先生到了，索性两个会场同时进行，只要讲话的先生辛苦一些，轮流到两处讲一遍，大家爱都能听到全部内容。这虽不是理想的方案，也不失为解决问题的一个办法。法仮跟李先生商量，又征求了冯至先生等的意见。大家觉得事已至此，也没有再好的法子，只能辛苦一点，每人多讲一遍吧！我带了这个新方案回南区，因为时间已不早，图书馆方面，就由李先生主持宣布晚会。

我到了南区会场，挤进人丛，向几位教授报告了这些情况，转述了分两处开会的办法，并请罗常培先生在南区会场主持，也宣布开会吧！罗先生答应了，可是闻一多先生不同意，他充满激情地说，纪念“五四”的会，是一个团结的会，应该合在一起开，既然图书馆那边已经开始了，我们就一起过去。说着，站起身来准备走。同学们见此情形，纷纷起立，夺门而出，窗外的同学也一跃而下，一齐向图书馆跑去。几位教授本来围坐在会场中间的桌子旁边，最后才离开。当晚我陪他们走近图书馆的时候，只见门口塞满了人，无法挤进去，窗下也站着不少人。有的在叫骂，有的在用棍棒敲打窗格，乱成一片。里面大概是冯先生在发言，也没听清，突然电灯熄灭了，显然是有人捣乱，电线被割断了，晚会无法继续。李先生只得宣布改期举行。好端端的“五四”文艺晚会，就这样流产了！

一切发生得这样突兀，这样急促，我们几个既缺乏思想准备又没有应变经验的青年，犹如走夜路的人挨了一记闷棍，昏昏沉沉一时摸不着头脑。我们只好怀着铅样的心情，向到会的先生表示歉意。留下几个同学收拾会场。我和法仅陪送先生们回住处，我们在路上听到不断的埋怨，轻微的嗟叹，也有气愤地斥责，少数人还在议论闻先生，似乎不该与罗先生闹对立。法仅觉察到闻、罗两位先生间有什么误会，希望李广田先生做做工作。李先生表示为难。他说，两位先生都是他的老师，他也不好讲什么。

闻先生发觉罗先生没有去图书馆，不免有点歉疚，就建议大家一起去靛花巷看看。我们陪着几位先生一直走到罗先生的家里，当罗先生看到闻先生等的到来，不免感到惊奇。闻先生说了几句检讨自己情绪过分激动之类的话。罗先生表示不必介意，当他知道晚会没有开成时，说，这个会今天没开成，过几天还是要把它开起来的。看到两位先生并未因此产生什么芥蒂，我们也放心了，在此向他们表示歉意后，就告辞回校了。[1]

五月八日 赴朱自清、冯至招午宴。晚，参加改由中文系国文学会主办、在联大图书馆前大草坪举行的晚会。罗常培、闻一多任主席，参加者三千余人。会上讲演总题为《五四运动与新文化运动》，与冯至、朱自清、沈从文、李广田、孙毓棠、卞之琳、闻家驷等人分别讲演。[2] 杨演讲题为《新文艺的前途》。[3] 据《朱自清日记》：

中午归来，与冯至先生一起设宴，请今甫、从文、之琳与王逊。读颜鲁公所作《颜勤礼碑》。此碑系一九二二年发现。

参加文学晚会，做关于散文的讲演。发言者十人，冯与李都讲得很好。我的讲话一点也不全面。一多讲文学遗产，语调激昂，但听众并不如想象中那么热烈。他的有些话似太过分。罗先生为会议主席，他的开场白很空洞。[4]

另据张源潜所述：

经过国文学会几位负责人的努力奔走，罗先生说过的话很快兑现了。文艺晚会决定在 5 月 8 日晚间举行，由国文学会主办。为了容纳更多的听众，地点改在图书

① 张源潜：《回忆联大文艺社》，《云南现代史研究资料》第十辑，云南人民出版社，1981 年。

② 蒋阜南：《回忆昆明抗日救亡运动的片断》，《云南文史资料选辑》，昆明：云南人民出版社，1987 年，第 149 页。

③ 齐家莹编：《清华人文学科年谱》（清华文丛之八），北京：清华大学出版社，1999 年，第 286 页。

④ 朱乔森编：《朱自清全集》“日记编”，南京：江苏教育出版社，1998 年。

馆前面的大草坪上。讲演的除原先邀请的八位教授之外，还请闻家驷先生讲“五四”以来的翻译，孙毓棠先生讲“五四”以来的戏剧。事先由国文学会出面贴了海报，到会群众更加踊跃，几千人席地而听，秩序特别好。虽然没用扩音器，但是就像沈从文先生那样的轻声细语，基本上还能让群众听清楚，会场上没有一点骚动。那晚上月光皎洁，罗先生在讲话中风趣地谈了一些月亮象征团圆、团结一类的话，闻先生在讲话时更激动地说：“同学们，你们看，月亮升起来了，黑暗过去了，光明在望，但是乌云还等在旁边，随时会把月亮盖住！我们要特别注意。记住我们这个晚会是怎样被人阴谋破坏的。当然，不用害怕，破坏了，我们还要开，事实上我们开了一个比‘五·四’晚上大了许多倍的大会。这大概是那些‘人’做梦也想不到的吧！朋友们，‘五四’的任务没有完成，我们还要努力。我们还要科学，要民主，要冲破孔家店，要打倒封建势力和帝国主义！”闻先生的这番话激起了会场上经久不息的掌声。[①]

五月九日 晚七时，应梅贻琦约。据《梅贻琦日记》：

七点在寓约今甫、序经、莘田、毅生、光旦、佩弦、枚荪、奚若夫妇小酌，以利用昨晚剩菜一桌，藉为杨、陈二人饯行。[②]

另据《朱自清日记》：

---

① 张源潜：《回忆联大文艺社》，《云南现代史研究资料》第十辑。

② 黄延复、王小宁整理：《梅贻琦日记》，北京：清华大学出版社，2002年。

参加梅先生为今甫与陈序经话别而举行的晚餐会。[①]

五月十七日 联大为杨振声、陈序经二人赴美讲学事电呈教育部，请填发出国护照。

五月三十日 因教育部对杨、陈赴美讲学事迟迟无答复，联大再电教育部：

教育部钧鉴：

案奉钧部高字第一八五八六号代电，为准美大使馆函请北京大学、南开大学各派代表一人，于六月底以前赴美研究或讲学，令从速选派，等因；奉此，查北京大学已选派杨振声教授，南开大学已选派陈序经教授前往美国研究讲学，并均已准备于六月底以前首途。本校业已于五月十七日电呈在案。除请外交部填发杨、陈二教授出国护照外，理合请转咨外交部迅予填发，实为公便。

国立西南联合大学叩蹈　印[②]

后，与陈序经赴美。杨振声讲授中国诗歌和中国美术史。

八月九日 罗常培致胡适函称：

适之先生：

听说你已经回纽约了，暑中还照常忙吗？我有一张小照寄剑桥托元任转给你，不知收到没有？接今甫自伦敦来信说，我介绍大批后进出国，他无以报命，蒋、胡两先生一时也无法可想。……其实他是误会我的意思了！

① 朱乔森编：《朱自清全集》"日记编"，南京：江苏教育出版社，1998 年。

② 清华大学档案《呈教育部催办杨振声、陈序经赴美讲学函》，《国立西南联合大学史料》（四教职员卷），昆明：云南教育出版社，1998 年，第 463 页。

我写信给您，只是报告北大近来的不景气，并且转述仲甫先生遗言；只是希望有机会奖掖几个后进，并非一榜尽赐及第的意思。那时今甫恰巧写信给我说：沿途所经各校皆谈及交换教授和学生的办法，惜校方尚无准备云云。所以我把写给您的信略述给他。后来蒋先生来"可来而忙"，我也曾面谈此事。蒋先生说，他在原则上不能介绍个人，并且劝我多重理智，少重感情。如果从针砭我的个性说，蒋先生的话确实是对了；但对这件说，我只有对母校和后进的感情，绝没有羼杂私人的感情！我很了解先生一向是"泱泱乎大国之风"，不愿意和洋鬼子接头这类的事情。至于没回我的信只是照例的事忙，并非对我破例。照国内的近况，想叫青年出国恐怕很困难了。我乐得不再谈这件事，免得被人误会作"busy-body"（爱管闲事的人）！①

九月十六日 沈从文致胡适函称：

今年这里"五四"，学校开了个文学会作纪念，有两千人到场。谈及白话文问题时，大家都觉得当前文学运动与政治上官僚合流的趋势，以及凡事八股文趋势时，已到文学运动末路，更加感到当年三五书呆子勇敢天真的企图，可敬可贵。算算时间，二十年中死去的死去，变的变质，能守住本来立场的，老将中竟只剩先生一人，还近于半放逐流落国外，真不免使人感慨！所以当时全体一致托金甫先生为向先生转致敬意。金甫先生到美晤面时，一定会提起这件事情。（这种会，会中所表现的纯粹情感，似

①《罗常培致胡适》，《胡适来往书信选》（中），北京：中华书局，1979年，第571—572页。

乎也只有这里学校可以见到，别的地方已不相宜了。）

……这里熟人种种，金甫先生想均有机会谈及。我们还希望他有机会谈谈他自己的事，因为有些事情，是您想不到，听来却一定极高兴，而且他在国外是只有和您可以谈及的。

……

最近联大一个英籍教授白英先生，与同学金隄先生，同译了我廿个短篇作英文，内中计有《习作选》中一部分短篇，加上那个《边城》，预备在英美分别出版，今年或者即可付印。这本书内中各个篇章能产生和读者见面，得力于志摩、通伯、西林、今甫、徽因、叔华、宰平诸先生鼓励甚多，关系更大的还是先生。[1]

十一月 《新文学在大学里》一文刊于《国文月刊》第二十八、二十九、三十期合刊。据周定一所述：

1942 年在重庆的教育部搞了个《大学国文选目》，“饬公私立各大学一律遵用”。这个部颁选目，几十篇文章全是文言文，没有一篇语体文。大约到了 1944 年，部定选目正式印成读本，颁发到各大学。西南联大也不得不放弃了多年来选有语体文的自编课本，遵用部定读本。但杨先生主持另编了个“大一国文习作参考文选”，就是把原联大自编的那个课本中的语体文加以调整补充，与部颁课本相辅而行。杨先生还为这个语体文选写了一篇序文（载《国文月刊》28、29、30 期合刊，1944 年 11 月）。总之，今甫先生为联大大一国文读本付出了不少心

① 《致胡适》，张兆和主编：《沈从文全集》（18），太原：北岳文艺出版社，2002 年，第 431—433 页。

血，尤其是通过这个课本为语体文争取与文言文平起平坐的合法地位功不可没，影响深远。[①]

另据诸有琼所述：

1944年，教育部规定大一国文课必须采用部订教材。西南联大没有向复古势力低头，在使用部订教材的同时，大一国文委员会另编一册《西南联合大学大一国文习作参考文选》（后改名为《语体文示范》），作为补充教材。不但收入了原来编选的现代文学作品，还增选了胡适、鲁迅、徐志摩、冰心、宗白华、朱光潜、梁宗岱等人的语体文作品。杨振声先生为此书撰写的序言《新文学在大学里》突出地点明向教育当局复古倾向作斗争的编印宗旨。[②]

◎ 1945年　民国三十四年　乙酉　五十五岁

本年度　与闻一多指导毕业生康伣，论文题目为《唐诗中的文艺高潮》。[③]

三月三十一日　周鲠生致胡适函称：

金甫二十八日到纽约，不久将往华盛顿并转道来波士顿、剑桥。[④]

---

① 据周定一致杨起原函（2001年7月3日）复印件。

② 诸有琼：《杨振声先生在昆明的一些情况》，据诸有琼致杨起原函（2001年5月12日）复印件。

③ 北京大学档案《西南联大中国文学系历届毕业学生论文题目及导师》，《国立西南联合大学史料》（三教学、科研卷），昆明：云南教育出版社，1998年，第111页。

④《周鲠生致胡适》，《胡适来往书信选》（下），北京：中华书局，1979年，第10页。

四月八日 周鲠生致胡适函称：

金甫于二十八日来纽约，住到昨日赴华府，不日当来剑桥。[①]

四月十二日 致函芝加哥陈梦家：

梦家兄

嫂夫人：

别后寐无一字，非独关懒，亦柳絮因风，总不得少安也。在芝诸承关照，复有好饭一顿，感感不可言。

近流浪在华府，下周舟去剑桥。此地已满城春色，不知芝已有春信否？巴先生与巴夫人处烦为致意。

振声 拜安

四月十二[②]

四月二十三日 国民政府本日令，公布第四届国民参政会参政员名单，杨振声为“依照国民参政会组织条例第三条丁项遴选者”之一，该类别中另有：邵从恩、于斌、王云五、张澜、黄炎培、王晓籁、章士钊、李瑛、陈豹隐、曾琦、周道刚、晏阳初、仇鳌、范锐、毛泽东、林祖涵、周览、杨端六、成舍我、张翼枢、秦邦宪、张君劢、钱端升、吴贻芳、钱永铭、陶玄、周炳琳、张其昀、伍智梅、刘蘅静、陈逸云、谭平山、陈绍禹、吕云章、邓颖超、马乘风、徐炳昶、董必武、余家菊、陈启天、胡秋原、许德珩、程希孟、张奚若、

①《周鲠生致胡适》，《胡适来往书信选》（下），北京：中华书局，1979 年，第 11 页。

② 程道德主编：《二十世纪北京大学著名学者手迹》，北京：北京图书馆出版社，2003 年，第 85 页。

萨孟武、谢冰心、罗衡、达浦生、胡霖、许文顶、胡适、莫德惠、梁实秋、常乃悳、陈博生、彭革陈、江一平、胡木兰、王世颖、王普涵、席振铎、郭任生、喜饶嘉措、何鲁之、郑振文、周谦冲、周恩来、吴玉章、卢广声、梁漱溟、章伯钧、冷曝东、端木恺、吴蕴初。[①]

四月二十五日 与汪静之前往在美国旧金山市歌剧院开幕的联合国成立大会访问，遇萧乾。据萧乾所述：

> 1945 年，我去美国旧金山采访联合国成立大会时，他和“五四”诗人汪静之（又是科学家）正在那里访问。都是短暂的相聚，但在异地见到旧知，分外感到亲热。[②]

六月一日 为杨庆堃著《美国与留学》一书作序。该书“为一居住美国历时十年，并毕业于密西根大学的中国青年学生的经验谈。他在一九三九年获得密大哲学博士学位，嗣后为一卓越的报纸编辑，并任华盛顿大学教师。”[③]

六月十一日 沈从文致胡适函称：

> 适之先生：半年前寄了个信，也许掉了。大家都极念您，希望今甫先生返国，或可从他口中知道一点消息。……[④]

六月二十八日 杨联陞致胡适函称：

> 今甫先生来，只匆匆玩了一天多。他说先生提到我

①《国府明令公布第四届参政员名单增名额延揽各方人士首次会六七月间举行》，《中央日报》民国三十四年（1945）四月二十四日。
② 萧乾：《我的启蒙老师杨振声》，《北京城杂忆》，北京：生活·读书·新知三联书店，2001 年。
③ 杨庆堃：《美国与留学》，美国新闻社，1948 年。
④《致胡适》，张兆和主编：《沈从文全集》（18），太原：北岳文艺出版社，2002 年，第 437 页。

的稿子在纽约。我刚一听，一愣，后来才想起是我的打油诗。别康桥有一首，也不成东西，姑且写出请教："轻别只缘期小别，他乡久客似家乡。康桥诗酒棋琴会，应有群公忆老杨。"①

七月 由美国经英国伦敦回国，途中在伦敦参观三个月，并曾赴牛津大学讲学，期间还到剑桥小住数日。另据萧乾所述：

> 1939 年出国后，我在国外曾同杨老师有过两度短暂的相处。1943 年他同古生物学家杨钟健先生应英国文化委员会之聘，赴英国牛津大学从事学术交流，曾到剑桥小住几日。②

八月十五日 日本宣布无条件投降。

本月《世界学生》改名《世界文艺季刊》，与李广田主编。据孙昌熙所述：

> 先生为了给我更多的练笔的机会，还鼓励我给先生和广田先生主编的《世界学生》文艺栏写稿，我的习作因而得到不断指导，因而进步较快。由于先生对我提拔，便得到许多老师的鼓励：如，朱自清先生在百忙中看了我的《河边》，有一天主动面奖我说："你的小说很有力。"李广田先生亲自跑到我的宿舍里，对我的小说《爸爸的骗局》稿，边念边评，给我以创作信心和力量。
>
> 先生在西南联大为中国新文学披荆斩棘地开辟道路，或者说"打天下"，是胜利的。那标志，就是新作家群的

---

①《杨联升致胡适（1945 年 6 月 28 日）》，胡适纪念馆编：《论学谈诗二十年——胡适杨联升往来书札》，合肥：安徽教育出版社，2001 年，第 68—69 页。

② 萧乾：《我的启蒙老师杨振声》，《北京城杂忆》，北京：生活·读书·新知三联书店，2001 年。萧乾所述时间有误，应为 1945 年。

不断涌现。先生培养我只是丰收事业中之一粟。[①]

本月 北大对杨振声起支最高薪额。[②]

九月二日 日本无条件投降签字。

九月十四日 江泽涵致函胡适，谈及：

有人说蒋校长当红十字会长后，精神好多了。盼望他做更大的官，精神可以更好些，这原因何在？我觉得：（一）她的夫人与多位谈不来。（有警报时他们与枚荪兄、树人师、景钺、今甫兄在乡下同住一院子。我幸而在另一乡下。）（二）毅生兄遇事敷衍对付，他是管理北大一切事务的人。[③]

十月十三日 从英国伦敦返回昆明。

一九四五至一九四六年度 与赵西陆（赵太侔之子）为大一学生开必修课“国文壹（读本）”（4 学分）。[④]

本学期 为中文系三、四年级学生开选修课“传记文学”（2 学分）。[⑤]

十月十四日 访梅贻琦。据《梅贻琦日记》：

上午十时，清华评议会，会后聚餐，共十一人。杨

① 孙昌熙：《把中国新文学抬上大学讲坛的人——追忆在抗日战争期间接受恩师杨振声（今甫）教授教诲的日子》，《泰安师专学报》1989 年第 2 期。

② 北京大学档案《国立北京大学拟予年功加俸教授名册》（43 名），王学珍、郭建荣主编：《北京大学史料》（4），北京：北京大学出版，2000 年，第 130 页。

③《江泽涵致胡适》，《胡适来往书信选》（下），北京：中华书局，1979 年，第 35 页。

④ 清华大学档案《国立西南联合大学各院系必修选修学程表》，《国立西南联合大学史料》（三教学、科研卷），昆明：云南教育出版社，1998 年，第 371 页。

⑤ 清华大学档案《国立西南联合大学各院系必修选修学程表》，《国立西南联合大学史料》（三教学、科研卷），昆明：云南教育出版社，1998 年，第 374 页。

今甫昨日返昆，午前来舍，因开会未得见。下午小睡后赴庾约至新村三合居40号，后往东月楼食烧鸭，又接郁文与杉、芬同去，食时饮“罗丝钉”酒甚烈，又连饮过猛，约五六杯后竟醉矣，为人送归家。以后应力戒、少饮。[①]

十月十五日 下午，朱自清来访。据《朱自清日记》：

下午访今浦[②]并购物，拟购黄山谷手笔拓本，但店主不愿出售我欲购之单幅；再者，余发现其中仅数纸较好，故兴趣亦不大了。[③]

晚，梅贻琦来访。据《梅贻琦日记》：

夕访今甫谈一时许归。[④]

十月十七日 出席中文系欢迎会，另有朱自清、闻一多等参加。据《朱自清日记》：

出席中文系为今甫及一年级新生召开之欢迎会。今甫谈及中文研究及英国人欣赏中国画的问题，他强调文学之统一性。一多首先问英美对苏联的态度，会议主席最后直率地指出今甫谈话方式，表明他局限于象牙塔中，而且他急于知道是否有人饿死，英国人体现了他们压迫殖民地的感情。刚好今甫要去赴宴，故而离去。一多被邀发言，他对主席的不客气表示遗憾，但赞成对志趣相投的听众直言相告。彼谓愿以此方式将会开下去。总的来说，彼非难英美文化，而无条件地赞美苏联。余四次

① 黄延复、王小宁整理：《梅贻琦日记》，北京：清华大学出版社，2002 年。
② 此处“今浦”二字当为“今甫”之误。
③ 朱乔森编：《朱自清全集》“日记编”，南京：江苏教育出版社，1998 年。
④ 黄延复、王小宁整理：《梅贻琦日记》，北京：清华大学出版社，2002 年。

被邀发言，皆谢绝。[①]

晚，赴梅贻琦约。据《梅贻琦日记》：

晚饭时已落雨，甚冷。约今甫来餐叙，惜到颇迟，未得多饮，酒甚好，绍志四年前保留之佳酿也。[②]

十月二十一日 牛满江致函胡适，述及：

……各方传闻，部令北大增办农、工、医学院，有人说："医学院将并有协和及平大二部分。"纷纷传闻，生极愿知其究竟，未知先生有暇示知确讯否？盖蒋先生来士丹福大学讲演，杨振声先生在卜克里时，曾分别晋谒，奉陈感触及随见，为学校前途计，请筹设学院如医、工等。彼等均表示"可从长计议。"今日传闻，除高兴外，又感兴趣，因所学实验动物学，与现代医学极为相近，且相补互行故。[③]

十月二十三日 午，赴梅贻琦饭约。据《梅贻琦日记》：

中午在寓请蒋太太、傅孟真、杨今甫、钱端升夫妇、樊逵羽夫妇、周枚荪、查勉仲、沈茀斋、章茅［矛］尘、毕正宣，菜为罗厨所做，颇受称奖。酒则甚佳，客人多欲一醉，惜午间不宜多饮耳。[④]

十月二十四日 赴蒋梦麟太太约在榕园午餐。据《梅贻琦日记》：

---

① 朱乔森编：《朱自清全集》"日记编"，南京：江苏教育出版社，1998年。
② 黄延复、王小宁整理：《梅贻琦日记》，北京：清华大学出版社，2002年。
③《牛满江致胡适》，《胡适往来书信选》（下），北京：中华书局，1979年，第57页。
④ 黄延复、王小宁整理：《梅贻琦日记》，北京：清华大学出版社，2002年。

中午蒋太太约在榕园午饭，同座尚有傅、周、杨、汤、章、沈、查、郑。余为备酒四瓶，仅罄其二。晚，常委会，饭后久谈，十点始散。①

十月二十八日 晚，赴章廷谦饭约。据《梅贻琦日记》：

晚赴章矛尘之约，同座为傅、杨、樊、钱、周、汤，皆北大同人。食螃蟹，为汉口带来者，馀菜亦颇精美。食后谈及时局及学校将来问题，颇兴奋。盖倘国共问题不得解决，则校内师生意见更将分歧，而负责者欲于此情况中维持局面，实大难事。民主自由果将如何解释？学术自由又将如何保持？使人忧惶！深盼短期内得有解决，否则匪但数月之内，数年之内将无真正教育可言也。②

十一月二日 晚，赴陈序经饭约。据《梅贻琦日记》：

阴有小雨。晚序经饭约，座客尚有孟真、今甫、枚荪、端升夫妇及贲予夫妇、朱小姐。③

十一月五日 晚，赴闻一多等饭约。据《梅贻琦日记》：

晚六点余应一多、家驷昆仲及叔伟、辰伯饭约于昆南宿舍潘家，他客只孟真、今甫，饮酒据报有九斤之多。饭后谈政局及校局问题颇久，至十二时始散。余对政治无深研究，于共产主义亦无大认识，但颇怀疑；对于校局则以为应追随蔡孑民先生兼容并包之态度，以克尽学术自由之使命。昔日之所谓新旧，今日之所谓左右，其

① 黄延复、王小宁整理：《梅贻琦日记》，北京：清华大学出版社，2002年。
② 黄延复、王小宁整理：《梅贻琦日记》，北京：清华大学出版社，2002年。
③ 黄延复、王小宁整理：《梅贻琦日记》，北京：清华大学出版社，2002年。

在学校应均予以自由探讨之机会，情况正同。此昔日北大之所以为北大，而将来之清华之为清华，正应对此注意也。[1]

十一月二十九日 上午九时，到清华办事处参加三十四年度第二次教授会议。会议主席为叶企孙，八十二位教授代表出席。

十二月二日 上午九时，到清华大学办事处会议室参加三十四年度第三次教授会议。会议主席为叶企孙，八十四位教授代表出席。

十二月四日 上午九时，在清华办事处参加三十四年度第四次教授会议。会议主席为叶企孙，八十九位教授代表出席。

十二月十日 下午二时，参加三十四年度第五次教授会议。会议主席为傅斯年，八十六名教授代表出席。

十二月十二日 深夜，梅贻琦由北平飞抵昆明，下飞机后即与傅斯年、杨振声、周炳琳等晤谈有关学潮事。据《申报》报道：

国立清华大学校长兼联大常委梅贻琦，十二日晚抵昆，即赴北大办事处与常委傅斯年及教授周炳琳、杨振声等晤谈，梅傅两氏十三日午应霍总司令之邀，会同前往与卢主席晤谈，共商此次学潮事宜。梅氏并将与联大教授及学生代表谈话，藉以明瞭此次学潮真相及谋处理之妥善办法，并预备日内吊唁及慰问死伤学生。[2]

十二月十五日 午饭后，梅贻琦来访。据《梅贻琦日记》：

① 黄延复、王小宁整理：《梅贻琦日记》，北京：清华大学出版社，2002 年。
②《梅霍卢等会商妥善处理学潮》，上海《申报》1945 年 12 月 14 日，第一张（一）。

中午与傅、查、冯、潘至机场送朱次长返渝，二点始飞。后至厚德福午饭，饭后至才盛巷今甫处饮茶闲话。夕归寓，未再出门。①

十二月十七日 下午五时半，在清华办事处参加三十四年度第六次教授会议。会议主席为周炳琳，八十八位教授代表出席。

十二月十八日 据《梅贻琦日记》：

晚饭后至联华招待所访倪文亚未遇。至才盛巷。周鸿经又自渝来，与傅、杨、周、姚、毛、郑诸君谈将来处理办法甚久。十一点归。②

十二月十九日，下午三时，到清华办事处参加三十四年度第七次教授会议。会议主席为梅贻琦，九十二位教授代表出席。

十二月二十三日 据《梅贻琦日记》：

上午十点余至才盛巷稍坐，送孟真至飞机场，待到一点始知改明日飞渝，与傅、杨、周、赵、汤、查至厚德福食涮羊肉。下午小睡，起后光旦来告，教授会声明文告登报未洽妥。赶赴才盛巷与周、杨商量后急函卢请设法登出。③

十二月二十四日 据《梅贻琦日记》：

上课情形大致仍如前两天。午前杨、冯、戴、许等

① 黄延复、王小宁整理：《梅贻琦日记》，北京：清华大学出版社，2002 年。
② 黄延复、王小宁整理：《梅贻琦日记》，北京：清华大学出版社，2002 年。
③ 黄延复、王小宁整理：《梅贻琦日记》，北京：清华大学出版社，2002 年。

来商定将教授会改于廿六日召集。随芝生至工院，适教授廿余人已有辞职意，当即劝慰稍耐至后天再看。①

本日，朱自清致函俞平伯，述及：

梅公归后告芝老拟续聘吾兄，芝老以告；嗣渠商之闻公，至今未决。弟曾与今甫兄谈及，今甫兄谓北大拟聘兄，并谓孟真兄亦有是意，江公复向代孟真兄在此负责之汤锡予先生言之。汤公亦欣然同意。今甫兄即去平，弟意兄似可即受北大之聘也。复员或由越南浮海，希望在五月中成行。但殊难定。②

十二月二十五日 据《梅贻琦日记》：

十点余约冯、冯、汤、朱、潘、查、沈、赵（杨、周、赵因送信迟到未来）共商《谈话》文稿，于下午油印送出。③

十二月二十九日 赴梅贻琦约宴作陪。据《梅贻琦日记》：

午饭约宴卢、霍及朱秘书长丽东、赵康节、王军长仙峰、张副军长、吴参谋长丽川（王、张已返大理，吴因事未到），陪客为冯、杨、周、叶、查。④

十二月三十一日 据《梅贻琦日记》：

下午联大常委会。晚饭食炮牛肉，加邀今甫、寿民、

① 黄延复、王小宁整理：《梅贻琦日记》，北京：清华大学出版社，2002 年。
② 朱乔森编：《朱自清全集》“书信补遗编”，南京：江苏教育出版社，1998 年，第 141—142 页。
③ 黄延复、王小宁整理：《梅贻琦日记》，北京：清华大学出版社，2002 年。
④ 黄延复、王小宁整理：《梅贻琦日记》，北京：清华大学出版社，2002 年。

仲明、沈同、福堂，聊作除夕小聚。九点余散去。[1]

本年 回北平负责接管北京大学。据阴法鲁所述：

抗战胜利后，他先回到北京，进行北京大学迁回的筹备工作。[2]

据陈岱孙所述：

组成西南联大的北大、清华、南开三校都急于北返复校。但交通不便，原校址残破和其他情况立即复校为不可能。因此，三校都决定分别先派少数先遣人员尽早北返，接管校舍，进行整修，以便于1946年秋季始业时复校。南开校舍在抗战爆发时即惨遭日军轰炸，毁坏奇重。清华校舍，在抗战期间，为日寇作营地后又改为军医院，全部图书仪器荡然无存，校园内疮痍满目。……北大沙滩区校舍，战时归伪政权所办的北京大学使用，基本上尚属完好。但抗战前的北大只有文、理、法三院；而在伪政权下的北大，则把战前一些独立的院校，如医学院、工学院、农学院、法商学院等都并入北大，1945-1946年尚在上课。作为接管人员，今甫先生的任务，还不在于修整校舍，而在于计划在1946年秋季，从昆明搬回的北大，如何和包括有许多学院的，在北平的北大合并的问题。在这问题上今甫先生用了不少心思。详细的情况现在恐怕没有人知道了。[3]

据常风所述：

---

① 黄延复、王小宁整理：《梅贻琦日记》，北京：清华大学出版社，2002年。
② 阴法鲁：《追悼杨振声同志》，《九三社讯》1956年第4期。
③ 据陈岱孙先生未刊手稿。

“抗战胜利后，南行师友最先回到北平的是杨振声先生，杨先生于一九四五年秋天就先回到北平负责北大复员的筹备工作。”①

“胜利后当年九、十月间杨振声先生从昆明回到北平筹备北京大学复员工作。他告诉我叶先生②几年来在英国做宣传工作很有成绩。杨先生还讲到叶先生有一次在海上遇险逃到一只小船上和歹徒恶斗的惊险事。朋友们平常都不知道叶先生有这许多惊人的本领。杨先生还告诉我有什么论文在英国得了奖。”③

另据杨起所述：

记得，复员回北平后的一天，我跟家父谈起复员的事，家父愤愤地说：“国土沦丧本来是国家的责任，是政府无能，怎能把账记到倍受奴役的年轻学生的头上？学生何辜！”因为，国民党政府曾经要对伪北大学生进行甄审，打算不承认他们的学历。富有正义感的父亲觉得这不公平，经他努力争取，总算解决了这一问题。可见他始终是站在人民大众一边的。此事在后来的记载中全然不见。④

本年冬 教育部在北平设立“临时大学补习班”。

---

① 常风：《留在我心中的记忆》，《逝水集》，沈阳：辽宁教育出版社，1995年。另，孙昌熙、张华《杨振声著作系年简表》作“1945年12月由西南联大派往北平负责接管工作”。据《梅贻琦日记》等资料，以上各说时间似有问题。

② 指叶公超先生。

③ 常风：《回忆叶公超先生》，《新文学史料》1994年第1期。

④ 杨起、王荣禧：《为传播北大精神而奋斗不息——追思家父杨振声的一生》，钱理群、严瑞芳主编：《我的父辈与北京大学》，北京：北京大学出版社，2006年。

◎ 1946 年　民国三十五年　丙戌　五十六岁

本学期 为中文系三、四年级学生开选修课“世界文学名著选读与试译”（4 学分）。[①] 为师范学院四、五年级学生开选修课“世界文学名著选读与试译”（4 学分）。[②]

一月一日 据《梅贻琦日记》：

晴和。上午有多客来拜年。下午三点在办事处约联大及三校教职员及眷属举行新年茶叙，到者老幼约二百人，因天气晴和均在院中茶话。将五点，日色西沉渐渐散去。有十余位至寓中飨以好酒，聊以点缀年景耳。晚六点至吴泽霖处晚饭，客为樊、鲍、华、沈、戴之外复代约今甫同往。饭后分批赴广播电台听京戏，大部分为票友扮演，《二进宫》颇好，《小放牛》无甚精彩，《群英会》之周瑜火气稍重，孔明又嫌太呆板，鲁肃尚好，蒋干则太似小丑矣。又加《华容道》一段，然无甚可取。十二点半至蔡文侯家稍坐始归寓。[③]

一月四日 据《朱自清日记》：

与今甫谈平伯事。[④]

晚，梅贻琦来访。据《梅贻琦日记》：

晚饭后至今甫处闲话，商定于七日往凤鸣村小住。[⑤]

---

① 清华大学档案《国立西南联合大学各院系必修选修学程表》，《国立西南联合大学史料》（三教学、科研卷），昆明：云南教育出版社，1998 年，第 374 页。
② 清华大学档案《国立西南联合大学各院系必修选修学程表》，《国立西南联合大学史料》（三教学、科研卷），昆明：云南教育出版社，1998 年，第 395 页。
③ 黄延复、王小宁整理：《梅贻琦日记》，北京：清华大学出版社，2002 年。
④ 朱乔森编：《朱自清全集》“日记编”，南京：江苏教育出版社，1998 年。
⑤ 黄延复、王小宁整理：《梅贻琦日记》，北京：清华大学出版社，2002 年。

一月七日 据《梅贻琦日记》：

午饭一时章矛尘来，稍收拾零物后，同车往才盛巷接杨今甫出发，二点余至桃源村沈从文家与从文夫人谈半时许。再前行，五点许抵凤鸣村五三厂，计全程共用2¼时，与杨、章住招待所三屋。晚饭晤书堂夫妇[①]、老太太[②]、Ning ning、王源璋夫妇及小孩、文衡全家，谈笑甚欢，顿忘月来之疲倦。饭后看竹至十二点始睡。[③]

一月八日 据《梅贻琦日记》：

早点后与今甫、矛尘、孟宜及N.、蘅江外出散步，原拟往后山一古庙看茶花，因小路难识，误上另一山头，隔涧东望，只见庙门，未见茶花，然已不愿再绕道前行矣。在山坡草地上卧半时许，阳光和煦，吸烟闲话，实已可谓畅游也。下山仍甚崎岖，一点余始到王家，因包饺子至二点余始午饭，携酒快饮，饶有逸趣，韭菜包饺尤为适口，任性吞食，总在二三十之间矣。饭后看竹，获三千有零。晚王仍之厂长约饭，饭后与章、王及……（原缺）（秘书长）竹战，日间所赢，晚间尽输去矣。二点始散。[④]

一月九日，据《梅贻琦日记》：

早点后访戴练江夫妇、侯宝璇夫妇。午饭在文衡家，看杨家老幼“滑拳”，颇有趣味。饭后看竹八圈稍负。晚

---

① 即杨振声女婿王书堂、女儿杨蔚。
② 即王书堂的母亲。
③ 黄延复、王小宁整理：《梅贻琦日记》，北京：清华大学出版社，2002年。
④ 黄延复、王小宁整理：《梅贻琦日记》，北京：清华大学出版社，2002年。

饭邓君之约，其夫人为湖南籍，颇善烹饪，但稍嫌太丰耳。饭后与章及书堂、源璋等看竹，未有出入，章则负在万元左右。一点余睡。①

一月十日 据《梅贻琦日记》：

早八点余起，早点后照相数张，十点后与诸人握别登车归去。王厂长等另乘一卡车随后行，恐吾等车又出毛病也。十二点一刻到桃源村，为从文夫妇留午饭，饭后邀沈太太同车进城至北院看房子。三点余到家，沈太太等稍坐别去。②

一月十一日 晚，应梅贻琦约至厚德福。据《梅贻琦日记》：

晚约王源璋及五三厂二位及路春舫、卢焕文、杨、章在厚德福便饭。③

一月十二日 朱自清来访。据《朱自清日记》：

下午访今甫话别。今甫推荐陈祖文翻译的《一个人的地位》。上午端升来询《时局宣言》起草要点，所提各点均表示接受，而今甫及汤则表示不同意。④

一月十三日 应施嘉炀晚饭。据《梅贻琦日记》：

上午华罗庚来谈军政部派赴美国研究事。晚饭约竟有四起：先至赵世昌家应赵全之约；稍坐再至马约翰家牟作云夫妇之约，入座半时许别出，但饮酒已三玻杯矣；

---

① 黄延复、王小宁整理：《梅贻琦日记》，北京：清华大学出版社，2002 年。
② 黄延复、王小宁整理：《梅贻琦日记》，北京：清华大学出版社，2002 年。
③ 黄延复、王小宁整理：《梅贻琦日记》，北京：清华大学出版社，2002 年。
④ 朱乔森编：《朱自清全集》“日记编”，南京：江苏教育出版社，1998 年。

周先庚在榕园之约未去；最后至工院施家，座中有今甫、逵羽、泽霖及倪女士，然已不能多饮矣。饭后闲谈颇久，十点余归。[①]

一月十四日 江泽涵致函胡适，述及：

北大已派毅生兄去北平，今甫兄、郑华炽兄日内也就动身去北平。[②]

一月十五日 晚，赴章川岛夫妇饭约。据《梅贻琦日记》：

晚，章川岛夫妇饭约。有今甫、逵羽夫妇、华炽夫妇、春舫、文衡。路携陈酒半瓶，参［掺］他酒饮之仍甚清冽，不觉其多，余话似特多，盖已微醉矣。归后作书致今甫言刘本钊事。[③]

另据刘光鼎所述：

抗战的时候，北大、清华、南开组成西南联合大学……当时西南联大的校务委员会秘书主任就是杨振声。杨振声就邀请我父亲去帮助他，让我父亲从青岛出来。那个时候，我父亲把我母亲和几个小的孩子送到蓬莱，他就带着我大姐、姐夫，他们3个人去了昆明。抗战胜利后，他准备回清华。我父亲是想到清华去的，而傅斯年非要我父亲到北大去，可是我父亲跟梅贻琦的关系比较好，梅贻琦就拖着他到清华去。这下子两边就矛盾了。就在这个时候，时任青岛大学校长的赵太侔通过杨振声来找我父亲，

① 黄延复、王小宁整理：《梅贻琦日记》，北京：清华大学出版社，2002年。
② 《江泽涵致胡适》，《胡适往来书信选》（下），北京：中华书局，1979年，第79页。
③ 黄延复、王小宁整理：《梅贻琦日记》，北京：清华大学出版社，2002年。

希望我父亲去帮助他，所以我父亲就到了青岛。[①]

一月十六日 在厚德福约午饭。据《梅贻琦日记》：

中午今甫约在厚德福，晤 Fairbank 太太、张太太、龙荪、端升、光旦夫妇（奚若因病未到）。晚赴刘淑清太太饭约于大厂村，客皆熟。饭后听张太太讲论吴雨僧，今甫在旁搭腔，极有趣。散时已经十一点矣。[②]

一月十七日《申报》报道：

本报昆明十六日电……北大教授杨振声、郑华炽，定本月下旬由昆赴平，筹备北大复校事。[③]

一月十八日 晚，赴潘光旦约晚饭。据《梅贻琦日记》：

九点余始至潘家，已食罢，今甫已去，与金、叶、李、朱、沈闲谈至十点余散归。[④]

一月三十日 周鲠生致函胡适，述及：

金夫［甫］回国后通过信。[⑤]

未久，返北平主持北京大学复校事。

二月五日 朱自清致函叶圣陶，内云：

兹奉肯一事。有陈祖文君，系联大助教，译成《一

① 刘光鼎：《我和我的父母及兄弟姐妹》，《党史博览》2006 年第 4 期。
② 黄延复、王小宁整理：《梅贻琦日记》，北京：清华大学出版社，2002 年。
③《北大教授将离昆明　樊际昌为励志社赴京　杨振声等为复校赴平》，上海《申报》1946 年 1 月 17 日，第一张（四）。
④ 黄延复、王小宁整理：《梅贻琦日记》，北京：清华大学出版社，2002 年。
⑤《周鲠生致胡适》，《胡适往来书信选》（下），北京：中华书局，1979 年，第 87 页。

个人的地位》一书，乃长篇小说。杨今甫君曾为校阅。杨君来商，嘱转介绍开明出版。杨君已赴渝转平，濒行特将其校阅该书意见写出，兹寄奉。[1]

二月七日 据《顾颉刚日记》：

参政会车开到，上车，到飞机场。临时买票，七时二十分上机。以雾故，待至八时三刻开行。同机为朱章广、杨金甫、郑华炽、赵太侔夫人。

下午三时半（北平时刻三时四十分）到北平。[2]

二月十日 晚，顾颉刚等来访。据《顾颉刚日记》：

到禹贡学会，晤梁人文夫妇及其弟，到冯世五家，见其夫人。玉年来，同看学会藏书。李庭瑞来，谈新民会事。在人文家吃饭。

饭后由世五伴往金甫、毅生处。[3]

二月十四日 据《顾颉刚日记》：

五时出，到东来顺，赴兼士先生之宴。

今晚同席：杨金甫 田培林 马彦祥 张柱中 唐嗣尧 徐□□（以上客） 沈兼士先生（主）。[4]

二月二十六日 据《顾颉刚日记》：

到粉子胡同赴宴，饭后开会商谈国事，推予等草宣言。

① 朱乔森编：《朱自清全集》"书信补遗编"，南京：江苏教育出版社，1998年，第107页。
② 顾颉刚：《顾颉刚日记》（第五卷），台北：联经出版事业公司，2000年。
③ 顾颉刚：《顾颉刚日记》（第五卷），台北：联经出版事业公司，2000年。
④ 顾颉刚：《顾颉刚日记》（第五卷），台北：联经出版事业公司，2000年。

出，看学生游行，携物归。

今午同席：王化民 王寒生 奚伦 杨振声 成舍我 萧一山 饶凤璜 何海秋 马毅 张□□ 王又庸 张潜华 荣照 乔廷琦（以上客） 黄宇人 刘瑶章 骆美奂（以上主）①

二月二十七日 据《顾颉刚日记》：

到今甫处。②

三月五日 据《顾颉刚日记》：

到同春园宴客。

今午同席：张君劢 卢广冕 王又庸 荣照 马曼青 萧一山 奚伦 王寒生 杨今甫（以上客） 何鸿基 饶凤璜予（以上主）③

三月十四日 下午，到同春园招宴。据《顾颉刚日记》：

到墨蝶林赴兼士先生宴，遇吴千里等。

乘一山车，同至同春园吃饭。商参政会提案。

今日又大雪。

今日下午同席：一山 王化民 何海秋 齐树屏（以上客） 兼士先生（主）

又同席：海秋 饶聘卿 一山 耿毅（以上客） 今甫 陈纪滢 王化民（以上主）④

三月二十四日 下午，中山公园水榭召开中华全国文艺协

① 顾颉刚：《顾颉刚日记》（第五卷），台北：联经出版事业公司，2000 年。
② 顾颉刚：《顾颉刚日记》（第五卷），台北：联经出版事业公司，2000 年。
③ 顾颉刚：《顾颉刚日记》（第五卷），台北：联经出版事业公司，2000 年。
④ 顾颉刚：《顾颉刚日记》（第五卷），台北：联经出版事业公司，2000 年。

会北平分会成立大会，与沈兼士、俞平伯、顾颉刚、彭子冈五人当选为监事。[①] 据《大公报》报道：

中华全国文协平分会，二十四日在中山公园水榭成立，一致通过向总会致敬书。主席马国，应为中国作家争国际出版之地位，不许私自印行及抄袭。到会者尚有齐如山、曾觉之等。末选举及修订会章。并决定由理事会筹备五月四日之第一届文艺活动节。[②]

三月三十一日 出席国民参政会第十七次会议。据《申报》报道：

参政会卅一日午后举行第十七次会议，通过有关财政外交之各项提案如下：

……

（四十七）杨振声等提：请政府筹设国际文化合作机构，以专责成，而利国际合作案，决议原则通过，送请政府切实筹办。[③]

四月二十四日 罗常培致函胡适，内云：

……

国内的政治情形既然闹得这样糟糕，教育当然跟着难办，尤其是让一班青年裹入党的漩涡，根本失去了教育的意义。所以您回国后开宗明义的第一章，应该把北

① 孙玉蓉编：《俞平伯年谱》，天津：天津人民出版社，2001 年。
②《文协平分会昨正式成立》，天津《大公报》1946 年 3 月 25 日，第一张第三版。
③《财政外交各提案经参政会十七次会议通过》，上海《申报》1946 年 4 月 4 日，第二张（六）。

大恢复到蔡先生的自由主义色彩。对于教授学生的政治活动，固然不便也不能干涉，但同时也不能提倡一党一派。我们固然不容CP、CY公然横行，同时也不容教授兼办党部或三民主义青年团。他们有什么行为，都是校外的个人行动，学校不能代负其责，更不能加以提倡。在联大一方面的北大同人，除曾昭抡外，比较右倾的多。雪屏办团，从吾办党，实际是为学校帮忙，但到北平后还是让他们摆脱的好。此外，枚荪、毅生、端升、今甫、燕绍庭和我……总算都有党籍的，除绍庭喜欢倚老谩骂外，我们这班北大出身的，都能保持自由主义不屈不挠的传统。对于青年方面，枚荪和我的话较有力量。专给CC作耳朵的只有崔书琴一人，并不足畏。……

……

……关于国文系的主持，如果您不能自兼，可由今甫兼管。今甫文人气虽重（不是冲锋陷阵的角色，而且有偏见和乡曲之见），他对于文学尚有相当修养。在我任内新请的游国恩，对于宋诗尚有工夫，只是“酸俫”气甚重。……①

本月 小说《黄果》刊于《世界文艺季刊》第一卷第三期。文后附记：

此稿写于三十三年春天，那时教育界的生活已开始入于无法支持之阶段，当时以故未即发表，今虽后时，然以物价与收入相比，情形与二年前之今日相去犹不甚远也。

①《罗常培致胡适》，《胡适往来书信选》（下），北京：中华书局，1979年，第102、104页。

五月四日 西南联大举行结业典礼，教学活动结束，三校开始准备北返平津。

五月十五日 出席北京大学至平教授谈话会首次会议，另有赵迺抟、王烈、申又枨、曾昭抡、熊大仕、赵广增、崔书琴、郑华炽、郑天挺、邓广铭、俞大绂、傅斯年出席。会上决议“组织临时聘任委员会（胡校长到校后即行结束）并推定下列各先生为委员：汤锡予（杨今甫兼代）、杨今甫、饶树人（郑华炽代）、周枚荪（赵廉澄代）、俞大绂、郑毅生、曾昭抡（孙承谔代）、江泽涵、燕树棠、熊大仕”；“组织新生考试委员会：五院院长、秘书长、课业长、医预科主任为当然委员。另推：文学院杨今甫，政学院孙承谔、江泽涵、殷洪章，法学院崔书琴，农学院熊大仕，英文系袁家骅，由课业长郑华炽召集”。[①]

本日，《大公报》报道：

> 北大暑假后之校舍颇成问题，兹据该校校产保管委会主委杨振声教授称：部令拨给北大之前平大法商学院校舍，东北行营已允许让出，校舍问题大部解决，已请基泰工程公司设计动工修缮。该校留昆教授陆续抵平，正赶修教职员宿舍。[②]

杨振声回平后，住在距红楼孑民堂不远的中老胡同三十二号北大公共宿舍。据称，此大院有红漆大门，进去不远有二门，后来陆续住进二十几家教授，[③]有朱光潜、沈从文、

① 北京大学档案，引自王学珍、郭建荣主编：《北京大学史料》(4)，北京：北京大学出版，2000年，第1060页。

② 《北大清华南开三校今夏举办联合招生》，天津《大公报》1946年5月15日，第一张第三版。

③ 沈虎雏：《团聚》，《长河不尽流》，长沙：湖南文艺出版社，1989年。

废名、冯至等几家。[1] 据杨振声自述：

> 抗战后回到北平，满想租所房子，安静工作。可是稍为可住的房子，都被强有力者占领了，你只能住学校的公同宿舍。人家孩子吵闹是在你自己的院子里，人家的笑话是在你自己的屋子里。一切分不开，声音尤其是一家。你终日在杂音中游泳，在不断的声浪中挣扎着拯救你那将溺的理想。[2]

另据杨文衡所述：

> 抗战胜利后，他首批回到北京负责筹备北大回迁事宜。当时房子东西很便宜，多少人都劝他老人家买所住房，但他始终未办。[3]

五月二十一日 至北大宴会厅出席至平教授谈话会第二次会议。另有王烈、唐兰、赵迺抟、胡世华、申又枨、孙承谔、曾昭抡、赵广增、熊大仕、郑华炽、郑天挺、傅斯年、邓广铭、俞大绂等出席。会上决议组织校舍设计委员会，推定孙承谔（召集人）、郑天挺、唐兰、赵广增、申又枨、杨今甫、郑华炽、熊大仕、赵迺抟为委员。[4]

五月二十八日 出席至平教授谈话会第三次会议。另有郑天挺、闻家驷、孙承谔、汪国与、申又枨、谢文通、胡世华、赵广增、熊大仕、王烈、郑华炽、俞大绂、曾昭抡、崔书琴、

---

① 黄永玉：《太阳下的风景——沈从文与我》，《花城》1980 年第五期。

② 杨振声：《邻居》，北平《经世日报》"文艺周刊" 第 12 期，1946 年 11 月 3 日。

③ 杨文衡：《我们敬爱的父亲》，未刊手稿。

④ 北京大学档案，引自王学珍、郭建荣主编：《北京大学史料》（4），北京：北京大学出版，2000 年，第 1061 页。

邓广铭、毛准、傅斯年、唐兰、赵迺抟等出席。[①]

六月十九日 上午，偕郑华炽访梅贻琦。晚，邀宴。据《梅贻琦日记》：

七点偕二陈至毛家湾今甫诸君饭约，雪屏夫妇、华炽夫妇及毅生在焉。饮啤酒，菜为闽味，陈厨所做，颇精美。饭后，蒋太太偕吴文辉来。[②]

六月三十日 北平临时大学结束。据《大公报》报道：

北平临大至三十日结束。北京大学负责人员杨振声等定今起开始接收文理法等学院。闻各种文件已准备就绪，于一周内即可告竣。又临大教职员出路问题亦有原则决定，各职教员所拟扣留之文卷，已分别交出。学生分配北大或清华亦已大致竣事。[③]

七月九日 周炳琳致函胡适，称：

郑毅生兄最先返平，继之杨今甫兄亦往，渠等在平为复校作种种布置，亦劳苦备尝。先生拟何日赴平，从时局发展情势言，诚宜存戒惧之心。然就校中内部需要与情形言，又无躲避余地，抑亦有可恃者在也。[④]

另据姚殿芳所述：

---

① 北京大学档案，引自王学珍、郭建荣主编：《北京大学史料》(4)，北京：北京大学出版，2000 年，第 1063 页。

② 黄延复、王小宁整理：《梅贻琦日记》，北京：清华大学出版社，2002 年。

③《临大结束北大今接收文理法等院》，天津《大公报》1946 年 7 月 1 日，第一张第三版。

④《周炳琳致胡适》，《胡适往来书信选》(下)，北京：中华书局，1979 年，第 112 页。

1946 年三校复员，杨先生又勇挑重担，与郑天挺先生共同主持北大复员返回北京的重建工作。当年的北京大学，是一所名副其实的综合性大学，除西南联大时原有的文、法、理、工学院外，还设有医学院，即今日成为北大医学部的北京医科大学前身。1946 年北大复员重建时，杨先生曾为医学院的建立，费了很多心血。建国以来因院系调整，北大医学院——北京医科大学——北京大学医学部，几经分合，但北京老百姓一直管府右街与文津街交汇处的一所北京市的第一流医院叫“北大医院”。这中间有杨先生对北京老百姓的一份贡献。[①]

七月十一日 李公朴在昆明遇刺身亡。

七月十五日 闻一多在昆遇刺身亡。据闻家驷所述：

当我从北平的报纸上看到一多兄遇难的消息时，我的心都碎了。我恨不得插上两支翅膀立刻飞回昆明去。那时，我刚回北平，由昆明同来的熟人也还不多，我拿着报纸想去找杨振声先生，因为他和我住得比较近，但是走到半路，又折了回来，我心里想：“找他又有什么用呢？”真是天昏地暗，举目无亲啊！[②]

七月十九日《大公报》报道：

闻一多之死，各方震动。闻之老友杨振声教授称：我难过得说不出话来，并相信其他友人亦系如此。[③]

---

① 据姚殿芳致杨起原函（2001 年 6 月 17 日）复印件。

② 闻家驷：《忆一多兄》，《读书》1979 年第 4 期。

③《李闻被刺之巨波中共向政府抗议》，天津《大公报》1946 年 7 月 19 日，第一张第二版。

据杨文衡所述：

他在西南联大任教时，李公朴、闻一多两位先生先后被蒋介石杀害。他对我们讲，这真是岂有此理！作恶多端，总有一天要垮台的！[①]

七月二十四日 致函某出版社熟人，推荐出版印行林庚所著《中国文学史》一书。此后，得出版社复函，内云：

今甫学长兄大鉴：七月廿四日手示谨已诵悉，承介绍印行林庚先生所著《中国文学史》，至为感幸。惟目前纸价及排印工飞涨，十万字之书印一千本即须十亿元左右，而一般购买力又极薄弱，故对新书出版，极费踌躇。同时又因同类书□□已出过两种，即郭绍虞先生之《中国文学批评史》及杨荫深先生之《中国文学史大纲》，故明知林先生之书万分值得印行，而目前出版艰困，为此只得暂时割爱，尚祈□原，并恳婉达林先生为敬。专此奉复，敬请暑安。[②]

七月二十五至二十六日 魏建功《杨振声与“中国语言中文字”的特点》一文刊于《世界日报》副刊。

七月二十九日 由驻美大使卸任的胡适回到北平，准备出任北京大学校长，名义上还兼中文系主任。

七月三十一日 俞平伯致函胡适，荐废名在北大任教，内云：

适之先生座右：日昨趋校奉谒，未得晤言为怅。有一函

① 杨文衡：《我们敬爱的父亲》，未刊手稿。
② 据该函草稿图片。

件系太仓寄来者，阁置日久，兹托今甫兄转呈，计邀清览矣。去岁曾以周知堂事寄美国一函，未蒙　赐示，不识曾寄到否？前偶与今甫谈及，北大似可邀废名作教。冯于事变之年以母丧返里，后避兵乡间，教学为活，去岁始迁回黄梅城内，于旧京前迹颇致怀想。窃维废名畸行独往，斯世所罕，其学力如何，当为先生所深察。近闻其于忧患之中，完成其生平最得意之“阿赖耶识论”（仅有稿本，平尚未得读，闻与其同乡熊十力之“新唯识论”，论旨相反也）。是文哲二系均可任课，或教授不易位置，总须专任，否则其生计将无法支持也。能否延揽，亟候　尊裁。若何决定，暇盼示知一二。敬请

教安

平伯敬启　七月卅一日[①]

另据冯思纯所述：

1946 年，北大回迁北平复校，父亲想回北大，经俞平伯、杨振声、朱光潜三位先生向校长胡适、文学院长汤用彤二位先生做工作，这件事很快办成了。

……

和父亲经常来往的还有朱光潜、游国恩、杨晦、袁家骅、徐祖正、杨振声这些老朋友。沈从文先生也常来聊天，有时他生病，还让他夫人代他来看看。冯至先生来得不多，但我知道父亲常去他那儿。[②]

①《俞平伯致胡适》，《胡适往来书信选》（下），北京：中华书局，1979 年，第 117 页。

② 冯思纯：《为人父，止于慈——纪念父亲废名诞辰 100 周年》，《新文学史料》2001 年第 4 期。

本日，至蔡元培先生纪念堂出席北大文理法农教授临时谈话会第五次会议。另有傅斯年（主席）、孙承谔、熊大仕、徐仁、赵迺抟、姚从吾、吴素萱、胡世华、赵广增、俞大绂、江泽涵、汤用彤、崔书琴、郑华炽、燕树棠、陈雪屏、袁家骅、王烈、邱椿、谢文通、毛准、郑天挺、冯承植、邓广铭（记录）等出席。[1]

本日，西南联大宣布正式结束。师范学院留在昆明成为国立昆明师范学院，后改为云南师范大学。据回北平在北京大学继续上四年级的诸有琼所述：

> 1946年，组成西南联大的三校迁回平津分别复校，我到北京大学上四年级。杨振声先生教我《现代文学》课。他那颀长的身材，穿着中式长袍，举止持重，潇洒脱俗，一派学者风度，说话带着胶东乡音，不急不缓，抑扬顿挫，很有节奏感。我上中文系，一是想当作家，二是想当教授，而杨振声就是我心目中教授的标准形象。
>
> 杨先生来上课，总是抱着一摞书，书中夹着一些纸条，衣服口袋里揣着两副眼镜。翻书时，戴上老花镜；等到面对台下看大家时，就换上另一副。
>
> 杨先生讲课，从来不照本宣科，往往像是在话家常。杨先生是中国新文学运动的先驱者之一。他讲现代文学，就好像在讲他自己和周围朋友的故事一样。许多现代作家都是他的熟人，他讲作家，不是千篇一律地讲生平传略、主要作品等等，而常常是通过一篇代表作，引导我们欣赏作品，启发我们思考问题，再联系到作家的经历以及他个

① 北京大学档案，引自王学珍、郭建荣主编：《北京大学史料》(4)，北京：北京大学出版，2000年，第1063页。

人在和作家交往中看到听到的一些不见于文字的轶事、趣事。讲得亲切、生动、活泼，听后觉得他们都似乎活生生地在我面前。所以，听杨先生讲课，总是很有兴趣，而且不用费劲就记得住。

在我的教授老师中，我觉得杨先生最是平易近人了。他一个人曾一度住在学校办公室松公府后院的一间大屋子里。我有时在课后去看他，随便聊天。屋里的陈设，我至今印象还很深刻的有两件东西：一是一张躺椅，他躺着休息或看书；二是一块钉在墙上的木板，上面有些小小的“梭标”，这是他用来健身用的体育器械。他站在远处，用手把“梭标”掷过去钉到木板上，练熟了，就能“百发百中”。①

八月一日 周炳琳致胡适函，述及：

校中现状与年来经过，与孟真、毅生、锡予、今甫诸兄多叙几次，不难知道个大概。②

八月二日 出席第二次欢迎胡适筹备会议。③

八月三日 上午十时，迎接胡适赴校办公。十一时，出席第三次欢迎胡适筹备会议。④

八月四日 晚六时，在蔡先生纪念堂欢迎校长胡适，到会二百余人。⑤

八月七日 致函昆明的女儿杨蔚夫妇：

---

① 诸有琼：《忆杨振声老师》，《北京大学校友通讯》第 2 期，1984 年 3 月。

②《周炳琳致胡适》，《胡适往来书信选》（下），北京：中华书局，1979 年，第 117 页。

③ 天津《益世报》1948 年 8 月 3 日。

④ 天津《益世报》1948 年 8 月 3 日。

⑤ 天津《益世报》1948 年 8 月 5 日。

书堂

丽儿：

接到书堂托赵厂长带来六月廿八夜的信，又接到邮寄的书堂六月卅的信及丽儿八月二日的信，这些信都教我十分高兴。昨天下午赵厂长又亲自来过，可惜又来了旁的朋友，未能同赵厂长多谈。因赵先生一二日回昆，我先在今天上午赶写这封信，下午，我再去看他面谈。

丽儿的着急我了解，因为书堂同我同弟弟，都是一样的心理，一样的着急。问题只在怎样来实现我们的团聚，怎样才是最好的办法。一是路费问题（现在飞机可由昆明至重庆，再由重庆至天津了，这是一方面。又政府必定设法有效的剿匪，现在大股土匪已基本肃清，仅余小股。想来一年之内，或能大体肃清，这是又一方面），在这方面着想，可能华北大学工学院（若是他们与厂方交涉成功的话），东北方面（他们若得书堂同意，我想最好由他们向重工业部商量调用），他们都有办法出路费，其他学校无办法。二是书堂辞业就业问题，厂里相待那样好，这在人情方面必需辞得不太勉强；这又是兵工厂，人员行动，不能太自由，必须守相当纪律。这在辞业方面说，再就就业方面说，北京、东北、青岛都有或可有机会，问题在怎样能经过重工业部调用才最好，这样便把辞职与路费问题一齐解决了。第一希望华北大学工学院（属重工业部指导）能办到，其次或许是东北了。山大不容易作到经重工业部调用一层（樊翕先生昨天来看我，我不在家，又未留下住址，说是还要来）。

这样看来，得稍等等看。我们都来想办法，想个较好的办法，得同周围的情形相配合来想办法，太勉强了不行。书堂吃饭得好好照顾，因此丽儿先来一层还不妥当。无论如何，办法总会有的，不至太久了。丽儿忍受了这些年，那样贤德，就索性再忍受个一年半载的，我们都同情你，都更加爱你。精神上大家老是在一块的。

书堂六月卅日的信中所说与厂里关系，个人感觉，云大情形、民生工业、仪器制造等等问题，看法都很对，我十分同意。丁西林先生说他明年还是办工厂，当然是仪器工厂，这其中虽有如书堂所说的困难，但对中国将来的科学的教育，在打定基础时是很有帮助的。

厂里虽忙，政治学习还是最要紧的。得工夫多看些这类书，那些理论是十分周密，十分美丽的，因为它是最科学、最富革命性，也最有创造性的。我想你一定会喜欢那些学说，因为在你的信中，看法都与那些学说相合的。

还要对丽儿说几句话。人没有不老的，除非是妖精。那怎么办呢？有一个最自然的办法：就是把相貌的美变成性格的美。就是，把外表的变成内心的，把暂时的变成永久的。贤妻良母的德性美，不是任何少女所能做得到的，因为她没有那个经验，那个一步一步养成的美德。而这种美德要胜过少女外表的美十倍百倍，也会使自己与旁人快乐到十倍百倍。你在这样做着你自己不觉得就是了。

立梅的爱美，可有点遗传罢？别嫌孩子不够漂亮，太漂亮了会给父母麻烦，我是有经验的，小姐。直到她能够一步一步地养成德性的美，我也才一步一步地得到真的快乐。现在她在伤心她的美貌的消失（其实至少还有十年不会消失），我在庆祝她的性格美的逐步完成。快乐罢，傻孩子，大家更喜欢你呢，你伤的哪份心！问大家好，并请老太太安。

父字　八月七日[①]

八月十六日 午十二时，至松公府蔡先生纪念堂参加北京大学第一次行政会议，另有胡适、郑天挺、饶毓泰（江泽涵代）、郑华炽、胡传揆、俞大绂、林宗扬、汤用彤、陈雪屏、周炳琳（赵迺抟代）、傅斯年（列席）参加。会上决议“设置校址校舍设计委员会，请杨振声教授为主任委员，并请杨教授提出委员名单于下次行政会议决议”。[②]

八月十八日 评论《拜访》刊于《经世日报》“文艺周刊”第一期。

八月十九日 下午五时，至蔡先生纪念堂参加北大第二次行政会议，另有胡适、饶毓泰（江泽涵代）、郑天挺、俞大绂、周炳琳、胡传揆、林宗扬、陈雪屏、毛准、傅斯年（列席）参加。决议“推举杨振声、朱光潜、江泽涵、燕树棠、郑华炽五教授为参加三校新生考试试卷评阅委员会委员”。

八月二十二日 下午五时，至蔡先生纪念堂参加北大第三次行政会议，另有胡适、江泽涵、郑华炽、汤用彤、赵迺抟、胡传揆、林宗扬、毛准、傅斯年、陈雪屏、郑天挺、俞大绂参加。

八月二十五日 评论《批评》刊于《经世日报》“文艺周刊”第二期。

① 据杨起保存父亲杨振声原函。

② 北京大学档案《国立北京大学行政会议记录》，引自王学珍、郭建荣主编：《北京大学史料》（4），北京：北京大学出版，2000年。以下所引国立北京大学行政会议纪录均出此书第10至72页，为求简明，不再一一注明。

八月二十六日 下午五时，至蔡先生纪念堂参加北大第四次行政会议，另有胡适、傅斯年、江泽涵、郑华炽、俞大绂、毛准、胡传揆、林宗扬、汤用彤、赵迺抟、郑天挺参加。决议"请杨振声、俞大绂两先生商定农学院学生临时宿舍问题"，"请郑华炽、杨振声、郑天挺三先生商定训导委员会组织及来平学生管理问题，提出下次会议讨论"。

本日，前校长蒋梦麟来北大。

八月二十七日 天津《益世报》报道："昨晚北大孑民堂前，北大校友一〇四人，盛会欢迎前校长蒋梦麟"，"胡适、郑天挺、杨振声，陪蒋先生坐在平台上，暮光苍黄，灯色闲静。吴铸人致开会词"，随后"蒋先生起立致词"。

八月二十九日 下午五时，至蔡先生纪念堂参加北大第五次行政会议，另有胡适、胡传揆、俞大绂、林宗扬、赵迺抟、汤用彤、毛准、郑华炽、江泽涵、郑天挺参加。

本月 开始主编《经世日报》"文艺周刊"。

九月二日 下午五时，至蔡先生纪念堂参加北大第六次行政会议，另有胡适、饶毓泰（江泽涵代）、汤用彤、赵迺抟、胡传揆、林宗扬、俞大绂、郑华炽、郑天挺、毛准、傅斯年参加。会上决议"本校校舍除规定分配外，不得借予任何校外私人或团体使用，请杨振声、赵迺抟、郑天挺三先生商定办法处理之"。

九月五日 下午五时，至蔡先生纪念堂参加北大第七次行政会议，另有胡适、饶毓泰（江泽涵代）、郑华炽、毛准、汤用彤（赵迺抟代）、胡传揆、俞大绂、郑天挺参加。会上决议"追认医院建筑委员会，改称医学院建筑委员会"，委员会由马文昭（主任）、胡传揆、陶善敏三位常务委员及傅斯年、杨振声、刘思职、关颂懿组成。

九月八日 评论《被批评》刊于《经世日报》“文艺周刊”第四期。

九月九日 下午五时，至蔡先生纪念堂参加北大第八次行政会议，另有胡适、赵迺抟、胡传揆、傅斯年、汤用彤、俞大绂（林传光代）、郑华炽、饶毓泰（江泽涵代）、毛准、郑天挺参加。

九月十二日 下午五时，至蔡先生纪念堂参加北大第九次行政会议，另有胡适、饶毓泰（江泽涵代）、郑华炽、毛准、汤用彤（赵迺抟代）、林宗扬、胡传揆、俞大绂、郑天挺参加。

九月十五日 散文《书房的窗子》刊于《经世日报》“文艺周刊”第五期。

九月十九日 下午五时，至蔡先生纪念堂参加北大第十一次行政会议，另有胡适、俞大绂、林宗扬、赵迺抟、汤用彤、郑华炽、饶毓泰（江泽涵代）、毛准、郑天挺参加。

九月二十三日 下午五时，至松公府校长会客室参加北大第十二次行政会议，另有胡适（赵迺抟）、毛准、俞大绂、饶毓泰（江泽涵代）、郑华炽、傅斯年、郑天挺、林宗扬、周炳琳、胡传揆参加。决议“组织考试录遗委员会，请郑华炽、杨振声、汤用彤、朱光潜、袁家骅、江泽涵、申又枨七先生为委员，由郑华炽召集，于本星期三上午将国文、英文、算学三科考试分数在七十分以上之学生，重加审查，择优取入先修班”。

九月二十六日 下午五时，至蔡先生纪念堂参加北大第十三次行政会议，另有胡适、俞大绂、周炳琳、林宗扬、胡传揆、汤用彤、毛准、郑华炽、饶毓泰（江泽涵代）、郑天挺参加。会议决定“校址校舍委员会主任委员杨振声先生请聘请周炳琳、郑华炽、马文昭、马大猷、陈华癸、林徽因先生为委员，决议通过”。

九月三十日 下午五时，至蔡先生纪念堂参加北大第十四次行政会议，另有胡适、周炳琳、俞大绂、林宗扬、汤用彤、毛准、陈雪屏、郑华炽、饶毓泰（江泽涵代）、郑天挺、胡传揆参加。会上“决议本校第六院（校尉营）校舍修缮事宜，本校‘第三四五院工程委会’兼管，并请马大猷先生为委员会主任委员，杨振声先生为当然委员”。

本月底 赴梅贻琦邀宴。据郑嗣仁所述：

> 1946 年 9 月末，梅校长夫妇打算宴请胡适（北大校长）、傅斯年（北大代理校长，刚卸任）、陈雪屏（北平临大补习班主任，刚卸任）夫妇及杨振声、郑先生等人在城内骑河楼 39 号清华同学会吃饭，欢迎傅斯年夫妇回南京。梅先生函告郑先生，请代烦陈雪屏家之厨师烹做，并称，应“在不讲究而又不埋没厨师手艺的原则下”为之。最后表示，“琐碎奉渎，甚感不安，惟于明日多敬一杯，以表谢意耳！”①

十月三日 下午五时，至蔡先生纪念堂参加北大第十五次行政会议，另有胡适、周炳琳、俞大绂、毛准、汤用彤、陈雪屏、郑华炽、饶毓泰（江泽涵代）、胡传揆、林宗扬、郑天挺参加。

十月六日 评论《诗与近代生活》刊于《经世日报》“文艺周刊”第八期。

十月七日 下午五时，至蔡先生纪念堂参加北大第十六

① 郑嗣仁：《梅贻琦与郑天挺在昆明》，《北京大学校友会通讯》30 期，2001 年。

次行政会议，另有胡适、周炳琳、俞大绂、胡传揆、陈雪屏、汤用彤、郑华炽、饶毓泰（江泽涵代）、郑天挺参加。

十月八日 朱自清来访。据《朱自清日记》：

访雪屏、枚荪、毅生、今甫、锡予、胡先生、岱孙、梅先生、福田、从文、光实、君培、家驷及平伯。[1]

十月九日 下午三时，第一次教务会议在蔡先生纪念堂召开。会上，教务长郑华炽提议组织大一课程委员会，其中由杨振声负责国文。[2]

十月十日 复员后的北大正式开学。

本学期 与冯文炳（废名）为中文系三四年级学生开必修课“英文文学选读”，上课时间为每周一、周三的四、五节，地点在“北20”教室。[3] 同时，为中文系二、三、四年级学生开选修课“现代文学”（上期）和“传记文学研究”（下期），上课时间为周三第十至十二节，地点在“北6”教室。[4]

本日，论文《今日的教育与明日的建设》刊于《大公报》“双十节特刊”。

十月十三日 杂文《我们要打开一条生路》刊于《大公报》“星期文艺”第一期。

十月十四日 下午五时，至蔡先生纪念堂参加北大第十七

① 朱乔森编：《朱自清全集》“日记编”，南京：江苏教育出版社，1998年。

② 北京大学档案《国立北京大学教务会议记录》，引自王学珍、郭建荣主编：《北京大学史料》(4)，北京：北京大学出版，2000年，第533页。此后所引有关国立北京大学教务会议的内容，均出此档案，不再一一注明。

③ 北京大学档案《国立北京大学文学院中国语（文）学系课程表》，引自王学珍、郭建荣主编：《北京大学史料》(4)，北京：北京大学出版，2000年，第490页。

④ 北京大学档案《国立北京大学文学院中国语文学系课程表》，引自王学珍、郭建荣主编：《北京大学史料》(4)，北京：北京大学出版，2000年，第492页。

次行政会议，另有胡适、周炳琳、俞大绂、马文昭、胡传揆、汤用彤、毛准、陈雪屏、郑华炽、饶毓泰（江泽涵代）、郑天挺参加。

十月十八日 学校秘书处发函：

> 兹经校长决定请郑华炽、殷宏章、杨振声、王云槐、申又枨五先生为大一委员会委员，并请郑华炽先生为主任委员。专此函达，敬请查照为荷。

十月二十一日 下午五时，至蔡先生纪念堂参加北大第十八次行政会议，另有汤用彤、周炳琳、俞大绂、马文昭、毛准、陈雪屏、郑华炽、饶毓泰（江泽涵代）、郑天挺、胡传揆参加。

十月二十八日 下午五时，至蔡先生纪念堂参加北大第十九次行政会议，另有汤用彤、周炳琳、俞大绂、马文昭、胡传揆、毛准、陈雪屏、郑华炽、饶毓泰（江泽涵代）、郑天挺参加。

本月 与沈从文、冯至始编天津《大公报》“星期文艺”。

十一月三日 《今日的文艺》刊于《大公报》“星期文艺”第四期，《邻居》刊于《经世日报》“文艺周刊”第十二期。

十一月四日 下午五时，至蔡先生纪念堂参加北大第二十次行政会议，另有胡适、周炳琳、马文昭、胡传揆、汤用彤、毛准、陈雪屏、郑华炽、饶毓泰（江泽涵代）、郑天挺参加。

十一月九日 上午十时，国大代表遴选委会举行会议，出席于右任、陈立夫、洪兰友、邵力子等，选定社会贤达代表七十人及新疆代表、职业团体补充代表等共百余人名单，其中，杨振声为“区域代表”中青岛市的唯一代表。①

十一月十一日 下午五时，至蔡先生纪念堂参加北大第二十一次行政会议，另有汤用彤、俞大绂、马文昭、胡传揆、毛准、饶毓泰（江泽涵代）、陈雪屏、郑华炽、周炳琳、郑天挺参加。

十一月十七日 《文言文与语体文的重检讨》刊于《大公报》“星期文艺”第六期。

十一月十八日 下午五时，至蔡先生纪念堂参加北大第二十二次行政会议，另有汤用彤、周炳琳、俞大绂、马文昭、胡传揆、毛准、陈雪屏、郑华炽、饶毓泰（江泽涵代）、郑天挺参加。

十一月十九日 下午三时，至蔡先生纪念堂参加第三次教务会议，另有教务长郑华炽等二十三人出席。

本月中旬至十二月十五日 国民政府召开制宪国民大会。杨振声作为国民党青岛市两代表之一出席。②

十一月二十五日《申报》报道：

> 廿四日为国大开会之第九日，报到代表共十八人，计青年党十人，蒋志靖、陈则遒、祝雨亭、姜蕴刚、刘雅声、黄石子、邹桂芳、施德全、邓凯兰、陶元珍。青岛一人，杨振声。民社党七人，蒋匀田、金侯城、杨浚明、李圣策、程文熙、谭家骅、朱嵩寿。报到处通常办公至下午五时半止，顷为民社党代表报到，特加夜班，金侯城等六人七时许连袂至报到处，于水银灯下由金开

① 《国大社会贤达代表遴选名单昨公布》，上海《申报》1946年11月10日，第一张（一）。

② 《国民大会代表名录》，徐友春主编：《民国人物大辞典》，石家庄：河北人民出版社，1991年，第1721页。

始签名办理手续，蒋匀田则系八时许单独前往。[①]

十一月二十六日 据《吴宓日记》：

金克木来，力赞宓独编撰《文学与人生》。勿与昌合编《文副》，俾精纯一贯，免贻世讥，且《大公报·文学副刊》盛业难继，而胡适、杨振声、沈从文等之主编《大公报》文史、星期文艺等，亦难与之抗衡也。……宓深以为是。[②]

本月《传记文学的歧途》刊于《世界文艺季刊》第一卷第四期。

“国大”期间，曾有南京记者蒋星煜来访，据蒋星煜所述：

杨振声先生这一次来京参加国民大会，没有住了几天就到苏州去了，因为沈从文先生托他带些东西给沈太太，杨先生趁这个机会作了一次冬天的旅行，回到南京的第二天上午，我去拜访他，提出几个文艺上的问题，他都很详尽地答复了我。

问：曾经被敌伪盘踞八年的北平是否还是像战前一样地充溢着蓬蓬勃勃的朝气和浓厚的文艺学术空气？

答：我刚回到北平的时候，并没有别的印象，只是感觉到文艺气息是销沉，因为文艺的发展有着一定的过程和条件，在自由的空气里才能充分成长，在敌伪统治的时代，青年们所受的压迫太厉害，心灵不免有些滞

①《青年党、民社党十七代表报到　张君劢氏昨由京抵沪》，上海《申报》1946 年 11 月 25 日，第一张（一）。
② 吴学昭整理：《吴宓日记》（Ⅹ），北京：生活·读书·新知三联书店，1999 年，第 173 页。

钝，敌伪的文化统制政策之下自然产生不出优秀的作家和作品，在我们大后方的作品，他们又很少机会接触到，所以蓬蓬勃勃的朝气很不容易发现的，相反的倒是充溢着暮气，不用说。这一种暮气是很不适宜于培养文艺学术的。但是北平毕竟是五四运动的发源地新文化运动的发源地，爱好文艺的青年仍然很多，北平仍然不失为文艺的一个中心，就拿北大和清华这两个学校来说，选读文艺的学生非常之多，兴趣也很浓厚。目前北方报纸的文艺性副刊有大公报的《星期文艺》，益世报和经世报的《文艺周刊》，是由朱光潜、朱自清、沈从文、冯至和我这几个人分别负责编辑，至于杂志，我和李广田编辑的《世界文艺季刊》先在昆明集稿现在北平集稿，仍由商务印书馆继续出版。朱光潜在战前替商务编《文学杂志》，因为战事的关系出了三期就停了，现在决定恢复起来，我昨天和朱经农谈到这一件事情，《文学杂志》的复刊号明年三月间可以和读者见面。另外我们计划出版一种《现代文录》，在原则上是选出各杂志各副刊上最优秀的作品汇集在一起，并且划出一部份篇幅，介绍西方的作品。各方面向我们索稿的很多，事实上很难应付，我们当然愿意利用文艺这个工具来促进新的文化运动，我们希望中外文艺能进一步地沟通，新旧文艺能进一步地融和。

问：抗战期间散布比较广泛的作家群，现在又集中北平上海这两个大城市里来了，这对于整个的文艺运动会发生什么影响？

答：从纯粹的理论来说作家为了充实本身的经验自

然应该到民间去到乡村去，从前高尔基向苏联政府建议，由国家出钱维持作家的生活，让他们深入乡村和工场，搜集各方面的资料，这种办法是很对的，我们现在苦于生活的负担，不能专心来从事写作，只能作为另一种副业，从整个的文艺运动来说，这一种倾向是一个严重的危机。在美国，一个作家可以凭一部作品来维持较长时间的生活，在中国可不然，文艺作品的主顾只是些学生，价钱卖不起，再说人家每天工作八小时，比较有余暇的时间来阅读文艺。在这种情形之下，写作既然副业化，到民间去到乡村去事实上有困难存在着，而北平上海之变成文艺的中心也是有着必然性的。北平和上海虽然同是文艺的中心，性质上却有所不同，北平是历史性的古城，作家们很容易感受旧文艺的熏陶，上海是现代化的国际性都市，作家们很多机会接触到外国的文艺，我希望北平上海两地的作家能经常保持密切的联系，使中外新旧的文艺融会成一个去芜存华的整体。当然更希望生活能得到保障，可以毫无顾虑地进入各阶层去体验生活，搜集材料来从事写作。

问：现在文艺界的沉寂，主观的客观的原因在哪里？是不是高潮来临的前夕必然的现象？

答：假如说现在文艺界是沉寂的，那也只仅仅在表面上是如此，实际上还是在动的，不过因为沦陷区刚刚变成收复区，大家的生活都不安定，所以一切发展得很迟缓，我们但愿这是高潮来临的前夕底暂时的现象。我们回忆到战时生活的辛酸，看到目前国家的危机，深深地感觉到需要一种新的文化新的人生观来适应这个时代。

现在我们应该从错综复杂的国际局势中找出自己的道路去应顺世界的潮流，不能放任腐化的现象无休止地蔓延，不能放任崩溃的危机无休止的滋长，假使只注意政治和经济而忽略文化文艺也是不够的，我们需要一个高潮来冲击我们进入新的环境新的潮流。

问：在写作还没有能专业化以前，意思就是说作家还不能靠版税稿费来生活以前，教书是不是作家理想的职业？

答：即使以文艺作为副业，教书也并不是作家比较理想的职业，目前作家大概仅限于教育界方面，这是不正常的现象，文艺应该反映多方面的生活，工场、农村、商店都是我们描写的对象，譬如说要写航空，没有飞行经验的人总不免处理得隔膜，教书的人来写作，不免要走到Play Words的路上去，我希望作家能从教书的生活圈扩大到不同的职业阶层中去。外国也有以写作为副业的作家，但只是在开始的时候是如此，一旦写作的收入确实可以保障生活，便马上来专心写作了。我们没有理由赞成写作的副业化，假使始终偏处在学校生活里，究竟能够发掘出多少题材，这是一个疑问。要认真写作，把一天的时间都化在上面，似乎还感觉到不够，何况是白天教书改卷子，晚上十二点钟才偷空来写作呢？像我们现在要写长篇或大的作品，时间上根本不允许。我真羡慕外国的职业作家，他们把材料搜集到某一个程度，就提起小皮包到海滨或湖滨的静谧的旅馆里住下来，一两个月或三四个月，完成了作品，再出去体验生活搜集材料。

问：你读萨洛扬的作品，有什么感想？

答：萨洛扬的作品我没有读过，但是我读过几本史坦培克的小说，我觉着即使文艺的修养差一些，而用最朴素的笔调最粗糙的线条写出来，只要忠于生活，仍然不失为很好的作品，史坦培克用日常的语言写日常的生活，得到卓越的成就，我认为文艺固然可以有政治的意识，但不可以被政治所控制，控制的结果，文艺必然地趋向于贫乏和衰落，有一个政论家曾经说德国的失败就失败在科学上面，因为纳粹把科学控制得太利害了，天才无从表现出来，科学方面遂比英美落后了。

问：新文化运动以来，大学生在研习中国语文方面有了些什么显著的进步？

答：最显著的进步是能应用灵活地语体文来写作诗歌和散文，至于小说和戏剧，自然更加不必说，这样一来语体文的组织渐渐地更趋于严密，表现的手法渐渐地更趋于亲切，因为科学的发展，大家在方法上有了进步，也更加知道如何去选材料，由于这种条件，关于旧语文的整理工作，也比较地寻得出一个头绪来。[1]

十二月一日 废名《响应“打开一条生路”》刊于《大公报》“星期文艺”第八期。文后有按：

振声按：在我发表过“打开一条生路”之后，朱自清先生便说了：“生路自然要打开，但是怎样打开呢？”这问的甚有道理。我似乎只能这样说，在文艺方面看，我们（一）打开新旧文学的壁垒，（二）打开中外文艺的

① 蒋星煜：《杨振声先生会见记》，南京《文化先锋》第六卷第十五期，1947 年。

界限，（三）打开文艺与哲学及科学的划界。如此我们以融会的精神培养成文艺的基础，是其一，然后面临着今日世界的新势趋，人类在冲突矛盾中所遭遇的新命运，以创造的精神，从过去的与现在中，综合中外新旧，胎育我们新文化的蓓蕾以发为新文化的花果，是其二。无疑地，这些话还是很笼统，废名先生的这篇文章，正是废名先生的一个打开的办法。见解正不必一致，而自由讨论与无界限的开辟新荒，才正是我们的乞求。[①]

十二月十六日 据《顾颉刚日记》：

到励志社宴客。

今晚同席：适之先生 孟真 金甫 周鲠生 朱骝先 于斌 王珏英 陈逸云等 胡庶华（主席）陈绍贤 王启江 孔德成（以上主）[②]

十二月十七日 据《顾颉刚日记》：

在校庆会中聚餐。听讲演，与张敬等谈话。十时散，到叔棣处谈。

今晚同席：适之先生 蒋梦麟 孟真 鲠生 骝先 志希 金甫 锡襄 道真 卓升 张敬 万仲寅 杨一峰 君武 孙德中 纪清漪 段锡朋 邹树文（主席） 共到会二百余人。[③]

十二月二十三日 下午五时，至蔡先生纪念堂参加北大第二十七次行政会议，另有汤用彤、郑华炽、毛准、俞大绂、饶毓泰（江泽涵代）、陈雪屏、胡传揆、周炳琳、郑天挺参加。

① 天津《大公报》1946 年 12 月 1 日，第二张第六版。
② 顾颉刚：《顾颉刚日记》（第五卷），台北：联经出版事业公司，2000 年。
③ 顾颉刚：《顾颉刚日记》（第五卷），台北：联经出版事业公司，2000 年。

本月 与朱光潜、沈从文、冯至、徐盈等共同编辑的杂志《现代文录》（第一集），由新文化出版社北平总社正式出版。据称，此杂志恰在杨振声呼吁“打开一条生路”两个月之后，因此被视为“开路”杂志，成为“北方文化复员与文学运动展开的第一面旗帜”。[①] 本期《现代文录》收《诗与近代生活》（杨振声）、《浮士德里的魔》（冯至）、《陶渊明》（朱光潜）、《乡村传奇》（顾随）、《绿魇》（沈从文）、《回来》（朱自清）、《他与他的大公鸡》（希声），《空中伴侣》（陈占元泽）等 8 篇文章，其中《他与他的大公鸡》为杨振声以笔名所发表。[②]

本月 刘兆吉《西南采风录》由商务印书馆出版。据刘兆吉所述：

> 念及闻师跋涉数千里，不惜辛劳的指导、鼓励、叮咛；老师中还有黄钰生、朱自清、杨振声，同学中有阴法鲁、马学良、逯钦立等，热情指导或写序言、或帮助接洽出版社。当时处于国难时期，非名人著作出书十分困难。直到 1946 年 12 月才由商务印书馆出版。[③]

本年底 与朱光潜、沈从文等开始进行《文学杂志》复刊。据常风所述：

> 一九四七年商务印书馆决定要《文学杂志》复刊，仍请朱光潜先生主编。原来的编委有几位早已离开北平，杨振声、朱光潜和沈从文三位商量不必要那么多人，于

① 丰草：《现代文录第一集》，天津《大公报》“读书周刊”，1947 年 1 月 25 日。
② 杨振声等编：《现代文录》（第 1 集），北平：新文化出版社北平总社，1946 年。
③ 刘兆吉：《恩师辛劳永放光辉——记 64 年前在闻一多指导下采编〈西南采风录〉今日再版有感》，《西南联大北京校友会简讯》第 29 期，2001 年。

是只增加了冯至和冯的夫人姚可昆。[1]

另说：

一九四六年底杨振声先生约朱光潜先生、沈先生、冯至先生、姚可昆先生（冯夫人）和我在东城雨花台吃饭，商谈《文学杂志》复刊事。商务印书馆提出复刊并仍请朱光潜先生主编。杨先生说除了朱先生、沈先生和他，还请冯先生和姚先生参加编辑工作，并仍由常风担任助理编辑。于是停刊十年的《文学杂志》于一九四七年六月一日复刊，作为第二卷，共出十二期。[2]

未久，朱自清在其主编的《新生报》"语言与文学"上发表《什么是新文学的"生路"?》一文，应和杨振声的呼吁，其中说：

杨振声先生在本年十月十三日《大公报》的"星期文艺"第一期上发表了"我们打开一条生路"一篇文。中间有一段道：

"过去种种譬如昨日死"，不是譬如它真的死亡了；帝国主义的死亡，独裁政体的死亡，资本主义与殖民政策也都在死亡中，因而从那些主义与政策发展出来的文化必然的也有日暮途穷之悲。我们在这里就要一点自我讽刺力与超己的幽默性，去撞自己的丧钟，埋葬起过去的陈腐，从新抖擞起精神作这个时代的人。"

这是一个大胆的，良心的宣言。

杨先生在这篇文里可没有说到怎样打开一条生路。

① 常风：《追怀李健吾学长》，《逝水集》，沈阳：辽宁教育出版社，1995 年。
② 常风：《留在我心中的记忆》，《逝水集》，沈阳：辽宁教育出版社，1995 年。

十一月一日“星期文艺”上有废名先生“响应‘打开一条生路’”一篇文，主张“本着（孔子的）伦常精义，为中国创造些新的文艺作品”，他说伦常就是道，也就是诗。杨先生在文后有一段按语，提到了笔者的疑问，主张“综合中外新旧，胎育我们新文化的蓓蕾以发为新文艺的花果”。但是他说“这些话还是很笼统”。

具体的打开的办法确是很难。第一得从“作这个时代的人”说起。这是一个动乱时代，是一个矛盾时代。但这是平民世纪。新文化得从矛盾里发展，而它的根基得打在平民身上。中国知识阶级的文人吊在官僚和平民之间，上不在天，下不在田，最是苦闷，矛盾也最多。真是做人难。但是这些人已经觉得苦闷，觉得矛盾，觉得做人难，甚至愿意“去撞自己的丧钟”，就不是醉生梦死。他们愿意做新人，为新时代服务。文艺是他们的岗位，他们的工具。他们要靠文艺为新时代服务。文艺有社会的使命，得是载道的东西。

……

说起报纸，我觉得现在的文艺跟报章体并不一定有高低的分别，而是在彼此交融着，看了许多特写可以知道。现在的文艺因为读者群的增大，不能再是“文章千古事，得失寸心知”了，它得诉诸广大的读众。加上话剧和报纸特写的发达和暗示，它不自觉的渐渐地走向明白痛快的写实一路。文艺用的语言虽然总免不掉夹杂文言，夹杂欧化，但是主要的努力是向着活的语言。文艺一面取材于活的语言，一面也要使文艺的语言变成活的语言。在这种情形之下，杂文、小说和话剧自然就顺序的一个赛一个的加速的发展。这三员大将依次的正是我们开路的先锋。杨先生那篇文就是杂文，他用的就是第一员先锋。

另据田希圣《北京大学文学院概况》[1]所述：

很多爱好文学，喜欢写作的朋友，都打算进国文系，想到过去北大的教授们在新文学上的成绩，更会“心向往之”的。现在还有几位当年写作很多的教授，像俞平伯、废名、杨振声、沈从文等。可惜的是当年弄新文学的健将，觉得以前太浅薄，把自己的“过去”否定了。现在说起俞平伯来，大家都恭维他的“清真词”和旧诗讲得好，废名也以为“不朽之盛事，强国之大业”莫若“绍武孔孟”，谈陶渊明了，只剩下杨沈两教授还是记挂着新文学的，平津报纸的“星期文艺”的编者就有四个是他们，可见对于创作是相当注意的。杨教授也以为现代新文学该“维新”一下，“打开一条生路”了。他们的课程有现代文学、传记文学等，还让同学们必修“欧洲文学名著选读”。用意在矫正学中国文学而不懂西洋文学的偏向。

这应该是件重大而艰苦的工作。这样作也应该是为同学所欢迎的。可惜的是这样“维新”的措施，近于点缀，令人觉得谈国文系重要的还是弄古董。倡导创作的杨教授，也似乎觉得将创作和生活联起来，便不是流行浅薄。课堂上津津有味的讲着一篇文章的设计，一首小诗字句的安排等等。想到杨教授“打开一条生路”的话，

① 《北大》1940—1948，北大半月刊社编印，引自王学珍、郭建荣主编：《北京大学史料》(4)，北京：北京大学出版，2000年，第607页。

会感到滑稽的。

本年度 与游国恩指导毕业生李荫民论文《王维的生活与艺术》、杨光社论文《论白香山》。①

据本年冬入北大中文系读大一的顾文安所述：

“中文系一年级时大一国文主讲老师是杨振声教授，他是中文系的知名人士，我们有幸听到他讲课，感到十分高兴。第一堂课是在红楼教室，杨老师进入教室，只见他是高高的个子，大约五十岁左右，两眼炯炯有神，挺威严的样子，手里拿个烟斗，身穿皮领大衣，头戴皮帽，满有绅士派头。他讲鲁迅‘狂人日记’、‘阿Q正传’的时代背景……同学们听得入神，老师讲课有个特点，决不用自己的观点强加于人，而是启发同学们自己去思考。在课堂之外，他慈祥和蔼，非常关心同学们的学习和生活，经常请同学们到他家中欢叙，听取同学们对讲课的意见。他是我毕业论文的导师，循循善诱地教我如何收集资料，寻找参考书。在论文初稿将成之际，因工作需要，我调离学校，论文未完成。但老师的亲切教诲已深深印入我的脑海。”②

“1946 年我考入北大中文系，12 月初，我们一年级新生上大一国文课。一位身材颀长，头戴皮帽、身穿毛皮领子黑大衣，手执一个大烟斗、面貌慈祥和善的老师走进教室，他就是一生为教育培养青年学生而奔走的知

① 北京大学档案，引自王学珍、郭建荣主编：《北京大学史料》(4)，北京：北京大学出版，2000 年，第 515 页。
② 顾文安：《沙滩四年》，《北京大学校友通讯》“北京大学建校一百周年纪念特刊”，1998 年。

名作家，五四运动领导者之一的杨振声先生。当时我非常高兴，庆幸自己能进入北大中文系，更有幸能受教于名教授门下。杨先生以纯朴而亲切的胶东口音，富于幽默而机智的神态，从鲁迅的《狂人日记》、《阿Q正传》等代表作讲起，先讲他个人的印象和感受，娓娓动听，循循善诱，启发学生对中国新文学的兴趣。以后杨先生又是我毕业论文的导师，他只启发不灌输、指导十分耐心，从不把个人观点强加给我。这时期我同杨先生接触较多，直到我因工作需要提前调出北大为止。

杨先生用慈父般的爱心关怀和爱护学生，也注意培养师生感情，经常邀请学生到他家去作客。我们坐在满是书画的房间里，听着先生介绍一些中国文学方面的动态和问题，深深感到先生确实学问渊博，知识广泛。记得有一次是寒冷的冬天，我们几个同学到杨先生家，先生马上拿出他友人从广州带给他的一筐洋桃来款待大家。当时的北平别说洋桃，就是桔子、香蕉也很罕见，都不是一般人家买得起吃得到的水果。所以同学们要先生留着自己吃，经先生再三劝说，最后每人吃了一个。另外一次，先生请十几位同学到家吃涮羊肉，我是只吃鱼虾蔬菜，不吃任何肉类的，当先生得知后，立即叫厨师做一盘鱼给我吃。我实在不好意思，埋怨自己不应该暴露偏食的缺点而麻烦先生。当天我们在先生家里还见到一位收购书画的人从墙上取下一幅先生心爱的古画，估计是出售了，我们几人心中实在不是滋味！那年头物价飞涨，教授们工资也很有限，先生为了其他需要和给学生们‘打牙祭’把古画也出卖了。先生不单是关心学生们的学习，也关心学生们的生活，慷慨大方，热心扶植青年人是众所周知的。他真是我们的好老师。”①

本年 子杨起研究生毕业于北京大学理科研究所地质部并留校任教。据杨起所述：

我在西南联大读书时，本可以拿助学金，就因为我是他的儿子，所以他不许我拿，那时他的经济状况并不宽裕，也很窘迫；后来，我北大研究生毕业，本来应该定为研究助教，但他是校聘任委员会主任，他硬是反对我当研究助教，只许我当普通助教，致使我相当长的一段时期比同辈人低一级。②

本年 回北平后，常至“雪道人”溥伒家中参加诗谜会。据张伯驹所述：

诗谜以五言诗或七言诗一句，空其中一字，别书五字，五字中有原诗之一字，余四字皆配入者，押者猜中原诗之一字即赢，否则输。余初见于上海半淞园，有二三处开诗谜者（又名开诗条），亦借此以谋生。猜者中否，对证刊本。然所开者，皆不足传之诗，无开唐宋名家之诗者。俗说：“大爷有钱开杜甫。”工部诗，人皆熟读，开其诗句，不啻送钱与人也。芦沟桥事变后，少出门，但月聚蛰园律社诗会，并时作诗谜戏，参与者有夏枝巢、郭啸麓、陈莼衷、陶心如、陶伯溟、瞿兑之，刘

① 顾文安：《忆杨振声老师》，《北京大学校友通讯》第 17 期，1995 年 5 月。

② 杨起、王荣禧：《为传播北大精神而奋斗不息——追思家父杨振声的一生》，钱理群、严瑞芳主编：《我的父辈与北京大学》，北京：北京大学出版社，2006 年。

伯明、杨君武、黄公渚君坦兄弟等。惟诗谜必须开整首，不许开单句。间亦开明清名家诗，颇极一时之盛。日寇降后，余自西安归京，啸麓旋病逝，蛰园律社与诗谜会皆散，更集新雨为诗谜会于溥雪斋家，有载润、于思泊、郑毅生、杨今甫、唐立庵、张船岛[①]、张柱中等。余与雪斋唱必须开唐以上诗，每条换一字或二字三字皆可，甚至可换整句。由余与雪斋开条时多为单，押一字者为孤丁，一赢三，押二字者为线，一赢一，押一字赢一字和者为打，一赢二，如认为必系某一字者，可竖旗杆，即是将他人押别字之注统移至自己所押孤丁之字上，能多赢亦能多输。[②]

其时，曾应郑天挺（毅生）之请，题扇面一幅，正面为溥伒所绘《竹林古寺图》，款识“略拟西林禅室笔意，雪道人写于怡清室灯下”，背面为杨振声题诗一首：

夜宿富春七里泷，风吹细雨打船篷。
桃花水涨清明后，疏落渔烟入晚红。

抗战前一年游富春江即景之作也，漫忘之矣。胜利后一年偶检笔记得之。毅生兄方家命书扇因录之，欲其与秋扇共捐也。弟振声。

◎1947年　民国三十六年　丁亥　五十七岁

本年初　受胡适委托，与魏建功谈回北大问题，拟委其为训导长，未受，但同意在台推行国语工作安排妥当后回北大

① 疑为“章川岛”。
② 张伯驹：《诗谜》，《春游琐谈》，郑州：中州古籍出版社，1984年。

任教。[①]

一月六日 下午五时，至蔡先生纪念堂参加北大第二十八次行政会议，另有胡适、周炳琳、俞大绂、马文昭、胡传揆、汤用彤、毛准、郑华炽、饶毓泰（江泽涵代）、陈雪屏、郑天挺参加。

一月十三日 下午五时，至松公府会议室参加北大第二十九次行政会议，另有胡适、毛准、郑华炽、俞大绂、周炳琳、马文昭、胡传揆、汤用彤、饶毓泰（江泽涵代）、陈雪屏、郑天挺参加。

一月十八日 为罗常培《沧洱之间》所作序言《〈沧洱之间〉序》刊于《大公报》"星期文艺"第十四期。

一月二十七日 下午五时，至松公府会议室参加北大第三十次行政会议，另有胡适、毛准、江泽涵、陈雪屏、汤用彤、俞大绂、马文昭、周炳琳、胡传揆、郑华炽、郑天挺参加。

一月二十九日《申报》报道：

> 教部为修订中学课程标准，聘专家罗家伦、伍叔傥、沈士远、吴士选、庄泽宣、辛树帜、陈礼江、周鸿经、萨本栋、顾颉刚、杨今甫、陈友松、沈亦珍、黄子坚、傅斯年、沈刚伯等十六人，定二月十三、十四两日，在部举行会议。[②]

二月一日《申报》报道：

> 教部修订小学课程标准，聘请专家朱经农、顾树森、罗家伦、伍叔傥、庄泽宣、傅斯年、杨振声、俞子夷、

---

① 参见曹达：《魏建功年谱》，《文教资料》1996 年第 5 期。

②《教部聘罗家伦等十六人　修订中学课程标准　下月中旬在部举行会议》，上海《申报》1947 年 1 月 29 日，第二张（八）。

吴俊升、沈士远、沈刚伯、顾颉刚、辛树帜、黄子坚等十四人，定二月十、十一、十二,三日，在部开会，作最后之决定。[①]

二月二日 杂文《拜年》刊于《经世日报》"文艺周刊"第二十五期。

二月七日 下午三时，代胡适到蔡先生纪念堂出席第五次教务会议，并带去胡适致郑华炽书信一通。另有郑华炽等二十四人出席。

二月十日 下午五时，至松公府会议室参加北大第三十一次行政会议，另有胡适、江泽涵、陈雪屏、汤用彤、毛准、周炳琳、马文昭、胡传揆、俞大绂、郑华炽、郑天挺参加。

二月十三日 参加教育部会议，讨论中小学课程标准修订，据《申报》报道：

> 教育部对中学课程标准之修订，拟作最后决定，已定明（十三）后（十四）两日，在教部召开讨论会，预计出席人员，除教部部长、次长，暨中等教育司司长曹刍、科长王文新、国立编译馆馆长赵士卿，主任陆殿扬外，专家伍叔傥、吴俊升、杨振声、萨本栋、周鸿经、罗志希、顾颉刚等十六人，亦将出席。闻中学课程，为力求简化，减轻学生身心担负，于每周各科教学时，将酌予减少，按原定每周三十一小时，此后无论初中高中，每周教学时间，皆将减为二十余小时。[②]

①《小学课程标准　教部聘请专家　将作最后决定》，上海《申报》1947年2月1日，第二张（八）。

②《教育部今明两日召开中学课程讨论会》，上海《申报》1947年2月13日，第二张（八）。

二月十七日 下午五时，至松公府会议室参加北大第三十二次行政会议，另有胡适、郑天挺、赵迺抟（周炳琳代表）、陈雪屏、江泽涵（代姚毓泰）、汤用彤、毛准、马文昭、胡传揆、郑华炽、俞大绂参加。

二月二十四日 下午五时，至松公府会议室参加北大第三十三次行政会议，另有胡适、赵迺抟、陈雪屏、江泽涵、汤用彤、俞大绂、马文昭、郑华炽、毛准、胡传揆、郑天挺参加。

二月二十八日 朱自清来访。据《朱自清日记》：

> 进城。访今甫和西撒。购书。疲甚。①

本学期 与冯文炳为中文系三四年级学生开必修课“英文文学选读”，上课时间为每周一、周三的四、五节，地点为“北 20”教室。②同时，为中文系二、三、四年级学生开选修课“现代文学”（上期），上课时间为周三第十至十二节，地点在“北 6”教室。③

开设欧洲文学名著选读课，意在纠正学中国文学而不懂西方文学的偏向。据冯至所述：

> 杨振声先生在私人谈话时也曾积极地表示过沟通中外两系的主张。④

---

① 朱乔森编：《朱自清全集》“日记编”，南京：江苏教育出版社，1998 年。
② 北京大学档案《国立北京大学文学院中国语（文）学系课程表》，引自王学珍、郭建荣主编：《北京大学史料》(4)，北京：北京大学出版，2000 年，第 491 页。
③ 北京大学档案《国立北京大学文学院中国语文学系课程表》，引自王学珍、郭建荣主编：《北京大学史料》(4)，北京：北京大学出版，2000 年，第 493 页。
④ 冯至：《关于调整大学中文外文二系机构的一点意见》，《独立时论》1947 年 4 月 28 日，引自《冯至全集》(第四卷)，石家庄：河北教育出版社，2002 年。

另据张岂之所述：

> 在我们的心中，教授是一个崇高的字眼，他们首先是讲课的学问家，能开出多种有深度的课程。有件事在我心里留下了深刻的印象：中文系教授杨振声先生本来是讲中国古典文学的，某个学期他突然开出外国文学名著选读课。在这个课程里，他讲的第一部著作就是荷马的《伊利亚特》。他不是泛论，而是逐字逐句地讲（从英译本中选出的），使我们感到这部史诗告诉人们：生命的价值就在于和邪恶势力作不懈的斗争。虽然杨振声先生的英语发音有时不够准确，但他对于选文分析的精当，使我们受益匪浅。在杨先生的提示下，我试着做一些练习，将《伊利亚特》中的某些段落译成中文，交给杨先生审阅。他耐心的指出其中的误译，并且要我耐心地查阅工具书。当时听杨先生这门课的只有四五位同学，这并不影响他的情绪，他讲课时神采飞扬，将《伊利亚特》与屈原《楚辞·离骚》作某些对比，引导我们进入一个美的境界。[1]

本学期 指导中文系毕业生诸有琼，论文题目为《论陆机文赋》。[2] 据诸有琼所述：

> 1947年上半年，是大四下学期，应该做毕业论文了。我选了杨振声教授作我的论文导师。他给我出了两个题目，让我任选一个。一个是现代文学方面的，题目忘了；另一个是《论陆机文赋》，我选了这个。于是，我天天到文津街北京图书馆去，借阅各种有关的参考书，

① 张岂之：《北大的灰楼》，《华夏文化》1997年第1期。
② 诸有琼：《忆杨振声老师》，《北京大学校友通讯》第2期，1984年3月。

认真阅读，抄录，做卡片，然后再“消化”，写作。我每天早晨八点进馆，下午五点离馆，中午就在图书馆的食堂随便买点饭吃。费了几个月的功夫，论文写了一厚本，结果杨先生只给了我 78 分。后来，阴法鲁先生把我的论文要了去，选择其中一些主要章节，作为一篇篇独立的文章陆续发表在《经世日报》副刊《文史》和《山东新报》副刊《问学》上。①

三月十五日 朱自清来访。据《朱自清日记》：

在城内分配图书。访继愈、德申、人梗、从文、今甫。②

三月十八日《申报》报道：

三民主义青年团中央团部第二届指导员评议员，已分别聘任，兹探录名单如下：指导员：吴敬恒、戴传贤、孙科、何应钦、丁惟汾、李宗仁、白崇禧、张伯苓、蒋梦麟、陈果夫、居正、于右任、邹鲁、宋子文、张继、王惠、李文范、张治中、吴铁城、邵力子、陈布雷、王世杰、朱家骅、陈立夫、翁文灏。评议员：周鲠生、卢作孚、顾颉刚、金曾澄、于斌、冯友兰、胡先骕、凌鸿勋、贺麟、陈方、傅斯年、童冠贤、王云五、胡霖、王星拱、钱穆、李四光、李书华、陈文渊、谢冰心、陈树人、成舍我、俞大维、杨端六、胡适、梅贻琦、吴贻芳、周炳琳、燕树棠、甘乃光、罗家伦、黄季路、张道藩、杨振声、陶孟和、吴有训、陈裕光、陈衡哲、姚从吾、

① 诸有琼：《忆杨振声老师》，《北京大学校友通讯》第 2 期，1984 年 3 月。
② 朱乔森编：《朱自清全集》“日记编”，南京：江苏教育出版社，1998 年。

萧自识、何义均、张历生、段锡朋、梁寒操、柳克述、谷正纲、李石曾、臧启芳、萨本栋。[1]

三月二十七日 下午三时，因胃病由唐兰代为参加第八次教务会议，另有郑华炽、胡适等二十二人出席。

三月二十八日 《申报·自由谈》发表《文艺坛》一文，内云：

> 北平虽为偌大的文化城，但文艺出版已呈停顿状态。《文艺时代》去年十二月出第六期后，迄今未见，想已寿终。文协主编的《文艺与生活》，也时常脱期，内容且亦琐碎得很。而由沈从文、朱光潜、杨振声、冯至、徐盈等合编的《现代文录》，去年十二月创刊第一集，第二集亦难产中，恐怕前途未可乐观。[2]

三月底 胃病加重，手术。据杨起所述：

> 由于在叙永落下的病根，回北平以后他身体一直不好，他住在孑民堂旁，除上课外很少出去，记不清是1947年下半年还是1948年上半年，反正是一个穿毛衣的季节，他在府右街北大医院做了胃切除手术，因为大夫怕会癌变。术后，很长一段时间身体未能复原，那时正是外面学潮风起云涌的时刻，他因身体欠佳，很少在这些活动中现身，可能这也是家父后来被误解的原因之一吧。[3]

---

①《青年团聘定指导员评议员》，上海《申报》1947年3月18日，第一张（二）。
②《文艺坛》，上海《申报·自由谈》民国三十六年（1947）三月二十八日，第三张（九）。
③ 杨起、王荣禧：《为传播北大精神而奋斗不息——追思家父杨振声的一生》，钱理群、严瑞芳主编：《我的父辈与北京大学》，北京：北京大学出版社，2006年。

四月五日 朱自清前来看望。据《朱自清日记》：

进城办事。访平伯。看今甫，他谈了手术头四天的痛苦情形。他认为科学家不关心人的感情，并说有胃溃疡不一定动手术。①

四月七日《申报》报道：

中学课程标准分科讨论会，教部已请各科专家七十余人，定本月十五日起，在教部先开国文、英文两科分科会议，所请专家分三项资格：（一）该科之教育专家，（二）该科之中学教师，富于资历学识者，（三）教育专家有素养及兴趣者。闻国文科被邀者，为伍叔傥、杨振声、傅斯年等。英文科为张士一、钱歌川、瞿菊农等。（以上两科共十余人，全部课目共计十四科，每科五人至七人不等），十五六两日，举行上述两科分科讨论会，其余数学、理化与其他十科，约隔二日即接续开会两日。②

四月十四日《申报》报道：

教部自十五日起，开中学课程分科修订会议。中学全部课程分十四科，出席专家七十余人，及教部有关各单位之代表与外请音乐院代表。教部已订定中学课程分科修订会议日程表，分寄被聘请之专家，以便按期出席会议。兹从专家方面，探讨其分科与会议出席人员及日期如下：国文、英文两科，均定四月十五日在教部开会。出席专家，为伍叔傥、杨振声、孟宪承、阮真、穆济波、

① 朱乔森编：《朱自清全集》"日记编"，南京：江苏教育出版社，1998 年。
② 上海《申报》1947 年 4 月 7 日，第二张（五）。

洪北平、傅孟真（以上国文）张士一、钱歌川、瞿菊农、李儒勉、沈同治、左登金、姚志英、李方叔（以上英文）。……[1]

本月中旬 北大决定设立博物馆，推定胡适、汤用彤、向达、裴文中、杨钟健、韩寿萱、段宏章、芮逸夫、唐兰、杨振声、冯兰洲为筹备委员，由校长胡适召集，馆址暂定为国会街。[2]

四月三十日 在《经世日报》“文艺周刊”第三十五期发表《编者小白》。

本月 复山东省政府主席王耀武函。据王昭建所述：

1947 年 4 月，国民政府教育部国民教育司帮办（即副司长）张天麟衔国民党中央丁惟汾、朱家骅之命到济南与山东省政府主席王耀武计议：改“山东省立师范专科学校”为“国立山东师范学院”及内定张天麟为院长的事宜。其时，我任国民党山东省政府主席办公室秘书，且与张天麟有旧，故亦在座。

谈话中间，王耀武提到曾与张天麟同时在德国留学的几个人，如济南电气公司总工程师徐士高，山东省立医院院长王宝楹及著名生物学家庄孝德等人，认为他们都学有专长，做事稳重踏实。王又问：“他们几个人学术造诣都很好，他们中究竟谁高谁低？”因为我对他们几位都熟识，亦都相当了解，此时便插言道：“论读书之多，

①《中学课程分科修订　教部明起召开专家会议　全部十四科定本月底前修订完毕》，上海《申报》1947 年 4 月 14 日，第二张（五）。

② 北京大学档案《北大博物馆筹备委员会委员》，引自王学珍、郭建荣主编：《北京大学史料》(4)，北京：北京大学出版，2000 年，第 688 页。另见《胡适等筹备北大博物馆》（上海《申报》1947 年 4 月 17 日）。

学问之广，他们加在一起，跟不上一个季羡林。”

王耀武这个人素有听到有学问者必拜的习性，听我之言，他说：“既如此，我们有什么方法拜识拜识这位季先生？”张说：“这很容易，季羡林家住济南，虽说任教北京大学，每年暑假照例回家省亲，昭建兄与之是初中同学、高中同学，召至不难！”暑假一到，王耀武就让我陪他到季羡林家登门拜望。当我先行到佛山街季羡林家与之相约时，季说：“他来还不如我去。”于是当天下午，我便陪着季直达“第二绥靖区司令部”王耀武的官邸。一见面，王就握着季的手说：我本想登门拜望的，岂意先生竟先贵临，太失礼了！立即准备晚宴欢迎，畅谈直到9点多钟。王托季氏给北京大学校长胡适之先生和北大文学院院长杨振声先生捎去两封信，致以敬意与问候，并邀请胡适之先生在方便的时候莅临济南作学术演讲，对山东的教育作指导；邀请杨振声先生回山东对教育作具体指导并建议他在“华东片”竞选中央立法委员，自己决心全力助其有成。旋即得到他们两人的回信，胡适之先生答应相机来济南与教育界同行们共同研究山东的教育。杨振声先生的回信直言：山东教育有赵太侔（国立山东大学校长）、李泰华（山东省教育厅厅长）二兄在，何庸我多置喙；所谈立法委员一节，敬谢高谊，振声不是其材亦甚不乐为，幸其万勿触及。

这是那个时候的一段史实，也是趣事。全国解放之后，则已成昨日黄花，未再提及。[1]

本月 蓬莱同乡邹豹君来访。据邹豹君所述：

---

① 王昭建：《季羡林与王耀武的一段交往》，《世纪》2010 年第 1 期。

民国三十六年，国立北平师范大学在和平门外复校之后，约我去讲授两个科目。我在兰州国立西北师范学院请假半年，前往故都。出发的时间很晚，因为要先把兰州方面的科目提前授完，才能出发。由兰州乘西兰公路局之车，到西安。然后换火车，转往故都。到达之后，即准备访问清华大学地学系教授张印堂先生。他是泰安人，曾作过云南省西南部的地理考察，这是一件辛苦而又冒险的事。另一位要访问的就是北大文学院杨振声教授。希望见到他们两位之后，扩大我的知识领域，以打破八年多的苦闷。这是说明，去访问杨振声先生，是一件盼望很久的事，绝不是通常的访问。

在那一天去访问杨振声先生，已记不清楚。我选择的是一个星期天下午，那时候，天气很热，到达的时间正是故都之人午睡刚醒的时候。由西单石驸马大街师范大学教授宿舍，到北大宿舍，路程相当远。那时的市内交通工具只有古老的电车，每站必停，慢的要命。另一种新兴起的交通工具是脚踏三轮车，也需要很长的时间。到了后，先找一位校工，帮我把名片送进去，很久他才出来。我站在门外，静静的等。心想：蓬莱人的性格，彼此相差很大，有些人异常性急；也有些人异常性缓。杨先生是一位喜静的人，态度从容，说话缓慢，语音很轻，用字典雅。我必须先压住我自己一切的念头，以配合他静缓的风格。工人出来后，顺手把门带上，用手示意，我可以自己推开门进去，他就走了。

我轻轻的推开杨先生住室之门，向内一望，不见一个人影。室内很寂静，迎门墙壁前方安置一张桌子，上面有一些简单的陈设。桌子右边放一些行李箱子；左边放一张床。进去后，先把门带上向前走了几步，才看清楚床上躺着一个人，盖着被子。这时候，心中突然意识到情形不妙。床边不远，安放一把椅子，似乎是方才那位工人搬过来，准备我坐的。躺在床上的杨先生用手招呼我又指着那把椅子，我了解他的意思，就轻轻坐下，然后向他问候。他面色苍白，两目无神。听到我向他问候，面上突然露出一些笑容。然而这些笑容，转瞬即逝，又恢复苍白、干枯、悲戚的样子。很久很久，他才慢慢的说出：

“胃病……开了刀……割掉的有三分二……出院已有八天了……”

我听到这些话之时，心中十分难过，真没想到这位博学多闻又态度从容的人，会得胃病，而且又是这么严重。我先前准备向他请教的话，早已抛到九霄云外。这时候，赶快搜索枯肠，找一些能够安慰他的话。杨先生戚然的说：“对不起国家，对不起故乡……”。

我心中有些震惊，他老先生为什么会说出这一类的话呢？这时候既不能问，只有听他说。然而我在进门之时，尚是存心来访问。坐下来以后，竟变成一个前来探病的人，事前真没想到。

杨先生接着又说：“懊悔当年能作而未去作”。他的声音很低，吐字很慢，面部表情很戚楚，无神的眼睛直望着我，眼角上有些湿。那时候，我真是遇到丈二和尚，摸不到他的头脑。赶快说些别的事，以求打断他的伤感。

我说一些兰州有趣的故事，似乎他很开心。又把我数年来研究方向，简而又简的说了些。他的面部不断的露出笑容。估计我坐的时间已有大半点钟了。劝他保重，起身告别。走到门前，又向他打招呼，他的眼光正瞧着我。这时候我心中无比的难过。终于拉开门，走出来，又把门带上。我站在门外，茫然，惘然，站了一会儿，也没见有个人来照顾他。一位名人居然是这般光景。心想，这可能是最后一次晤面了。他的春秋已高，病情沉重，身体又弱，而且也无人照顾，还能支持多久。

无心雇车，沿着来时的道路，信步走回去。星期天下午，街上行人不多，车辆也少。走一步，想一步，无精打采，脑中紊乱，说不出是什么味道。想起杨先生是留学生之中，最早撰写文艺的人。他撰写的《玉君》，从未读过。他是名教授，他的作品又是什么？他担任山东大学校长的时候，曾作些什么事？这一连串的思考，使我渐渐了解："对不起国家，对不起故乡"他说出这两句话来，不是没有原因的。

可是他为什么又一再向我说："懊悔当年能作而未去作"。这一句话究竟有什么含义？一面想，一面走。也不知走了有多久，也不知走了有多远。走累了，我依着砖墙休息，然后慢慢向前走。忽然间意识到这一句话是说给我听的。劝我"抓紧时间"、"能作就作"。接着又想起古代之人，班超投笔，祖逖闻鸡，都能抓住时间，写下他们个人的光荣历史。杨先生不肯直言，一方面自责，一方面向我暗示。想到这里，忍不住用手拍墙，大声说："我真糊涂"。突然间有一只手扶着我的左臂，而且听到："先生，怎么啦？要不要帮个忙？"回头一看，是一位陌生人，四十多岁。我笑了，向他谢谢，表示没有什么。

他走了几步，又回头向我望一下，然后走远。我定一定神，慢慢回到寓所，也无心进晚餐，只在院墙中徘徊，看看星斗，望望玉钩。好像天边上也挂着“懊悔当年能作而未去作”的字句。

打那一天起，凡是我能作的事，就立刻去作。这表示我已接受杨先生的激励。我撰写此文，也表示杨先生病在床上向我的暗示，永志不忘。[①]

五月四日《大公报》报道：

北大在五四运动那一年的毕业生中，以文学知名于世的有杨振声及俞平伯两先生。

……

杨振声先生为山东大汉，身体素健，不幸今春胃病增重，在北大医院开刀，这次大手术达六小时之久，病后又患疟疾三日，他抵抗到最后，获得了胜利。他在病榻上微笑着说：

“当我出院的那一天，有四个病人都死了，他们都是由于身体支持不住，或施行手术太久的原故。……”

谈起五四运动，杨先生兴致勃勃地谈到他自己的一个笑话，那时燕京大学的前身汇文学校中，也有一个杨振声，在五四运动那天被捕了，“别人以为是我，但我却始终没有见过他。”后来，我们几个同学办了一个白话报名叫《五四》[②]，被警察厅扣了，我们去交涉，警察厅认为我们鼓动风潮，把四个人一齐下了狱，坐了一周，由胡适先生保了出来，那警察总监吴炳湘以为我这个杨振声

① 邹豹君：《杨振声先生访问记》，《山东文献》第二卷第一期。

② 按：当为《五七》。

就是那个杨振声，说道：

“上次放了你，你怎么又来了？”

杨先生自己不禁哈哈笑起来。

对于五四运动，他说这是一个爱国运动，抗战的精神，可以说孕育在这个时候。其中，中国积弱多年，军阀政治，青年人感到腐败的封建社会国家非有个改革不能救国，也可以说是希望整个社会经济能有所改革。最后，这是一个新文学运动。民主科学与五四联合起来，旧文学是旧工具，新的工具则可以传达新的思想，创立新的人生观。民国九年前后，一年之内出现了四百多种白话文小刊物，与人民有了接触。

“现在想一想那时提出的‘德先生’‘赛先生’，即民主与科学，到如今还没有达到，我今天的感想是：不仅从破坏方面下手，希望有一种新的文化，新的人生观。我们需要新的观念，新的作风，新的文化运动。这些年来，除了抗日达到目的外，其余一如建立一个新国家，始终没有做成功。我想只喊破坏打倒是不够的，主要的还是要靠创造新文化。”

杨先生的康健已大致恢复，因为胃量太小，他一天吃五次饭，每次都不多。他说：“割去的一半胃与胃液有关，影响了消化，还有与十二指肠连接的一段也失去了弹性。医生说，一年之内是需要极端小心的。”

再过半个月，他就可以扶杖一踏暮春景观光，而那时也就是榴花照眼明的时候了。[1]

---

①《五四前夕话当年杨振声呼吁新生仅从破坏下手是不够的主要的还靠创造新文化》，天津《大公报》1947年5月4日，第一张第三版。

五月五日 中央社电：

北京大学经费危机日深，教授一百八十余人透支已达四亿元，其中最多者为六百余万元。据称，透支六百余万元者下月即达千万，校方欠外债八亿，每月付利息五千万元，而经常费每月仅三千四百万元。北大负责人称：如此下去，教授即将无法教书，学校无法办理。教授沈从文咯血。杨振声胃病，危险已过，身体尚未复原。清华、师院、北洋等校情况亦相似。①

另据《新上海》刊载：

北京大学教授杨振声，不但是一位名教授，并且也是提倡民主的民主阵营中的出力人员，可惜他年来命宫魔蝎，运道不好，在政局发生大变动时期，他亦遭逢着大大的不幸，他的不幸不是别的，乃是连续地为病魔所困扰！

杨振声本来是山东人，身体魁梧，算得起是一个大块头，但他却一向有胃病，今春胃病突然加重，到了非开刀不可的地步。好在北京大学附设有北大医院，对于本校教授学生可以特别优待的，他在医院中住了一些时间，决定了施行大手术，开刀时间达六小时之久，可见这次他病的严重性！托天托地，总算开刀以后，平安无事，胃病算是好了。

可是，在胃病好了不久，他又患起疟疾来了，普通人患疟疾很容易医治，但他在大病之后，抵抗力薄弱，

①《教授活不下去 山东大学教授罢教争待遇 北大教授透支已达四亿元 清华北洋师院情形亦相似》，天津《大公报》1947 年 5 月 6 日，第一张第四版；《教授透支达四亿元》，上海《申报》1947 年 5 月 6 日，第二张（五）。

疟疾虽有特效药，但总不能使他疟疾离体，所以他又在北大医院病床上呻吟着。不过，他是很看得开的，他笑着对探视他的友人们说："我虽然这样生着病，但总比现在动不动失踪的人们好得多了。"他的出语可谓幽默之至。[①]

五月十二日 下午三时，三十五年度第一次校务会议在蔡元培先生纪念堂召开。会上报告本会议教授代表选举结果，其中，杨振声、贺麟、向达、袁家骅、汤用彤当选文学院代表，冯承植、朱光潜为候补代表。[②]

五月二十二日 与北京大学教授联合发出《北京大学教授宣言》，指摘政府处理学潮不当。[③]据上海《文汇报》报道：

［本报北平二十二日专电］继北洋南开两校教授之后，北大教授杨振声、吴之椿等三十一人，今日亦发表宣言，内称："这几天汹涌澎湃的学潮蔓延全国，而政府当局业已决定断然处置办法，使我们深深忧虑此后的发展将更险恶，而至于无法收拾。"继称"我们站在教育岗位上的人，自当劝导青年学生先行复课，以免牺牲学业，同时更希望政府对于青年学生的运动予以了解和同情。青年学生运动的起因，是不满现实。唯有改变现实，才能平息他们的不满，推诿与压制，则结果适得其反。殷

① 余仁：《杨振声病不离身！》，《新上海》1947年第69期。
② 北京大学档案《校务会议记录》，引自王学珍、郭建荣主编：《北京大学史料》（4），北京：北京大学出版，2000年，第73页。
③《北大教授表明态度指摘政府处理学潮不当希望了解同情学生运动》，天津《大公报》1947年5月23日，第一张第三版。

鉴不远，不敢不告。[①]

五月三十日 与北大、清华两校教授共一百零二人在上海《大公报》发表《为反内战运动告学生与政府书》，对学生“反饥饿、反内战”运动表示同情。[②]

五月三十一日 复学生逯钦立函：

钦立贤弟：

得五月廿六日手书，甚谢。胃病施行手术后，近已稍痊，惟烦较长时间休养耳。遥想学行益复精进，不胜春树江云之思，匆复数字请释廑注，并请

文安

振声 敬启

五月卅一[③]

六月 《文学杂志》复刊，与朱光潜、沈从文、冯至共同编辑。朱光潜在《文学杂志》“复刊卷首语”的“重申目标”中明确地表达了开拓新的“纯文学”写作的要求。《文学杂志》第二卷第一期发表了杨振声的小说《他是一个怪人》。

本年夏 因胃部手术后身体虚弱，得到北大老同学、时任北平市市长何思源关照，入住颐和园内谐趣园北的霁清轩避暑，并让沈从文夫妇等人一同在颐和园霁清轩居住。梁思成、

---

①《北大卅一教授昨日发表宣言：对学潮一味压制结果是适得其反》，上海《文汇报》1947 年 5 月 23 日，引自王学珍、郭建荣主编：《北京大学史料》（4），北京：北京大学出版，2000 年，第 967 页。

②《北平教授宣言劝告学生避免牺牲不废学业希望政府对纠纷合理处理》，上海《文汇报》1947 年 5 月 30 日，引自王学珍、郭建荣主编：《北京大学史料》（4），北京：北京大学出版，2000 年，第 967 页。

③ 逯弘捷保存原件，见李思清：《杨振声致逯钦立未刊书信》，《中国社会科学报》2009 年 11 月 5 日。

林徽因、张奚若夫妇等友人常来看望。

七月十日 致函昆明女儿杨蔚夫妇：

书堂

丽儿：

谢谢书堂六月卅日及丽儿五月廿九日的信。我正搬来颐和园住，此信也许在书堂动身以前赶不到，若已动身，劳丽儿转去上海罢。

我自然十分高兴认识认识张德禄。他既是书堂的至友，又是那末一位怪人，实在令人渴望不已。若去南锣鼓巷或北京大学找我，可以知道我颐和园的地址，但他只住四天，不见得有兴趣来游颐和园，自然，若有他通信地址，我可以与他约定时间在城内会面。可惜又无从通信！怪人的行径不能预知，我则一切听任自然，半斤八两，彼此都不会相当。

至于丽儿北来的问题，我说过，我不忍得不让丽儿来，但我忍耐得住晚见女儿的快乐。我的考虑有两层，化钱多尚不在内：一是带小妹走路。小孩一换天气，差不多十九得生病。万一在路上生病怎末办？特别像夏日天气，恐不得免。有好伴还可考虑，不然，一人带个孩子走远路，种种困难，不易克服。另一理由，我私心里那末打算，万一时局有点希望，你们应当全家北来，不必再回昆明。目前来一趟，又得返回去。见时的快乐，正说明离别的痛苦！反不如把聚会的快乐放在前面等我们。目前有点苦，但可以想着将来的快乐作一个安慰。若是时局坏下去，我们或许在旁处见面。将来我带着女儿外孙女同游北平。

我常同老三说：姐姐虽不在北平，我一切都像她在我跟前一样，父亲同这个家都是她的。她可以遥领，像英国女皇遥领印度一样。还有一个消息告诉你，张四小姐要同一个美国人结婚，他们今天同来看我。

弟弟已去青岛，想会有信来。我住乡下会发胖。问大家好。

父字　七月十日[①]

七月十九日 致函女儿杨蔚：

丽儿：

接到七月一日的信，很高兴，你说的一点不错，颐和园好又太清静，青岛又怕清静不了，昆明交通不便，你来有孩子问题。我这一向不能决定的缘故，就是考虑这几点。

我本来去青岛的意思相当强，后来又想到弟弟不能去，一个人也有点单调。你在昆明，弟弟在北平，我在青岛，三人分在三处，实在太多了。纵使不能在一处，在两处也比三处好，所以最后还是决定了颐和园。昨天（七月十八）上午搬家来了，弟弟帮我一切收拾好，黄昏时他才回城里，明天星期日他再来。他今年暑假很忙，可以常来，但不能常住。也许沈先生、三小姐来住个暑假。这房子可不坏，在谐趣园后面一个小山坡上，另一个院子，前门与谐趣园相通。关上前门走角门，就另成一个小园子，里面也有小河流、住宅、走廊、亭台、山石等等。讲幽静是颐和园第一，里面有几处房子，都分得开，我自然住了最好的，其余给弟弟留一处，沈家留

① 据杨起保存父亲杨振声原函。

一处。现在我带了一个厨子，一个人占了这个小园子。这本是给市长留的，何仙槎先生同太太让我来住，因为他们不常来。住起来倒满写意，也还不感寂寞。今天早晨一早就去后山散步，荷花正开，草绿树茂，水清见鱼。早晨又静，几乎我一个人占有这大好风景。以后早晚都散散步，身体不久会更强壮起来。

青岛方面，玩有生活问题，这不是好玩的。书堂回来后，自然先到南京，再回昆明。至于你们商量后回不回青岛，得好好打算一下。不去我不会不高兴，因为与以前情形不同。

父字　七月十九[①]

七月二十五日 天津《益世报》报道：

国立北京大学教授在此暑期中，有出国者，有返里者，还有养病者。汪敬熙教授应联合国之聘主持纯粹科学组，二十三日已飞沪转法。史学家邓嗣禹教授已赴美，向达、杨西孟等候机，中西洋史一课已缺教授。又杨振声教授患有胃病，已赴颐和园休养。沈从文教授全家患牙病，沈氏本人失血殊多，亦拟赴郊外静养。该校暑期将展至九月底止。[②]

另据本年由美国芝加哥大学回国休假的邓嗣禹所述：

大概是八月中间，由老家去北大，拿出胡适之先生的名片，上写"郑毅生秘书长，介绍我的朋友邓嗣禹先生。"郑先生少年精干，满面笑容的迎接。稍为寒暄，即

① 据杨起保存父亲杨振声原函。
②《北大教授忙暑期将延展》，天津《益世报》1947年7月25日。

领去见杨振声代理教务长，（汤用彤先生在美国）及姚从吾史学主任，我跟杨先生曾在芝加哥认识，请他讲过演，吃过饭，领教过他所嗜好的杯中物。[①]

八月二十日 时在日本东京的冰心致函胡适，述及：

会见今甫、雪屏、毅生、从文诸位时，请代问好。[②]

八月三十一日 致函昆明女儿杨蔚：

丽儿：

谢谢你八日的信，又看到你在弟弟的信中寄来宁宁和立梅的像片，宁宁神气满好，只是不胖。大概像父亲，又在贪长的时候，所以不胖。时常发烧，可是换牙？小孩子本来容易发烧。给他验验大便，可是肠胃方面消化力不好？吃东西怎么样？问问范大夫，对于饮食，多给他些营养丰富的东西吃。黄油、牛奶、水果，最好能多吃。立梅长的满标准。将来会有健康美的。照他们的年岁说，立梅是应该胖，宁宁是应该瘦的。只不可太胖或太瘦罢了。

书堂又得多住几个月，使你多忍受几月的寂寞，真没办法，可喜书堂出国后身体好些，也总算没有辜负你吃这半年苦。索性劝他别着急，好好保养身体，把胃病治好。你多吃些苦，也正表现你的贤德。翡翠戒指要看看货色，打听打听价钱再说。不必先寄钱，买了再告诉你。我倒想若遇见真好的皮大衣，给你琢磨一件，预备将来你回北方时好穿。此事不能说一定，得遇到真好的，

① 邓嗣禹：《北大舌耕回忆录》，台北《传记文学》第 46 卷第 1 期。
② 《谢冰心致胡适》，《胡适来往书信选》（下），北京：中华书局，1979 年，第 226 页。

价钱又便宜才行。你特别喜欢的是哪样？记得你喜欢乾尖，那东西颜色虽雅，不够暖和。好的种类还多。好在不急，碰着看罢。

我在颐和园住的十分好。养得又黑又胖。寄张像片给你瞧瞧，那是在屋子与朋友谈天，另个朋友随便照下来的。弟弟总不胖，吃的倒不少，自己又满会保养。总是大肠不干净，油腻吃多，容易泻肚。他每星期在我这里住三天就会胖点，我每觉他同我一块走有点不够资格，同你在一块才相称。我自然还得再胖些，好显出你的苗条来。

今天是星期天，我写这信时，弟弟正在他的厢房里用功。说着他来了，在院子里捉了一个螳螂，翠绿翠绿的，放在我书桌前一盆文竹上面。问大家好。

父字　八月卅一日①

九月三十日 致函胡适：

适之先生：

虽久未得侍侧，但在报纸上几乎每日都得瞻仰言论风采。入秋后健康已渐恢复，只体力尚不充实罢了，下星期可以到校上课，已与立厂先生说好，上学期少任课，下学期再加，敬请先生原谅。

得鲠生先生信，颇牢骚，寄来告同学书两份，嘱以一份送上先生，并道候。敬谨奉上，顺请

教安

学生 杨振声 拜启 九月卅日②

① 据杨起保存父亲杨振声原函。

② 耿云志主编：《胡适遗稿及秘藏书信》(38)，合肥：黄山书社，1994年，第136页。

时，北大校长胡适名义兼任中文系主任，因校务繁忙，系里事曾委托杨振声代理。由于身体原因，杨此时不能到校，系里实际工作便由唐兰负责。据邓云乡所述：

有一次十分有趣：中文系开全体会，三位先生都来了，当时是冬天，杨振声先生器宇轩昂，衣服最讲究。散会之后，三位相偕一起出去，由嵩公府夹道新楼走到前面办公处去，杨先生人较修长，穿着獭皮领、礼服呢中式大衣，戴着獭皮土耳其式的高帽子，嘴中含着烟斗，走在最前面，胡先生身穿棉袍子、蓝布罩衫还夹着杨先生的黑皮包走在后面，唐先生又稍后些，三人边说边走，后面还跟着一大群同学。不知道的人，一定以为杨先生是校长，胡先生顶多不过是个秘书而已，哪儿能从他们的衣着中看出他们的身分和关系呢？于此也可以看出这几位先生的风范了。可能还有不少人记得这些事吧？[①]

另据吴小如所述：

据我所知，胡适以校长兼中文系主任。胡当然照顾不过来，乃由当时的文学院长罗常培（莘田）先生代理系主任。而罗先生直到1948年北京解放前夕才回到北大，所以在此之前由杨振声先生负责。我依稀记得杨先生彼时是代理文学院长，则代管中文系自属责无旁贷。可是杨先生并不主系政，在中文系做实际工作的当时是唐兰先生。故吴晓铃先生曾戏称唐先生为“四主任”云。[②]

另据李瑛所述：

---

① 邓云乡：《胡适之寿酒米粮库》，上海《文汇读书报》1992年4月18日。
② 吴小如：《北大忆旧》，北京《北京晚报》1992年7月4日。

北大文学院是名闻中外的高级学府，这里的教授都是赫赫有名的专家学者，他们人数众多，阵容强大，可谓英贤荟萃，享誉中外。当时中文系主任是校长胡适兼任，但他不经管具体校务，实际是由杨振声先生代劳；秘书长郑天挺兼历史系主任，似乎是代理了副校长的工作。杨先生教我们现代文学，记得他说话带胶东口音，身材高大，前额饱满，一看便知是一位充满深邃智慧和温善的长者。每年冬天，他总是穿一件毛皮领的黑大衣，头戴皮帽，挟一个皮包，常常是叼了一个大烟斗，即使不装烟丝也是如此，很有点绅士派头。他声望很高但平易近人，待人诚挚坦率。记得一次当我向他请教一个问题时，他硬是热情地邀我去他家小坐。他很愿意接近同学，谈话时不时从书橱中找出书来，旁征博引，讲得既细心又耐心。①

另据白榕所述：

求学北大中国语言文学系的那几年，我庆幸能亲近那么多各具个性、学贯中西、道德文章堪称楷模的大学问家。他们如同黄山七十二峰，各占自己的至尊地位，令人高山仰止。他们是杨晦、杨振声、俞平伯、游国恩、罗常培、唐兰、冯文炳（废名）、郑昕以及后来的朱光潜、翦伯赞。②

十月三十一日 致函昆明女儿杨蔚夫妇：

① 李瑛：《我的大学生活》，《新文学史料》2001 年第 1 期。
② 白榕：《京城往事》（五），《江淮文史》2004 年第 6 期。

书堂

丽儿：

瞧！我有多懒，接到信只知道高兴，却忘记了回信。

谢谢书堂九月廿一的信，近来胃口如何？病未弄清以前，最好别动手术。报上不是说英国首相艾特里也闹十二指肠溃疡吗？这里朋友中有胃病的也不少。大概人到四十岁，不运动，只好吃纸烟，想心事，更坏的是吃酒，便很容易养成胃病。打太极拳后可有效果？恐怕不在出汗不出汗，只是运动就成。走路也可以，作点手工也可以。只让肢体劳动，脑子休息便好。或放下人生苦恼，看看水，看看山，甚至一花一草，一株奇姿的树，一块怪状的石头，都可以得一时的愉快，给精神一点休息。我们最大的敌人是自寻苦恼。想来苦恼已多，不必自寻；应当想法解放自己，不作苦恼的目标才是。比如穷罢，有个和尚说过："老僧去年贫无立锥地，今年贫得锥也无。"我想这最妙，锥子都没有了，还要那立锥之地干什么？其余一切，也都可如此看。

最近大家又多为将来不可知的命运所苦恼，这在如此时代，情所不免。但我想：假使那个命运不可避免，愁也无用。现在的苦恼替代不了将来，只是把将来的再加上现在的，使苦恼更多更长罢了。我的看法，是生活在每一分钟里。就使下一点钟有灾难，从现在到下一点钟，到底还有一个钟头。我还要看书看画，玩山玩水，不使这个钟头白过了。这个看法，我想丽儿一定喜欢。

今年秋天特别好，我每星期二三四进城上课，完了还回颐和园。四小姐和傅先生也还住在这里，傅先生也是上完了课回来。他们相处甚好，学校没房子，不能结婚。住乡下他们可以常在一块用工、读书、画画。我倒不好意思起来。

四小姐照顾饭，饭吃的比以前好，也比以前多。真的胖了，作事也不怕累。昨天星期六去西山看红叶，走了十多里路。丽儿若在一块，只怕要喊“走不动了”，还得爸爸背下山来呢。

秋天没下过雨，十分晴爽。丽儿记得，十月底了，不是好几天以前就该生火了吗？今天却很暖和，我还没加毛衣，只一件薄丝棉袍子就够了。弟弟连夹大衣都不常穿。我替他找出冬天的大衣，他说不要，还挂在我的衣柜里。孩子们没生病罢？请老太太安，并问大家好

父字　十月三十一日[①]

十一月十一日《申报》报道称：“国民党提出国大代表候选人，廿二省，十市，五特种团体，共一千七百五十八人”，杨振声为“教育团体国代候选人共六十三名”中的青岛代表。[②]

十一月二十三日 致函杨蔚夫妇：

书堂

丽儿：

接到书堂十一月十六日的信，不知道有多么高兴！谢谢。多日来便时常与弟弟计算书堂到昆明的日期，于今果然回来了。书堂到机场时几句话的形容，确是很真切的。我还能想象出丽儿会比任何人都高兴。八个月的别离，使她知道她是如何的需要你。当初劝你出国，借

① 据杨起保存父亲杨振声原函。

②《国民党候选人名单》，上海《申报》1947 年 11 月 11 日，第一张（二）。

此把身体养好些，那是一种很勇敢的决定。一别如此之久，她起初没想到，可喜的是你的身体果然好些，没有辜负她的初意，可是她的勇敢几乎快要支持不下了，为了种种原因，她没有能来北平，在你出国的时候，明年春天若情形许可，可以带小妹来住些日子，颐和园的房子，我还保留着呢，可别冬天来，过冬的设备不够，装一个炉子连烟筒要一百多万，一吨煤也要一百多万，一件女子皮大衣上千万，大家一到冬天都想昆明，北平到底太严寒了些。我同弟弟都还好，冬天的设备都有了。比之许多人已算幸福的了。现在已滴水成冰，还有不少的家庭没装炉子。

六姑的情形，正如书堂所说，一点没错，她来昆明，事前也没商量我。我曾有信劝他留在青岛，并也曾找到人生与男女问题，但都没用。可惜我们多年未见，因此彼此不太认识清楚。以后只怕给书堂添麻烦了。她的聪明倒可以做点事，也可以暂时独立，家庭生活如何，就不容易说了。你同丽儿情感日增，不独是你们的幸福，也是大家的幸福。处在这个乱世，百事愁人，只有这点幸福是最真实、最亲切了。

王仍之辞职事最后如何？只怕南京未必能按时派人（若有人想谋那差事，便自不同）。山大方面必欢迎能有一批人去，只是生活不够，我决不勉强你，你有了决定再告诉我。北平的情形，难作长久之计，到明年春天再看看。

我近来很好，饮食已差不多可以照常了，勿念。替我请老太太的安。问你们及孩子们都好。

源璋、垣疆、六妹处皆致候。

父字　卅六、十一、廿三日[1]

十二月九日　下午五时，三十六年度第一次校务会议召开。会上报告本届校务会议参加人数，其中，杨振声、冯承植、杨人楩、袁家骅为文学院教授代表。[2]

本月《节约时间》刊于《新运导报》本年第六期。

本月　林徽因肺病晚期结核转移到肾脏，需做手术。手术前一天，杨振声与胡适、张奚若、刘敦桢、沈从文、陈梦家、莫宗江、陈明达等前往医院探望。[3]

本年度　与沈从文指导毕业生王达人，论文题目为《中国现代文学所表现的乡土性》；与王重民指导毕业生任侠，论文题目为《千家诗的研究》；与沈从文指导毕业生王震环，论文题目为《汉人小说》；与游国恩指导毕业生舒璐，论文题目为《子夜吴歌的研究》；与废名指导毕业生廖文仰，论文题目为《五四以来的新诗》。[4]

本年　开始主编《经世日报》“文艺周刊”。同期，沈从文主编《平明日报》“星期艺文”、天津《益世报》“文学周刊”、天津《大公报》“星期文艺”和“文艺”，同时指导《华北日报》“文学”、《益世报》“诗与文”的编辑工作；朱光潜主编天津《民国日报》“文艺”；李长之主编《北平日报》“文园”……目的在于培养和扶植青年作者群体，为新文学的发

① 据杨起保存父亲杨振声原函。

② 北京大学档案《校务会议记录》，引自王学珍、郭建荣主编：《北京大学史料》(4)，北京：北京大学出版，2000年，第75页。

③ 林杉：《林徽因传》，北京：九州图书出版社，2002年。

④ 北京大学档案《中国语文学系毕业论文》，原载《国立北京大学周刊》第七十二、七十三期，1948年10月24、31日，引自王学珍、郭建荣主编：《北京大学史料》(4)，北京：北京大学出版，2000年，第516—517页。

展“打开一条生路”。为培植新的作家群体，副刊和杂志的编辑活动中普遍存在着“主编”和“实际编辑者”不同的情况。据常风所述：

> 光复后的北平和天津原有的报纸都恢复了，又办了些新报纸。天津和北平两地的报纸都请杨先生和沈先生编文艺副刊。他们两位承担了起来，交给几位青年作家负责编辑。杨沈两位先生还是像以前一样时时刻刻在培养与提掖青年人。[①]

另，杨振声还曾让北大西语系青年讲师袁可嘉协助编辑《经世日报》“文艺周刊”和天津《大公报》“星期文艺”。[②]

◎1948 年　民国三十七年　戊子　五十八岁

一月十四日　下午三时，在蔡先生纪念堂出席北大五十周年纪念筹备委员会第一次会议。另有胡适（主席）、朱光潜、饶毓泰、江安才、李续祖、俞大绂、马大猷、赵迺抟、郑天挺、邓广铭、熊正文、毛准、韩寿萱、沈寯淇、阴法鲁（记录）等人出席。会上决议“组织五十周年纪念建筑委员会，推选杨振声、马大猷负责，并聘请校外研究建筑之人士及本校建筑学系教授协助工作”。[③]

---

① 常风:《留在我心中的记忆》,《逝水集》,沈阳:辽宁教育出版社,1995年。

② 袁可嘉:《袁可嘉自传》,《半个世纪的脚印——袁可嘉诗文选》,北京:人民文学出版社,1994 年。

③ 北京大学档案《北大五十周年纪念筹备委员会第一次会议纪录》,引自王学珍、郭建荣主编:《北京大学史料》(4),北京:北京大学出版,2000 年,第 1079 页。

一月二十日 访朱自清。据《朱自清日记》：

今甫、华泽、梦家来。[①]

一月二十六日 北京大学秘书处发函，聘请梁思成、林徽因、马大猷、钱思亮、朱兆雪、沈理源、杨振声等七位先生为本校孑民纪念堂建筑委员会委员。[②]

二月六日 致函昆明的女儿杨蔚夫妇：

书堂

丽儿：

接到一月五日的信，多少话竟像在独自寂寞中自己对自己说的，这真叫心心相印了。我也不能有一句话安慰你，我知道它不能安慰我自己。

我常想起爱因斯坦的一句话。有人问他为什么学物理，他想了一想说："逃避。"这话是在战前，世界尚未混乱到现在这样。他的"逃避"一方面是消极，一方面也是积极。他逃避了这恶浊的社会，而更可集中他的精神与时间到物理方面去。那里没有了人事的纠纷，没有了日常的琐碎，超越了时代与地域，而走了宇宙之大，研究的是千秋万世的问题。古来多少艺术家、哲学家、诗人以及近代的科学家，都在这逃避中找到了世界外之世界，而完成他们的学问与作品。

假使在自己心爱的工作以外，更能有几个知心的朋友，有情感的家庭，也就算人生的幸福了，攘攘世事，扰扰人生，本可置之度外。在时代清明，一种责任找到

① 朱乔森编：《朱自清全集》"日记编"，南京：江苏教育出版社，1998 年。

② 函文见王学珍、郭建荣主编：《北京大学史料》(4)，北京：北京大学出版，2000 年，第 97—98 页。

了你，你无法推辞时，不得已也只好牺牲自己的工作，为社会服务。可是在如此时代，纵使牺牲个人，也无补于国家，无益于他人，那末，何必不作自己的工作，而跟大家一堆儿在粪坑里打滚呢？

我一向便为这些问题所困扰，病后把什么事情都放弃了。学校里开会我都不轻易到，想自己写点东西，一时气力尚不充足，零星的被人挤着写点小文章，都没大意思。

看目前北方情形，使人很不放心。但决非几个人的力量所能挽救，你们能在昆明住下，暂时住下也好。为生活，低头作自己分内的事，身外之事，大可不理。管他张三李四呢，横竖少与之打交涉为是。我知道你身边的朋友，不会让你安静，但口头是义气，骨子里也是私心。若多管事而有效果，自己牺牲点也可以，无奈不会有多大益处。

小把戏们的像片都很好玩，看样子小宁很喜欢妹妹的，这很要紧。小宁不要太用功，身体第一。考的前后不大要紧，别大鼓励他考第一，男孩子发展晚点倒好。（陈先生回平时，若北方情形允许，丽儿来玩玩很好。颐和园的房子还留着。）

写到前一段，接到丽儿一月廿九日的信。你不算懒，因为弟弟比你懒，我比弟弟还懒。这样算来，偺们三人中属你最好，你只要能使书堂及孩子们快乐，不写信也要得，我虽在几千里外，似乎你们家庭的事我都觉得到。你们家庭的快乐也给我快乐。我近来身体满好。吃饭像牛，睡觉像猪，连小病都没有。这个密诀就在我每天风雪无阻的出外散步，游游公园，逛逛小摊，几乎成了一个游手好闲的懒汉。千万劝书堂多运动，他喜欢皱着眉头想问题。那有时得想，但有时也得不想。陪小孩子玩可以忘掉些不如意的事固然好，能带小孩到外面玩便更好。你是心广体胖的人，怎么都行。我们就非要逼着自己闲散闲散不可。最低的限度也要出门散散步，把心境放松宽一些。

六姑同张医生结婚，甚好。替我庆祝她。我想寄点礼物，不好寄，给她留着罢，将来再给。生日可不是忘了个干净，我却知道你一定会替我过的。问大家过年好。

父字　二月六日

国大代表，我事前就辞掉了，所以这次倒乐得清闲。阴历年正像丽儿的意思，我同弟弟都到章家去，还有饶先生同樊逵羽他们，一定很热闹。①

二月二十一日 朱自清来访。据《朱自清日记》：

进城。访琼如、今甫、从文等。到萃华楼参加《国民日报》的午餐会。旋游厂甸。②

二月二十九日 评论《致不知姓名的先生》刊于《经世日报》“文艺周刊”第八十六期。

三月一日 致函胡适：

适之先生：

这几日我也在赶热闹，伤风发烧，所以未能来看先生。听说先生感觉心脏有点不舒服，千请多休息几日，

① 据杨起保存父亲杨振声原函。
② 朱乔森编：《朱自清全集》“日记编”，南京：江苏教育出版社，1998 年。

我好了后就来看先生。

雪艇先生廿七日中午过此飞京，在机场托人带来一封信（廿六日所写，其时还在沈阳也），内有语句："请告适之，弟已电京有'其意至诚而且至决'之语。"

傅润森画两张，共四万，奉上，一搁数日，几忘之。

二月廿五日请客，酒、菜、烟、茶、车、饭，共用去四十六万三千七百元之多，每人应摊十五万四千五百元，前已收先生十万矣。敬请

痊安

学生 振声 拜启 三月一日[①]

三月二十七日 北京大学秘书处封发聘函，聘请杨振声、周炳琳、赵迺抟、钱思亮、郑天挺、阴法鲁、龙季和、江安才、邓广铭、李续祖、熊政为本校纪念堂基地委员会委员。[②]

四月二十三日 天津《益世报》报道：北大博物馆"经沈从文、杨振声、唐兰诸教授之努力，采购藏品日增，故成立未久，已感馆址之不敷用"。[③] 另据季羡林所述：

有一次召开教授会。杨振声先生新收得了一幅名贵的古画，为了想让大家共同欣赏，他把画带到了会上，打开铺在一张极大的桌子上，大家都啧啧称赞。这时适之先生忽然站了起来，走到桌前，把画卷了起来，作纳

① 耿云志主编：《胡适遗稿及秘藏书信》（38），合肥：黄山书社，1994 年，第 137 页。

② 函文见王学珍、郭建荣主编：《北京大学史料》（4），北京：北京大学出版，2000 年，第 98 页。

③ 引自王学珍、郭建荣主编：《北京大学史料》（4），北京：北京大学出版，2000 年，第 692 页。

入袖中状，引得满堂大笑，喜气洋洋。[1]

本月 沈阳战情紧迫，国民党当局决定将沈阳文献、文物迁运到北平。教育部为此特聘沈阳博物院筹备委员会主任委员金毓黻为东北文物迁运保管委员会主任委员，杨振声与马衡、袁同礼、毛子水等为委员。[2]

五月三日 晚，出席在沙滩北楼礼堂举行的文艺晚会，杨振声、闻家驷和马彦祥三先生先后在晚会上演讲。据天津《益世报》四日报道：

> 3日各院分别聚会沙滩北楼礼堂有一文艺晚会，出席的教授有陆志韦、焦菊隐、马彦祥、杨振声、闻家驷及学生五百余人。[3]

据《大公报》四日报道：

> 北大昨晚在北楼礼堂由西语及中文二系合办文艺晚会，并有诗歌朗诵。首由杨振声讲演新文学留下的一笔债，谓五四已二十九年，但语言问题仍未解决，至今未能打入老百姓，其中为四种成分，即：（一）半文半白不文不白，（二）半中半西不中不西，（三）半死半活不死不活，（四）半懂不懂似懂非懂。这个债一定要还，那就是要一部好字典，及人民的活的语言作新文学的基础。[4]

---

① 季羡林：《站在胡适之先生墓前》，《百年潮》1999年第7期。

② 《〈四库全书〉迁运始末》，孟学文主编：《锦锈中华宝典》（第一卷），北京：当代中国出版社，1998年，第1191页。

③ 《各校纷庆“五四”北大全校师生工警聚餐》，天津《益世报》1948年5月4日。

④ 《北大昨开文艺晚会杨振声陆志韦讲语言问题闻家驷强调现实重于理想马彦祥提出对旧剧再认识》，天津《大公报》1948年5月4日，第一张第三版。

五月四日 上午十一时半，出席在孑民纪念堂举行的庆祝会。[①]“北大纪念五四，鸣钟二十九响，校友百余人络绎而来”。[②]据天津《益世报》本日报道：

> 今天是“五四”二十九周年纪念日。记者访问了几位“五四”人物，请他们发表意见如下：
>
> ……
>
> 白话运动没有完成
>
> 杨振声谈新文学运动
>
> ▲杨振声　五四运动在表面上是爱国运动，实际是救国运动。当时从事新文学运动，但直到现在还有一笔血债没有还清，就是那时的新文学只是由古文修改成的半文半白的，由外国文翻译来的半中半西的，由语录、水浒等小说借用的半死半活的，由几个人闭门造出的半懂非懂的文学，不是生长在“人民土地”上的文学。所以我们应当赶快还清这笔血债编一本活的语言字典和写活的文学。[③]

本日，北大博物馆举办“中国书画特展”。据称：“除本馆所藏的以外，又向杨振声教授借来明清字画多幅，一并展览，来表扬中国的艺术。”[④]

五月五日 在北平召开东北文物迁运保管委员会议。据金

① 王学珍、郭建荣主编：《北京大学史料》（4），北京：北京大学出版，2000年，第1070、1071页。

②《北大昨纪念五四校友返校师生聚餐民主墙上琳琅满目郑天挺讲五四运动史料》，天津《大公报》1948年5月5日，第一张第三版。

③《五四精神北平教授表示意见》，天津《益世报》1948年5月4日，第二版。

④ 北京大学档案《北京大学博物馆概要》，引自王学珍、郭建荣主编：《北京大学史料》（4），北京：北京大学出版，2000年，第698页。

毓黻日记：

> 午前在史馆开东北文物迁运保管委员会，与会者马叔平衡、袁宁和同礼、毛子水、杨振声、于思泊、阎文儒等六人，会后邀其在鹿鸣春午餐。①

据称，会上研究迁运问题，一致反对《四库全书》迁运，认为《四库全书》在内地还有三部，沈阳文溯阁《四库全书》太重，需费太巨，一时不易运出，决定从缓办理。教育部对这次会议颇为不满。②

六月二十九日 与俞平伯、朱光潜、陈寅恪、潘光旦、沈从文、吴晗、李广田、浦江清、许德珩、费孝通、雷洁琼、钱伟长等北平各院校知名教授共一百零四人联名在北平《新民报》发表宣言，抗议国民党轰炸开封古城，严正斥责国民党大打内战的罪行。③

七月八日 北京大学呈教育部《国立北京大学已支最高俸额交收名册》，杨振声为其中七十二位教授之一。④同时为《国立北京大学拟予年功加俸教授名册》中四十三位教授之一。⑤

七月三十日 沈从文致函张兆和，述及：

> 今早龙龙来，想必八点前后即可到城。杨先生来时，

---

① 金毓黻：《静晤室日记》（九），辽沈书社，1993年，第六五八九页。

②《〈四库全书〉迁运始末》，孟学文主编：《锦绣中华宝典》（第一卷），北京：当代中国出版社，1998年，第1191页。

③ 孙玉蓉编：《俞平伯年谱》，天津：天津人民出版社，2001年。

④ 函文及名册见王学珍、郭建荣主编：《北京大学史料》（4），北京：北京大学出版，2000年，第127页。据此名册可知杨振声教授证号为4654。

⑤ 北京大学档案《国立北京大学拟予年功加俸教授名册》，引自王学珍、郭建荣主编：《北京大学史料》（4），北京：北京大学出版，2000年。

因为忘记把虎虎信附入信中，所以托老胥又带上。[①]

七月三十一 评论《文人与文章》发表于《新路周刊》第一卷第十二期。

本年暑期 邀沈从文、冯至等入住颐和园霁清轩。冯至全家在此住了一个月。[②]随沈从文一家及张充和等一起来此的傅汉思（Hans H. Frankel）在七月十四日给父母的回信中谈到：

> 我在北平近郊著名的颐和园度过一个绝妙的假期！沈家和充和，作为北大教授杨振声的客人，住进谐趣园后面幽静美丽的霁晴轩。那园子不大，却有丘有壑，一脉清溪从丘壑间潺潺流过。几处精致的楼阁亭舍，高高低低，散置在小丘和地面上，错落有致。几家人分住那些房舍，各得其所。[③]

八月六日 凌晨，友人朱自清因胃部剧痛入北大附属医院。

八月十二日 中午，朱自清医治无效病逝。

八月十三日 前往阜成门外广济寺参加朱自清遗体火化仪式，冯友兰主祭。

八月二十八 《纪念朱自清先生》一文发表于《新路周刊》第一卷第十六期。

八月二十九日 作成杂文《为追悼朱自清先生讲到中国文学系》，刊于十月份的《文学杂志》第三卷第五期。

---

①《致张兆和》，张兆和主编：《沈从文全集》（18），太原：北岳文艺出版社，2002 年，第 504 页。

② 冯姚平整理：《冯至年谱》，《新文学史料》2001 年第 4 期。

③ 傅汉思（Hans H. Frankel）：《我和沈从文初次相识》，《海内外》第二十八期，1980 年。

八月三十一日 “奉派赴巴黎出席联合国大会”的彭学沛行前致函胡适，提及：

枚荪、今甫诸兄均候。[1]

本月 张友仁曾到颐和园霁清轩探望。据张友仁所述：

杨振声先生住在园内主要建筑三开间的霁清轩内，该轩的廊柱上彩绘有一串串美丽的葡萄，八月间我去看望他们时，杨先生正坐在里面一张摇椅上纳凉，沈先生则住在北面的一栋平房里。沈先生避暑时也不甘寂寞，正在那里写作长文《霁清轩杂记》。他和我们大谈颐和园的历史和掌故，我才知道，霁清轩原来是慈禧太后的住处，当时是北平市政府的一所内部高级招待所。[2]

九月五日 评论《朱自清先生与现代散文》刊于《中建》（北平版）第一卷第四期。另刊于九月十五日《文讯》月刊第九卷第三期

九月十六日 据罗荣渠日记：

今年中国语文系阵容之严整，我认为是世界第一。音韵语言学大师罗常培、魏建功双双返校，未免有过剩之感；罗庸先生也要回来，而原来的阵容已够强大了，如唐兰、俞平伯、杨振声、沈从文、游国恩、王重民、袁复礼、吴晓玲、冯文炳，或是文宗，或是专家，皆极一时之胜者也。[3]

①《彭学沛致胡适》，《胡适来往书信选》（下），北京：中华书局，1979 年，第 422 页。
② 张友仁：《忆沈从文教授》，上海《文汇读书周报》，2003 年 12 月 15 日。
③ 罗荣渠：《北大岁月》，北京：商务印书馆，2006 年，第 364 页。

十月十六日 沈从文致函凌叔华，述及：

入秋来北平阳光明朗，郊外这几天正是芦白霜叶红时节，今甫先生和四小姐及四小姐一个洋朋友，都还住在颐和园内谐趣园后霁清轩中，住处院落很有意思，我们已在那里过了两个暑假。①

十月十九日 《北平学生》“鲁迅先生逝世十二周年纪念”专刊报道北平各大院校热烈纪念鲁迅逝世十二周年的活动。其中，北京大学学生自治会委托各社团在北楼大礼堂举办朗诵、讲演、演出，杨振声与冯至、闻家驷、青苗等教师参加讲演。②

十月二十三日 应北平怀仁学会法国神父善秉仁司铎邀请，与俞平伯、梁实秋、李长之、朱光潜、沈从文、常风、冯至、章廷谦等学界人士到王府井安福楼赴宴，并合影留念。

十月二十四日 与北大教授共八十二人发表停教宣言并停教三天，抗议因改革币制而冻结薪给，要求借薪金两月以维持家人生活。

十一月十九日 参加张充和与傅汉思（Hans H. Frankel）婚礼，并与张兆和分别代表傅汉思和张充和的家属。婚礼仪式是中西结合的，有美国基督教的牧师，美国驻北平领事馆的副领事到场证婚。③张充和与傅汉思结婚时收到亲友许多贺礼，其中有三件为张充和评为最佳之礼物：查阜西赠送明代古琴，杨振声赠送康熙彩墨，梅贻琦赠送明代景泰年间所制大瓷碗。

---

①《致凌叔华》，张兆和主编：《沈从文全集》（18），太原：北岳文艺出版社，2002 年，第 513 页。

② 参见姜德明：《黎明前的纪念》，《书摊寻梦》，北京：北京燕山出版社，1996 年。

③ 傅汉思（Hans H. Frankel）：《我和沈从文初次相识》，《海内外》第二十八期。

十一月二十二日 下午五时，三十七年度第一次校务会议召开。会上报告本届会议参加人数，其中文学院教授代表有向达、季羡林、杨人楩、汤用彤、罗常培五人，闻家驷、杨振声为候补代表。另推定本年度常设委员会委员，财务委员会委员为张景钺、杨振声、赵迺抟（召集人）、刘思职、陈锡鑫、陈士骅、郑华炽、郑天挺、毛准、胡传揆。①

十一月二十八日《华北日报》“文学”周刊第四十七期发表俞平伯《〈遥夜深闺思引〉跋语三篇·跋第五写本赠杨今甫君》。

十二月 解放军兵临北平城下，平津战役迫在眉睫。傅斯年与陈雪屏、蒋经国负责分批抢运北平学人。计划名单中将北平学者分为四类：一为院、校、馆负责人，二为因政治关系必须离开者，三为中央研究院院士，四为在学术上有贡献并自愿南去者。杨振声被列为第四类第一名。而杨振声等一批自由学人因对国民党失去好感，拒绝“抢救”，留于北平。②据杨文衡所述：

> 在北京解放前夕，有人请他老人家与蒋梦麟、梅贻琦两位校长同机离京，但他以后对我们说，中国的希望只能寄托在中国共产党。③

另据扬起所述：

> 1948 年，是北京大学成立 50 周年纪念，北京大学召开了一个简单的纪念形式，我当时是北京大学地质系

① 北京大学档案《校务会议记录》，引自王学珍、郭建荣主编：《北京大学史料》（4），北京：北京大学出版，2000 年，第 78—79 页。

② 相关情形尚可参见北京大学档案《陈雪屏致郑天挺》（1948 年 12 月 11 日）及《傅斯年、陈雪屏致石树德等电》（12 月 17 日）等，《北京大学史料》（4）中有收。

③ 杨文衡：《我们敬爱的父亲》，未刊手稿。

> 的教师，也参加了这个纪念会。在那个纪念会上，国民党给父亲送来了飞往南京的飞机票，被父亲拒绝了，我至今还记得很清楚。

王世杰也一度致电杨振声，要他去南京，杨仍未动。

十二月十五日 胡适等乘飞机南下。

十二月十七日 天津《益世报》报称："宣扬多日的北大五十周年校庆，原定昨天开始各项庆祝节目，但无情的炮声震动了整个古城，人们的情绪似乎也有了改变。"[①] 天津《益世报》称："北大首脑忙逃难　校庆纪念欠热闹　部份教授焦急商撤退办法　四院校负责人开紧急会议。"[②]

十二月二十一日 下午二时，参加在校长室召开的三十七年度第二次校务会议，另有二十四位教授代表出席。[③]

本月《北大在长沙》一文刊于《北京大学五十周年纪念一览》[④]。

本年冬 曾在南锣鼓巷宿舍宴请叶公超等。据闻家驷所述：

> 1948 年冬天，公超先生因公来到北平，在北平的老朋友，由杨振声出面，在他家（时杨住北平南锣鼓巷北大教员宿舍）设宴为公超先生洗尘。参加这次宴会的有朱光潜、周炳琳、贺麟、沈从文、饶毓泰、罗常培、郑天挺、汤用彤先生等，全都是北大教授，而且多数住在沙滩中老

---

① 《北大今日校庆炮声中展览萧索胡适临走前还有段感言》，天津《益世报》1948 年 12 月 17 日。

② 相关报道见天津《益世报》1948 年 12 月 17 日。

③ 北京大学档案《校务会议记录》，引自王学珍、郭建荣主编：《北京大学史料》（4），北京：北京大学出版，2000 年，第 79 页。

④ 该刊北京大学出版部印行，1948 年。杨文在《我与北大——"老北大"话北大》（王世儒、闻笛编，北京：北京大学出版社，1998 年）一书中有收。

胡同32号北大教员宿舍。[①]

本年底 作为证婚人，参加学生诸有琼的婚礼。据诸有琼所述：

> 1948年底，我和同学李忠在校内孑民纪念堂举行婚礼，杨振声先生作我们的证婚人。他在我们的结婚纪念册上用楷书写下我们的生辰年月、结婚日期，并在“证婚人”下面郑重地签了自己的名字。当时很多老师和同学参加了我们的婚礼。杨先生在致词中说：“多少年来，有一个问题总是没有能够很好地解决，就是文艺与政治结合问题。现在，新娘是学文学的，新郎是学政治的，他们的结合，使这个长期得不到解决的问题解决了……”杨先生风趣幽默的讲话，使得全体来宾都开心地笑了起来。婚礼结束后，大家在孑民纪念堂前合影留念。站在前排的杨振声先生，身穿一件中灰色毛料面的皮袍，手里拿着一顶土耳其式的皮帽，脸上露着一丝微笑。——我的敬爱的老师，这庄重而和蔼可亲的形象，深深地永远地印在我的脑海里。[②]

本年 由杨振声作序的《美国与留学》（杨庆堃著）一书由美国新闻社出版。

◎1949年　民国三十八年　己丑　五十九岁

一月 傅作义发帖邀请学界、文化界知名人士到中南海勤政殿座谈，征询对政局的看法。杨振声与周炳琳、朱光潜、许德珩、郑天挺、徐悲鸿、马衡、黄觉非、贺麟、叶企

① 闻家驷：《怀念叶公超先生》，《群言》1991年第12期。
② 诸有琼：《忆杨振声老师》，《北京大学校友通讯》第2期，1984年3月。

孙、胡先苏、何海秋、杨人梗、王铁崖、黄国璋等二十余人参加。傅作义首先致辞，随后出席者相继发言，希望傅作义以历史的眼光果断处理好北平和平解决问题。据《申报》报道：

> 傅作义于十三日欢宴何思源、朱光潜、杨振声诸学术界名流时，曾表明对时局态度称：总统元旦文告发表后，渠希望和平能早日实现，不过在华北，个人所统率军队是在挨打，遂不得已在若干地点还手。目前平津人士呼吁和平，只要对方不打，个人也不会硬打下去，并表示既不求战，但亦不屈服。平津虽被围攻，渠负完全责任，可确保无虑。此次乃北平围城后傅氏首次在公开场合阐明对时局之态度。[①]

据郑嗣仁所述：

> 1949 年 1 月，傅作义将军托邓宝珊将军出面，通过大公报记者徐盈代邀请北大汤用彤、周炳琳、郑先生及杨振声先生在邓家吃午饭，探询教育界意见。大家一致认为，必须保全北平，以民意为依归（意即和平解放）。邓亦表示了相同的意见。过了几天，傅作义又约了更大范围的人在中南海座谈（郑参加），大家亦多如此表示。[②]

另据何理路所述：

> 1949 年 1 月初，一天中午，母亲忽又接到空运大队的电话，电话只说南京已经飞出一架飞机，机上有你们

① 上海《申报》1949 年 1 月 15 日，第一张（一）。

② 郑嗣仁：《郑天挺与北京大学》，《北京大学学报》（哲学社会科学版）1998 年第 3 期。

家的一个人，请于一小时内到天坛机场迎接。母亲忙借了市参议会议长许惠东的汽车，派我和弟弟到天坛机场，我只见有一架运送军用物资的飞机降落，只有父亲一人走下飞机，没有其他乘客。

父亲这次回来后，家里就热闹了。来往的人很多，我现在能记起来的客人，除许惠东外，还有故宫博物院院长马衡，和留在北平的大学教授许德珩、钱端升、周炳琳、杨振声等人，以及市参议会、市政府和华北其他省市参议会的人员，还有新闻记者。总之，人很多，有时应接不暇。我们晚辈当然不能参与他们的谈话，但听他们谈的都是关于北平和平问题，都说解放军如何强大，国民党大势已去，只有和平解决一条路，都推崇父亲的声望和在野的地位，盼他为争取北平的和平解决而奔走。①

一月三十一日 北平和平解放。

据称，沈从文当时情绪紊乱恐惧，担心为新时代所不容。张兆和无奈之下而求助于杨振声。杨几次劝解仍然无效。②

二月二日 张兆和致函林徽因、梁思成：

徽因、思成先生：

看到王逊带来的信，你们为二哥起居生活安排的太好了。他来信说，住在你们那里一切都好，只是增加了主人的情绪负担，希望莫为他过分操心，就安心了。他又说，正在调整自己，努力改造自己，务使适应新的未来。我相信他的话。希望他在清华园休息一阵子，果然因身心

① 何理路：《回忆父亲何思源》，山东省政协文史资料委员会编：《山东文史资料选辑》（第二十六辑），济南：山东人民出版社，1989年，第244页。

② 参见凌宇：《沈从文传》，北京：北京十月文艺出版社，1988年。

舒畅，对事事物物有一种新看法，不再苦恼自己，才不辜负贤伉俪和岳公、熙公们的好意。

听王逊说，徽因先生招了凉，犯气喘，间或还发烧，望能多休息、少说话，别为二哥反疏忽了自己。我们全家下乡究竟有许多不便，过几天我也许来清华玩一天，今甫先生也说要来。我担心你们储粮有限，要面粉我设法托人运来，大米也还有一点。没有空不须给我写信，有什么话告诉张中和好了。

解放军进城后，城内秩序已渐趋安定。大家都好。

交中和带来的安眠药，仍然请交金先生在必要时发给从文吃。谢谢你们。

兆和　上

二月二日[①]

二月二十八日 北平市军管会接管北京大学。

三月四日 下午，出席北京大学中文系系会，讨论改订课程等事宜。

三月二十二日 在北京饭店出席华北解放区和国统区进步作家、艺术家联席会议，商讨召开中华全国文学艺术工作者代表大会的筹备工作。会上组成三十七人筹委会，郭沫若为筹委会主任，茅盾、周扬为副主任。杨振声被推选为筹委会委员。

三月二十四日 出席中华全国文学艺术工作者代表大会筹委会第一次会议。下午，与北平各大学教授参加在北京饭店举行的茶会。据二十五日《人民日报》报道：

---

①《林徽因文存》(散文书信评论翻译)，成都：四川文艺出版社，2005 年，第 103 页。

北平各大学教授张奚若、许德珩、黎锦熙、徐悲鸿、钱端升、罗常培、杨振声、俞平伯、陆志韦、吴晗、钱三强、费青、费孝通、严景耀、雷洁琼、向达、樊弘、曹清华、袁翰青、闻家驷、楼邦彦、李广田、钱伟长等，一百一十四人，于昨（二十四）日下午三时在北京饭店举行茶会，讨论中国文化界拥护世界和平宣言及出席和平大会事宜，华北人民政府主席董必武亦被邀参加，茶话会由张奚若、许德珩、吴晗三位教授主持，首由张奚若教授致词称："由于美国帝国主义疯狂挑拨新的世界战争，世界和平正遭受着威胁，世界著名文化工作者已发起召开世界拥护和平大会，以粉碎新战争挑拨者的阴谋，我们北平的大学教授热烈拥护这一号召，坚决和全世界著名文化工作者与全世界爱好和平的人民站在一条战线上，为争取世界和平而斗争，坚决地予新战争挑拨者以打击！"继由吴晗教授宣读中国文化界拥护世界和平宣言，全体出席教授一致拥护。董必武同志讲话指出："苏联是世界和平的强大支柱，今天苏联和东欧各新民主主义国家的第一个五年经济建设计划即将全部完成，我们中国人民解放战争亦即将获得最后胜利，全世界人民的政治觉悟也日益提高。拥护世界和平的力量是空前的强大，只要全世界拥护和平的力量团结在苏联的周围，一定能制止新的世界战争！"继有陆志韦、李广田、唐希风、严景耀、樊弘、袁翰青等教授讲话，一致表示反对美帝国主义挑拨新的世界战争，反对向爱好和平的苏联进攻的大西洋公约，拥护世界和平。最后全体到会教授一致推选张奚若、许德珩为北平教授出席世界拥护和平大会代表，并踊跃签名中国文化界拥护世界和平宣言，当时签名者计有一百零四名。[①]

四月六日 下午，到北京饭店出席筹委会第二次会议。

本日，文艺界三百余人联名发表响应召开世界拥护和平大会宣言，在其上签名。据九日《人民日报》报道：

中国文化界发表宣言，响应召开世界拥护和平大会，原文如下：

第二次世界大战结束之后未及四年，酷刑的战祸还未完全消灭，多数被压迫民族尚在争取解放独立和平民主而作着流血斗争，狂妄的帝国主义战争挑拨者又在鼓噪着新的世界战争了。

在二次大战中，社会主义国家的苏联尽了最大的力量，击溃了法西斯轴心联盟，拯救了全世界人类。这一丰功伟绩，在世界史上是永远不能磨灭的。坐享其成，在战争中获得了暴利的美帝国主义，在战争结束后，却一反手便以苏联和全世界争取人民民主的进步集团为自己的敌人，到处扶植反革命势力压迫人民，庇护法西斯的德国和日本的重建，以供自己的爪牙，扩充广泛的军事基地网，拒绝与苏联进行和平谈判，拒绝裁军，拒绝原子武器的禁用和原子能的管制，蹂躏联合国的宪章，岌岌不可终日地策动各种各样海盗式的联盟，所谓西欧联盟，泛美集团，地中海国家公约，斯堪的纳维亚国家公约，北大西洋公约，太平洋公约，向全世界每一个角落伸出了巨大的魔掌。

①《北平各大学教授集会　响应召开世界和平大会　推选张奚若许德珩出席巴黎大会》，北京《人民日报》1949 年 3 月 25 日，第 3 版。

新战争的威胁，的确是存在着。全世界又划为了两个森严的营垒，一边是承继了法西斯衣钵的以美帝为首的侵略集团。一边是争取人民民主的以苏联为首的和平集团。侵略与和平不能两立，我们为了保卫和平，必须坚决地反对侵略。我们中国人民为了反对帝国主义的侵略，百年以来不断地进行着残酷的流血斗争。远者且不必缕说了，近者我们以八年的艰苦抗战击溃了日本帝国主义。但不期前门去虎，后门进狼，日本帝国主义刚被击溃，而美帝国主义即代替了日本帝国主义的位置，全力支持国民党反动派嗾使从事反革命内战，悍然在我国境内驻兵并建立海陆空军事基地，更积极扶植日本反动派，使其复兴。三年以来，使我中国人民的处境如水益深，如火益热，无法享受和平的幸福。美帝国主义的倒行逆施，唯利是视，我们中国人民正为之受着切肤之痛。我们中国人民正因为渴望和平，故不能不扫除和平障碍，以全力从事革命战争。我们必须肃清国内的反动派，并视美帝及一切帝国主义战争挑拨者为我们当前的死敌。

我们在三年的革命战争中，已经基本上击败了美帝所支持的国民党反动派，全面胜利的到来为期不远了。我们正为着和平幸福的行将实现而感受无限的振奋，我们决不愿行将获得的和平重受威胁，更不愿在和平中喘息未定的全世界各兄弟民族重遭惨酷的战祸。故我们中国人民正感受着负有双倍的责任。我们一面以革命战争争取本国的和平，一面更必须保卫世界的和平。中国的和平如能赢得，世界的和平也就得到了一重保障。世界的和平得到保障，中国的和平也就可以长久持续了。我们坚决地相信：这双重的目的是可以达到的。我们中国人民愿意与全世界一切爱好和平的力量团结奋斗。全世界的人民都不需要战争，需要战争的只是少数贪得无厌的战争贩子，全世界的人民不仅有保卫和平的希望，而且有保卫和平的实力。社会主义国家的苏联是保卫世界和平的坚强堡垒。二次大战后，东欧已成立了多数人民民主的国家，全世界被压迫民族和帝国主义国家内被压迫人民，已有了高度的觉醒和组织，只须加强团结，积极斗争，已有充分的力量可以克服战争的危机。而在另一面，帝国主义国家在二次大战后已逐一衰微，未受战祸的美帝国主义虽然嚣张跋扈，不可一世，但实外强中干，遭遇着严重的内在矛盾。疯狂的战争挑拨者们，妄想以战争维持其繁荣，以“援助”掩饰其侵略，实不啻饮鸩止渴，自掘坟墓。任何狂暴的帝国主义，我们相信是可以克服的，任何险恶的军事侵略和政治阴谋，我们相信是可以粉碎的。我们中国人民在八年抗战，三年内战中已经获得了充分的经验。我们相信，美帝国主义终不外重走着日本帝国主义的道路而已！因此，我们中国人民要坚强地参加保卫世界和平的行列，我们要以总力来克服新战争的危机。

是的，全世界爱好和平的力量正积极发动着。伟大的苏联人民领袖斯大林，于本年一月三十日和二月二日，叠次宣示了坚定不移的和平政策，表示苏联愿与美国协商，并表示愿意与杜鲁门会晤。不幸这些受全世界热烈赞扬的提示，竟遭受了美帝的拒绝。一月二十六日，苏联外交部关于北大西洋公约已有详尽的声明发表，彻底地揭露了侵略集团的战争诡计。各国共产党，无产阶级的先锋队，最近也均有反对新战争的热烈的声明发表，保卫和平的呼声已响澈全世界了。今天正是我们应该巩固阵营，检阅力量的时候。我们很兴奋读到了二月二十四日世界文化工作者保卫和平大会国际联络委员会、国际妇女联合会、和著名的文化、科学、艺术工作者联合发表的宣言，提议在本年四月召开世界拥护和平大会，我们对于这一建议，站在文化工作的岗位上，愿表示彻底的支持。我们决计派遣我们的代表参加大会，借以表达我们全中国人民的意志，贡献我们的经验和力量，坚决地迎接战争挑拨者的挑战。伟大的苏联人民领袖斯大林的声明就是我们今天的火炬："上次战争的惨象，各国人民的记忆犹新。主张和平的人民大众的力量，对进行侵略的邱吉尔门徒们来说，是如此的强大，他们战胜不了这种力量，不能将这种力量转向新的战争去"。是的，人民力量是无比强大的！我们坚决地相信，只须要全世界保卫和平的力量，加紧团结，提高警觉，不受虚声恫骇，彻底事实是求，为了反对侵略贡献我们一切的智慧，发挥超度的自我牺牲精神，战争的危机是一定可以克服的。谁如要狂妄地发动新的世界战争，我们要和我们强大的盟友，社会主义的国家苏联和一切兄弟民族，紧结成一条战线，像在二次大战中粉碎了德意日轴心国家一样，把一切帝国主义战争挑拨者们连同着战争，一道送进坟墓里去！

全世界爱好和平民主的力量团结起来！

以坚强的自信消灭战争！

打倒一切帝国主义战争挑拨者！

打倒新法西斯——美帝国主义！

全世界人民民主胜利万岁！

签名者：（以姓的笔划多少为序）丁瓒、千家驹、于力、于世胄、于鸢天、王春、王亢之、王汝弼、王冶秋、王金璐、王芸生、王枕方、王炳照、王绍先、王达仁、王钧衡、王鸣祯、王遵明、王宪钧、王临乙、王铁崖、孔德祉、戈宝权、方亮、方与严、申又枨、史林、史国衡、白家麟、田汉、田公炜、田保惠、古维进、向达、江横、伊葆芳、安岗、安娥、朱九思、朱玉安、朱世民、艾青、艾中信、汪瑄、汪子齐、何其芳、何其超、何星海、何海生、杜任之、沈元、沈同、沈重、沈湘、沈三玉、沈志远、沈金波、沈宝基、沈体兰、祁开智、沙可夫、宋云彬、宋镜赢、吴晗、吴之椿、吴作人、吴恩裕、吴荣培、李麦、李伯钊、李军、李钧、李桦、李翼、李千峰、李可染、李丕济、李光荫、李苦禅、李宗义、李金泉、李金鸿、李亚群、李贯英、李绍鹏、李景均、李瑞年、李广田、李德滋、李宪之、李继侗、邢其毅、余逊、余心清、余冠英、余嘉锡、尚玉、芮沐、林庚、林洪、林朗、林耀华、周游、周扬、周令钊、周作仁、周建人、周培源、周洁夫、金岳霖、季陶达、季羡林、洪深、胡绳、胡笛、胡风、胡世华、胡愈之、茅盾、柳亚子、柳湜、计鸿宽、范瑾、范志超、范长江、殷学复、俞敏、俞平伯、施复亮、韦江凡、韦启美、孙一青、侯外庐、孙宗慰、孙昌煌、孙承佩、孙承诺、孙起孟、孙国华、孙云铸、孙楷第、孙毓棠、唐钺、唐兰、唐长风、唐远之、宦乡、高玉倩、高名凯、浦江清、马叙伦、马彦祥、梁小鸾、梁思成、夏康农、袁勃、袁震、袁志诚、袁牧之、袁复礼、袁翰青、徐愈、徐英超、徐悲鸿、徐铸成、翁偶虹、翁独健、殷野、殷金振、殷葆瑹、容肇祖、张维、张子高、张宗炳、张志让、张岱年、张星烺、张宗贤、张席禔、张云波、张景钺、张汉槎、张维正、张龙翔、陈桢、陈占元、陈兆衡、陈此生、陈定民、陈其瑗、陈叔通、陈波儿、陈新民、陈家康、陈梁生、陈瑾昆、陆宗达、陆志韦、章容、曹禺、曹本熹、曹靖华、常任侠、黄卓明、黄国璋、黄维德、黄警顽、黄觉非、黄丽泉、许广平、许德珩、许维遹、屠守锷、盛家伦、梅龚彬、劳君展、冯至、冯法祀、冯景兰、郭沫若、郭毓彬、费青、费孝通、傅彬然、傅种孙、汤用彤、汤佩松、游国恩、曾觉之、焦菊隐、华世香、杨赓、杨刚、杨人楩、杨兆麟、杨秀峰、杨振声、邹佩珠、闻家驷、叶丁易、叶浅予、叶圣陶、叶麟祥、董希文、董渭川、雷洁琼、雷镇邦、楚图南、廖泰初、楼邦彦、赵人俊、赵承信、赵访熊、赵紫宸、赵诒熊、赵超构、赵德勋、赵锡麟、赵树理、刘文、刘白羽、刘仙洲、刘育和、刘念渠、刘俊峰、刘尊棋、刘炽晶、樊弘、郑昕、郑之蕃、郑天挺、郑守燕、郑佩宜、郑振铎、邓之诚、邓以蛰、邓初民、潘光旦、蒋兆和、蒋风之、蒋荫恩、鲁世英、鲁宝重、翦伯赞、黎锦熙、钱三强、钱俊瑞、钱伟长、钱端升、卢于道、冀贡泉、薛愚、韩寿萱、戴浩、戴泽、戴文赛、戴爱莲、瞿希贤、罗常培、严仁荫、严景耀、萧淑芳、龚祥瑞。[①]

五月四日 杂文《我甃在时代的后面》刊于《进步日报》，评论《“五四”与新文学》刊于《人民日报》，后收于《“五四”卅周纪念专辑》，于本年七月出版。

本日，《人民日报》还发表《几个“五四”时代的人物访问记》，在纪念“五四”三十周年的前夕，记者走访了华北人民政府监察院副院长于力，中国民主促进会常务理事马叙伦，中国国民党三民主义同志联合会常务委员谭平山，北大政治系教授钱端升，北大中文系杨振声、俞平伯、罗常培，北大法学院周炳琳等，并作了谈话要点记录。该文内称：

> 北大中文系教授杨振声说，五四运动时，我正在北大中文系读书，即将毕业，当时的中国文学系闹的很热烈，有些先进的先生们办《新青年》，我们学生我、俞平伯等办《新潮》，投稿的人很多。“五四”那天，我记得的情形是这样的，当天，北大有先生学生二百余人，在现今的民主广场集合后，大家便到天安门开会，会后大家到东交民巷外国使馆送递关于巴黎和会的抗议书，结果为警察阻止住了，大家乃折回到赵家楼曹汝霖宅，可是大门紧紧的闭上了，一个同学首先跳进墙去，门打开了，但曹从后门跑走了，同学们气愤之下发现了章宗祥，把他打了一顿，并把屋子里的东西碎了许多，后来在房里找到一桶火油，大家便立刻点了起来，造成了火烧赵家楼。当场有二十九个同学被捕，学校马上罢课了。
>
> 杨先生并就五四运动与当时的新文学运动谈到三十

① 《中国文化界发表宣言　响应召开世界拥护和平大会》，北京《人民日报》1949 年 4 月 9 日，第 3 版。

年来文学的演变，他说当时文学中所表现的人生观多是调和派的，以个人为出发的，不是彻底的文学革命，而今天已经演变到以工农兵生活为主要内容的为人民服务的文学。杨先生并感慨的说，他从解放后才逐渐了解人民文学的重要和力量，今天是一个阶级的转变，知识分子的改造是重要的，他说他愿意自己能学习些新的东西。

北大中文系教授俞平伯听了记者是来访问他关于五四的事情，他含笑的说他已作了一篇纪念五四的文章。五四爆发时，俞先生正在北大读书，他也是新潮社社员之一。他说，那时自己自由主义的思想很浓，对政治弄不清楚，但受新文化运动的影响很大。他认为五四运动是一个尖锐的革命，但后来这个革命运动的力量分散了，许多五四时代的人物都变了质。然而今天我们再来看看，中国共产党已经实际实现了五四的精神。

北大中文系教授罗常培，他和杨振声、俞平伯，还有许德珩，他们都是“五四”时代同班的学生。当记者和他谈到“五四”运动情形时，他说他很不幸，当时是个走读生，对于学校的活动参加的很少，但对那时班里的情形他也知道一些，如班里办了三个不同性质的杂志，新潮、国民、国故，在当时都起了很大的作用。罗先生说，我感到“五四”时代各方面思想都只是一个萌芽，而今天三十年了，说句俗语，正是成年时，一切也都有了发展，因此今年在解放了的北平来纪念五四也特别有他的意义的。[①]

①《几个〝五四〞时代人物访问记》，北京《人民日报》1949年5月4日，第6版。

五月五日 下午，在北京饭店参加北平市军管会文化接管委员会召开的学术界座谈会。据次日《人民日报》报道：

平市军管会文化接管委员会于五日下午三时假北京饭店举行学术界座谈会，到有梁希、范文澜、马叙伦、汤用彤、陆志韦、沈志远、严济慈、袁翰青、张志让、沈体兰、曾昭抡、周建人、胡先骕、潘菽、胡愈之、黎锦熙、杨振声、杨人楩、李宗恩、张子高、吴晗、夏康农、钱端升、费孝通、樊弘、费青、钱伟长、向达等学术界人士共二百余人。周恩来同志亲临讲话，这是中国学术界的一次盛会。座谈会开始，周扬同志致开会词后，前南京中央大学农林学家梁希讲话称：科学界愿意学习革命理论，希望人民政府组织科学界为人民服务，并实行计划科学，沈志远先生报告中国科学工作者协会的工作概况后，周恩来同志在掌声中讲话，他详细地讲述了中国新民主主义革命的历史过程和经验教训，分析了新民主与旧民主的区别，从经济、政治、军事、文化各方面说明新民主主义革命必须由无产阶级领导。最后，鼓励学术界、科学界积极参加新民主主义的国家建设工作，使科学真正为人民服务。之后，袁翰青教授报告中国科学工作者协会情况，并提出筹备召开全国科学工作者代表大会的建议，继有樊弘先生、范文澜同志讲话，至七时散会。[①]

五月六日 《人民日报》公布北大、清华、北师大三校新校务委员会名单，杨振声为北大校务委员会委员。据报道：

①《中国学术界举行盛会　周恩来同志讲话　鼓励参加新民主主义国家建设工作》，北京《人民日报》1949 年 5 月 6 日，第 2 版。

北京大学、清华大学、北平师范大学三校自北平解放，经军事管制委员会文化接管委员会接管以来，迄今已历数月，各校接收工作，早告完竣，管理与改革亦逐步进行。训导处已一律取消，训导人员均已分别安置与处理。各校课程为适应新的需要已开始实行某些改革，例如北大法律系取消十三门旧的法律课程，增加五门新的课程；清华的社会调查一课，用新的方法在海甸进行农村调查。各校性质相同的各系，均已分别举行联席会议，讨论课程教学方法等问题。各校已决定开设政治课，北大已实行每周革命理论的系统讲演。关于院系调整，及学制等问题，各校师生均展开讨论。各院系与有关机关亦逐渐发生联系，如北大医学院与卫生部门，清华北大理工学院与企业部门等，均已有业务上的联系。师大自市立体专、中国大学理学院等并入该校以后，校务亦有所改进。各校教授对改进课程教学表示热心。学生除文法学院有多人参加南下工作团及投考华大革大等校外，现在人数，北大有二千三百六十六人（文法学院九四七人，理、工、农、医学院一三四二人，专科生等七七人），清华有一千八百二十四人（理、工、农学院一四〇二人，文法学院四二二人），师大有一千三百〇八人。学生学习政治及业务的情绪普遍提高，并已开始采用新的学习方法，如小组讨论等。职员工警也都组织了学习。各校薪金及人民助学金已经公布调整。文管会为加强各校的集体领导，以便更有力的推行与改进校务，特决定三大学成立校务委员会，提请任命汤用彤等二十三人，叶企孙等二十一人，黎锦熙等十九人分别为北大、清华、师大三大学校务委员会委员，同时并发表各校新的教务长，秘书长，各院院长及图书馆长等行政负责人选，其名单如下：

北京大学校务委员会名单

汤用彤（常委兼主席）、许德珩（常委）、钱端升（常委）、曾昭抡（常委）、袁翰青（常委）、向达（常委）、闻家驷（常委）、费青、樊弘、饶毓泰、马大猷、俞大绂、胡传揆、严镜清、金涛、杨振声、郑天挺、俞平伯、郑昕，讲助教代表二人（中一人为常委），学生代表二人（中一人为常委），共二十三人。教务长曾照抡，秘书长郑天挺，文学院院长汤用彤，理学院院长饶毓泰，法学院院长钱端升，工学院院长马大猷，农学院院长俞大绂，医学院院长胡传揆，图书馆馆长向达。

清华大学校务委员会名单

叶企孙（常委兼主席）、陈岱荪（常委）、张奚若（常委）、吴晗（常委）、钱伟长（常委）、周培源（常委）、费孝通（常委）、陈新民、李广田、施嘉炀、汤佩松、冯友兰、戴芳澜、刘仙洲、屠守锷、潘光旦、张子高，讲助教代表二人（中一人为常委），学生代表二人（中一人为常委），共二十一人。教务长周培源，秘书长陈新民，文学院院长冯友兰，理学院院长叶企孙，法学院院长陈岱荪，工学院院长施嘉炀，农学院院长汤佩松，图书馆馆长潘光旦。

师范大学校务委员会名单

黎锦熙（常委兼主席）、汤璪真（常委）、陈兆蘅（常委）、傅种荪（常委）、郝人初（常委）、张云波、焦菊隐、黄国璋、董渭川、王汝弼、叶丁易、鲁宝重、徐英超、李俊甫、武兆发，讲助教代表二人（中一人为常委），学生代表二人（中一人为常委），共十九人。教务长傅种荪，秘书长陈兆蘅，文学院院长焦菊隐，理学院院长黄国璋，教育学院院长董渭川（代理），图书馆馆长张云波，附校委员会主席兼附中校长郝人初。

又各校新的校务委员会成立以后，即依新的行政机构进行工作。文管会原派驻各校军管代表及联络员同时撤销。①

六月五日 北平各大学中文系、史学系、政治学系、哲学系等教授分别在北大举行座谈会，谈论有关课程改革等问题。是日上午，杨振声出席在北京大学孑民纪念堂举行的中文系课程改革座谈会。据次日《人民日报》报道：

清华、北大、华大、师大、燕京、辅仁、中法等七个大学中文系教授讲助于昨（五）日上午九时半在北大孑民堂举行课程改革座谈会，并请有华北高等教育委员会及文化界人士参加。出席周扬、杨振声、罗常培、李广田、黎锦熙、余嘉锡、顾随、李何林、唐兰、魏建功、杨晦、高名凯、俞平伯、浦江清、陈梦家、许维遹、林庚、李长之、孙楷第、叶丁易、刘盼遂等六十余人。会上大家对中文系课程改革问题，及语文和文学两者关系的问题发言极为踊跃。发言中一致指出今后各大学中文系，可以根据各校不同条件，各有重点。如清华偏重文学，北大偏重语文，不必强求一致。对于中国文化遗产，

①《平市北大清华师大三校　新校务委员会成立　各校行政负责人亦同时发表》，北京《人民日报》1949年5月6日，第2版。

必须以新观点、新方法，加以整理和批判地去接受，开辟新中国学术研究的广大田地。①

另据阴法鲁所述：

1949 年北京解放了。他和许多知识分子一样，对于党的政策，感到喜出望外。他积极地参加学习，参加了北大校务委员会的工作。他和许多知识分子一样，当初步认识了党的伟大的斗争目标时，也感觉到那正是他几十年来梦寐以求而在旧中国则绝不可能实现的理想。他要求改造自己的思想，以适应新的教学工作的要求。他积极参加报告会和学习会。他欢迎中国文学史小组讨论会常在他家里举行，他的苍老而多斑的脸上时时闪耀着兴奋的光彩。他有时为了坚持自己的意见而津津有味地辩论，但也虚心地倾听并接受别人的意见。他的进步是在剧烈的思想斗争中得到的。②

七月二日至十九日 出席中华全国文学艺术工作者代表大会，为“平津代表第二团”代表（团长曹靖华，副团长冯至）。总主席郭沫若致开幕词和闭幕词。③

七月十七日 参加饶毓泰招宴。据《竺可桢日记》：

八点至锣鼓胡同树人寓晚膳，到杨石先、企孙、正之、锡予、杨振声（今甫）、吴化予、贝石璋、郑华炽等。今甫为谈唯物史观各点，并介绍《李有才板话》、

---

①《清华北大等七校中文系教授　昨座谈课程改革》，北京《人民日报》1949 年 6 月 6 日，第 2 版。

② 阴法鲁：《追悼杨振声同志》，《九三社讯》1956 年第 4 期。

③ 中华全国文学艺术工作者代表大会宣传处编：《中华全国文学艺术工作者代表大会纪念文集》，北京：新华书店，1950 年。

《红旗歌》与《联共党史》。[1]

七月二十四日 在中华全国文学工作者协会成立大会上作自由讲话。据次日《人民日报》报道：

> 中华全国文学工作者协会成立大会昨日继续举行。艾青主席，首由冯至报告二十三日选举结果，计选出委员丁玲等六十九人，候补委员骆宾基等十六人（留有待解放区委员名额六人）（名单附后）。临时动议时，全体通过向毛主席、朱总司令致敬电（电文另见），继由沈起予、俞平伯、陈望道、王统照、吴组湘、杨振声、靳以、李霁野、胡风、邵力子等人自由讲话，接着由郑振铎致闭幕词，略称：文代大会和文协成立大会的召开，使老解放区和新解放区的文艺工作者聚会一堂，互相交换工作经验，这是很大的收获。继称：中国的文学工作者的倾向大部分是好的，但没有明确的方针和工作，今后我们团结在毛主席的旗帜下，有明确的文艺方针了。最后他说：我们才开始向正确的大道上走，不要怕艰苦，也不要怕路远，有了明确的指导，一定能走到目的地的。继主席领呼口号后，即放映《贝多芬》电影，会议于十一时宣布闭幕。
>
> 当选委员名单
>
> 丁玲、曹靖华、冯雪峰、周扬、夏衍、叶圣陶、田间、沙可夫、周文、茅盾、赵树理、郑振铎、胡风、萧三、冯乃超、欧阳山、冯至、袁水拍、郭沫若、艾青、巴金、柯仲平、何其芳、曹禺、王统照、刘白羽、适夷、李广田、草明、周而复、钟敬文、黄源、王任叔、孔厥、

[1] 竺可桢：《竺可桢全集》第11卷，上海：上海科技教育出版社，2006年，第480页。

洪深、王希坚、马健翎、张致祥、卞之琳、宋之的、戈宝权、陈学昭、李季、俞平伯、罗烽、曾克、聂绀弩、阳翰笙、许广平、吴组湘、陈望道、金人、严文井、立波、黄药眠、臧克家、田汉、陈白尘、荒煤、王亚平、刘芝明、杨晦、靳以、孔罗荪、唐韬、马烽、沈起予、蒋大佐、吴伯承

候补委员名单

骆宝基、闻家驷、黑丁、柳青、何家槐、康炜、夏征农、力扬、张庚、杨朔、亚马、柯灵、高沐鸿、马加、李何林

致敬电文

毛主席、朱总司令：

在全国文学艺术工作者代表大会胜利闭幕之后，为了把我们的力量组织起来，具体执行文代大会所规定的方针和任务，我们二百多个来自各地的文学工作者，又在人民的京城北平来举行全国文学工作者协会的成立大会。我们文学工作者衷心感谢你们把中国人民引向胜利和解放的伟大领导，感谢你们对于中国人民的文学艺术事业的关心和指示。今后我们要更加团结，更加努力，为建设新民主主义的新中国的人民文学而奋斗！

中华全国文学工作者协会

七月二十四日①

八月十六日 致函七月上任的北大中文系主任魏建功：

①《全国文协成立大会闭幕　选出委员丁玲等六十九人　电毛主席朱总司令致敬》，北京《人民日报》1949年7月25日，第1版。

建功兄：

走访不值为怅，近来胃不甚好，想去北戴河休息两三星期以便应付下学期工作，惟对看卷子不能以时参加，甚感不安，故特来向兄请假，未知得请否？并请

文安

弟　杨振声　拜留

八、十六[1]

九月五日《人民日报》刊登了北京大学教职员联名发表的痛斥美帝《白皮书》的宣言，杨振声名列其中。据报道称：

北京大学教授、讲师、助教、职员顷联名发表宣言，痛斥美帝《白皮书》，全文如下：

中国人民解放战争的胜利，迫使美帝国主义者发表白皮书，公开招认援助蒋介石反动政府干涉中国内政与破坏中国主权的侵略政策全盘失败，同时揭露其失败之后还要继续发动反对中国人民的新阴谋。尽管白皮书如何歪曲事实诬蔑真理，中国人民对于帝国主义的真面目早有认识，今天是加深这种认识了。尽管美帝国主义者还不死心，玩弄花样，企图贯彻其一贯的侵略政策，而中国人民已经战胜了美帝国主义的走狗国民党反动派，更会团结一致，彻底粉碎美帝国主义的任何新阴谋。美帝国主义是中国人民的死敌，中国人民一定要把它的侵略势力完全肃清。

我们对于美帝国主义援助反动政府，干涉中国的内政与破坏中国主权的种种暴行，曾迭次提出抗议。过去有些人对于美帝国主义还多少存着幻想，白皮书的发展，

① 程道德主编：《二十世纪文化名人墨迹》，北京：北京出版社，2000年。

充分暴露了美帝国主义的狰狞面目，使这些人相继抛弃幻想，认清敌友，先后走入中国人民反帝的阵营。同时广大人民，更加巩固地团结起来，展开对美帝国主义的坚决斗争。

现在美帝还妄图分化中国人民的阵营，来反对中国人民民主政权，这是美国国务院的梦想，艾奇逊的呓语。我们深切了解美帝国主义决不愿放弃其梦想，也一定要尽其阴谋毒计之能事。因此我们必须提高警觉，加强团结，继续教育自己，揭发侵略阴谋，坚决站在以苏联为首的世界和平民主阵营一边，和世界人民一道，予美帝国主义以最后的打击。

于永忠、于石生、于道泉、于仙筹、于学文、于德仁、于绍和、弓清源、王达津、王树芬、王寿仁、王铁崖、王岷源、王鸿祯、王春芮、王嘉荫、王大纯、王敬修、王梦麟、王文魁、王叔曼、王希光、王琬坪、王宏德、王克昌、王希祜、王树檀、王学明、王企久、王幼忻、王良佑、王锡英、王英华、王会庵、王懋蔚、王锦江、王铎、王振声、王咏、王森、王淑芳、王利器、王文起、方亮、文重、尹文厚、尹壮华、尹钟毓、孔祥莹、卞之琳、戈乃锷、田德望、石肇彬、左增选、申又枨、任翘青、朱玉珂、朱华安、朱光潜、朱云搏、向达、安美兰、江泽涵、江泽培、吴恩裕、吴之椿、吴国林、吴汝敏、吴钟荣、吴燕宝、吴素萱、李荣、李经熙、李度容、李英敏、李宜燮、李鲸石、李秀贞、李琬、李绍鹏、李文达、李泽咸、李石僧、李永年、李肇特、李之和、李芳、李育民、李志鹤、李哲浩、李美瑜、李秉元、李耀祖、李载平、李由义、李伯时、李觊高、李由义、杜恒俭、余光庭、余厚慈、余叔通、何歆贤、吕德申、沈从文、沈克琦、沈霭如、沈承昌、汪瑄、汪克平、汪籛、宋琦、佟志树、冷生明、周祖谟、周炳琳、周作仁、周白吾、周礼威、周彬、周定一、金克木、金文海、金忠厚、金允洁、金恒孚、金维诚、金鉴吾、金岩、金鹏、林大诚、林振网、林芳、林仁涛、林仪一、林书闵、邵克忠、孟昭威、孟广铎、孟国瑞、季羡林、芮沐、姚殿芳、姚淑玉、胡世华、胡钟达、洪继英、施稼、施松卿、苗华殿、俞铭传、俞平伯、俞大缜、侯恩钊、范惟明、姜媛长、姜景熙、涂继武、孙云铸、孙亦梁、孙毓椿、孙树本、孙贯文、孙承谔、高春生、高之秋、高信曾、马毓泉、马玉淇、马文英、马联第、马文昭、马香涛、马坚、马杏垣、马寿枞、马理、马芳若、唐英、唐振芳、唐兰、祝聪骧、祝濂、徐世诏、徐叙瑢、徐福男、徐保定、徐衍、徐宝騄、徐御良、秦视浩、袁翰青、袁炀、郝诒纯、郝天和、殷元章、耿济安、容肇祖、倪颖庄、梁濂、梁世通、梁廷焜、梁东汉、梁思睿、张克强、张亚强、张文秀、张昌颖、张春华、张书珍、张绍沂、张树槐、张立仁、张润英、张英济、张光则、张炳午、张宜兴、张鑫全、张馥君、张绣鸾、张龙翔、张文波、张敏、张锡瑜、张禾瑞、张宗燧、张友仁、张怀礼、张祥保、张景钺、陈占元、陈鹤龄、陈慧英、陈文炳、陈翠微、陈峥宇、陈汝箴、陈晋、陈崇明、陈厚嘉、陈士林、陈景明、陈振汉、黄邦焕、黄长庆、黄觉非、黄竹坡、黄明信、宿白、曹德彬、陆恩泽、陆峻岭、章廷谦、陶宏、郭汝嵩、郭沂曾、郭松年、郭寿康、郭时钦、郭成才、常凤瑑、崔文刚、崔德玉、崔季五、许建中、许德珩、许意儒、许淑娴、盛钰、庄圻泰、庄孝德、康伯藩、区学派、阴法鲁、戚世祥、程耀庭、贺麟、曾昭抡、冯至、冯文炳、喻世长、彭瑞聪、彭鉴、彭清杰、童静娴、游国恩、闵庆全、费青、汤用彤、叶藕胥、杨人楩、杨秀善、杨起、杨瑞、杨士廉、杨存忠、杨葆荣、杨贵珍、杨东泽、杨振声、杨翼骧、杨翼振、杨永秀、董愚德、董石如、董乃祥、董同嘉、邬天民、贾嘉瑞、贾惠德、赵广增、赵西陆、赵荣普、赵全章、赵隆勷、赵连璧、赵乃搏、赵竹君、赵梦云、赵耆寿、赵锡霈、赵传珍、赵圭身、赵振声、赵起绪、赵德安、赵思训、赵宝煦、熊正文、管玉珊、翟明德、翟久熙、闻家驷、荣震、臧玉洤、齐声乔、齐长年、齐良骥、刘兰田、刘裕中、刘开祥、刘世泽、刘宝德、刘芝馨、刘文濂、刘椿年、刘永库、刘曾复、刘春芳、刘廷桢、刘广田、刘文桢、刘大眉、刘芝莲、刘禹昌、刘次元、刘冠军、刘寅生、潘惠人、潘家洵、蔡亦平、蒋光远、郑天挺、郑华炽、郑文华、郑昕、郑启佑、邓广鉴、邓志昌、楼邦彦、樊弘、鲁公辅、鲍楠年、卢锡锟、卢植森、卢延荣、卢遇庚、钱顺之、钱学熙、钱端升、阎文儒、龙季和、戴文魁、谢邦杰、谢本善、缪朗山、韩春萱、韩树人、韩春霖、韩镜清、薛琴访、萧维恒、魏建功、魏执权、魏璠、魏毓龄、聂叔明、蓝文卿、关朴、关曼君、关淑贞、关天宠、谭以明、谭承泽、谭元坤、谭曾振、罗常培、罗士苇、庞礼、苏勉曾、苏瑞昌、严镜清、顾崇书、顾

适亨、饶毓泰、龚祥瑞、龚明信、栾汝书[①]

十月一日 中华人民共和国中央人民政府宣告成立。

十月十日 下午，在文联会议厅参加中华全国文学工作者协会主办的座谈会。苏联作家协会总书记捷耶夫在会上谈文艺问题。

十月二十二日 晚，到烟袋胡同吃烤肉。据《竺可桢日记》：

> 六点偕孟和至后门烟袋胡同烤肉季吃烤肉，到巽甫夫妇，杨今甫及其媳，树人及其女公子。烤肉系在一铁盖炉上取肉与葱及香芹烤而食之，牛、羊均有，余生平第一次也。至南锣鼓胡同。十点回。[②]

十二月一日 北大学生纪念“一二·一”运动四周年。据《人民日报》报道：

> 大学生会为纪念“一二·一”运动四周年，已委托北大新文艺社、中国语文学系及西方语文学系三单位于十二月一日出版纪念特刊，介绍“一二·一”运动史实，评论当时与目前学生运动及其他有关问题，并定是日晚七时假北大北楼礼堂举办“一二·一”文艺座谈会。座谈主题为“文艺与政治”。由本校教授曹靖华、杨晦、冯至、缪朗山、俞平伯、闻家驷、杨振声、卞之琳等负责指导。并特约文艺工作者冯雪峰、胡风、李广田、李何

---

①《北大教职员联名发表宣言　痛斥美帝白皮书》，北京《人民日报》1949年9月5日，第2版。

② 竺可桢：《竺可桢全集》第11卷，上海：上海科技教育出版社，2006年，第553页。

林、艾青、田间、黄药眠、适夷、吴组湘、臧克家、焦菊隐、康濯、马烽、王亚平、丁易、孔厥、袁静、沙鸥等出席讲话。并欢迎校外的文艺爱好者及学习者参加。①

十月四日 晚，竺可桢来吃饺子。据《竺可桢日记》：

在树人处吃饺子，见杨今甫，知周鲠生不久将来京。八点回院中。②

十月十五日 致函昆明女婿王书堂、女儿杨蔚：

（残函，前缺）苦，也有本钱作事。弟弟在溜冰，是我极力劝他的。他本来溜得不差，近来更有兴趣。可惜我不能同他溜冰，却不管风里雪里，一定散步。看人家在冰上飞来飞去，如燕子一般，心中也跟着快活。

书堂比我还会买东西，我那份丢了，他这份补上，真是老天不负好心人。束腰还松，可见我这位胖女儿，在丈夫心中还不够胖。看那束腰的面子，你得再胖些，只管贪嘴罢，前途无量。

皮大衣的希望不太多。好在你春天才来，用不着。这边物价飞得太快太高，前几天有人拿一件玄狐腿子男人袍料，只要六百万，我听见了，要他送来，他要一千万，我想可以给你作大衣，正在想法子凑钱，他便卖到瑞福祥去了，两千七百万！这真叫野了，你白瞪眼。

小宁算术一百分，压倒母亲；将来讲故事也会一百

---

①《北大纪念“一二·一”举办文艺座谈会》，北京《人民日报》1949 年 12 月 1 日，第 3 版。

② 竺可桢：《竺可桢全集》第 11 卷，上海：上海科技教育出版社，2006 年，第 583 页。

分，他有遗传。那么大一个头，总该有点玩意。立梅，你们都喜欢她，我也一定会喜欢的。

我在这里很舒服，屋子里暖得像春天。去年来时就作了一件丝棉袍子，才花了四万元（现在过百万）。去冬在南京，又买了一件灰鼠袍，旧的，只廿万。沈先生去冬在小市，替我买一件狐腿的，太便宜了，只七万，板子已坏，今年修饰一下，还可穿一两年。不久以前作了一条棉裤穿上，顶得劲。此外还有貂腿皮马褂，去年冬买的旧的，只两万。今年修理一下，工钱便四万。自然还有那件旧的皮大衣，我冬天的衣服穿不了，把从美国带回来冬天的洋服及大氅都送了弟弟，他穿了像个暴发户，只那脚上的一双皮鞋有点不称。请老太太安，并问大家好。问你六姑好。

父字　卅八、十二月十五日[①]

十月三十一日　邀友人在家中晚宴，到饶毓泰、竺可桢、丁西林夫妇、周鲠生夫妇、曹禺夫妇等。据《竺可桢日记》：

晚在杨振声家晚膳。

晚六点至南锣鼓巷43号树人、杨今甫家晚膳。树人胃病初起。今日到丁巽甫夫妇、周鲠生及万家宝夫妇。据孟和，曹禺（万家宝）行径与陈逵、黄川谷相似云。今日下午二点起微雪，迄十一点不止，但地上积雪不及半寸。[②]

其时，杨振声一直与北京大学理学院院长饶毓泰合住南

① 据杨起保存父亲杨振声原函。

② 竺可桢：《竺可桢全集》第11卷，上海：上海科技教育出版社，2006年，第601页。

锣鼓巷一平房。据萧乾所述：

> 1949 年后，知识分子由于各自政治行情不同，地位各异，个人关系很自然地发生了变化，原来熟稔甚至亲密的，陡然变得冷淡甚至陌生了。我同杨先生的关系始终没有受到影响。当时他同北大理学院院长住在南锣鼓巷一幢西式平房里，我还是经常去看望他。今甫先生像北京许多老教授一样，1949 年国家发生巨大变动时，他坚决留在北平，并且满怀热情地迎接人民政权。①

据杨起所述：

> 那时他与饶毓泰先生一起，住地安门附近南锣鼓巷的一个小院里。季羡林先生和作家萧乾常来看他，他虽然身体尚未完全康复，但心情非常好。②

另据汪曾祺所述：

> 杨先生有一次托沈先生带信，让我到南锣鼓巷他的住处去，我以为有什么事。去了，只是他亲自给我煮一杯咖啡，让我看一本他收藏的姚茫父的册页。这册页的芯子只有火柴盒那样大，横的，是山水，用极富金石味的墨线勾勒轮廓，设极重的青绿，真是妙品。杨先生对待我这个初露头角的学生如此，则其接待沈先生的情形可知。杨先生和沈先生夫妇曾在颐和园住过一个时期，想来也不过是清晨或黄昏到后山谐趣园一带走走，看看

---

① 萧乾：《他是不应被遗忘的——怀念杨振声师》，《瞭望》1993 年第 1 期。

② 杨起、王荣禧：《为传播北大精神而奋斗不息——追思家父杨振声的一生》，钱理群、严瑞芳主编：《我的父辈与北京大学》，北京：北京大学出版社，2006 年。

湖里的金丝莲，或写出一张得意的字来，互相欣赏欣赏，其余时间各自在屋里读书做事，如此而已。①

本年 丁西林夫妇赴台未果辗转回到北京。据杨起所述：

一九四九年，丁西林先生夫妇来到北京，家父热情地招待他们。在我们家里住了几个月，直到人民政府安排了他们的工作。②

据时在北大物理系就读的刘光鼎先生所述，曾在杨振声家午餐，在座有饶毓泰和丁西林夫妇等。谈话中得知，青岛解放前夕国民党撤离，其父刘本钊受迫与丁西林一家一起离开青岛搭船赴台。到台湾后，刘本钊应梅贻琦邀在新竹清华大学工作。③

另据刘光鼎在《我和我的父母及兄弟姐妹》一文中口述：

1949 年青岛解放的时候，我父亲负担很轻，我兄弟姐妹大多数不在身边，只有我大姐、姐夫、十妹，就他们 4 个人。那个时候教授的工资还是挺高的。丁西林有一大堆孩子，他每天在我们家喝酒、吃饭。我父亲说："青岛解放我不准备走。"我父亲有 10 个孩子，绝大多数都在解放区，共产党那边。我大哥此时已经不在了，二、三、四、五、六、老八，有 6 个在解放区。"我女儿都在那边，他们能拿我怎样？"丁西林就说："我不行，我得走。共产党抓了我会饶了我？"我父亲就不走。结果，国

① 汪曾祺：《星斗其文，赤子其人》，《蒲桥集》，北京：作家出版社，1989 年。
② 杨起：《怀念我的父亲》，《杨振声选集》，北京：人民文学出版社，1987 年。
③ 参见季培刚：《"酒中八仙"之刘本钊先生》，济南《山东大学报》，2003 年 4 月 2 日，第三版。

民党就弄来一批宪兵，逼着搬家上船。任何一个政权，都需要几个知识分子来给它充门面。我父亲跟丁西林都被拉到船上去了，一个人一个箱子，逼着他们走。赵太侔事先有点消息，就遛了，跑到什么地方躲起来了。我父亲跟丁西林的船后来开到台湾的基隆。当时孙立人兼任台湾的警备（防卫）司令，他下令所有的船都不准靠岸。不然，台湾就乱了，他要接收多少难民啊！他们没能上岸，我姐夫就去找船长谈判，贿赂人家，送了些金条什么的，买通了船长。天黑之后，船长把救生艇放下，就把我父亲、大姐、姐夫和小妹送到岸上去了。一个救生艇 4 个人加上 1 个水手，5 个人满了，所以丁西林没能上岸。后来没办法，船靠到香港，一到香港就碰到北平召开新政治协商会议，丁西林到那儿摇身一变成了政协委员。我父亲觉得他应该留下，结果没留下；丁西林怕留下，结果却留下了。出现了这么一个情况。①

本年 杨振声被教育部内部安排到青岛任山东大学校长，未任。据杨起所述：

建国之初，上边曾让他去担任山东大学校长。尽管他很想去，因为，他是山东人，又曾经当过山东大学的前身——青岛大学的校长。可是他没有接受。原因是：他知道有一位叫华岗的人，想去当山大校长。家父是一位谦谦君子，他从不肯与人争，因此，便放弃了。但是

① 刘光鼎口述：《我和我的父母及兄弟姐妹》，《党史博览》2006 年第 4 期。

他并没有把他的想法和不去的原因向上边说明。[1]

另据姜厚粤叙述其父姜忠奎教授于抗战胜利前在北平以“共产党”嫌疑受害事，转述姜忠奎同乡学友王纪堂信函云：

解放后我在青岛见过山大教授丁山先生，作过长时间的交谈，他向我要线索，交山大出面办理，但无结果。我在北京也见过北大杨振声教授，他也无能为力。你父亲在广州学海书院同事王实甫先生对你父亲的事，关心甚切。该时他在北京铁路学院作教授，他说经办你父亲的案子日本宪兵队的队长，已经枪毙，无从查寻。书画家溥心畬先生曾在报纸刊登启事，侦询你父亲的消息，也无下文。你秉山哥（恩公长子）对我说，在你父亲离家后不久，曾有一人来你家找阿鑫[2]谈话。阿鑫害怕不敢见，同秉山二人接见此人。他说他是宪兵队来报信的，姜先生已不在人世了，不要告诉孩子，伯孩子们伤心。当时阿宪认为是坏人来行骗的。但此人既未要钱，也未要东西。我总结前后的消息，只有此人是本着中国人的立场、心怀善意来报信的，并非坏人。可惜未能抓住这个机会，问个明白，失掉这个机会，再就永无踪影，石沉大海，终未能解开我几十年心中的疑问……[3]

① 杨起、王荣禧：《为传播北大精神而奋斗不息——追思家父杨振声的一生》，钱理群、严瑞芳主编：《我的父辈与北京大学》，北京：北京大学出版社，2006年。

② 阿鑫，姜家广东籍女仆。

③ 姜厚粤：《雨露春晖——忆先父姜忠奎先生》，《山东文史资料选辑》（第三十二辑），济南：山东人民出版社，1992年，第243—244页。

◎1950 年　庚寅　六十岁

一月二十日前后 沈从文来函：

今甫先生：

我到四川已七十天，到的是出甘蔗糖的内江县。在船上时尚见到杨起等，一离重庆即不再见，大致分过川东去了。我们这里属川南，离自流井只百多里，离成都只二百里，从重庆到成都铁路已达内江。将来返重庆时，大致是坐车回去的。工作已到第三段落，每天有斗争，地方竹子林极多，地主多缚于竹子林间。因经过减租退押，经过小土改，地主多穿得比贫民还破烂，不易看出过去贫富对照情况。惟真正重重剥削制，这里实比任何地方还严重，因地主多兼作糖房主，保甲，国民党，会道门头子，青帮领袖，特别是在抗日时代拉壮丁事，地主劣绅兼乡保长的，作恶极多。老太太申诉时，十年前事无不道及，加之川人长于词辩，说理极感人。人家住处多真正三家村，居多且只一家，背岩向阳，竹林围绕（到处具石涛画意）。我们工作地且在一荒废堡垒下村子中，自然景物极温静，人却在历史中而动，对照下格外动人。斗争场子在堡下一个晒蔗皮斜坡间，一片灰白色，农民多着蓝布衫子，白头巾，白围裙，堡子在阳光下绿色淡淡的，天云灰中透蓝，大家坐到高处，看群众中小红旗飘飘从田埂间来去，感人得很。下乡别的不太困难，只是胃不济事的要考虑。如吃的能对付，所见所学，对一个人得益实在太多。特别是思想改造，群众路线，人民翻身，毛泽东思想等等问题，从实践学习中，得益太多。农民问题以至于有关土改文学，以教书言，不身临其境，说亦说不透也。我在此心脏不太好，胃也不大好，每晚必痛醒，大致饭菜中不离辣子酱，或有关系。希望不至于和佩弦同病。同来的多廿卅少壮，因此不大能理解一个人胃会被四川之特有豆瓣酱弄倒事。地方出糖，本地人实不能吃糖。出橘子，只五百一斤。出猪肉，二小时可作红烧，三千一斤。晚上燃灯用菜油，却过六千一斤。到处有竹林，田地过冬亦一片绿芜照眼。工作大致年底可告一段落，主要任务必可作完，新二月可返京。闻兆和说，学校催搬住处，如未能有住处，盼为商……[1]

五月一日 评论《从文化观点上回首“五四”》刊于《观察》第六卷第十三期。本文是认识杨振声晚年思想的重要资料。文章开头便指出“五四”在文化方面的偏激取向：

在文化上，它却是一股脑地反对中国旧文化，而又盲目地崇拜西洋新文化。换句话说，便是无批判地反对中国文化，而又无批判地接受西洋文化。在表面上看，政治与文化的趋向似不一致；但在内容上看，二者也有联系。外抗强权，而又欲学其致强的原因，故一切吸收；内伤贫弱，而又欲消灭其贫弱的来源，故一切打倒。虽矫枉过正，势有必然；但到底是过正了。

进而指出：

① 沈从文：《19520120左右致杨振声内江》，《沈从文全集（第19卷）书信》，太原：北岳文艺出版社，2003年。《沈从文全集》原注：这封信从第四页以后缺失，存放的信封上作者注有“土改时四川可供参考信”字样。据缺尾废邮编入。

假若我们老是那样，对于过去的文化，不学会分析批判，分别地加以扬弃并发展其优点，我们就等于没有历史，也就没有发展，没有明天。

五月十六日 市文委讨论通过北京市文学艺术工作者联合会发起人名单，杨振声等三十五人被选为北京市文联筹备委员会委员。

五月十七日 下午二时，在北京人民艺术剧院艺术厅出席北京市文联发起人大会。丁玲、王瑶卿、王亚平、艾青、李广田、李伯钊、沈从文、连阔如、第世荣、张恨水、齐白石、闻家驷、罗常培等一百三十三人出席，文化部副部长、全国文联副主席周扬和中共北京市委宣传部部长邓拓应邀到会讲话，李伯钊致开幕词，王亚平报告了大会筹备经过，老舍作了《让我们团结起来》的讲话。相继发言的还有罗常培、欧阳邓倩、杨振声、李广田、艾青、赵树理等。老舍、欧阳邓倩、李伯钊、王亚平、连阔如、徐悲鸿、赵树理、程砚秋、凤子、老志诚、李广田、尚小云、苗培时、胡蛮、王松声、焦菊隐、齐白石、曹宝禄、俞平伯、田间、罗常培、周巍峙、王瑶卿、张梦庚、张世荣、端木蕻良、林士良、辛大明、戴爱莲、闻家驷、金紫光、田方、杨振声、韩世昌、王春等三十五人被选为北京市文联筹备委员会委员。[①]

另据次日《人民日报》报道：

北京市文学艺术工作者联合会发起人大会昨天下午二时在北京人民艺术厅举行。该会召开的意义在于加强北京市文学艺术工作者的团结，发起召开北京市文学艺

①《京文艺工作者联合会昨日举行发起人大会》，北京《光明日报》1950 年 5 月 18 日。

术工作者代表大会，成立北京市文联。

出席大会的发起人有丁玲、王瑶卿、王亚平、艾青、老舍、李广田、李伯钊、沈从文、连阔如、张世荣、张恨水、冯文炳、齐白石、闻家驷、罗常培等一百三十三人。来宾有中央人民政府文化部副部长兼全国文联副主席周扬和北京市委会宣传部长邓拓等。大会推选李伯钊………等十八人为主席团。李伯钊代表主席团致开会词，大意说："北京市的文学艺术工作者应当广泛地团结起来，形成强有力的文艺界的统一战线，贯彻毛主席的文艺思想，开展文艺普及工作，让文艺在群众中生根开花"。周扬在讲话时指出："北京不仅在政治上是人民的首都，也是人民文化的都城，这里有民间戏剧的旧传统，又有五四以来的新传统。由于人民革命的胜利，北京成了人民的首都，给这些具有新旧传统的文学艺术开辟了广大的前途。新旧文艺工作者要通过文联的组织之内团结起来，发扬新旧文学艺术中的优良传统，作好普及工作，使北京成为人民的文化城"。邓拓讲话时指出："北京人民的文艺工作和其他文化工作一样，具有优越的发展条件，在中央人民政府文教委员会所属各部、各局的领导和全国性各文艺团体及前辈专家们的直接参加与帮助之下，我们要把文艺界的力量进一步组织起来，努力使文艺工作者与劳动人民紧密结合。不但结合的面要力求其广，而且要力求逐步加强这种结合的深度。这样才能做到在人民群众中生根，才能使人民的文艺得到充分的发展。"

接着，在王亚平报告了发起人大会的筹备经过后，老舍讲话（全文另发）。

罗常培讲话表示："愿在语文的改革方面多学习民间语言来帮助人民文艺的普及工作。"欧阳予倩在讲话中说："旧的艺术要批判、新的艺术要发展。"杨振声说："五四时代否定一切旧的是不对的，今后也要吸取旧文艺的好处。"李广田说："要展开文艺理论的批评与自我批评。"连阔如说："早就盼望文联成立，更好来领导大众文艺活动。"艾青说："要努力学习毛泽东思想，掌握马列主义原则。"赵树理说："文艺界朋友要加强联系，努力创作。"石景山钢铁厂工人林士良说："希望文艺工作者多到工厂里去帮助我们学习写作。"

大会选举结果，北京市文联筹备委员为：老舍、欧阳予倩、李伯钊、王亚平、连阔如、徐悲鸿、赵树理、程砚秋、凤子、老志诚、李广田、尚小云、苗培时、胡蛮、王松声、焦菊隐、齐白石、曹宝禄、俞平伯、田间、罗常培、周巍峙、王瑶卿、张梦庚、张世荣、端木蕻良、林士良、辛大明、戴爱莲、闻家驷、金紫光、田方、杨振声、韩世昌、王春。

下午六时许，大会在愉快的情绪中结束。[1]

同日，出席北京市文联筹备委员会第一次会议。推选老舍、李伯钊、赵树理、王亚平、凤子、王松声、苗培时、连阔如、端木蕻良、胡蛮、张梦庚十一人为筹委会常委，并推老舍为主席，李伯钊、赵树理为副主席，王亚平为秘书长。[2]

①《京文艺工作者联合会　昨日举行发起人大会　选出市文联筹备委员三十五人》，北京《人民日报》1950 年 5 月 18 日，第 1 版。
②《京文艺工作者联合会　昨日举行发起人大会　选出市文联筹备委员三十五人》，北京《人民日报》1950 年 5 月 18 日，第 1 版。

五月十九日 北京市文联筹备委员会常务委员会第二次会议，杨振声等十六人被推选为代表资格审查委员。据《人民日报》报道：

> 北京市文联筹委会，在十九日下午二时召开第二次常务委员会议，出席常委老舍、赵树理、王亚平、凤子、王松声、苗培时、连阔如、端木蕻良、胡蛮、张梦庚等十人，由老舍主席，经大家讨论研究结果，决定：（一）北京市文代大会从二十八日起在劳动人民文化宫举行，大会日程共计四日，第三日（三十日）休会一日；（二）成立代表资格审查委员会、起草委员会、提案整理委员会，推选老舍、赵树理、王亚平、杨振声、尚小云、欧阳予倩、连阔如、祖田工、胡蛮、老志诚、徐悲鸿、金紫光、李伯康、戴爱莲、田方等十六人为代表资格审查委员，端木蕻良、赵树理、王春、辛大明、康濯等五人为起草委员；凤子、李岳南、王素稔、俞平伯、王亚平、沈彭年、张梦庚、祖田工、马烽等九人为提案整理委员。（三）通过大会组织机构，分秘书处、组织联络部、宣传部、设计展览部等四部门，推选张梦庚为秘书处处长，李广田为组织联络部部长、苗培时为宣传部部长、胡蛮为设计展览部部长，各部人员另行聘定。（四）大会代表议决为三百五十名，代表资格为一、凡在本市从事文学艺术工作有一定之劳绩者；二、参加本市文学艺术活动或在创作上有贡献者；三、本市的文学艺术机关社团的主要负责人在业务上有其代表性者；四、在本市的文学艺术专家对本市文学艺术工作有联系者，大会代表除特别邀请及当然代表外，均通过各文学艺术机关社团的选举产生。（四）大会的文学

艺术作品展览于休会时（三十日）公开展览一日，会后展览三日供各界参观。（六）于大会期间在本市各报组织专刊。并组织新闻记者访问代表。[①]

五月二十一日 《人民日报》根据北京市文联筹委会秘书处来函刊登《来函更正》：

十八日我们发表的北京市文学艺术工作者联合会发起人大会消息内“大会推选李伯钊………等十八人为主席团”应更正为“大会推选丁玲、丁里、王亚平、王瑶卿、田汉、老舍、老志诚、李广田、李伯钊、洪深、徐悲鸿、连阔如、齐白石、杨振声、赵树理、郑振铎、罗常培、欧阳予倩等十八人为主席团”（见十八日本报一版）[②]

五月二十五日 下午二时，出席北京市文联筹备委员会第二次筹备委员会议。据《人民日报》报道：

北京市文联筹备委员会于二十五日下午二时召开第二次筹备委员会议。出席筹备委员老舍、欧阳予倩、李伯钊、赵树理、王亚平、杨振声、罗常培、俞平伯、老志诚、田间、凤子、端木蕻良、王春、连阔如、曹宝禄、胡蛮、金紫光、张世荣、周巍峙、王松声、苗培时、张梦庚、辛大明等二十三人。会议由老舍主席，王松声报告北京市文学艺术工作者代表大会筹备情况。会议讨论了代表名单和大会各项报告内容。确定大会日程由二十八日至三十一日，在劳动人民文化宫举行，大

①《市文代会即将开幕　文联筹委会举行二次常委会决定文代大会各项组织工作》，北京《人民日报》1950 年 5 月 23 日，第 3 版。
②《来函更正》，北京《人民日报》1950 年 5 月 25 日，第 2 版。

会将进行三个报告：吴晗报告解放前北京市新文艺运动；李伯钊报告北京市文艺普及工作问题；王亚平报告一九五〇年市文教局文艺工作计划和实施情况。并有赵树理等关于大众文艺创作研究会、工厂文艺工作委员会、北京市美术运动、学生业余文艺运动等四个主要发言。大会期间拟定组织四次晚会：大会第一天由人民艺术剧院、青年艺术剧院、中央戏剧学院联合演出新剧、音乐、舞蹈等（在北京剧院）。第二天由曲艺公会演出曲艺（在北京剧院）。第三天由评剧公会演出评剧（在民主剧场）。第四天由京剧公会演出京剧（在大众剧场）。会后（六月一日）并由中央京剧研究院演出新京剧《大名府》。[①]

本日，作《文艺工作者会师》，载于北京市文学艺术工作者代表大会秘书处编《北京市文学艺术工作者代表大会纪念文集》。

五月二十八日 上午九时半，出席在劳动人民文化宫（太庙大殿）举行的北京市文学艺术工作者代表大会，三百多位代表出席。[②]

五月二十九日 上午，杨振声任北京市文学艺术工作者代表大会任执行主席。王亚平报告《1950年北京市文教局文艺工作计划和实施情况》，赵树理报告《大众文艺创作研究会与北京市的文艺运动》。[③] 据《人民日报》报道：

北京市文代大会第二日，上午，由杨振声担任执行

---

①《市文联筹委会　举行第二次会议》，北京《人民日报》1950年5月26日，第3版。

②《京市文艺工作者代表大会昨揭幕》，北京《光明日报》1950年5月29日。

③《文艺工作者代表大会主席团名单》，北京《光明日报》1950年5月30日。

主席。王亚平报告《一九五〇年京市文教局文艺工作计划和实施情况》，赵树理、田汉分别做专题发言。王亚平在报告中说明：一九五〇年北京市文艺工作计划是：配合全市“生产第一”的方针，广泛地开展文艺普及工作，并在普及的基础上有计划、有重点的提高；巩固文艺界的统一战线，加强对“大众文艺创作研究会”和戏曲改革工作的领导；开展工厂文艺工作；创办文艺工作者业余学校，在毛泽东文艺思想领导下，把北京市文学艺术工作推进一步。

大众文艺会会员四百多

赵树理报告《大家文艺创作研究会与京市文艺运动》时着重指出大众文艺创作研究会拥有四百多会员，自成立以来，已有相当的工作成绩，在出版与创作方面，分别在新民报和天津进步日报编辑六个周刊，又编辑出版了《说说唱唱》月刊和《大众文艺通讯》双月刊两种。还有各种大众文艺丛书，发表的文字已有二百四十万余字，并和有关机关团体共同进行戏曲改革工作，帮助旧艺人演唱新戏曲，开辟了新曲艺演唱园地两处，一是大众游艺社，一是西单游艺社。他指出大众文艺创作研究会的工作过去有一个缺点，就是没邀请到更多的专家参加指导，同时与有关部门的联系也不够密切，需要努力克服。田汉讲话时，指出：新旧艺术，决定于他的内容及其思想性，在内容上凡是符合于广大人民利益的，不论它是新旧形式，都是好的。下午，李伯钊任执行主席。来宾全国民主青年联合会主席廖承志，作家丁玲到会讲话。廖承志希望文艺工作者多多创作，并且在青年和少年儿童队中开展文艺工作。丁玲讲话时说，她已为大会写了文章。她当场就学习毛主席文艺思想等问题作了发言。接着有力达和张梦庚作了有关怎样建设工厂文艺，和北京戏曲改革工作的专题发言。代表张世荣、田光壁、林世良、王瑶卿、萧长华、尚和玉、谭小培、王少楼、施启元、连阔如、戴宏森、李伯康、孙敬修、黄均、朱立达、于村、杜云振、孙玉奎等相继发言。

工人代表希望文艺干部下厂

工人代表张世荣希望文艺工作者和工人团结起来。林世良希望文艺干部长期下厂。田光壁讲了工厂戏剧工作结合生产的经验教训。

在大会进程中，在乐声和热烈掌声交织的旋律里，各单位先后向大会献花、献旗、献匾、献盾。献礼的单位包括：北京市人民政府、北京市少年儿童队、七十兵工厂、自来水公司、邮电工会、石景山钢铁厂、发电厂、清河织呢厂、厚生火柴厂、北京实验托儿所、北京市京剧公会、评戏公会、曲艺工会以及各戏班剧社等。①

五月三十日 《人民日报》公布北京市文学艺术工作者代表大会主席团名单：

北京市文艺工作者代表大会主席团名单如下：老舍、欧阳予倩、李伯钊、王亚平、杨振声、连阔如、徐悲鸿、赵树理、凤子、老志诚、李广田、尚小云、苗培时、胡蛮、齐白石、俞平伯、罗常培、王瑶聊、闻家驷、张世荣、戴爱莲、焦菊隐、曹宝禄、田间、周巍峙、端木蕻

①《文艺工作者代表大会第二日　工作报告和专题发言　市人民政府等机关团体大会献礼》，北京《人民日报》1950年5月30日，第3版。

良、田方、韩世昌、田汉、洪深、黎国荃、白云鹏、萧长华、丁里、阮章竞、钟敬文、金山、吴组缃。

主席团互推老舍为主席团主席，李伯钊、赵树理为副主席，王亚平为秘书长。①

本日，上午，七个代表团分别进行小组讨论各项报告，杨振声为文学代表团团长。据次日《人民日报》报道：

北京市文代大会第三（三十日）日休会。上午，文学，戏剧，戏曲，美术，音乐，工人，学生等七个代表团，分别进行小组活动，讨论吴晗的《解放前的北京新文艺运动》，李伯钊的《北京市文艺普及工作问题》，王亚平的《一九五〇年北京市文教局文艺工作计划和实施情况》等三个报告。一致表示拥护，并提出补充意见。同时提出对大会的要求。希望通过这次大会解决在文艺工作中的问题；并酝酿市文联理事候选人提名。下午，大会主席团举行会议，审慎讨论各代表团反映的意见，听取大会代表资格审查委员会，提案整理委员会，起草委员会等部门报告工作。

京市文艺工作者代表大会七个代表团的正副团长名单如下：文学代表团：杨振声（正）李广田（副）；戏剧代表团：欧阳予倩（正）张梦庚（副）；戏曲代表团：王瑶卿（正）连阔如（副）；音乐代表团：黎国荃（正）芦肃（副）；美术代表团：徐悲鸿（正）冯法祀（副）；工人代表团：力达（正）夏宝义（副）；学生代表团：王恩

① 《文艺工作者代表大会　大会主席团名单》，北京《人民日报》1950 年 5 月 30 日，第 3 版。

荣（正）李景生（副）。[1]

五月三十一日 北京市文代会闭幕。杨振声等四十五人当选北京市文学艺术工作者联合会理事，北京市文联正式成立。[2]另据次日《人民日报》报道：

> 北京市文艺工作者代表大会经过四天会议，已于五月三十一日圆满闭幕，中央人民政府政务院周恩来总理并于百忙中抽暇莅会指导。大会讨论通过了《北京市文学艺术工作者联合会章程》及代表提案七十五件，补充提案七件；选出联合会理事老舍等四十五人及候补理事五人（名单见后）。《北京市文学艺术工作者联合会》于此宣告正式成立。大会并通过向毛主席致敬电和致世界拥护和平大会表示拥护和平电。大会自始至终充满着热烈、和谐的气氛，表现了首都文艺工作者的大团结。李伯钊在总结报告时指出这次大会最大收获是北京市的文艺工作者在思想上明确了今后文艺工作"普及第一"的方针。大会代表纷纷表示坚决拥护及执行此次会议的三个报告。大会由赵树理致闭会词后，在全体代表高呼"毛主席万岁"等口号声中胜利闭幕。
>
> 大会选出的北京市文学艺术工作者联合会理事为：老舍、王亚平、梅兰芳、李伯钊、赵树理、欧阳予倩、连阔如、张梦庚、凤子、端木蕻良、新凤霞、老志诚、苗培

① 《文艺工作者代表大会　昨分组讨论各项报告》，北京《人民日报》1950年5月31日，第3版。

② 《市文代大会昨圆满闭幕，京市文联正式成立》，北京《光明日报》1950年6月1日。另，5月28日至31日北京市文学艺术工作者代表大会具体情况，可参见北京市文学艺术工作者代表大会秘书处编：《北京市文学艺术工作者代表大会纪念文集》，北京：大众书店，1951年。

时、田汉、李广田、胡蛮、曹宝禄、侯宝林、戴爱莲、徐悲鸿、尚小云、程砚秋、焦菊隐、田间、王松声、罗常培、叶盛章、王瑶卿、杨振声、洪深、周巍峙、马可、马少波、金紫光、芦肃、叶浅予、佘世光、丁里、张世荣、梁小鸾、阮章竞、蔡若虹、韩世昌、祖田工、李伯康。候补理事为：林庚、田方、蔡金波、金山、马烽。[①]

六月五日 下午，北京市文联召开第一次理事会。会上，杨振声等二十五人被推选为常务理事，杨振声本人被推选担任研究部部长。文联与文教局文艺处合署办公，地址在霞公府 15 号。[②] 另据七日《人民日报》报道：

北京市文学艺术工作者联合会，于五日下午召开第一次理事会，到老舍、李伯钊等，会上推选丁里、王亚平、王松声、田间、田汉、老舍、老志诚、李伯钊、李广田、佘世光、金紫光、周巍峙、祖田工、洪深、胡蛮、马可、连阔如、梅兰芳、张梦庚、杨振声、赵树理、凤子、欧阳予倩、芦肃、戴爱莲等二十五人为常务理事；并推选老舍为主席、梅兰芳、李伯钊、赵树理为副主席，王亚平为秘书长，王松声为副秘书长。各部门负责人：秘书室主任张梦庚；组织联络部部长李广田、副部长王松声、连阔如、祖田工、佘世光；创作部部长赵树理，副部长芦肃、阮章兢、马少波、蔡若虹、戴爱莲；研究部部长杨振声，副部长罗常培，胡蛮、金山、金紫光；编辑出版部部长王亚平，副部长凤子、苗培时、端

①《京市文联成立　文艺工作者代表大会闭幕　明确了“普及第一”的方针》，北京《人民日报》1950 年 6 月 1 日，第 1 版。
②《京市文联理事会昨推选常务理事》，北京《光明日报》1950 年 6 月 7 日。

木蕻良。会上并依文代大会授权讨论修改文联章程；对编辑出版及如何开展京市文艺工作等问题，也作了初步讨论与决定。[①]

八月九日 出席北京市文联、文艺处召开戏剧改革问题座谈会。共有二十八人到会，就北京市半年来改编和演出的《反苏州》、《将相和》、《云罗山》及《小二黑结婚》等剧目交换意见。

九月一日 与老舍、赵树理等三十人出席北京市文联召开新年画创作座谈会。会上讨论 1951 年新年画创作内容及年画出版、发行等事项。

九月二日 晚，参加北京市文联在机关礼堂举办工人诗歌朗诵演唱会。老舍讲话指出只有在解放后，工人们才能有自己创作和演唱的条件和机会，“这是在历史上从来没有过的事情。”应工人要求，老舍表演了一段相声。会后，杨振声和老舍、赵树理等与工人座谈，欢迎工人同志们常来文联，共同研究文艺问题。

九月十七日 在长安戏院参加北京市文联联欢会。

九月十八日 出席北京市文联诗歌朗诵座谈会。会议由老舍主持，总结了两次诗歌朗诵的经验。

九月二十三日 采访出席 1950 年全国战斗英雄代表会议的代表刘奎基，作《华东一级人民英雄刘奎基》，刊于次月十日《北京文艺》第一卷第二期。

北京城压根儿就没有过象今天这样光荣的日子，怀抱里集会了全国的英雄及模范儿女。还加上世界民主青

---

①《北京市文联　举行首次理事会　决定各部负责人选》，北京《人民日报》1950 年 6 月 7 日，第 3 版。

年联盟代表们也在这儿。这个古老的京城也跟着年青了。

9 月 23 日下午，我是从文联与一般文艺工作者分头出发，我们的任务是访问战斗英雄。在一个秋阳晒的暖烘烘的旅社的走廊上，我遇到了一位身材细高，风姿英俊的青年。他举起他那从军 18 天就受伤残废了的右臂和我握手，胸前挂满了荣誉勋章，在阳光里闪耀着他过去英雄的事迹。他那温雅谦虚的态度，假若把军装换成干部制服，你会认为他是一个文艺工作干部。然而他就是那个在军中无人不知的“赤手空拳、单臂夺抢”的战斗英雄刘奎基。

我们走上楼梯来到他的房间，就打开了话匣子。他象抱歉似的笑着对我说：“咱的话太土，人家都笑我把‘人’念成‘ien’。”

我听着一点也不土，因为我也是山东蓬莱的‘ien’，我笑着认了小同乡。于是我们的土话就流畅起来了。

他告诉我报上登载他的事迹基本上都对，只有些小地方不大准确（如芝兰庄之战在 1946 年，不是在 1947 等等）。他把 1946 年胶济铁路旁芝兰庄的战斗，很生动地叙述给我听。我想凡见于 9 月 21 日人民日报的，此处不再重复了。我只把芝兰庄篚柴村的一场恶斗记录下来，一来可以补充人民日报之不足，二来这段活的史料也真动人。（那是多好的小说材料！但此处只限于写报告，不能比口述多加什么，只能比口述减少什么，这是应向这位英雄抱歉的。）战斗的具体情形是这样：

……

在结束英雄事迹介绍之后，他只说：“共产党教育了我，碰到困难的时候，我只想起我是个共产党员，不觉就来了勇气，更加坚强起来。”

在我们临别的时候，他送我下楼。我握手时告诉他，听了他的事迹十分感动。他很谦虚地说：“我的事又算得什么，在解放军中比我更勇敢的多得是呢。”[①]

十月一日 评论《谈谈文学上的民族形式与欧化形式》刊于《光明日报》“国庆节特刊”。

十月八日 与老舍等参加北京市大众文艺创作研究会与青年服务部在青年会三楼交谊厅主办“星期文艺讲座”。

十月十九日 北京市文联、全国文联联合举行鲁迅逝世十四周年纪念大会，到会九百余人。杨振声与郭沫若、胡乔木、老舍等先后讲话。杨振声讲话全文《鲁迅在文化革命的战斗中发展了自己》刊于同日《光明日报》。

十一月十日 《新观察》第一卷第十期出版，其中刊发了杨振声所作杂文《“画皮”的美帝国主义者》。[②]

十一月十六日 出席在京文艺工作者抗美援朝座谈会，会上通过《在京文学工作者宣言》，在其上签字。[③]

十一月二十三日 北京市文联召开抗美援朝文艺作品座谈会，王亚平主持，汪刃锋、卞之琳、方成、汪曾祺、胡蛮、连阔如、杨振声、凤子、臧克家、赵树理、罗常培等二十六人参加。[④]

十二月八日 杂文《我所认识的美国》刊于《光明日报》。

十二月九日 新诗《接力》刊于《光明日报》“‘一二·

① 杨振声：《华东一级人民英雄刘奎基》，《北京文艺》第一卷第二期，1950年。
②《介绍〈新观察〉第十期》，北京《人民日报》1950年11月17日，第6版。
③《在京文学工作者宣言》，北京《光明日报》1950年11月18日。
④《京市文联召开座谈会》，北京《光明日报》1950年11月23日。

九’十五周年纪念特刊”。

十二月二十五日 《人民日报》发表了中国留美学生五百余人对奥斯汀演说的声明，其中有杨振声签名：

> 中国留美学生五百余人发表对于奥斯汀无耻演说的声明。全文如下：
>
> 美国战争贩子奥斯汀十一月二十八日在安理会上无耻的演说中，提到有一万个中国学生，曾在美国受过大学教育，并列举美国在中国办了许多学校医院等，来证明美帝国主义对中国的“友谊”。我们，就是奥斯汀所说曾在美国受过大学教育的人，对奥斯汀的诬蔑，感到万分的愤慨。奥斯汀不敢回答无法抵赖的美帝对我国台湾的侵略事实，却说了一些对中国人民的所谓“友谊”，这样，奥斯汀就使美帝文化侵略的面目更彻底暴露无遗了。
>
> 必须指出，美帝在中国办学校，是破坏中国的文化教育主权的行为，他企图以“小恩小惠”毁灭中国人的民族自尊心，而且其办学校和办医院所用的钱，比之美帝从中国人民手中劫夺讹诈去的大量“赔偿”真是微乎其微；而其目的，原是为了对中国进行杀人不见血的文化侵略。
>
> 必须指出，美帝的大量招收中国留学生的政策，以“赔款”的极小部分，作为中国学生留学经费，并一般地欢迎中国学生前往留学，其目的是妄想以所谓“美国生活方式”培养一批效忠于美帝的“人材”，以便更进一步地侵略和奴役中国。
>
> 必须指出，战争贩子的目的，是要把血腥的侵略，说成恩惠的礼物来对我们进行中伤，挑拨和分化，妄想从中国人民中间，把我们孤立起来。

我们要明白告诉美国的战争贩子们，你们错了，你们失败得太可耻了！恰恰相反，正因为我们曾经在中国受过被美帝所控制的各种院校的教育，正因为我们曾经在美国受过大学教育，我们对美国的认识也就特别清楚，我们以亲身的体验，认识美帝是中国人民最凶恶的敌人。

我们懂得望夏条约的“利益均沾”的帝国主义特权，就是美帝所谓的对中国人民的“友谊”，我们懂得美帝企图与其他帝国主义国家共同侵略和削弱中国的“门户开放”政策，就是美帝所谓的对中国人民的“友谊”！

我们知道在英法联军，在中日战争，在俄、法、德三国干涉归还辽东半岛的时候，美帝如何帮助英、法、日本进行对中国的侵略，这样的“友谊”在历史上数不清。

我们要问，在中国抗日战争中是谁把废铁、汽油、军火供给日本的？解放战争中，是谁以六十亿美元和军火供给蒋介石匪帮来屠杀中国人民的？今天又是谁阻止我们进入联合国，是谁阻止我们解放台湾？是谁用飞机无数次轰炸我领土，屠杀我人民，炮轰我商船？是谁用海陆空军侵占朝鲜，狂妄地向我们国境鸭绿江推进？这一切恰恰不是别人，而是口口声声喊叫对中国人民有悠久“友谊”的美帝国主义！

同时必须指出，我们中国人民是酷爱和平的，我们深信美国人民同样需要和平，而和平的破坏者就是今天我们所反对的美帝国主义。中美两国人民必须共同努力，团结起来，反对美帝国主义，反对战争贩子，为争取美好的将来而斗争。

日暮途穷的战争贩子们必须明白，中国人民已经站起来了，我们热爱我们的国家，热爱我们的政府，我们要以加倍的努力，更紧密地团结起来，在我们的毛主席和中央人民政府领导之下，积极参加抗美援朝保家卫国的工作。

签名（依姓氏笔划为序）

刁开智、丁声树、丁雪、丁延玠、王旭芹、王作民、王爱华、王文靖、王锡钧、王国章、王裕禄、王梓仲、王毓铨、王国祯、王湘浩、王岷源、王重民、王宗淦、王之轩、王补宣、王正中、王培祚、王琇瑛、王珏、王民泉、王俊奎、王焕如、王遵明、王国周、王成组、王志均、方善桂、方嗣欆、方迪槐、方贶予、毛礼锐、申又枨、申恩荣、田贵銮、田保生、白和懿、白家祉、艾维超、史国衡、孔繁霁、江先群、江泽涵、牟作云、任理卿、任华、池际尚、朱启平、朱本源、朱启贤、朱铭麓、朱光亚、朱弘复、朱希亮、余瑞璜、余肇池、余谦公、李增德、李飞生、李彭龄、李肇特、李靖国、李时尚、李明德、李铿、李道揆、李欧丽阁、李景汉、李汝祺、李西山、李嘉祥、李德沛、李铭新、李耕田、李德芹、李学禧、李朝增、李朝肇、李信纯、李辑祥、李庆海、李继侗、李孝芳、李赋宁、沈治平、沈长慧、沈慧、沈其益、沈同、沈履、沈有鼎、沈增祚、吕方、吕时平、吕秀英、汪衡、汪坤仁、汪明瑀、汪瑄、汪振儒、武兆发、武迟、邢其毅、吴承明、吴承洛、吴景超、吴瑞萍、吴素萱、吴之椿、吴京、吴振英、吴英恺、吴安然、吴柱存、吴新、吴亭、吴柳生、吴寒钦、吴达元、吴良镛、宋俊祥、宋耀林、何兹全、何观清、何广扬、何基、祁开智、杜度、唐钺、唐悦良、唐嘉、唐庆永、唐敖庆、唐学乾、唐冀雪、马约翰、马启伟、马大猷、马德音、高平、高尚仁、高凤山、高步昆、高崇熙、徐献瑜、徐仁言、徐广华、徐锡良、徐华舫、侯浚吉、侯学煜、侯祥麟、夏煦、夏翔、夏震寰、夏同光、翁独健、翁品嘉、范翊华、范志超、梁思庄、梁思成、梁植权、秦学圣、凌其峻、倪钟焕、耿耀西、浦寿海、时昭涵、袁宏、涂光炽、韦固安、林久明、林鸿荪、林徽因、林达光、林戊荪、林传鼎、林耀华、林汉达、林启武、林传光、林巧稚、周庆岐、周一良、周卜颐、周家骖、周廷儒、周步光、周思敬、周作仁、周炳琳、周卡、周许淑文、周钟岐、周家炽、周珏良、周金黄、周华康、周先庚、金岳霖、金涛、金荫昌、金希武、孟广照、孟宪民、孟昭英、郃爽秋、易鼎新、邵循道、邵循恪、岳毓常、芮沐、洪深、洪达琳、段学复、段连城、段兆麟、胡先骕、胡定、胡先晋、胡志彬、俞大绂、俞秀蔼、梅汝璈、姚曾荫、南国农、施嘉炀、竺可桢、姜文钊、孙越崎、孙云铸、孙世铮、孙承谔、孙令衔、孙国华、孙毓棠、孙绍先、孙绍芳、曾昭抡、曾炳钧、贺麟、温光钧、诚冠贻、恽魁宏、彭清源、彭湘源、程义法、程民德、华罗庚、劳远琇、万迪钧、万晋、汤用彤、汤佩松、汤季芳、冯锡良、冯友兰、冯景兰、冯大麟、冯新德、冯俊凯、冯家升、傅鹰、傅举孚、褚圣麟、裘祖源、裘维藩、葛庭燧、邹致圻、邹德华、袁复礼、屠守锷、叶企荪、叶恭绍、叶子纲、雷洁琼、雷海宗、雷雨篁、董树屏、董浩、杨振声、杨慕冯、杨绯、杨式德、杨美真、杨达浚、杨绳武、杨友鸾、杨葆昌、杨德馨、杨文骐、闵嗣鹤、项宗沛、崔书香、陆志韦、陆懋德、陆崇玮、曹鼎汉、曹继贤、郭太炎、郭开兰、郭圣铭、郭懋安、郭毓彬、陈光旭、陈友松、阿慧、陈新民、陈天智、陈裕生、陈光谦、陈大受、陈泗柱、陈振汉、陈德明、陈鸿舜、陈意、陈芳芝、陈景磐、陈致忠、陈中熙、陈关铎、陈世忠、陈乃隆、陈岱荪、陈达、陈桢、陈梁生、陈占祥、陈祚修、陈国梁、陈同度、陈克元、张奚若、张子高、张炳禧、张龙翔、张伟韬、张守仪、张道真、张增年、张淑仪、张天民、张陶玲、张宗炳、张宗燧、张志让、张定命、张赓虞、张汝辑、张建侯、张怀、张景钺、张乃初、张鋆、张作干、张重一、张德润、张锦、张永懋、张昌颖、张光炎、张光斗、张云鹤、张中元、张祥年、张之一、张锡钧、张学德、张任、张孝骞、陶葆楷、陶佩霞、许勇三、许英魁、庄前鼎、娄是俊、常回、毕季龙、黄国璋、黄启汉、黄叔善、黄鸿辉、黄瑞弼、黄志秋、黄乙武、黄新奇、黄培哲、黄仁勋、黄瑞纶、黄大器、黄青云、黄子卿、廖泰初、应廉耕、黎希干、寿振黄、管梅瑢、管玉珊、熊大仕、郑作新、郑林庄、郑汝湛、郑家铣、郑桐荪、郑吉士、郑永福、刘承钊、刘静和、刘焕东、刘书元、刘修业、刘玉素、刘思职、刘心显、刘儒珍、刘仙洲、刘祖慰、刘炽光、诸长福、诸福棠、赵寿瑞、赵承信、赵紫宸、赵乃抟、赵广增、赵萝蕤、赵占元、赵人儁、赵以炳、赵访熊、赵曾久、赵增辉、赵鸿举、赵锡禹、赵振声、赵诏熊、潘光旦、潘锡麟、潘钟祥、蔡镏生、蔡如升、蔡蘅芳、钱端升、钱伟长、钱崇澍、冀朝鼎、霍秉权、欧阳采薇、欧阳湘、卢乐山、卢广绵、骆涵素、骆美轮、蒋荫恩、蒋明谦、齐思和、翦伯赞、邓以蛰、邓巽保、邓家栋、钟香驹、钟士模、储钟瑞、储一石、邝平章、薛培元、薛贻源、薛鸿志、关瑞梧、关夏亭、环惜吾、谢书文、谢琏造、谢荣、谢义炳、戴世光、戴芳澜、戴汉笠、戴志昂、罗常培、罗士苇、罗念生、罗福祯、罗宗贤、罗隆基、罗静宜、罗真瑞、罗志如、罗时钧、聂毓禅、聂崇政、谭锡畴、阚冠卿、苏汝江、萧嘉魁、萧健、萧逸鸿、饶毓泰、饶毓苏、严镜清、严仁赓、严仁荫、严楚江、严景耀、韩寿萱、顾平勃　Iealul J.Grook Bettha Hiutou David Cvooh.①

本年《“五四”与新文学》收入《“五四”卅周年纪念专辑》。

据本年考入北京大学地质系的赵其渊所述：

杨振声教授当时兼当图书馆长，人高马大，刁着一根烟袋锅，很似闻一多教授派头，说话声音很洪亮，接待班禅厄尔德尼来访图书馆时，少不了杨教授作陪。②

◎1951年　辛卯　六十一岁

一月十二日　下午二时，出席北京市文艺处召开的老舍话剧《方珍珠》座谈会。另有老舍、赵树理、王亚平、王负图、贺敬之、吴雪、刘郁民、端木蕻良、凤子、魏喜奎、良小楼

---

①《我国五百余留美学生发表声明　痛斥奥斯汀污蔑中国人民》，北京《人民日报》1950年12月25日，第3版。

② 赵其渊：《记忆中北大的学界巨人们》，《北京大学校友通讯》第29期，2001年11月。

等三十余人出席。[1]

二月二十六日至二十八日 在中山公园中山堂出席北京市第三届各界人民代表会议。据阴法鲁所述：

> 1951 年，他参加北京市第三届各级人民代表会议后，写了一篇“从实际经验中体会到我们人民民主制度的优越性”，发表在“中国青年”上。……他看到形形色色的各界代表，亲热和睦，会于一堂，认真地讨论各项问题，最后都取得了一致的意见。政府首长的报告深深地打动了他。他体会到人民政府总是“说的少，做的多”，不由地从心里发出了这样激动的声音：“感谢人民政府工作人员这样老老实实的态度，感谢他们的日夜辛勤，感谢……”他认为在会议过程中所得到的许多印象，“若不是耳闻目见，简直就不敢相信”。压抑不住的一片欢欣鼓舞的心情！[2]

二月 评论《爱国主义与新现实主义的文艺》刊于《北京文艺》第一卷第六期。

三月二十三日 评论《镇压反革命和抗美援朝分不开》刊于《人民日报》。

本月 评论《看罢〈龙须沟〉》刊于《北京文艺》第二卷第一期。

五月四日 杂文《抗美援朝运动中纪念“五四”的意义》刊于《光明日报》。

五月十六、十七日 晚七时，在中央团校礼堂观看北京市

---

① 毓珉、黄真：《〈方珍珠〉座谈会纪略》，克莹、李颖编《老舍的话剧艺术》，北京：文化艺术出版社，1982 年，第 323 页。
② 阴法鲁：《追悼杨振声同志》，《九三社讯》1956 年第 4 期。

学生联合会、青年团北京市委员会和北京市文学艺术工作者联合会联合举办的北京市学生抗美援朝文艺宣传观摩会，并参加文艺组评审委员会，与老舍、李伯钊、李广田等被聘为顾问与评审委员。[①] 另据杨振声自述：

> 我在五月十六、十七，一连两晚看了北京市学生抗美援朝文艺宣传的观摩演出，那些充满了青年热情的词句，活泼天真的表情，愉快轻松的场面，教人怎能不感动呢？在这些印象还很新鲜的时候，我又参加了文学组评审委员会。提出评审的还包括在这以前的作品，就是自抗美援朝以来至本年五月中旬为止的北京市学生的文艺宣传作品。[②]

在此前后，杨振声家中接连发生两件不幸的大事：一是一生孤苦的杨振声夫人在老家病故；一是在共和国之初的土地改革运动中，蓬莱杨家的五十余亩土地及相关家产被没收，身在老家的次子杨文藻因被视为“伪镇长”和“恶霸地主”，被政府枪毙。杨振声对儿子的死，一度深表同情，流露出不满情绪。然而，在给女儿的家书中，却尽量把他视为败家子，以获取心灵上的安慰与坦然。

七月四日 致函昆明的女儿杨蔚夫妇：

> 书堂
> 丽儿：
>
> 接到丽儿六月三日的信，很高兴。现在北京在试验

---

①《今明两日举行学生文艺宣传观摩晚会》，北京《新民报日刊》，1951 年 5 月 16 日。

② 杨振声：《参加文学组评选委员会以后的几句话》，北京《光明日报》1951 年 7 月 8 日。

一种治病的新方法，叫组织疗法，对胃溃疡很有效，已治好很多的人。书堂能想办法来此治病，最好。不然，想法把药寄来（此时，因药怕热天气，不能寄得天冷以后）也可一试。华北大学工学院已把请书堂的聘书发出，在此处存着。

以下是关于家中的事：

你母亲去世，不必太悲伤。她活着享不到福，死了倒可少受罪。她一生的受苦，先是社会的罪恶（专制婚姻，剥夺了她与我的家庭幸福）。后来是老二的罪恶（浪子败家）。我对她虽无爱情，但有同情与敬意的，所以我，现在也为她带孝。至于老二，是死有余辜的。你还记得：当初劝他学医，他把学费化了；劝他作生意，他把本钱又化了。在抗战时劝他种田，他不听；解放时劝他不要离家，他又不听。他把你祖父一生辛苦换来的产业，作为他不事生产、坐吃坐穿、剥削他人的本钱。最后他还不肯好好地改造，以至全家倾败，受累无穷。他是我家的败家子，也是我家的罪人。政府对他的处理，我是完全同意的。至于将来对家中怎末办，丽儿可有意见？暂时只好养活他们，使孩子们不至完全失学，以后看情形再说。

我身体不错，吃的也好。下午同晚上，加两次点心。到公园散步，不能天天去，但一星期总有两三次。吴伯伯孩子太多，累的够受，自己也不大进步，将来不太好办。沈从文的太太现在中学教书，比丈夫进步。小龙小虎都很有趋习。

译生在北京，不常见面。现在有大半年不见了。宛生也在北京，人民艺术剧院。她很忙，目前又要生第二个小孩。一年中见了她两三面，还比见译生的次数多。

弟弟不但没有女朋友，近来连跳舞也不大感兴趣了，我看他总得打一辈子老光棍。

你发福，刚只有六十二公斤，不算胖。近来又在劳动，那真好，就使再胖上十公斤，也值得。并且七十二公斤，才刚好够得上画上的唐朝美人。问你们同孩子们好。并代请老太太安

父字　七月四日

七月八日 《参加文学组评选委员会以后的几句话》一文刊于《光明日报》。

本月 评论《通俗化——从五四新文学的语言说起》刊于《北京文艺》第二卷第五期。另据《人民日报》报道：

《北京文艺》第二卷第五期发表了《通俗化问题笔谈》。参加这次笔谈的，有老舍、冯至、郭良夫、杨振声、王彭寿。这次笔谈，对通俗化问题作了比较深刻的讨论。郭良夫说："我们要下定决心写给人民群众看，应当了解人民的语言、思想和情绪，运用人民的语言，反映人民的思想情绪，写出来的东西，使人民大众容易看得懂，而且爱看。"杨振声说："通俗化，不只在采人民的活语言。而更要在人民的活语言的基础上，加以提炼、丰富和发展。要从人民的学生作到人民的先生。但是，不能离开这个基础，离开了，不但人民不会接受，语言也不会生长，因为它没有根。"老舍说："我以为通俗化的问题，主要的是作者的态度问题。假若他了解了文艺须为人民服务的道理，他就会放弃了旧风格，旧修词，

及欧化句法等，而去向群众学习生活与语言，给人民写作。反之，他若不了解为人民服务的大道理，他就从心里不愿放弃他原有的那一套，也就难怪写不出通俗的东西来了。”冯至说，通俗化须注意语言的纯洁与健康，这样写出的作品才能为广大读者所爱读。水浒传就是一个明证。王彭寿对文艺通俗化的问题提出：不但形式上要通俗，在内容、言语等方面更要通俗，使大家容易接受，使他们能提高政治水平，更好的接受毛主席的思想，更好的“为人民服务”。他又指出，在走向通俗化的方向中，必须防止用土语、滥用术语和粗俗作风。这个笔谈是十分有益的，应该引起文艺界的重视，努力改进文艺的创作。

本学期 指导毕业生李赐。据李赐所述：

今甫先生是我写毕业论文的导师。先生为人和气，爱护学生，常约我们一些同学到他家去叙谈，聚餐。我毕业前，他介绍我到北京文化局工作，已办好手续，突然中央宣布大学生统一分配，不许自找工作，我连在《光明日报》、《文艺报》上的几篇文章也未要回，便报名支边，来到原绥远省。[1]

暑假后，要求参加江西土改。据阴法鲁所述：

那年暑假以后，北大中文系和史学系的一部分教师和学生到江西参加土地改革工作，今甫同志也要求参加。

① 李赐：《一张旧照片的怀念》，《北京大学校友通讯》（校庆 95 周年纪念特刊），1993 年。

学校的领导同志因为他年老多病，劝他不要去。[①]

九月八日 杂文《从实际经验中体验到我们人民民主制度的优越性》刊于《中国青年》第七十四期。

本月 评论《文艺工作者会师》收于北京市文学艺术工作者代表大会秘书处编《北京市文学艺术工作者代表大会纪念文集》，由大众书店出版。

十月二十日 老舍主持召开市文联理事会，欧阳予倩、杨振声、罗常培、李广田、田间等二十五人到会，会议总结了市文联十个月的工作；发动工人、农民、学生业余创作；组织曲艺界艺人赴朝慰问演出；组织艺人、作家宣传抗美援朝；领导了业余艺术学校的教学；举办了第二期盲艺人训练班；团结了一批画家，组织了书画义卖活动；领导了《北京文艺》及《说说唱唱》的工作等等。与会人员一致肯定了文联工作的成绩，并对今后工作提出了意见和建议。

本日，致函昆明的女儿杨蔚夫妇：

书堂

丽儿：

上次苗天宝先生来带到书堂的信，又当面谈了许多话。我知道书堂来是不容易了，信也没有复。后来又接到丽儿的信，这些信都使我像亲见过你们一次似的，给我不少安慰。

先说书堂的事：看情形，此时离开，确实不易，事情不能作的太勉强。惟一可能的事，是借开会来京一次。苗天宝先生也说过：明春来京住个时期治病是可以的。组织

① 阴法鲁：《追悼杨振声同志》，《九三社讯》1956年第4期。

疗法对胃病较有把握。听说东北治的最好，北京次之，云南就难说了。只试试打针，未尝不可。据说“埋藏”作法比较有数。来时能否同丽儿、立梅一起，得你们自己斟酌。我自然是那样的盼望着，但不可太从我这方面设想，得看你们的方便。人老了没有旁的好处，但他能忍受一切的。来了时与华大工学院谈谈也好，他们总该想办法，重工业部总还有权的。

再谈谈丽儿的信：

得先夸奖你，照顾书堂的饮食，使他胃病见好，这是一大功。对于小二嫂的安排，弟弟同我也有同样的意思。先等等看，她能再嫁，自然再好没有。不能时只怕小二嫂不能和好相处，而小二嫂是孤独的，她以前侍候你祖父和母亲又都有功，家里排挤她走是不对的。弟弟说她很好，让她来京倒是较合适。只为不太知道家中情形，所以不敢冒昧。告诉你个笑话罢，你姑母、宗家表叔、大哥、弟弟都在向我建议：劝我续娶。这算公意了。我对大哥、弟弟说：“以前我能这样作，你们反对，是对母亲的孝心。现在我不能了，你们建议，算是对父亲的孝心了！”

我还说：“阿丽不赞成，我就一定不作。”

你别急，我不去要你同意，我只是往你身上推，我自己不愿续娶呀！我有个自私自利的算盘，我要人照顾是真，特别是生病的时候，但我只要人照顾，却不要续娶。老了我就赖在你和弟弟身上，看你们能赶我出去吗？还有，一个女儿，管的我够凶了，还有立梅在那里等着呢！若再加上一个，我一动也不能动了。我得保留一点自由呀！好我就专等着我那可爱的女儿和可爱的外孙女罢。问大家都好。

父字　十月廿日

十一月二十五日　长篇童话《和平鸽旅行团》始在《北京新民报日刊》“新儿童”连载，至次年二月三日。据萧乾所述：

那时，知识分子正在脱胎换骨，有的人心情不很舒畅，杨老师却精神焕发。他看到国家摆脱了反动统治，老百姓翻了身，感动无限喜悦。我是从他口中第一次听到新凤霞这个名字的。原来杨老师走出他那阳春白雪的书斋，时常到天桥或隆福寺去看民间艺人的演出。有一天他说天桥戏棚子里真有能人啊，对新凤霞演出的《祥林嫂》赞美不绝。记得他还曾与苗培时同志一道搞过一些通俗读物。他没有一点士大夫的架子，也正是在那种“俯首甘为孺子牛”的心境下，他写了《和平鸽旅行团》和《华东一级人民英雄刘奎基》。他急于跟上时代，急于把自己的一切贡献出来。①

十二月三日　据《顾颉刚日记》：

今日《文汇报》载北大里批判胡适，说他有“四大金刚”，是傅斯年、罗家伦、杨振声和我，此话不知如何说起。罗与胡的关系极浅，我则早已疏远了。②

十二月二十七日　北京市文联召开理事及文联干部会，到会的四十余人，热烈祝贺老舍先生获“人民艺术家”奖状。王亚平致词后，杨振声、田间、赵树理、林庚、苗培时、金

① 萧乾：《我的启蒙老师杨振声》，《随笔》1984 年第 5 期。

② 顾颉刚：《顾颉刚日记》（第七卷），台北：联经出版事业公司，2000 年。

紫光、曹宝禄、叶盛章、王松声等相继发言表示敬意和祝贺。老舍对大家的祝贺表示感谢，他说："光荣应该归于北京的劳动人民，我自己不该享受这个光荣。我一向认为自己不够，要虚心学习。今后，更要虚心学习，只有在政治上提高，在大家帮助下，才能创作出更好的作品。

本月"三反"运动开始。据阴法鲁所述：

> 在三反运动中，他也反复地检查了自己的思想，希望得到比较彻底的改造。[①]

◎1952 年　壬辰　六十二岁

二月二十九日　在北大中文系被迫作第一次思想检讨，题目是《控诉我的资产阶级腐朽思想》。当日，中文系整理出一份《杨振声的材料》：

> （一）杨振声的简历：山东省蓬莱县人，六十四岁，家庭出身是恶霸地主兼工商业经营者。一九一五年就读北大中文系，一九一九年毕业。到美国留学四年，返国后任武汉大学外文系教授。一九二五年到一九二六年任北大教育系教授一年，一九二六年到一九二七年任燕京大学中文系教授，一九二七年到一九二八年任广州中山大学外文系教授，一九二八年到一九三〇年任清华大学中文系教授兼文学院院长，一九三〇年到一九三二年作青岛大学校长两年，一九三七年入北京大学任中文系教授，直到现在。曾由朱家骅介绍加入国民党，由王世杰介绍做过三青团中央监察委员。

① 阴法鲁：《追悼杨振声同志》，《九三社讯》1956 年第 4 期。

（二）杨振声的自我检讨：《控诉我的资产阶级腐朽思想》

一、反动的政治立场：出生于资产阶级地主家庭，受的是资产阶级教育，所以养成了我“向上爬”的自私自利思想。后加入资产阶级的右派组织“现代评论派”，与王世杰交往甚密。因为王的关系，见到了蒋匪介石。一九三五年参加庐山会议，因事先没有好好计划，蒋介石发表了“抗战空论”，但也没有得到什么结果。这种会议上充满了资产阶级腐朽思想和气氛。以后我虽未得蒋匪信任，但“做官”的思想却越来越甚了，后来王世杰叫我任三青团中央监察委员，国民大会时又做了代表。但到选伪总统时我没有参加。快解放时王世杰来电叫我到南京，我看蒋匪帮已无作为了，所以没有去。在西南联大时，被朱家骅强迫参加国民党，是因为没有斗争性。我的“发展”是由“有民族立场的人”，到“资产阶级右派思想”，再到“反动思想”。我的办教育也如此，任青岛大学校长时阻挠学生的“九·一八”请愿，凡请愿者各记大过一次，后又坚持不合理的学制，学生罢考，开除了廿六人，学生更不依，乃解散青岛大学。由于我反动的立场，为了自己的地位，压迫了青年学生，损害了民族利益，现在回想起来我不配做一个人民教师。昆明“一二·一”发生，教授中有的主张罢课三天，有的主张惩凶。我和汤用彤提出罢课一星期，也就是帮助了反动政府压制了学运。我还曾给帝国主义服务过，到美国讲学，解放后与一名为“旁听生”实是美国间谍往来，我当时一些也不知道。我又给英国文化处作了招考中文秘书的工作，并接受一百万元之报酬和数天英国人的请客。此外，我还订了美国文艺杂志《星期六》。我没有站稳立场，只看到自己与他们的关系，不知道他们是我们的敌人。我们必须站稳立场。解放后，二儿子因是恶霸地主而被镇压，土地没收，我大闹情绪，后看到人民公审大会，才知道人民的控诉是不会错的。解放后，我有四百廿元美元和一百五十元银洋，美元交了银行，银洋却没有交，这说明了地主阶级帝国主义思想使我变成了恶魔。

二、反动的文艺思想："五四"时曾写过一些描写人民疼苦的小说，北大毕业后，受帝国主义教育，丧失了人民立场。我是"新月派"，和沈从文两次编大公报副刊，解放初，参加全国文代、北京市文联，都给我以教育，这样使我认识了人民的文艺，在以前对《武训传》的内容未加批判，同时对箫也牧作品也很感兴趣，这就是我的资产阶级文艺思想。

三、宗派主义和把头作风：入北大后，先后介绍赵西陆、李广田、姚殿芳、阴法鲁等，入北大造成宗派，并一再推荐沈从文入北大。一些也不考虑其他问题。我的拥护魏先生作系主任，是想拿他来抵制罗常培。唐兰先生作系主任时，我常常越俎代庖。这种把头作风使系里不团结，这种资产阶级腐朽思想在人民的大学里是决不能容忍的。我在师生关系上也不准确，常请同学吃饭，但在捐献时同学叫我帮助写稿，我却拒绝了。一九五一年教《子夜》时，为了茅盾的地位，而不肯尽量批评他。

人民政府对我的态度使我又感激又惭愧，看到革命者觉得自己太卑鄙，我要勇敢暴露自己的缺点，批判我的没有站稳的立场，我要尽一切力量站在人民立场，对同志们建立正当关系，对同学们也应该如此。用批评与自我批判的武器，学好马列主义，来改造自己，做一个真正的人民教师。

（杨振声自我检讨到此为止）

（三）对杨振声提的意见及揭露的事实：出席人数四十八人，其中发言者三十三人（三十六次），其中教授十二人，同学廿一人，经过大家分析他的思想，一致认为是反动思想，并暴露事实不够，并没分析批判，只扣上一顶大帽子，不解决问题。从阶级出身历史看，是一贯反人民的立场，为反动派服务。会上有同学提出，如不好好改造，不承认他是老师，反动立场、反动文艺思想与宗派主义是相互结合在一起的，不能分立开来看。

一贯与反动头子相勾结，参加庐山会议两次、重庆会议十次、南京会议一次，汉口会议一次。如参加庐山会议，不谈具体事实，只以“向上爬”来解释，过去参加国民党、三青团，强调是王世杰拉拢，意下有冤屈之意，原谅自己。第一次积极参加伪国代大会，因为许德珩等不去，自己说不去不好，于是去“敷衍”。是不是抱别人不去，我偏去，向上爬受赏识的心情去的。第二次不去，说是正义感，是与反饥饿、反内战、对学生群众所说“漠不关心”相矛盾的。对学生运动，一贯压制反对，如山东大学学生爱国请愿，每人记大过一次，开除学生。伪教育部下令解散青岛大学，武力押解学生出校，张道藩拿手枪作为反动派帮凶。（系领导补充：杨是此事件的主犯。）

对庐山会议还说“没组织、没计划、没有结果”，难道还嫌反动派危害人民利益没有结果吗？

昆明“一二一”运动，提出折衷方案，不要惩凶，是否反动当局授意，是否和傅斯年商量？北京学生反饥饿反内战运动、沈崇事件抗暴运动表示“漠不关心”不是真实的。

一九三六年蒋廷黻大发谬论，说蒋介石应为独裁者，杨那时认识如何？

参加“新路”不认识是美国路线，根本未加批判。

从美国讲学回国，散布美国文化及生活方式，闻一多批评他，弄得不欢而散，这一点没有提到。

解放后，对抗美援朝运动没有信心，怕打不过美国，汉城失守时前两天就知道？是不是和美帝勾结，或听了美国之音。与美帝间谍米海瑞（前北大研究生已被捕）交往甚密，指导研究鲁迅，捣什么鬼？同学捐献写文章，他不肯改，还说“剥削我的暑假”。但接受英国文化协会邀请，为考试秘书写文，并接受一百万元，此足证明其立场。（系领导补充：与英帝国主义份子来往甚多？为什么？）

对胡适没好好批判，还称之其为“胡先生”，为什么？

生活腐化，编小学教科书时居住“王宫”，非醉不饮，解放前带有二个马弁。（系领导补充：不是教授而成了国民党大官僚。）

儿子被镇压后，对政府不满，闹情绪，说干部有偏差，如何解决问题？（系领导补充：其儿子是有血债的，杨振声也有责任的。）

反动文艺思想：反对鲁迅作品，不选作教材，并讽刺说是“□□□的□□时代”。现在教现代文学名著选后，则虚伪称赞鲁迅。

欣赏徐志摩作品，不加批判。与沈从文编大公报副刊，在文学上有意造成宗派，以沈为打手，造成危害毒素。

散布烟幕弹，欣赏箫也牧即小资产阶级文学思想，其实自己是反动文艺思想。（系领导补充：杨写的《玉君》，出版后鲁迅批评其“刚下来即死”。）

对杨晦先生拉拢，送钱请他做大衣遭到拒绝，三反运动中还进行贿赂，开会买点心。对人民文艺采取抗拒态度，根本不认识。

四百廿元美元和一百五十元银洋是哪里来的？是否曾贪污？

拉拢林庚，排挤孙楷第等都没说。拉拢赵西陆、姚殿芳等情形也没有加以批判。

文艺思想只说参加“新月派”，编刊物没批判散布那些细菌毒素。

（四）我们对他的工作与态度：起先对他以帮助的态度，找他谈。后来召开小组会三次，漫谈一次，个别谈话三次。杨晦先生谈二次，同学访问一次，经过启发，方做出以上检讨。本人因属于历史性的反动，这次三反运动中又不老实，如不深刻检讨，是不够做一个人民教师的。如能在这运动中彻底洗澡，纠正自己错误，还是可以做一个教师的。（系领导补充：不过此人罪恶深重，不是一日能彻底洗净，是应处理的。）

（五）本人态度：对历史交待不清，不是主动要求思想改造，不肯暴露自己的问题，避重就轻，在群众压力下不得不检讨。在检讨前曾觉得自己问题严重，而要求不检讨，要求请求处分。在检讨时暴露不够，谈不到认识和批判，只扣几个帽子，说什么“不配做人民教师”、“不配做中国人”，但后来只说惭愧，头重脚轻，对反动事实总轻轻带过，不讲详细情况，态度（系领导补充：很）不老实。（系领导补充：特别这两天到处摸底听消息。拉拢同学，品质恶劣，反动思想仍不肯向人民低头改悔的。）

这份《杨振声的材料》，除了中间有系领导的特意补充强调之外，最后还有系领导潦草大字批示（系主任杨晦笔迹）：

（一）杨本人可能就是帝国主义间谍，虽不是直接□□英美间谍工作。

（二）解放后实际上思想和政治行为上仍是反动的。

在第一次公开检讨之后，北大中文系又加紧了对杨振声问题的清查，不久，又整理出一份《杨振声材料》：

一、简历：山东人，六十二岁，“五四”北大学生，与罗家伦等办《新潮》杂志。一九一九 — 二二，与傅斯年等同在美国留学。二三回国与胡适、徐志摩、陈源等同参加《现代评论》，杨编文学副刊，写小说《玉君》。二四由王世杰介绍与郁达夫一起去武大教书。二五年任北大教授。二六任燕大教授。二七年由朱家骅、傅斯年约去广州中山大学教书。二八 — 三〇任清华大学教务长、文学院长，成为校长罗家伦的“大将”，三〇年倒罗，罗离心，杨想作校长，所以反罗，杨遂去任青岛大学校长（何思源介绍张道藩任教务长）。九·一八后，学生要请愿，杨领教师设法破坏。三二年学生罢考，开除学生。杨与伪教育部长朱家骅、何思源商量停办青大，学生重新登记，入山东大学，杨辞职回北京，与林徽因、金岳霖等人组织文艺“沙龙”。由钱昌照介绍，任伪“国防设计委员会委员”，为蒋匪编中小学教科书。三三年去汉口由蒋匪“召见”两次，同年参加蒋匪主持的庐山国防设计委员会，为蒋匪拟《教育计划》为陈立夫否决。在北京编中小学教科书。三五年伦敦举办中国艺术展览，杨是筹备委员会主任。抗日战争起做王世杰的教育部工作。北大、清华、南开三校成立长沙临大，杨以教育部代表出任秘书长，昆明联大成立后杨□任联大常务委员（三个校长加杨振声），后来任北大文学院长。因王世杰关系（□□□□□□□□□□□）任三青团中央监察委员。四一年由朱家骅介绍加入国民党。四四去美英等国“讲学”。四五年回国。“一二·一”运动参加傅斯年镇压学运的阴谋。伪国大杨也是代表，去过一次。解放前，由钱昌照介绍参加《新路》，并与沈从文、萧乾一起主编大公报、益世报等七大报纸文学副刊，垄断文艺界。围城期间曾参加何思源的“和平运动”数天后其虽要求进步，参加文联、人民代表会议，实际却听“美国之音”，与国际特务英国谈判代表办事处等来往最多，饶毓泰事件还发现有阴谋破坏的情形。

检讨过一次，群众要求揭发反动事实，斗争一番要重作检讨。

二、问题。值得注意的：

1、与国际特务的关系：美国特务密含瑞是他指导的研究生。他与英国办事处来往。有一英国人老婆是中国人廖鸿英，常有来往，这两人是特务，已回英国。“英国文化协会”经常请他吃饭，有蒯叔平、朱光潜等人参加，杨在这个里面究竟是什么关系?

2、政治上他的“本钱”究竟是什么？他不学无术，也没有有力的靠山，可是地位一直很高。是胡适的“四大金刚”之一，而表现也不多，杨的原形究竟是什么？因为现在材料很少，无法判断。

准备搞的问题：

1、反动的政治态度。

2、破坏学运的问题。

3、反动的黄色的文艺垄断行为。

4、在学校里的宗派把头作风。

准备加紧收集材料，先在文学院搞，如能有充分事实，就提到全校大会上去。

四月 北大中文系主任杨晦以潦草的大字，亲笔拟定了一份《杨振声问题》草稿：

一、问题

杨振声的主要问题，是他的反动政治思想、反动文艺思想。再加上他的宗派主义与把头作风，在中文系里就成为很突出的人物。

一九三〇年到一九三二年，他任青岛大学校长，屡次阴谋破坏学运，最后用“共产党捣乱”的名义把青大解散、改组。

在国民党的统治时期，在“九·一八”后，他是伪国防设计委员会委员，就以这个委员资格为该委员会编过一套小学国语教科书（已出版），一套中学国文教科书（已编成，未及出版），宣传反动的政治思想。一九三三年夏天起曾参加过国防设计委员会在庐山举行的会议，国防设计委员会曾提他所拟的教育计划方案。

抗日战争期间，曾任三青团中央监察委员。由朱家骅介绍，正式加入国民党。

胜利后，一九四七年他曾出席伪国大。会后，回到北京，曾经说：“国民党是官僚，共产党是土匪，民主党派是小偷。”主张对共产党下讨伐令。

在文艺方面，他一九二三年回国后，参加新月社，跟梁实秋、徐志摩、沈从文等宣传反动文艺思想。后来主编大公报“星期文艺”，主持大公报文艺奖金的评定。在北京跟朱光潜、沈从文、周作人等结成反动文艺集团，跟上海左联所领导的文艺运动对立。

胜利后，回北京，跟朱光潜、沈从文等把持北方各大报的文艺副刊，以“文坛盟主”自居。

解放后，对抗美援朝，他已经散布一些反动言论，像他说：“战争是北朝鲜发动的，不然，为什么南朝鲜会一打就垮。”他说：“南朝鲜的军队比美军打的凶，因为有流亡地主在内。”他说：“中国要参加，会闯祸的，因为我们没力量，内地到处是土匪。”……

对土地改革，他因为他的二儿子杨文藻在家乡是恶霸地主，被镇压，很闹情绪，说共产党就是叫人穷，土改有偏差。最初，发动他去参观土改，他拒绝不去。

在中文系内，外面是进步的样子，内里依然是把头作风，闹宗派，造成不团结。但是，处处都在替他的反动思想作掩护。他要请沈从文回来。他破坏教研组的成立。他领头闹宗派，造成不团结。他对同学完全是旧式的拉拢方式，请吃饭请吃点心来结纳。

教学内容空洞无物，普遍反映他不学无术。

关于他的材料搜集的并不够多。不过，他所写的文章和所编的刊物、所编的教科书大致都找到了。而且，经过分组研究，对他的反动思想，已有系统的认识。

二、检讨情况

二月廿九日他在系里师生大会上，做过一次检讨。先生和同学普遍地对他的检讨不满意，认为他不老实、隐瞒。

第一次检讨后，他没有一点觉悟。他到处去摸底，装糊涂，等于要别人替他做检讨一样，并且企图给人造成印象：他很老实，别人对他压迫。他曾经对同学说：这样检讨做得好是教育，做不好是打击。

现在已经两个多月，他的检讨已经写出来（前四五天他写了第二次检讨），很长共分九个部分：（一）出身；（二）我破坏学运的罪行；（三）我走上反动政权的集团；（四）我的反动的文艺思想与文艺活动；（五）我的崇美亲美思想；（六）我的宗派主义与把头思想；（七）我对于抗美援朝的认识；（八）我对于土改政策的认识；（九）我解放后对政治的认识。只铺叙了一些事实，没有思想情况，看不出思想斗争的过程。而且，其中的事实，十之七八都是别人指出来或是被逼问出来的。对于每件事情他都装糊涂，说是一点也不证明，叫人替他说，别人说出多少他就检讨多少。

最后，他曾把检讨稿要回去说是要修改。结果是修改了两个地方：（1）是添了一段关于“宋美龄文艺奖金”的事情，这是因为听了朱光潜最后一次检讨，其中揭发出他也在内所以加上去的。（2）是关于编教科书那部分，因为我指出他两点问题，第一点他说他给国防设计委员会编教科书是解决了他的职业问题，我指出他的这种说法有问题，他就改成：他解决了他要（未完）。第二点，因为我指出他既然说到教科书跟国防的关系，就应该说明是怎样一个关系，于是，他就加了一段说明。

三、目的、要求

据我们的估计，他的检讨是不会通过的。而且，他的反动思想是根深蒂固的，改造他的思想，不是短期所能有效的。而且，就是对于群众，在先生方面多注意他的作风问题，一般从个人的感情和个人的利害关系出发，对于他的反动的政治思想和立场就很少有人注意。最近因为他的检讨态度不老实，普遍地引起群众的不满，但是，还不能从政治上看他的问题。我们要做到，使群众的觉悟，由于对杨振声问题的讨论及提意见，能普遍地提高起来：认识出他的问题，不在于他的作风，不在于他的宗派把头思想，而在于他的政治立场和政治思想没有改变。他平日都是假装进步。

四、做法

（1）师生合组研究小组，分别研究杨振声的政治关系、文艺思想、宗派关系、解放后的政治态度。这对于同学的教育意义很大，参加的同学很多，认识提高很多。

但对于教师的作用很小，一般都不积极参加。

（2）同学组织访问调查，分别发给有关系的人们，并直接访问。结果并不很好，所得有限。

（3）同学跟杨振声经常谈话，对他过去的历史做有较详细的记录。对他的认识提高。

（4）分组教师作为对杨振声的个别帮助，同时也提高了教师对他的问题的认识。

（5）在第一次检讨后，系内教师有同情他的，认为群众及领导方面都施以压力。但后来，经过几次对他的检讨的讨论，逐渐有所转变，教师们对他的同情也逐渐失去。

在朱光潜的检讨会上，群众提的意见共有二十五条，都要求杨振声应该在大会上检讨。现在决定在四月十五日上午在文学院全院师生大会上，杨振声做第二次检讨。

据我们研究，像杨振声这样反动的思想根深蒂固，态度更是老奸巨猾，不经过群众的教育，施以较大的压力，是不容易发生效果。他在第一次检讨后，说这一次搞得好是教育，搞不好是打击。他一直不打开思想，一味闪闪躲躲，到处摸底，装做非常老实的样子，却一点不肯暴露，别人指出一样他就检讨一样。在第二次检讨写好以后，因为朱光潜的检讨提到“宋美龄文艺奖金”的问题，他就把检讨要回去修改，却只添上了这件事件。

四月十五日 北大党委会根据中文系提交的这份杨晦亲拟《杨振声问题》草稿，重新进行了整理：

一、问题

杨振声的主要问题是他的反动政治思想、反动文艺思想和他的宗派把头作风。

他在一九三〇年到一九三二年，任青岛大学校长，屡次阴谋破坏学运，最后用“共产党捣乱”的名义把青大解散改组。在“九·一八”后他是伪国防设计委员会委员，就以这个委员资格为该委员会编过一套小学国语教科书（已出版）一套中学国语教科书（已编成，未及出版）宣传反动的政治思想。在一九三三年夏，他参加过伪国防设计委员会在庐山举行的会议曾提他所拟的教育计划方案。抗日战争期间曾任三青团中央监察委员，由朱家骅介绍，正式加入国民党。一九四七年，他参加蒋介石召开的伪国大会后回到北京，曾经说：“国民党是官僚，共产党是土匪，民主党派是小偷。”主张对共产党下讨伐令。

在文艺方面，他在一九二三年回国后参加“新月社”跟梁实秋、徐志摩、沈从文等宣传反动文艺思想。后来主编大公报“星期文艺”，主持大公报文艺奖金的评定，在北京跟朱光潜、沈从文、周作人等结成反动文艺集团，跟上海左联所领导的文艺运动对立。胜利后回北京，跟沈从文、朱光潜等把持北方各大报及文艺副刊，以“文坛盟主”自居。

解放后，对抗美援朝还经常散布一些反动言论，像他说：“战争是北朝鲜发动的，不然为什么南朝鲜会一打就垮。”他说：“南朝鲜的军队比美军打得还凶，因为有流亡地主在内。”他说：“中国要参加会闯祸的，因为我们没力量，内地到处是土匪。”对土地改革，因为他的二儿子杨文藻在家乡是恶霸地主，被镇压，很闹情绪，说

“共产党就是叫人穷”、“土改有偏差”。最初发动他去土改，他拒绝不去。

在中文系，外面是进步样子，内里依然是把头作风，闹宗派，造成不团结，教学内容空洞无物，普遍反映他不学无术。

二、检讨情况

二月廿九日他在系里师生大会上做过一次检讨，先生与同学普遍地对其检讨不满意，认为他不老实、隐瞒。第一次检讨后，他到处摸底装糊涂，等于要别人替他做检讨一样，并且企图给人造成印象：“他很老实，别人对他压迫”。他曾经对同学说：“这样检讨做得好是教育，做不好是打击。”前四五天他写了第二次检讨，只铺叙了一些事实，没有思想情况，看不出思想斗争的过程，而且其中的事实十之七八都是别人指出或被逼问出来的。

三、目的、要求与做法

根据以上情况，我们准备搞他下面五个问题：（一）三反中的态度；（二）反动的政治思想（着重解放后，联系到解放前）；（三）对待学运的态度；（四）反动的文艺思想与活动；（五）宗派主义。我们认为杨的反动思想是根深蒂固的，解放后并没有转变，他业务很差，三反中表现恶劣，所以拟开两次大会，让群众认识他的反动面目（现有少数教员只注意其作风问题），知道他不学无术，不够做人民教师，把他搞臭毁掉。

具体做法：

一、十四日晚上召集文学院的工会小组长、系核心、宣传员与宣传队员介绍他的问题。

二、十五日上午杨振声在全院大会上做检讨，下午全院讨论他的问题。

三、十六日开全院大会，对他提意见，把他搞臭。

杨振声被迫所作的第二次思想检查材料[①]，大略如下：

仝老们　仝学们：

四十多天前，我在中文系作过一次检讨，因为对于三反运动基本上还没有认识。我的检讨还够不上说是一个检讨，在四十多天中，经过同志们同学们的热情帮助，我在认识上有了一些进步，但我的进步很慢，未能自己好好地彻底地作思想斗争，过分地依靠旁人的帮助，以至到今天，进步还很不够，现在来作检讨，希望同老同学们多多帮助我。

我的检讨共分九个部分：

一、出身

二、我破坏学运的罪行

三、我走上反动政权的集团

四、我的反动的文艺思想与文艺活动

五、我的崇美亲美思想

六、我的宗派主义与把头思想

七、我对于抗美援朝的认识

八、我对于土改政策的认识

九、我在解放后对政治的认识

①《杨振声思想检查材料》手稿，正文共计61页，外加封面一页、封底一页。原属吉林大学馆藏档案，不知何时何故流出，现在私人之手，出售于孔夫子旧书网及某收藏类网站，索价高昂。因仅得见网上所展示的四页图片（封面、封底、开头一页、结尾一页），故而只能录入所见到的正文内容。

（中间部分尚未得见——编者）

……的武器继续不断的改造我自己；

4 我要努力政治学习，要求自己能更进一步认识党的伟大，作为我不断鼓励自己向上的动力；

5 我要努力新文艺理论的学习，彻底批判并消减我的腐朽的资产阶级的文艺思想，循着毛主席所指示的文艺方向走向人民文学。最后我感谢毛主席和党领导的三反运动，给我这个宝贵的机会，我能开始重新作人。

本年 学习苏联进行全国教育大调整。北大、清华、燕京文科合并，北大搬到原燕京大学所在地。为迎接合并，新建起文史楼。据褚斌杰所述：

在合并典礼上，在座的中文系教授中，看到的全是些名流学者：游国恩、吴组缃、余冠英、林庚、王瑶、杨晦、魏建功、高名凯、钱钟书、浦江清、王伯祥、杨振声、冯文炳（废名）、周祖谟、陈友琴、何其芳、朱德熙、季镇淮、章廷谦（川岛）、孙楷第、唐兰、俞平伯、杨伯峻、林焘、梁启雄；稍后加入的有王力、袁家骅、岑麒祥等，这样的教师阵容，是三校史上所没有，也不可能有的。

年轻人对名人有种崇拜兼好奇的心理，特别是对读过他们的名作而又未曾见过其人的作家、学者，初次见到往往印象十分复杂。如俞平伯先生，我读过他“五四”后写的散文，记得《桨声灯影里的秦淮河》还是早在中学课本里读过的。也读过他的对《清真词》的鉴赏，论《红楼梦》、《西厢记》、《牡丹亭》的文章。相逢一见，原来是位须头秃顶的老人，说话有时期期艾艾，并不流利；

性格和善，举止倒十分有儒雅之风。但与我读他文章时的印象，却并不合拍。以写《玉君》而名噪一时的著名作家杨振声，是位颀高身材，面孔黧黑的人；写《画梦录》的何其芳，身材不高，白留肥胖，眼镜后的双目，倒特别精神。总之，大多数的印象和原初的想象多不符合。那么，如问我，他们应该是怎样的呢？实际我也说不具体，大约认为总该让人有什么超群的感觉才是吧？但他们似乎并没有。不过尔后通过接触，才发现他们都有鲜明的个性，有与其文品相适应的性情、品格、风范，令人敬仰。[①]

不久，杨振声即被调到长春东北人民大学。据萧乾所述：

“1952 年全国教育进行了一次大调整。就北大而言，外国教会办的燕京和辅仁关闭了，北大从红楼搬到了未名湖畔。同时，各大学内部也经过一次大调动。曾在北京大学执教半辈子的杨老师，从他最喜爱的北京调到长春东北人民大学去了。这消息对我来说都是莫大的震动，但他二话没说，就动手打点起行装。临别，我把从伦敦带回来的那架大轰炸中一直陪伴我的收音机，抱去送给他，希望他身在东北，还能听到首都的声音。”[②]

“1952 年院系调整，他被调到长春去执教。当时他唯一的忧虑是离开首都后，可能听不到中央的声音了。为了解除他的这一顾虑，我把从英国带回的一架收音机送给了他。那以后，我们之间一直鱼雁往还。”[③]

---

① 褚斌杰：《文史楼的记忆》，引自北京大学中文系 90 周年系庆网。

② 萧乾：《我的启蒙老师杨振声》，《随笔》1984 年第 5 期。

③ 萧乾：《他是不应被遗忘的——怀念杨振声师》，《瞭望》1993 年第 1 期。

据姚殿芳所述：

1952 年夏，听说杨先生将离开他热爱的北京和北大，调往长春东北人民大学执教，感到极大的震动。他跟北京、跟北大、跟这里的朋友和学生的关系太深了，而且自五十年代初动过胃部手术后身体一直不大好，在这样的情况下突然要远行，恐怕不但没有思想准备，而且会有许多实际困难。听到这个消息，我立即去南锣鼓巷看望。没有料到杨先生正很镇定、从容地收拾行囊，见我去看他，显得很高兴，一面把手里拿着准备装箱的书放下来，一面指指坐着的皮沙发说“这是我从伦敦带回来的，打算托运到长春去”，又从书桌上拿起一只精致的装着名片的漆制盒子，把名片倒出来，把盒子递给我，说“这是个日本工艺品，送给你作纪念吧。”接过盒子，看着他老人家略显清癯的面容，我的眼泪掉下来了。相隔五十年了，此情此景历历如在目前。①

杨振声被调往东北，别有隐情。据萧乾所述：

一九四九年进城前后，江青曾给他写过一信，他未回。

五十年代院系调整时，今甫师竟被调离北大，也不知是否因为开罪了“女皇”。②

此事是否背后与江青有关，尚无确切证据，但至少北大中文系某些领导，出于个人私心对杨振声进行了极力的批判打压，已属无疑。据杨起所述：

① 据姚殿芳致杨起原函（2001 年 6 月 17 日）复印件。

② 萧乾：《我的恩师杨振声》，萧乾著文洁若编：《人生百味》，北京：中国世界语出版社，1999 年。

新中国建立之后，我先是到外地去参加土改，等参加土改回来，三反已经开始了。我知道北大开会对所谓的学阀进行批判，在所列的学阀里面有父亲的名字。1952 年开始院系调整的时候，江青的权力还没有那么大，还不是猖狂的很厉害，父亲受到的迫害也不是很厉害，只是以年过花甲抱病之躯（抗战时期父亲在西南联大执教，条件艰苦，在任西南联大叙永分校主任时落下病根，1948 年做了胃切除手术）被发配长春的东北人民大学。1952 年的长春，正处在支援抗美援朝的前线，人们吃的是硬硬的高粱米饭。而父亲的老朋友赵太侔，则在文革中死于非命，传说，他是自杀的。后来我听赵太侔的公子告诉我，赵先生是在文革中被人坠上大石板扔到河里而死的。[①]

据邵燕祥在《常风纪念》一文所述：

从 1949 年开始的“天翻地覆”，把所有年龄段的人都卷了进去。偶向小如问起，据说 1952 年院系调整以后，常风先生被调到山西大学，正如我所心仪的废名先生、杨振声先生也被调到吉林的大学里去了。那时候我一切相信政府和党组织，对这种大事从不多想，院系调整既是必要的，那么调动也是正常的，为了支援外省高校，需要加强地方上的师资力量嘛。[②]

据冯思纯所述：

① 杨起口述陈远撰文：《杨振声：湮没无闻许多年》，北京《新京报》，2004 年 8 月 21 日。此处采用杨起重新修正稿。

② 邵燕祥：《常风纪念》，《中国书画》2004 年第 1 期。

> 1952 年，全国高等院校大调整，上级把北大中文系的杨振声、冯文炳、刘禹昌、赵西陆四位教师调到东北人民大学（后改名吉林大学）。对这四位教师来说，他们是未料到的，他们对北大都有感情，因而感到不快和不安。父亲听北大有关领导人说，东北人大需要加强师资力量，调他们去是有作为的。他又信以为真，感到安慰和兴奋。1952 年 9 月中旬，父亲、母亲和我一家三口坐火车到了长春。我家和杨振声先生家同在东大附近朝阳胡同一栋日式洋房里，杨先生住楼上，我们住楼下。
>
> ……
>
> 现在回想起来，父亲晚年在东北是寂寞的，只是我当时感觉不到。在北京的时候父亲很多朋友，而在长春他根本没有人可以交流。杨振声先生一个人住在我家楼上，有很长一段时间每天晚上跟我打克朗棋，有时我要做功课，他还下楼找我，说功课一会儿再做，想来他也是很寂寞的。五十年代中杨先生去世后不久，我们家搬到了太平路一号的日式小洋房，原来是物理学家朱光亚先生住的，这时候他调到北京去了。[1]

九月 杨振声到了吉林长春的东北人民大学，而后任中国语言文学系中国文学史教研室主任兼教授，当选吉林省人民代表大会代表，长春市政协委员，九三学社长春分社委员。据阴法鲁所述：

> 1952 年暑假，高等学校院系调整时，他响应政府的号召，到长春东北人民大学工作。北京是他居住多年、

---

① 冯思纯：《为人父，止于慈——纪念父亲废名诞辰 100 周年》，《新文学史料》2001 年第 4 期。

十分喜爱的地方，但为了教育东北的青年，他和很多教师愉快地走上了新的工作岗位。他担任中国文学史教研室主任，带领着年青的同志们工作，处处以身作则，受到教师和学生的敬爱。①

另据杨起所述：

当时东北人民大学刚刚由财经政法性大学改建为综合性大学。中文系是在家父的主持下创立的，家父担任了系主任和教授。他的讲课很受同学们的欢迎，在吉林大学（东北人民大学后改称吉林大学）的校史中有这样的记载："中文系杨振声教授讲课深入浅出、观点鲜明、见解独到、妙趣横生，深受同学们欢迎。"和"杨振声教授讲的《中国文学史》（特别关于《水浒》的部分），生动活泼，教学效果好，深受同学欢迎。"此外，家父的《水浒的艺术性》被列入东北人民大学的首批科研成果。②

据李思乐所述：

原齐鲁大学校长刘世传先生在晚年曾经说过："我为登州府自豪，一府同时代出了三个外国博士三个大学校长！"刘先生说的除了他本人，另外两个外国博士和大学校长，一位是蓬莱杨振声先生，一位是黄县的张德馨先生。为此，我也感到荣幸。杨先生晚年调到东北人民大学（吉林大学的前身）时，我曾随同一位蓬莱老乡去拜

① 阴法鲁：《追悼杨振声同志》，《九三社讯》1956 年第 4 期。

② 杨起、王荣禧：《为传播北大精神而奋斗不息——追思家父杨振声的一生》，钱理群、严瑞芳主编：《我的父辈与北京大学》，北京：北京大学出版社，2006 年。

见过他，以后又得到他的诸多教诲。

……

1952 年，杨先生调到东北人民大学，与老作家冯文炳（废名）、汪馥泉共事，并与其他人一起创建了九三学社长春分社。

我最后一次去拜见杨先生，进门就看到椅子上端坐着一位老先生，杨先生笑着为我介绍说："此公的大名早已废了，怎么介绍呢？"坐着的老先生笑了笑，欠欠身后，说："冯文炳，冯文炳。"杨先生大声笑了一阵，说："啊？你还有名有姓啊！怎么样？名字还是废不了吧？"杨先生在后生面前也能幽默一番，可见杨先生有多么平易近人了。[①]

据黄永玉所述：

在许多老人家面前，好像我们永远不会老似的。

我见过张伯驹先生八十多岁的龙钟；"文革"期间毫无生活能力的老画家高希舜先生，我们共处牛鬼蛇神之室，看到他受折磨的景象，简直哀哀欲绝；近年来听说陈寅恪先生和吴宓先生的遭遇；多年前听说杨振声先生、冯文炳先生漫长的遥远的寂寞；还有文采斐然的师陀先生、丽尼先生和被遗忘如尘埃的《大卫·科波菲尔》译者许天虹先生，今天有多少人会纪念他们呢？

生命力强大能熬过来的先生也有，如沈从文、钱锺书、朱光潜先生，虽然高寿是个原因，但起码也包含一种"苟存"的历史机会罢！以至能享受到一点太平年月

① 李思乐：《蓬莱老乡杨振声》，《烟台晚报》2008 年 1 月 18 日。

显示正常颜色的权利。①

◎1953年　癸巳　六十三岁

杨振声到东北人民大学后，该校相关部门根据从北大转过来的档案，对杨在北大第二次检讨时所作的《杨振声思想检查材料》抄录了一份《思想检查摘要》，从中大致可以看出杨振声在北大中文系第二次公开检讨的主要内容：

（1）破坏学运的罪行

1930年通过何思源（当时任山东教育厅长）的关系当上了青岛大学校长。学校一开办，匪教育厅就推荐了黄际遇任理学院长（此人与韩复榘有关系），张道藩任教务长（国民党中央委员，何思源的好朋友），后杨又请闻一多（当时是国家主义派）任文学院院长，梁实秋（国家主义派）任外文系主任，赵太侔（无政府主义者、国民党员）等人形成了学校内的反动集团，杨是头子。

早在1927年12月广州起义时即已反对共产党，反对学运，认为学运是共产党在操纵。在1930年秋青大办学不久即奉匪教育部令用学生名单、□□□□□□□□□□□□指名强迫开除了一部分假文凭学生。9·18事变发生后学生请愿，便反对学生请愿，在学生请愿归来时，以违犯校纪为名，给请愿的学生各记大过一次，普遍地引起学生的不满。进而规定“必修课三分之一不及格即处退学”的□□原则，用以限制学

① 黄永玉：《梦乡不曾休——此序与艺术无关》，李辉编：《黄永玉艺术随笔》，杭州：浙江艺术出版社，2000年，第6-7页。

生课外活动，学生要求先行修改学则便考试，杨则坚决反对，以至学生罢考，杨又以高压手段用开除及休学的办法处分学生 10 余人，招至学生普遍反对，迫使杨承认处分过当，改开除为休学，改休学为记过处分。因而引起全体同学签名要求休学，杨则以毒辣手段全体批准了，之后便到匪南京行政处（自称是想辞职）汇报青大情况，青大解散，便去□□山东大学改组山大，到山大后又举行甄别考试列名取消学籍者 20 余人。甄别考试后，一个动物系学生到杨家要求恢复学籍，杨拒不签名，结果该生出门后从怀中取刀拟自杀未果（被救）。

（2）走上反动政权集团

1、通过战贩钱昌照的关系参加了伪国防设计委员会任委员编辑教科书，在 1936 年出版的高小实验国语教科书为了宣传中国法西斯思想、封建毒素，替国际间谍宣传，曾在第三册中选取蒋匪的新生活运动，第三册中选取武训一课，第四册中选取叶尔羌河旅行记，是将斯文赫定探入我国边疆作侦探的航行说成学者的探险旅行。

到汉口见蒋匪：1932 年冬经战犯钱昌照的提名邀请，与钱一块到汉口见蒋匪两次说话数次，内容是说教科书同国防的关系。

参加蒋匪在庐山召开的国防设计委员会：1934 年夏以国防设计委员资格参加了蒋匪在庐山召开的国防设计委员会（共参加三个会）一次是讨论设立炼钢厂问题，一次是杨报告编辑教科书进行情形，一次是教育组讨论会。（会前杨与翁文灏、蒋梦麟拟定了一个改革教育计划草案，杨执笔起草）。

2、担任反动派三青团中央监察委员。1939年国民党改组三青团分中央干事会（陈诚任书记）一部分为中央监察委员会（王世杰任书记），王匪把当时的全体大学校长及一部分负学校行政责任的人列为委员，用以掩护他们在学校进行特务组织的，1939年出席了该两个反动组织的成立大会。事后1940年任联大叙永分校主任时出席了该校三青团成立大会，并作监誓人。

3、1941年在西南联大叙永分校经朱家骅匪介绍介入国民党，（1944年夏，出国前到伪中训团讲演一次）。通过王世杰匪的关系参加了抗战期间的国民参政会。（自称从未发言）

4、1946年冬蒋匪召开伪国民大会制定伪宪法，杨以国民参政员资格参加了这次大会。

5、参加新经杂志社。该社系蒋匪利用胡适企图出来组织一个党，吸引反动的中间路线分子，然后胡适以党魁资格加入反动政权，好更多地争取美援屠杀中国人民，自称加入该社是想更好地帮国民党的忙。

6、参加新路杂志社。48年春成立的，是以第三条路线做幌子去帮助国民党。

（3）反动的文艺思想与文艺活动：

回国后参加了反动的新月社文艺集团，文艺思想是是接近于颓废主义的，沉沦于腐朽生活中，用幻想来陶醉自己，他目中完全没有人民，例如其所著《玉君》即是宣传庸俗的男女关系和反动的人口论，本质上就起着腐化作用，妨碍进步，鲁迅先生批评说“他未生下来就死了”。

北京的反动文艺集团的形成。1933–1935（？）杨同沈从文编辑天津大公报文艺副刊，与上海左联对抗，以腐朽的资产阶级的文艺思想和作品去腐化青年。

1942–1946 年又在昆明约李广田共同办了个《世界文艺季刊》，这个用的中英文化协会的款子。

1938–1939 年“蒋夫人文学奖金”评选员，自以为能为宋美龄服务，特别的得意。

1946 年冬担任大公报星期文艺编辑，和北京经世日报文艺副刊编辑，主编北京平明日报副刊，沈从文担任天津益世报文艺副刊编辑，朱光潜担任天津民国日报编辑，形成了反动的文艺集团，用组织的垄断，使当时进步文艺无处登载，一方面散布毒害青年的文艺作品，杨曾在经世日报登载过《书房的窗子》、《时代的声音》、《拜访》文章，在大公报星期文艺第一期还写过《我们要开一条生路》，在第四期写过一篇《今日的文艺》等反动文章。早在大革命时期即反对鲁迅先生和他的作品（这句是编写的）。解放后，讲授欧洲近代小说选读课时，宣传外国文艺，有时且用过英文课本，曾选过哈代、司汤达、福楼拜一类作家的作品。

（4）与美英帝国主义的关系：（原题为我的崇美亲英思想）

在大战后期，美国国务院附属的国际文化合作协会的组织邀请多国教育文化界的人到美国讲学或游历一年。1944 年夏，北大派杨参加，在美芝加哥大学、华盛顿大学讲过中国诗歌、中国美术，并替他们的美术馆鉴定中国美术作品。1944.12 到顿佛尔、摩柯帕拉多省组织的教育会议，并在到达当天下午接见一个由顿佛尔大学秘书介绍的一个地方新闻记者，谈话内容：了解抗战中的教育情况，中国人民对共产党的态度、对苏联和美英的态度为何……杨说："大多数人怕共产党，不赞同共产党，一般人对苏联怀疑，像怕大□树□子一样怕苏联，而对美英很好，认为中国必走美英的路……"事后该反动记者将杨的谈话在报纸上登载出来了。1945 年回昆明后便宣传美国文化合作协会为何可以增进国际间的了解与合作等……

与米海瑞的关系及与英国办事处考试秘书的事？

与英国办事处考试秘书的事：1950 年冬蒯叔平请吃晚饭，客间有燕大女生廖鸿英和他的英国丈夫班以安，杨与他们曾在英国见过一次。后经廖到杨家去说英国办事处要考英国秘书的中文，要杨帮忙，杨去了，负责三个英国秘书考中文，要考他们口试和阅卷，事后自称得一百万人民币的车马费，不久又接到一封一个不相识的女人的来信，说她丈夫在英国办事处当秘书，现在廖夫妇要回国替他们饯行，请杨，杨去了，并将近代画家余绍宋画的一本画册送给廖鸿英了。早从 1948 年秋起至 1950 年夏，杨即负责指导廖学中国文学。

1948 年秋按照胡适的指示指导一个哥伦比亚大学女研究生米海瑞。

（5）对抗美援朝战争曾有过的态度：（原标题是我对于抗美援朝的认识）

解放初期不赞成"一边倒"的政策，说："对苏联友好是对的，为什么对英美不能客气一点呢？独立的外交不好吗？为什么要一边倒？”朝鲜战争爆发后，怀疑战争是北朝鲜发动的，说：“若是南朝鲜发动战争，为什么一打就垮，北朝鲜倒像有准备似的？”当美军出兵时，杨说：“它用联合国的名义出兵必到三八线为止。”当美帝侵略军越过三八线直冲鸭绿江时，杨说“它不会侵略我们的东北。”等。

（6）对土改的看法：

对土改的歪曲看法，家中土地被没收心中有一个疙瘩，强调工作忙，拒绝参加参观土改。

（7）初期对他儿子杨文藻被镇压（伪镇长）表同情。

七月 东北人民大学在北大转来的杨振声相关档案基础上，整理出一份《杨振声综合材料》：

一、简况：

杨振声字金甫，笔名希声，男，六十三周岁，汉族，出身商业兼地主，成份教员，原籍山东蓬莱县，现住长春东朝阳胡同二七号，九三学社社员、国民党员，现任东北人民大学中文系教授。

现有子杨文衡，四十，吉林农业技术学校教员；杨起，三十四，北京地质学院教员（九三学社）；女杨蔚，三十八，家庭妇女。解放前家有五十亩左右土地，土改中房产土地均被没收，靠工薪生活。

二、简历

一九一九年七月于北京大学国文系毕业，后曾在美国哥伦比亚、康奈尔及哈佛大学研究院学习心理学及教育，至一九二四年，先后任武昌大学教授兼预科主任，

（教心理学）北京大学教育系教授，燕京大学中文系教授，广州中山大学教授兼图书馆主任，清华大学中文系教授兼系主任、文学院院长，青岛大学校长，一九三二年起先后在北京为伪国防设计委员会伪教育部编审教科书，三七年后继在长沙临时大学筹备委员会任秘书主任，西南联大中文系教授，代理北大文学院院长，叙永分校主任。胜利后历任北大中文系教授，代理中文系主任。（并曾于一九四四年八月至四五年七月以交换教授名义由北大派往美国讲学，一九四五年七月至九月回国途中在伦敦参观三个月）。至一九五二年九月经中央教育部院系调整来东北人民大学中文系工作。

三、各革命时期的政治表现：

从现有材料看，该人是一个很难捉摸的人物，不过按其政治思想情况来看主要是资产阶级思想在支配着他的行动。

早在“五四”新文化革命运动时期即以资产阶级学者面貌出现，与傅斯年、朱家骅、胡适、蒋梦麟、周炳琳等共同进入了新文化革命浪潮，加入新浪潮里进行反封建，打倒孔家店活动，但由于他出身于资产阶级兼地主家庭，羡慕西方资本主义，因而于五四运动的尾声去美国留学，一九二四年归国后又先后加入了现代评论社、新月社兼作文艺工作，与朱、胡、蒋、周等人在蔡元培的旗帜下，霸占了中国的教育界，成了学阀（杨与其不同是流在学校中）。

在十年内战初期先后任清华大学中文系教授兼系主任，文学院院长，随着蒋介石匪帮的叛变革命，杨在青岛大学任校长时便帮同蒋匪帮从事反革命活动，阻止九一八学生请愿，特别是一九三二年杨亲至南京，请得汪精卫的允许，解散青岛大学，认为有共产党，亲自主持甄别开除大批学生，彻底破坏学运，之后即在伪国防设计委员会伪教育部编著高小实验国语教科书（四册）、初中国语教科书（初稿六册未出版）组织反动文艺集团，参加文学杂志编委会，为蒋匪帮服务进行反动文教宣传工作，曾以国防设计委员资格在庐山开会被蒋贼召见过。

在抗战前期，由于在教育界的关系（是否有其他关系不详）一九三九年三青团改组，则被委为三青团中央监察委员会委员，出席一次三青团成立大会，一九四一年三青团在西南联大叙永分校开成立大会时去监察一次，同年又在该校经朱家骅匪介绍加入了反动国民党，参加过一、二、三届国民参政会，由于他在思想上组织上完全依靠于蒋匪帮所以在西南联大仍然属于反动一方面的，竟管当时没有发觉他的具体的反动行为（由于进步力量和个人职权所限），而其思想本质却是反动的，正如：杨晦同志所写他“对学运是消极的反对态度”，又如：北京市委统战部王刚同志（原联大学生会主席）所证“他骨子里是讨厌学运的，但由于他是反封建反帝提倡‘民主’、提倡‘科学’起家的，若公开出来反对学运是不一定的，不过傅斯年匪即奉蒋介石之命到昆明镇压学运而杨是支持的，他们之间不会不来往的。”据杨晦所证他也曾经出头替傅匪讲演劝阻过学运，所以他仍然是站在反动立场的。抗战末期由北大派往美国讲学，依然是依靠于国民党。

在解放战争中依然是依靠于国民党，因而借王世杰匪的支持于一九四六年以国民参政会参政员资格参加伪国民大会制定伪宪法，以一个“学者”的身份，上了政治舞台，为反动统治阶级效劳、效法美帝国主义，据北京市委统战部杨四八年十一月六日材料称曾对反动记者表示政见，要英国工党式的社会主义，不要“专政”的社会主义。敌视学运，据杨德新（党员）称刘溢名说，杨复员到北大后，四七年曾一次因学生运动杨曾同周炳琳（出面）转北大白楼以镇制学运，也曾在北京发表过一篇反动言论，（题目不详）（杨晦）但没有积极的反动行为。

解放后在北大表面上偶尔表现进步走极端为名利，杨是彻头彻尾的搞小集团，对党表面上似乎拥护而实际并不靠近。他对党和政府的态度是：最初不敢表示态度，逐渐采取对远的表示拥护赞成，对近的表示反对，就像对政务院表示拥护，对教育院则表示反对，对最高级领导表示拥护，对下级表示攻击，助长少数落后教师落后思想的发展，在系内争夺权利，搞宗派，对积极的教师如唐兰，以私人成见以进步的面目进行彻头彻尾的攻击，在研究文字学时，表面主张拼音文字，而自己却写过文章主张语法，提倡语法的艺术性。

另在系中拉拢赵西陆、刘禹昌、姚殿芳，对俞平伯（个人主义者）貌合神离，对游国恩（学生威信高）侧面攻击，最厉害的是他有时并不是直接出头反对谁而是以赵西陆、刘禹昌的态度表示出来。

有时也以“进步”的面目出现走极端，工会小组座谈会上曾说如果朝鲜战争打起来他要到前方或作宣传员。对校政改革表现还积极。但旧包袱一时难放下，据北大中文系主任杨晦（党员）称：他的求进步好像是无条件地跟着党走，对于同学中党员每一句话都是接受的，但他的缺点并不改进，思想亦不进步，而且在系里他是起反面作用，随时都在掩护落后的甚至反动的东西。开会时他往往都是大发一套（为发议论而发）的议论，对于人和事，他也常常都是出于私的却发一套公论，总之他这时是一个隐藏着的反动资产阶级思想在支配着他的行动。

以上都是到东北以前的表现。一九五二年秋到东北人民大学以后，工作表现尚积极，时间短，思想上还没有什么暴露。

总之该人在反动统治时期一直是站在反动的立场，依靠人事关系，混在文教界，为教育界的元老，曾因而有相当的地位和名望，但曾充反动政府在文教界的帮凶，站在反动立场阻碍破坏学运但无积极的反人民的罪恶，兼有旁证材料，故认为在政治并无大问题的可能。在学术上并没有成就，因而在学术界亦无地位。

四、主要问题及其社会关系：

1、在青岛大学甄别学生破坏学运的具体罪恶尚需调查。

2、与王世杰、朱家骅、蒋梦麟、陈雪屏等战犯及帝国主义分子石坦安的联系应注意考察。

3、其子杨文藻为反动地主，一九五一年春被我政府镇压。

八月一日 杨振声自己正正规规地填写了一份《东北人民大学干部鉴定表》。

<table>
<tr><td colspan="2">单位</td><td colspan="2">中国语文系</td><td>职别</td><td>教授</td><td>到职日期</td><td colspan="2">1952年9月</td></tr>
<tr><td rowspan="2">姓名</td><td>现名</td><td>杨振声</td><td>性别</td><td>男</td><td>籍贯</td><td>山东蓬莱</td><td>家庭出身</td><td>商业兼地主</td></tr>
<tr><td>原名</td><td></td><td>年令</td><td>六十三</td><td>文化程度</td><td>大学毕业</td><td>个人成份</td><td>职员</td></tr>
<tr><td colspan="2">参加革命时间</td><td>1949、2月</td><td>现参加何党团</td><td>九三学社</td><td>过去曾参加何党团</td><td>伪国民党</td><td>介绍机关</td><td>中共教育部调配</td></tr>
<tr><td>鉴定</td><td colspan="8">一、教学与研究工作
甲、优点：
1、对自己的备课研究工作能认真负责，也比较谨慎。对结合教学进行研究有新认识。已能从开始时完成任务观点，进一步对自己的工作□□□爱好。
2、对文学教研组整体主义和□□□□□□□□，并知道□□□□□□□□□□□□□。</td></tr>
<tr><td>鉴定</td><td colspan="8">乙、缺点：
（1）□□表面□□长，未能□意□□□□□□工作□□□□□□。不能□□□□各同志的工作□□情况、优缺点所在，发挥潜力，推进工作。
（2）对资料的搜求与整理不够耐心细心，不会科学地支配时间，以至影响计划的及时完成。
二、思想作风与理论学习
甲、优点：</td></tr>
</table>

鉴定	1、对政治学习能虚心勤恳，遵守学习制度，认识到政治学习对教学研究与继续思想改造的基本重要性。 2、对同志态度谦虚，关心同志，比较能运用批评与自我批评，一般地关系比较好。 乙、缺点： （1）政治学习还停留在书本上的理论，未能从工作实践中学习马列主义，在不断纠正自己的错误中求得进步。 （2）有问题不能从具体实际出发，好好分析研究，以此常陷于主观片面。对人对事，都不免这种缺陷。
本单位行政或上级组织意见	
备注	

八月十九日 据《顾颉刚日记》：

闻梦家言，罗常培自去年思想改造后血压大高，不能出门。又闻王思泊已不在北大教书，以卖古物为活。杨今甫已赴东北任教，郑天挺、雷海宗到南开。[1]

本年 相关部门填写了一份关于杨振声的登记表。

① 顾颉刚：《顾颉刚日记》（第七卷），台北：联经出版事业公司，2000 年。

<table>
<tr><td>姓名</td><td>杨振声</td><td>性别</td><td>男</td><td>年龄</td><td>63</td><td>籍贯</td><td>山东蓬莱</td><td>教学年限</td><td>大学廿三年</td></tr>
<tr><td>单位职别</td><td colspan="6">中文系教授</td><td>健康状况</td><td colspan="2">平常</td></tr>
<tr><td rowspan="2">最后学历</td><td>国内</td><td colspan="5">北京大学中国文学门毕业（1919）</td><td rowspan="2">通晓外文情况</td><td colspan="2" rowspan="2">英文能笔译</td></tr>
<tr><td>国外</td><td colspan="5">美国哥伦比亚大学、康奈尔大学、哈佛大学</td></tr>
<tr><td colspan="2" rowspan="2">开课情况</td><td>现开课程</td><td colspan="3">中国现代文学名著选</td><td>曾开课程</td><td colspan="3">现代文学方面课程及写作</td></tr>
<tr><td>能开课程</td><td colspan="3">现代文学</td><td>擅长课程</td><td colspan="3"></td></tr>
<tr><td colspan="2">教学情况</td><td colspan="4">解放前，教学完全是做的表面工作，不负责任。解放后，稍有改进。但由于自己的文艺思想、见解都是旧的资产阶级的一套，上课时常是先问同学意见，怕讲的与同学的意见不一致，不然就是采取别人现成文章上的意见。自五一年暑假后，教的比较认真。但是对于作家作品的看法和意见，还大多是一方面顺从同学的，一方面采取别人现成的意见。</td><td colspan="2">曾从事何种研究？有无成绩？有无译著？价值如何？学术地位如何？</td><td colspan="2">写过小说和一些文艺论文，起的是反动作用，没有什么贡献。研究现代文学，也没有多大成绩。</td></tr>
<tr><td colspan="2">工作能力、作风、态度、与群众关系</td><td colspan="4">解放前，有社会地位，但无工作能力。作风蛮横霸道。但又善于与人结纳，保持社会关系。群众关系不正常。</td><td colspan="2">学术思想如何？有无研究能力与培养前途</td><td colspan="2"></td></tr>
</table>

现属何党派团体？任何职务？在人民政府任何职务？	九三学社	家庭出身	商业兼地主
		个人成份	高级职员
历史上的主要问题	1930–32 在青岛大学校长任内曾压迫学运，解散青岛大学，迫害进步青年。 解放前二十年来，一贯与国民党匪帮王世杰、朱家骅等关系密切，曾任国民党国防设计委员会委员，三青团中央监察委员等职，一贯为国民党、大公报拉拢教授，解放前参加新路。与沈从文等垄断报纸文艺副刊，宣传黄色文学。 1941 年由朱家骅介绍加入国民党。		
政治思想情况及表现	解放前，一贯反苏反共，在蒋匪集团内有相当地位。曾在伪国防设计委员会编中小学教科书；参加伪国防会议，在参加伪国大归来后，曾发表“国民党是官僚，共产党是土匪，其他党派是小偷”的反动言论。在文艺方面，一贯与进步文艺对立。解放后，对党和政府都保有距离，曾希望		
	中国走铁托路线；认为土改有偏差；崇美亲英，曾为英国办事处考秘书；认为美国兵在朝鲜不会那样凶残。在三反运动中，经过长时期的检讨，曾进行批判。		
备注			

◎ 1954 年　甲午　六十四岁

五月四日 《回忆五四》刊于《人民日报》“五四运动三十周年纪念特刊”。头版头条是陈伯达的《五四运动与知识分子的道路》，四至六版则发表吴玉章、郭沫若、茅盾、黄炎培、胡风、周建人、杨振声、何斡之、俞平伯、宋云彬、叶圣陶、何家槐、臧克家、王亚平、柏生等人纪念“五四”的文章。在批判胡适、俞平伯的政治风浪中，杨振声的《回忆五四》如实追述了自己与俞平伯等人一同参加五四学潮的情景。该文随后刊于《人民文学》第五十五期。

六月十七日 杨振声自己字迹工整地填写了一份《东北人民大学教职员鉴定表》，在“鉴定”栏中填了如下的内容：

优点：

1、认真负责地进行备课研究工作，重视作品艺术特点的分析。在工作态度与方法上比以前踏实。

2、在领导教研室工作方面，比以前较能积极主动；注意引导全室向科学研究前进发展，并能鼓励同志们的研究工作；关心同志们的工作与健康。

3、能严格要求自己，诚恳地进行自己批评；认真学习政治理论，积极参加社会活动。经过总路线的学习，在领导思想与工作作风上有所改进，加强了室内团结，推动了教研室工作正常地向前发展。

缺点：

1、工作方法还不够科学，缺乏周密的设计与明确的步骤，时间上不免有浪费。

2、在教研室的向前发展中，未能迎接着新的情况与新的要求，及时地抓住关键问题，主动地多想办法，多发挥群众智慧，很好地运用设计，检查、总结诸制度，步步改进工作，领导前进。

3、认识到思想改造的长期性和难苦性，但未能时时分析自己，在一切问题上进行思想斗争来克服个人主义残余；看问题有时犯主观片面的旧毛病也未尽克服。

七月十二日 再次亲笔正正规规地填写了一份《干部简历表》，在“参加革命工作前后主要经历（包括学习）”部分，作了如下的填写：

自年月至年月	在何地区、何部门	任何职	证明人
1915–19	北京，北京大学中文系	学生	
1919–24	美国哥伦比亚大学及哈佛大学	研究生	
1924–25	武昌，武昌大学	教授	李四光（地质部）
1925–26	北京，北京大学	教授	丁西林（文化部）
1926–27	北京，燕京大学	教授	林庚（北京大学教授）
1927–28	广州，中山大学	教授	罗常培（中国科学院）
1928–30	北京，清华大学	中文系主任兼教授	金岳霖（北京大学教授）
1930–32	青岛，青岛大学（后改山东大学）	校长	赵太侔（山东大学教授）

1933–37	在北京，为伪国防委员会，后改归教育部，编辑高小实验国语教科书（1935以国立编译馆名义由商务等书局出版）及中学国文教科书（未出版）	教授待遇	钱昌照（财经委员会计划局副局长）
1937–39	长沙，长沙临时大学筹备委员会（1938春迁往昆明，改称西南联合大学）	秘书主任	周炳琳（北京大学教授）
1940–41	四川叙永，西南联合大学叙永分校	主任	李广田（云南大学副校长）
1941–44	昆明，西南联合大学	教授	同上
1944–45	由北京大学派往美国讲学	在芝加哥大学、华盛顿大学作中国诗歌、中国美术讲座	钱端升（政法学院）
1945–52	北京，北京大学	教授	汤用彤（北京大学）
1952–	长春，东北人民大学	教授	

在该《简历表》的“自我鉴定”栏中，填写了《东北人民大学教职员鉴定表》“鉴定”栏同样的内容。

本年夏 患肠梗阻，入长春军医大学附属医院手术治疗。医院治疗水平问题严重，一周内手术两次。据杨起所述：

> 父亲到了东北之后的情况，我只是知道个大概，因为当时我在北京地质学院（现在的中国地质大学）。父亲是一个人去的东北，一个人在那里生活。刚才说到父亲在 1948 年做了胃切除手术，还没有完全恢复。硬硬的高粱米让他得了肠梗阻，在军医附属医院开了刀，把小肠切断了一段，缝上之后还是不通，继续梗阻。医院的医生给我打来电话，把我和哥哥叫到了长春。医生问我们：你们看怎么办？如果再次缝合的话，还有可能梗阻。我和哥哥，两个人连基本医学知识都没有，而父亲在手术台上还开着膛等着手术，我们能怎么说？最后，医生把父亲的十二指肠直接接到了大肠上，就很难吸收养分了。
>
> ……
>
> 手术之后还是不行，大概是在 1954 年，姐姐接父亲回到了北京，住在协和医院。有一次父亲想到小汤山去进行疗养，我们想起了他的老朋友丁西林。父亲在去清华当教务长之前，和丁西林、李四光等朋友们都住在北池子，关系都非常好。丁夫人还热心地让我去买毛线给我打毛衣，丁家的孩子跟我更是要好的玩伴，我们在一起玩，我还把我的溜冰鞋拿出去跟他们共享。医生建议父亲去小汤山养病，希望丁西林能够派车送一趟，但是在那个年代里，真正是世道浇漓，故人情薄，丁西林最终对于我们的请求也没有反应。倒是当时担任教育部长的张奚若先生，主动给父亲派了车，送父亲到疗养院。[①]

① 杨起口述陈远撰文：《杨振声：湮没无闻许多年》，北京《新京报》，2004 年 8 月 21 日。此处采用杨起重新修正稿。

另据萧乾所述：

在现实生活中，今甫师本人也是封建婚姻的受害者，然而他并未另娶。为他生了三个子女的妻子，一直留在家乡侍奉年迈的公婆。五十年代，这位妇人病逝于家乡，那时今甫先生已逾六旬。一九五二年院系调整，他被调离北大，去长春东北人民大学任教。他是只身赴任的，其时他女儿杨蔚在昆明工作，儿子杨文衡和杨起分别在保定和北京教书。任务繁重，生活艰苦，两年后他就患上肠梗阻而动了手术。[①]

◎ 1955 年　乙未　六十五岁

本年　转到北京。先后经北京医学院附属医院、苏联红十字会医院、协和医院治疗，但病情始终不见好转，仅能勉强维持。据阴法鲁所述：

在京一年，先后经北京医学院附属医院、苏联红十字会医院、协和医院设法治疗，终因病情过重，医药失去了效用。他在病床上仍然考虑学校的工作及各种学术问题。到了动作很艰难的时候，还挣扎着给东北人民大学中文系的教师写信，对教学工作有所指示。他热爱自己的工作，热爱社会主义建设事业。他的身体不允许他作出更多的贡献，他不能没有遗憾；但他亲眼看到伟大的祖国繁荣富强起来。他是带着极大的安慰离开了我们的。[②]

---

① 萧乾：《我的恩师杨振声》，文洁若编：《人生百味》，北京：中国世界语出版社，1999 年。

② 阴法鲁：《追悼杨振声同志》，《九三社讯》1956 年第 4 期。

据杨起所述：

在协和医院的时候，有一次，父亲想吃酸奶，我跑遍了北京，也没有找到酸奶。我回到医院，不知道怎么对他说。还有一次，我到医院去看他，发现他的眼睛特别亮，看上去状态也不错，我问他怎么回事，他把嘴凑到我的耳朵边上，悄悄地说：我有一个秘密，谁也没有告诉，我昨天起床之后，把着床栏杆，连续坐起来几次。这对我的身体有好处。说这话的时候，父亲的脸上洋溢着孩子一样的笑容。但是这个秘密后来被医生发现了，让他加强锻炼，他那脆弱的身体当然吃不消。①

据萧乾所述：

大概在 1955 年，他因患重病，回北京就医，住在协和医院。当时我正在对外宣传岗位，消息比较灵。每次去我都是把对外宣传的一些可喜的事物说给他听。有时是什么地方修建了水电站，有时甚至是足球比赛。他总是听得津津有味。②

据顾文安所述：

52 年教育改革，杨老师和冯文炳等老师调离北大，到吉林长春东北人民大学任教，杨老师以花甲之年，毅然离开他多年教学熟悉的北大，离开他深爱的北京，这要下多大的决心！在长春工作期间，杨老师患病仍在坚持工作，1955 年，他回到北京协和医院治疗，实际上已

① 杨起口述陈远撰文：《杨振声：湮没无闻许多年》，北京《新京报》，2004 年 8 月 21 日。

② 萧乾：《他是不应被遗忘的——怀念杨振声师》，《瞭望》1993 年第 1 期。

是病入膏肓，当年3-4月间我和戚景樊同学一起去看望他，几年不见，他已骨瘦如柴，但神智仍清醒，见到我们非常高兴，不停地询问同学们情况，北大动态。后来丁西林同志来探望他，我们不得不告别敬爱的老师，孰知这就是最后的见面，也是永远的诀别。[①]

十月九日 据《竺可桢日记》：

下午3点，至协和八楼211号看杨振声。今年年初时在其子宿舍里探视，他那时尚能谈话自如，但不能多走路，今日去时，其子在外面说父亲病重，据医生云命在旦夕。余入病房，则见其消瘦不能辨认，但尚能轻声讲话，进去时尚在看报，声微但清楚。……余勉其奋斗到底或可有转机。……[②]

◎1956年　丙申　六十六岁

本年初 病危。据萧乾所述：

1956年他病笃在协和医院时，我正脱产参加中直党委组织的学习。那时的纪律是雷打不动，没有星期天，也不许请假。但我还是偷偷跑去看过他几趟。他瘦成一把骨头，羸弱得说话都感到吃力。但每次去，他都要我讲给他外面——特别是首都的事物。他闭上眼，欣慰地倾听着。后来，协和把他放进一个特殊的装置，他实际上已经进入弥留状态，但他还用手示意要我讲。记得有

① 顾文安：《沙滩四年》，《北京大学校友通讯》"北京大学建校一百周年纪念特刊"，1998年。
② 竺可桢：《竺可桢日记》Ⅲ，北京：中国科学出版社，1989年。

一回我正在给他讲一场国际性的体育比赛。我以为他睡着了，就把声音放低，不准备讲下去了。但他的头在枕上移动了一下，用微弱的手势示意要我继续讲下去。无论他给病魔或什么魔折磨成什么样子，只要他的心还能悸跳，他就还是为祖国的喜而喜，为祖国的忧而忧。①

据顾文安所述：

1954 年夏季，可怕的病魔——肠梗阻向先生袭来。先生在长春军医大附属医院动了手术，后转到北京协和医院。当我和中文系同学戚景焚得到先生患病住院的消息时，已是 1956 年初春了，我们当即赶到协和医院，只见先生躺在一间单人病房内，骨瘦如柴，也失去了当年的丰彩，病体十分虚弱，只有一个从山东老家来的老姐姐在陪伴着。先生尽管病入膏肓，说话已没有力气了，但还是关心着医院外面的一切，向我们询问同学们的情况，社会上的新事物。后来先生的好友丁西林夫妇来看望，我们就告辞，答应先生以后常去探望，以抚慰先生一生的孤独，病中的寂寞，并希望先生安心养病。谁知这一次竟是永别，敬爱的杨先生在当年 3 月 7 日就永远离开我们了。②

三月七日 病逝于北京协和医院。当日成殓，移灵于金鱼胡同贤良寺殡仪馆。经其生前友人丁西林、老舍、吴之椿、李四光、劳君展、竺可桢、金岳霖、周炳琳、周鲠生、陶孟和、张奚若、许德珩、汤用彤、冯至、邓以蛰、钱端升、饶

① 萧乾：《我的启蒙老师杨振声》，《随笔》1984 年第 5 期。
② 顾文安：《忆杨振声老师》，《北京大学校友通讯》第 17 期，1995 年 5 月。

毓泰等先生发起举行追悼会。

三月八日 据《顾颉刚日记》:

> 阅报,悉杨今甫(振声)死矣,年六十六。昨晤企虞,知中华书局校对员张润之患心脏病逝世,年六十。是去年为我校《古籍考辨丛刊》第一集,予深佩其细心过予者也。闻圣陶夫人病肠癌,医生开刀而不能割,谓其生命已不到一年。渠与予同年。闻此等消息,使予懔然![①]

三月十八日 上午九时,长春市在文化宫政协礼堂举行杨振声追悼大会。据《东北人大》二十五日报道:

> 我校中文系杨振声教授,自 1954 年夏因积劳成疾,患肠梗阻,经长春军医大学附属医院手术治疗后,随转北京协和医院疗养。学校行政经常关心杨教授健康情况,曾多方设法,力求挽救其生命,但终归无效,不幸于本年 3 月 7 日病逝北京协和医院,享年六十六岁。噩耗传来,各方深表哀悼,学校当即派中文系秘书郎鸿策同志去北京,协助治理丧事。3 月 18 日上午 9 时长春市政、党委、工会负责同志,中文系师生和杨教授生前友好,在长春市文化宫政协礼堂共同举行了隆重的追悼大会。各单位代表在悼词中一致指出杨教授的不幸逝世是当前文化教育战线上的损失,尤其是杨教授的深厚的学术素养,在业务及政治思想上积极追求进步的精神,热心参加各项社会活动,勤恳负责,认真不苟,注意团结的工作作风,是值得大家纪念和学习的。[②]

---

① 顾颉刚:《顾颉刚日记》(第八卷),台北:联经出版事业公司,2000 年。
② 《悼念杨振声教授》,长春《东北人大》,1956 年 3 月 25 日。

同日，上午十一时，追悼仪式在贤良寺举行，陈岱孙、许德珩、周培源、张奚若、李四光、周炳琳等五十余位生前友人前来参加追悼。会后安葬于北京北郊公墓。

据十九日沈从文复沈云麓废邮一封内称：

> 杨先生前几天已故去了，昨天出丧，是在我们住处附近名叫“贤良寺”追悼的。到的全是卅年来熟人。徽因也是在这个旧庙里停灵的。五十来个老友行行礼后，就用一个卡车送走了。杨四哥来送终。(得年六十六岁。)大家都老到一个程度了，周鲠生、许德珩、张奚若、李四光……全是卅四十年的朋友。徽因是去年死的，也活了五十岁，见了孙和外孙。思成身体还是很不好，上次开会后就病倒。①

据萧乾所述：

> 1956 年春间，作协决定冰心、董秋斯二位和我去参加中直党委的马列主义学习班。当时规定要全面脱产，不许请假，甚至嘱咐连电话也尽可能不接。
>
> 一天，正当我在啃《反杜林论》时，忽然接到讣告：我的恩师杨振声(今甫)先生不幸逝世了。我愣了好半晌，眼眶里不禁噙满了泪水。
>
> 学习开始之前，我还去协和医院看望过他老人家。不过那时我已只能隔着个玻璃罩子同他见面了。我照例向他讲一下“大好形势”。他虽然已病得不大能讲话了，但听后脸上还隐隐绽出点笑容。我原希望经过一阵特殊

① 《复沈云麓》，张兆和主编：《沈从文全集》(19)，太原：北岳文艺出版社，2002 年，第 440 页。

治疗，他会好起来的。遗体告别那天，我还是恳切地向领导请了假，跑到哈德门买只用鲜花扎的花篮送了去。

他是我平生所接触的一位最平易近人的长者。他身材硕长，不愧胶东（蓬莱）人。有儒者风度。讲话慢条斯理，而且总是先让对方讲完。对人对事，一向平和，从未见他疾言厉色过。我木木地站在他的遗体旁，想起了许多往事。①

据周定一所述：

记得五十年代初杨先生住在协和的时候，我去探望，想不到他已瘦成那样，但精神很好，谈兴很高。后来在贤良寺开追悼会，我始终记得冯友兰先生的那幅挽联。一晃五十年过去。②

杨振声在长春的全部图书由东北人民大学图书馆接收，共 2379 册。据《东北人大》六月二十五日报道：

中文系杨振声教授逝世后，其家属遵照杨教授的遗嘱已将他在长春的图书，全部赠给我校图书馆。全部图书共 2379 册。其中包括：古文戏曲丛刊初编等 1716 册，“五四”以来文学理论、文学著作等 603 册，大英百科全书等英文书 104 册。

这些书籍，对有关汉语言文学专业的教学与科学研究，是很宝贵的资料。图书馆除了代表学校及读者向杨教授家属表示感谢外，并决定：

（一）将赠送的全部图书盖上“杨振声教授遗书”的

① 萧乾：《他是不应被遗忘的——怀念杨振声师》，《瞭望》1993 年第 1 期。
② 据周定一致杨起原函（2001 年 7 月 3 日）复印件。

纪念章；

（二）在校部三楼教师参考室内，设杨振声教授遗书专架，以资纪念。[1]

◎ 1957年

本年 人民文学出版社计划系统出版一批“五四”以后中国新文学作品，杨振声《玉君》被列其中。据《人民日报》报道：

> 人民文学出版社为了更好地贯彻“百花齐放”的方针，计划在今后几年里更系统地出版一批五四以后我国的新文学作品。在文集方面，除《瞿秋白文集》已经出全、《鲁迅全集》将陆续出版外，《沫若文集》目前已经出了五卷，今后将陆续编，预计三年内出齐；《茅盾文集》已经发排了两卷，预计编十二卷，《巴金文集》已经发排了四卷，计划出十四卷；这两部文集在1959年可以出齐；《郁达夫文集》、《老舍文集》、《叶圣陶文集》、《郑振铎文集》，现在正在编辑，明年可以分别出版一部分；《朱自清文集》、《闻一多全集》已有开明书店版本流行，计划在原有基础上加以整理出版。在选集方面，今年已发稿或已出书的有《刘半农诗选》、《应修人、潘谟华选集》、汪静之的《蕙的风》、杨振声的《玉君》、《废名小说选》、《王统照短篇小说选集》、《沈从文小说选集》、丰子恺的《缘缘堂随笔》等书；已着手编选或计划编选的有《许地山选集》、《张天翼短篇小说选》、《萧红选集》、

① 张文丰：《感谢赠书》，长春《东北人大》，1956年6月25日。

《徐志摩诗选》、《杨骚诗文选集》，等等。今后还预备继续编选。[1]

十一月 《玉君》（小说集）由人民文学出版社出版，收入小说12篇。

◎1982年

二月二十五日 杨文衡致函杨起，内云：

赵西陆偷了爹爹很多的重要书籍，他推的很干净，这个人最坏！孙（昌熙）先生信中还提到他，他什么都不说，真岂有此理！提到了书，爹爹在东北的3000册书，我们一定要解决的，公家侵占私人财产，岂有此理！我曾写信给长春九三学社请他们代问此事，他们曾回过一信去问过赵西陆，他推的很干脆，但是他们图书馆已承认有这部分书，但查不清了！我想可否到北京新中央请他们代问问，不然我们就写信给人民日报或光明日报，甚至可到法院，告吉林大学，你看如何？[2]

◎1985年

五月 小说《玉君》作为"中国现代文学史参考资料"的一种，由上海书店据现代社1925年5月再版本影印。

①《人民文学出版社订出计划　系统地出版五四以后新文学作品》，北京《人民日报》1957年12月4日，第7版。
② 据杨文衡致杨起信函复印件。

◎1987年

《杨振声选集》（小说、散文、文论集）在孙昌熙、张华、杨起、萧乾等努力下编成，由人民文学出版社出版，收入各类文学作品56篇。据杨起所述：

> 1985年，一家出版社准备再版父亲的文集，萧乾先生建议由沈从文先生写序，但是在那篇所谓的序里沈先生生怕父亲“牵连”到他。萧乾先生实在看不下去，只好自己写了一篇“代序”。其实，萧乾先生之所以建议沈从文写序，是觉得沈从文跟父亲渊源匪浅：早在1926年，父亲在燕京大学兼课。沈从文当时还是一个籍籍无名的人，没有受过正规训练，也没有文凭。一个偶然的机会，父亲发现了沈从文的文学才华，建议沈从文去读书深造。在父亲的推荐下，燕京大学专门为沈从文一个人安排了一次面试，采取的是口试的办法，没想到沈从文没能回答出老师的问题，得了零分，燕京大学只好退还了他两元钱的报名费，没有录取。父亲知道结果之后非常惋惜，他问那个主考人：“这样的学生你们都不要？”后来父亲到青岛创办青岛大学，又把沈从文请到青岛大学担任讲师，后来到了抗战时期，父亲又力排众议，推荐沈从文到西南联大去讲课。这中间，在1933年父亲曾经奉命编纂《高小实验国语教科书》，父亲不仅邀请了沈从文作助手，而且还让他在我们家一起住。正是因为有了这样的渊源，萧乾先生才建议沈从文给父亲的文集写序。没想到竟然找错了。在沈从文长达32卷的全集中，甚至没有提到父亲。倒是他的夫人张兆和女士，因

为前些年我收集父亲的资料，她在给我寄还父亲给沈从文的信件时写道：

“今甫（杨振声的字）先生为人处事，从几封信中可见一斑。我一直觉得他对从文像慈父严兄一样，十分关切；对其他朋友亦然。这样的忠厚长者，如今已很少见了。”①

据萧乾所述：

50年代中期，文艺界一度进入宽松时期，人民文学出版社将他的长篇小说《玉君》重排出版了。80年代，我任该出版社顾问时，曾编过他的文集。发排前需要一篇序。这序很自然的应由从1930年就在今甫先生身边工作的另外一位先辈作家来执笔。可惜写出之后，家属认为实在没法用。序文既未对杨先生一生的文学及教育事业给予应有的评价，也未谈他们之间的亲密关系，个别地方还带有大批判味道。最后，只好用我那篇十分蹩脚的文章来凑数。②

另据萧乾所述：

《我的启蒙老师杨振声》一文是为杨先生文集而写。其实，当时有一位远比我更适于为那本文集写序的先生，因为三十年代初从中国公学到青岛大学，以至四十年代的西南联大，他都一直在杨先生身边工作，对杨先生的了解自然比我要深刻全面多了。经过杨先生子女一再敦促，那位先生也确实写了。只是杨先生的公子杨起教授

---

① 杨起口述陈远撰文：《杨振声：湮没无闻许多年》，北京《新京报》，2004年8月21日。此处采用杨起重新修正稿。

② 萧乾：《他是不应被遗忘的——怀念杨振声师》，《瞭望》1993年第1期。

告诉我，序言写得实在没法用，只好改由我执笔。①

◎ 1997 年

山东蓬莱政协文史资料委员会为杨振声父子三人出专辑——《杨氏三杰》（蔡玉臻主编，蓬莱文史资料第十五辑），其中收录了杨振声的部分文学作品及后人评述、回忆杨振声的部分文章。

◎ 1998 年

八月 《玉君》作为“中国现代小说名家名作原版库”的一种，由中国文联出版公司出版。

◎ 1999 年

十月 《杨振声代表作》作为“现代文学百家·自强文库”的一种，由华夏出版社出版。

◎ 2000 年

一月 《玉君》作为“新文学碑林·第三辑”的一种，由人民文学出版社出版。

六月 《杨振声文集》作为“中国现代文学名著百部”的一种，由华夏出版社出版。

◎ 2003 年

五月 《她的第一次爱》作为“现代文学百家·沉钟书系”

① 萧乾：《萧乾回忆录》，北京：中国工人出版社，2005 年，第 305 页。

的一种，由华夏出版社出版。

◎ 2007 年

八月 季培刚编著《杨振声编年事辑初稿》作为蓬莱市历史文化研究会编“蓬莱文库”的一种，由黄河出版社出版。

◎ 2009 年

一月 中国现代文学馆编《杨振声代表作　玉君》作为“中国现代文学百家”的一种，由华夏出版社出版。

六月《杨振声文集》作为“中国近现代名人文萃”的一种，由线装书局出版。

十月《杨振声随笔　第一次爱》作为未名“大学者随笔书系”的一种，由北京大学出版社出版。

……

征引及参考资料

杨振声文集

杨振声著，孙昌熙、张华编：《杨振声选集》，北京：人民文学出版社，1987 年。

中国现代文学馆编：《杨振声代表作》，北京：华夏出版社，1999 年。

工具书

编委会：《中国文学家辞典》（现代第二分册），成都：四川人民出版社，1982 年。

车吉心等主编：《齐鲁文化大辞典》，济南：山东教育出版社，1989 年。

陈玉堂：《中国近现代人物名号大辞典》，杭州：浙江古籍出版社，2005 年。

复旦大学中文系编：《中国现代文学词典》，上海：上海辞书出版社，1990 年。

高清海主编：《文史哲百科辞典》，长春：吉林大学出版社，1988 年。

顾明远主编：《教育大辞典》，上海：上海教育出版社，1991 年。

顾明远总主编：《中国教育大系　历代教育名人志》，武汉：湖北教育出版社，1994 年。

李盛平主编：《中国近现代人名大辞典》，北京：中国国际广播出版社，1989 年。

刘国铭主编：《中国国民党百年人物全书》，北京：团结出版社，2005 年。

马洪武等主编：《中国近现代史名人辞典》，北京：档案出版社，1993 年。

薛绥之主编：《鲁迅杂文辞典》，济南：山东教育出版社，1986 年。

武金铭等主编：《中华文化人物辞典》，北京：中国国际广播出版社，1998 年。

徐友春主编：《民国人物大辞典》，石家庄：河北人民出版社，1991 年。

中国名人研究院编：《中国当代艺术界名人录》，北京：社会科学文献出版社　1993 年。

张宪文等主编：《中华民国史大辞典》，南京：江苏古籍出版社，2002 年。

档案、书信、日记

北京大学、清华大学、南开大学、云南师范大学编：《国立西南联合大学史料》，昆明：云南教育出版社，1998 年。

北京大学图书馆编：《北京大学图书馆藏胡适未刊书信日记》，北京：清华大学出版社，2003 年。

蔡德金编注：《周佛海日记》（上），北京：中国社会科学出版社，1986 年。

陈寅恪：《陈寅恪集　书信集》，北京：生活·读书·新知三联书店，2001 年。

晨光辑注：《徐志摩书信》，海口：海南文艺出版社，1986年。

程道德主编：《二十世纪北京大学著名学者手迹》，北京：北京图书馆出版社，2003年。

傅光明编：《萧乾书信集》，郑州：河南教育出版社，1991年。

耿云志编：《胡适遗稿及秘藏书信》，合肥：黄山书社，1994年。

耿云志、欧阳哲生编：《胡适书信集》，北京：北京大学出版社，1996年。

顾颉刚：《顾颉刚日记》，台北：联经出版事业公司，2000年。

广东省立中山图书馆编：《广东省立中山图书馆馆藏名人手札选萃》"各家致容庚手札"，北京：商务印书馆，2002年。

广东省立中山图书馆、香港大学冯平山图书馆编：《罗香林论学书札》第二卷，广东人民出版社，2009年。

胡适：《胡适的日记》(手稿本)，台北：远流出版事业有限股份公司，1990年。

胡适纪念馆编：《论学谈诗二十年——胡适杨联升往来书札》，合肥：安徽教育出版社，2001年。

黄延复、王小宁整理：《梅贻琦日记》(1941-1946)》，北京：清华大学出版社，2002年。

金毓黻：《静晤室日记》，沈阳：辽沈书社，1993年。

梁从诫编：《林徽因文集》(文学卷　书信)，天津：百花文艺出版社，1999年。

刘敦桢：《川、康古建调查日记》，《刘敦桢文集》(三)，北京：中国建筑工业出版社，1987 年。

鲁迅：《马上支日记》，原载《语丝》第 87 期，引自《鲁迅全集》第三卷，北京：人民文学出版社，1973 年。

鲁迅、景宋著：《两地书·原信——鲁迅与许广平往来书信集》，北京：中国青年出版社，2005 年。

鲁迅博物馆藏：《周作人日记》（影印本），郑州：大象出版社，1996 年。

逯钦立：《逯钦立文存》彩页“1942 年 12 月 30 日，杨振声致逯钦立函”，北京：中华书局，2010 年。

欧阳哲生主编：《傅斯年全集》（第 7 卷），长沙：湖南教育出版社，2003 年。

清华大学校史研究室编：《清华大学史料选编》，北京：清华大学出版社，1991-1994 年。

孙玉蓉编：《俞平伯书信集》，郑州：河南教育出版社，1991 年。

王学珍、郭建荣主编：《北京大学史料》（2、3、4 卷），北京：北京大学出版社，2000 年。

闻一多：《闻一多书信选集》，北京：人民文学出版社，1986 年。

吴宓著、吴学昭整理注释：《吴宓日记》（Ⅳ）（Ⅴ）（Ⅵ）（Ⅶ）（Ⅷ）（Ⅸ），北京：生活·读书·新知三联书店，1998 年。

西南联合大学北京校友会校史编辑委员会编：《西南联合大学校史资料》，北京：北京大学出版社、昆明：云南人民出版社，1986 年。

徐志摩：《徐志摩全集》（书信），北京：商务印书馆，

1983 年。

徐志摩：《徐志摩全集补编》（4）“日记　书信集”，上海：上海书店，1994 年。

虞昆林整理：《徐志摩未刊日记》（外四种），北京：北京图书馆出版社，2003 年。

郁达夫：《郁达夫文集》（第九卷）“日记、书信”，广州：花城出版社、香港：三联书店香港分店，1984 年。

俞平伯：《国外日记　乙集》，《俞平伯全集》第 10 卷，石家庄：花山文艺出版社，1997 年。

张兆和主编：《沈从文全集》（第 18、19 卷）“书信”，太原：北岳文艺出版社，2002 年。

中国蔡元培研究会编：《蔡元培全集》（第 16 卷）“日记”，杭州：浙江教育出版社，1997 年。

中国社会科学院近代史研究所中华民国史研究室编：《胡适的日记》，北京：中华书局，1985 年。

中国社会科学院近代史研究所民国史研究组编：《胡适来往书信选》，北京：中华书局，1979 年。

中国社会科学院近代史研究所民国史研究组编：《胡适来往书信选》，香港：中华书局，1983 年。

朱乔森编：《朱自清全集》“日记编”，南京：江苏教育出版社，1998 年。

朱乔森编：《朱自清全集》“书信补遗编”，南京：江苏教育出版社，1998 年。

竺可桢：《竺可桢日记》Ⅲ，北京：中国科学出版社，1989 年。

竺可桢：《竺可桢全集》第 6-14 卷“日记”，上海：上海科技教育出版社，2005-2008 年。

年谱

曹达：《魏建功年谱》，《文教资料》1996 年第 5 期。

蔡仲德：《冯友兰先生年谱初编》，郑州：河南人民出版社，1984 年。

陈从周：《徐志摩年谱》，上海：上海书店，1981 年。

陈学勇：《〈林徽因年表〉补》，《新文学史料》1999 年第 2 期。

陈学勇：《凌叔华年表》，《新文学史料》2001 年第 1 期。

冯姚平整理：《冯至年谱》，《新文学史料》2001 年第 4 期。

顾潮：《顾颉刚年谱》，北京：中国社会科学出版社，1993 年。

郭廷以编著：《近代中国史事日志》，北京：中华书局，据台湾 1963 年 3 月初版影印，1987 年。

胡颂平：《胡适之先生年谱长编初稿》（三），台北：联经出版事业公司，1984 年。

黄德志、肖霞：《施蛰存年表》，《淮阴师范学院学报》（哲学社会科学版）2003 年第 1 期。

姜健、吴为公：《朱自清年谱》，合肥：安徽教育出版社，1996 年。

齐家莹编：《清华人文学科年谱》，北京：清华大学出版社，1999 年。

清华大学校史研究室编：《清华大学九十年》，北京：清华大学出版社，2001 年。

山东大学档案馆编：《山东大学大事记》，济南：山东大学出版社，1991 年。

孙昌熙、张华：《杨振声著作系年简表》，《杨振声选集》，北京：人民文学出版社，1987 年。

孙玉蓉编：《俞平伯年谱》，天津：天津人民出版社，2001 年。

王世儒：《蔡元培先生年谱》，北京：北京大学出版社，1998 年。

闻黎明：《闻一多年谱长编》，武汉：湖北人民出版社，1994 年。

於可训、叶立文主编：《中国文学编年史（现代卷）》，长沙：湖南人民出版社，2006 年。

虞坤林编：《志摩的信》，上海：学林出版社，2004 年。

张道儒：《张道藩生平纪年（1897-1968）》，《贵州文史丛刊》1994 年第 1 期。

张华：《杨振声作品编目》，《胶东文学》一九八四年第七期。

张菊香、张铁荣编：《周作人年谱》，天津：南开大学出版社，1985 年。

传记、回忆录

陈孝全：《朱自清传》，北京：北京十月文艺出版社，2001 年。

丁亚平：《别离在新世纪之门——萧乾传》，郑州：河南人民出版社，2000 年。

冯友兰：《三松堂自序》，北京：生活·读书·新知三联出版社，1984 年。

李辉：《萧乾传》，北京：中国文联出版公司，1987 年。

凌宇：《沈从文传》，北京：北京十月文艺出版社，1988 年。

林杉：《林徽因传》，北京：九州图书出版社，2002 年。

钱昌照：《钱昌照回忆录》，北京：中国文史出版社，1998 年。

闻黎明：《闻一多传》，北京：人民出版社，1992 年。

萧乾：《萧乾回忆录》，北京：中国工人出版社，2005 年。

许德珩：《许德珩回忆录——为了民主与科学》，北京：中国青年出版社，2001 年。

赵俪生：《篱槿堂自叙》，上海：上海古籍出版社，1999 年。

民国旧书

山东省立第八中学校编：《山东省立第八中学校同学录》，民国三年（1914）。

国立青岛大学编：《国立青岛大学一览》，民国二十年（1931）。

国立清华大学编：《国立清华大学本科学程一览》（民国十八至十九年度），1929 年。

国立清华大学编：《国立清华大学一览》，民国十九年（1930）。

国立编译馆：《小学校高级用　实验国语教授书》，上海：商务印书馆，1937 年。

国立编译馆：《中学国文特种读本》（第一册），上海：商务印书馆，1933 年。

杨振声、沈从文等编：《现代文录》（第 1 集），北平：新文化出版社北平总社，1946 年。

中国科学社编：《中国科学社社员分股名录》，民国二十二年（1933）。

中国艺术国际展览会筹备委员会编：《参加伦敦中国艺术国际展览会出品目录》，民国二十四年（1935）。

报刊

《北京大学日刊》
《北京文艺》
《晨报》
《晨报副刊》
《大公报》
《东北人大》
《独立评论》
《观察》
《光明日报》
《国立第一中山大学校报》
《国立青岛大学周刊》
《国立清华大学校刊》
《国立清华大学学报》
《国立中山大学日报》
《国立中山大学图书馆周刊》
《国文月刊》
《国闻周报》
《进步日报》
《经世日报》
《清华周刊》

《清华周刊副刊》
《人民日报》
《人民文学》
《申报》
《世界日刊》
《世界学生》
《世界文艺季刊》
《正义报》
《文学杂志》
《文讯》
《现代评论》
《新潮》
《新月》
《新文学史料》
《新生报》
《行政院公报》
《益世报》
《云南日报》
《中央日报》
《中国青年》
《传记文学》

编作与专著

北京市文学艺术工作者代表大会秘书处编：《北京市文学艺术工作者代表大会纪念文集》，北京：大众书店，1951 年。

陈平原、夏晓虹主编：《触摸历史——五四人物与现代中国》，广州：广州出版社，1999 年。

陈平原：《中国大学十讲》，上海：复旦大学出版社，2002 年。

程道德主编：《二十世纪文化名人墨迹》，北京：北京出版社，2000 年。

程道德主编：《中国近现代文化名人遗墨》上册，北京：中国方正出版社，2008 年。

杜素鹃：《沈从文与〈大公报〉》，济南：山东画报出版社，2006 年。

冯友兰：《冯友兰自述》，北京：中国人民大学出版社，2004 年。

黄延复：《水木清华——二三十年代清华校园文化》，桂林：广西师范大学出版社，2001 年。

黄延复、马相武：《梅贻琦与清华大学》，太原：山西教育出版社，1995 年。

黄义祥编著：《中山大学史稿 1924-1949》，广州：中山大学出版社，1999 年。

鲁海：《老楼故事》，青岛：青岛出版社，2003 年。

彭明：《五四运动史》，北京：人民出版社，1984 年。

桑兵：《晚清民国的国学研究》，上海：上海古籍出版社，2001 年。

桑兵、关晓红主编：《先因后创与不破不立：近代中国学术流派研究》，北京：生活·读书·新知三联书店，2007 年。

山东大学百年史编委会：《山东大学百年史》，济南：山东大学出版社，2001 年。

山东大学校史组编：《山东大学校史》，济南：山东大学出版社，1986年。

苏云峰：《从清华学堂到清华大学（1928—1937）》，北京：生活·读书·新知三联书店，2001年。

唐正芒等著：《中国西部抗战文化史》，北京：中共党史出版社，2004年。

王东杰：《国家与学术的地方互动——四川大学国立化进程》，北京：生活·读书·新知三联书店，2005年。

吴贻谷主编：《武汉大学校史1893-1993》，武汉：武汉大学出版社，1993年。

西南联合大学北京校友会编：《国立西南联合大学校史——1937至1946年的北大、清华、南开》，北京：北京大学出版社，1996年。

萧超然等编著：《北京大学校史（一八九八——一九四九）》（增订本），北京：北京大学出版社，1988年。

姚丹：《西南联大历史情境中的文学活动》，桂林：广西师范大学出版社，2000年。

曾庆瑞、赵遐秋编：《中国现代小说140家札记》，桂林：漓江出版社，1985年。

章清：《"胡适派学人群"与现代中国自由主义》，上海：上海古籍出版社，2004年。

中国社会科学院青年人文社会科学研究中心编：《学问有道——学部委员访谈录》（下册），北京：方志出版社，2007年。

中华全国文学艺术工作者代表大会宣传处编：《中华全国文学艺术工作者代表大会纪念文集》，北京：新华书店，1950年。

周仁政：《京派文学与现代文化》，长沙：湖南师范大学出版社，2002年。

邹宗良、时连泉主编：《山东历史上的今天》，济南：山东文艺出版社，2000年。

文章

白榕：《京城往事（五）》，《江淮文史》2004年第6期。

卞僧慧：《读其文如重沐春风——喜读〈邓以蛰全集〉》，北京《中华读书报》1999年12月22日。

卞之琳：《三座门大街十四号琐忆》，《书屋》2000年第8期。

冰心：《评阅述感》，《妇女新运》季刊第3卷第3期，1941年9月。

冰心：《我的老伴——吴文藻》，《民族教育研究》1994年第2期。

冰心：《追念罗莘田先生》，《罗常培纪念论文集》，北京：商务印书馆，1984年。

曹聚仁：《杨振声回忆"五四"》，《天一阁人物谭》，北京：生活·读书·新知三联书店，2007年。

常风：《李健吾叶公超劝周作人南下未果》，华而实主编，山西省文史研究馆编：《汾晋遗珠》，上海：上海书店，1994年。

常风：《回忆叶公超先生》，《新文学史料》1994年第1期。

常风：《留在我心中的记忆》，《逝水集》，沈阳：辽宁教育出版社，1995年。

陈波：《"期成宪草"探微——抗战时期民主宪政运动的

重要成果》，《湖北大学学报》（哲学社会科学版）2000 年第 3 期。

陈贵福：《略谈杨振声的小说创作》，《通化师院学报》（社科版）1985 年第 1 期。

陈建宁：《轰动欧洲的中国国宝展及其风波》，《档案与史学》2003 年第 3 期。

陈先初：《重评现代评论派》，《近代史研究》1989 年第 4 期。

陈学勇：《林徽因与李健吾》，上海《文汇报》2001 年 12 月 7 日。

陈中凡：《我所知道的罗家伦》，《文史资料选辑》（第 19 辑），中国文史出版社出版，1989 年。

褚斌杰：《文史楼的记忆》，引自北京大学中文系 90 周年系庆网。

从信亭：《蓬莱中学教育之建立与发展》，《蓬莱文史》（第 12 辑），1995 年。

戴红：《杨振声父子的传奇人生》，北京《团结报》2001 年 2 月 27 日。

戴红：《两代丹心谱　三杰报国情——两代九三社员杨振声与杨文衡杨起父子的传奇人生》，《中国统一战线》2001 年第 4 期。

邓牛顿：《文协档案揭秘》，北京《中华读书报》2002 年 8 月 14 日。

邓嗣禹：《北大舌耕回忆录》，台北《传记文学》第 46 卷第 1 期。

邓云乡：《胡适之寿酒米粮库》，《文化古城旧事》，北京：

中华书局，1995 年。

丁岚生：《何思源在山东的活动》，山东省政协文史资料研究委员会：《文史资料选辑》（第 18 辑），济南：山东人民出版社，1985 年，第 121 页。

杜光埙：《忆国立山东大学》，山东省政协文史资料委员会编：《悠悠岁月桃李情》，北京：中国文史出版社，1991 年。

段美乔：《论 1946-1948 年平津文坛“新写作”的形成》，《中国现代文学研究丛刊》2001 年第 1 期。

丰草：《现代文录第一集》，《大公报》“读书周刊”，1947 年 1 月 25 日。

冯思纯：《为人父，止于慈——纪念父亲废名诞辰 100 周年》，《新文学史料》2001 年第 4 期。

冯姚平：《心底的热浪》，北京《北京青年报》2000 年 12 月 7 日。

冯姚平：《最难忘的是昆明——记父亲冯至在西南联大》，《西南联大北京校友会简讯》第 32 期，2002 年 10 月。

冯友兰：《清华发展的过程是中国近代学术走向独立的过程》，引自清华校友网。

冯至：《关于调整大学中文外文二系机构的一点意见》，《冯至全集》（第四卷），石家庄：河北教育出版社，2002 年。

冯至：《昆明往事》，《新文学史料》1986 年第 1 期。

傅光明：《沈从文和萧乾：从师生到陌路》，《纵横》1999 年第 2 期。

傅汉思（Hans H. Frankel）：《我和沈从文初次相识》，《海内外》第 28 期。

傅斯年：《〈新潮〉之回顾与前瞻》，《新潮》第 2 卷第 1

号，1919 年 9 月。

高恒文：《〈大公报〉文艺副刊在“京派”发展史上的意义》，《文艺理论研究》1998 年第 2 期。

顾颉刚：《五德终始说下的政治和历史》，《清华学报》第 6 卷第 1 期，1930 年 6 月。

顾颉刚：《回忆新潮社》，张允侯等《五四时期的社团》（二），北京：生活·读书·新知三联书店，1979 年。

顾文安：《忆杨振声老师》，《北京大学校友通讯》第 17 期，1995 年 5 月。

顾文安：《沙滩四年》，《北京大学校友通讯》24 期（“北京大学建校一百周年纪念特刊”），1998 年。

韩日新：《试论杨振声“五四”时期的“问题小说”》，《胶东文学》1984 年第 7 期。

韩日新：《笔带真情　墨带色彩——杨振声笔下的海上风景画与风俗画》，《海洋文学》1985 年第 2 期。

何理路：《回忆父亲何思源》，山东省政协文史资料委员会编：《山东文史资料选辑》（第 26 辑），济南：山东人民出版社，1989 年，第 244 页。

何思源：《五四运动回忆》，《五四运动亲历记》，北京：中国文史出版社，1999 年。

何铮：《爱国诗人王调甫》，《重庆文史资料选辑》（第 33 辑），重庆：西南师范大学出版社，1990 年。

胡晶君：《国立中山大学学校管理探析（1924-1931）》，华南师范大学 2004 年硕士论文。

黄任潮：《冼玉清教授传略》，《广东文史资料》（第 64 辑），广州：广东人民出版社，1990 年。

黄裳：《〈玉君〉与杨振声》，《春夜随笔》，成都：成都出版社，1994年。

黄延复：《杨振声和他的一首诗》，《山东大学校史资料》（第2期），1982年。

黄永玉：《太阳下的风景——沈从文与我》，《花城》1980年第5期。

黄永玉：《梦乡不曾休——此序与艺术无关》，李辉编：《黄永玉艺术随笔》，杭州：浙江艺术出版社，2000年。

季羡林：《站在胡适之先生墓前》，《百年潮》1999年第7期。

江南：《从三十年代〈大公报〉“文艺”副刊看京派文学》，《复旦学报》（社会科学版）2002年第4期。

姜德明：《黎明前的纪念》，《书摊寻梦》，北京：北京燕山出版社，1996年。

姜德明：《话说〈学文〉》，《姜德明书话》（第3辑），北京：北京出版社，1998年。

姜厚粤：《雨露春晖——忆先父姜忠奎先生》，《山东文史资料选辑》（第32辑），济南：山东人民出版社，1992年。

姜振昌：《在整合和分化中嬗变发展——现代杂文流派漫论》，《文学评论》1996年第5期。

蒋阜南：《回忆昆明抗日救亡运动的片断》，《云南文史资料选辑》，昆明：云南人民出版社，1987年。

蒋星煜：《杨振声先生会见记》，南京《文化先锋》第6卷第15期，1947年。

兰绍英：《人间地狱和世外桃源——杨振声〈玉君〉中的民俗描写》，《民俗研究》2004年第3期。

李赐：《一张旧照片的怀念》，《北京大学校友通讯》（校庆95周年纪念特刊），1993年。

李春华：《闻一多在青岛的日子》，《纵横》2007年第1期。

李赋宁：《北大人的敬业》，北京《光明日报》1998年3月28日。

李光荣：《闻一多的艺术家气质及其兼政经历》，《闻一多研究集刊》"纪念闻一多诞辰100周年"，2004年。

李光荣：《西南联大文学教育与新文学传统》，《中国现代文学研究丛刊》2005年第4期。

李辉：《汪曾祺听沈从文上课》，北京《中华读书报》2004年4月14日。

李健吾：《〈王文显剧作选〉后记》，王文显著　李健吾译：《王文显剧作选》，北京：人民文学出版社，1983年。

李健吾：《忆西谛》，《文学回忆录》，成都：四川人民出版社，1983年。

李林、王林：《回忆青岛大学两年三次罢课斗争》，山东省政协文史资料研究委员会：《文史资料选辑》（第9辑），济南：山东人民出版社，1981年。

李林、王弢：《青岛大学两年三次罢课斗争简述》，《山东大学校史资料》（第6期），1983年。

李凌：《闻一多曾经"站在革命的对立面"吗？——试论闻一多的思想转变》，《闻一多研究集刊》"纪念闻一多诞辰100周年"，2004年。

李思乐：《蓬莱老乡杨振声》，《烟台晚报》2008年1月18日。

李思清：《杨振声致逯钦立未刊书信》，《中国社会科学报》

2009年11月5日。

李小峰：《新潮社的始末》：上海市政协文史资料工作委员会编：《文史资料选辑》（总第21辑），上海：上海人民出版社，1978年。

李岫：《李广田先生在昆明》，昆明市政协文史学习委员会编：《抗战时期文化名人在昆明》（二），昆明：云南人民出版社，2002年。

李循堂：《抗战时期西南联大叙永分校的两大特色》，《叙永县文史资料选辑》（第19辑），1996年。

李瑛：《我的大学生活》，《新文学史料》2001年第1期。

李钟湘：《西南联大始末记》，钟叔河、朱纯编：《过去的大学》，武汉：长江文艺出版社，2005年。

梁实秋：《我参加了五四运动》，《五四运动亲历记》，北京：中国文史出版社，1999年。

梁实秋：《忆国立青岛大学》，台湾《山东文献》第六卷第三期。

梁实秋：《忆杨今甫》，《梁实秋文学回忆录》，长沙：岳麓书社，1989年。

梁实秋：《酒中八仙》，《雅舍杂文》，北京：文化艺术出版社，1998年。

梁实秋：《饮酒》，《雅舍小品》，北京：文化艺术出版社，1998年。

梁实秋：《忆青岛》，《雅舍散文》，北京：文化艺术出版社，1998年。

梁实秋：《忆青大　念一多》，北京《光明日报》2001年10月17日A2版。

梁实秋：《方令孺其人》，《方令孺散文集》，台北：洪范书店，1980 年。

梁实秋：《胡适先生二三事》，《中国文化名人书系　谈师恩》（上），北京：大众文艺出版社，2000 年。

梁实秋：《谈闻一多》，《雅舍怀旧——忆故知》，北京：中国友谊出版公司，1986 年。

梁实秋：《谈徐志摩》，《梁实秋怀人丛录》，北京：中国广播电视出版社，1991 年。

梁实秋：《悼念道藩先生》，《梁实秋怀人丛录》，北京：中国广播电视出版社，1991 年。

梁实秋：《忆沈从文》，《梁实秋怀人丛录》，北京：中国广播电视出版社，1991 年。

梁实秋：《悼叶公超先生》，《梁实秋怀人丛录》，北京：中国广播电视出版社，1991 年。

梁实秋：《回忆抗战时期》，《雅舍散文》，北京：文化艺术出版社，1998 年。

梁展：《崇尚英美民主的〈现代评论〉》，《枣庄师范专科学校学报》1996 年第 2 期。

林毓杉：《西南联大对云南教育事业的贡献》，《云南文史资料选辑》（第 34 辑）“西南联合大学建校五十周年纪念专辑”，昆明：云南人民出版社，1988 年。

凌叔华：《武汉日报副刊现代文艺停刊之词》，陈学勇编：《凌叔华文存》，成都：四川文艺出版社，1998 年。

刘北汜：《朱自清先生在昆明的一段日子》，《文讯》第 9 卷第 3 期。

刘北汜：《忆朱自清先生》，《新文学史料》1982 年第 4 期。

刘远哉：《蓬莱地理说略》，北京蓬莱同乡会编：《蓬莱旬刊》1925年8月20日。

刘光鼎：《我和我的父母及兄弟姐妹》，《党史博览》2006年第4期。

刘明：《借鉴民国年间大学教员评聘的本土经验》，《社会科学论坛》2005年第2期。

刘淑玲《〈大公报〉与中国现代文学》，《新文学史料》2004年第3期。

刘淑玲：《自由主义往哪里走？——1946～1949：〈大公报〉的文人立场与京派作家的文学选择》，《社会科学论坛》2004年第5期。

刘兆吉：《恩师辛劳永放光辉——记64年前在闻一多指导下采编〈西南采风录〉今日再版有感》，《西南联大北京校友会简讯》29期，2001年。

柳红伟、山曼：《蓬莱阁下水城村——杨振声故居》，《人物》2002年第12期。

柳即吾：《三十年代的山东大学》，济南市政协文史资料研究委员会：《济南文史资料选辑》（第3辑）。

卢笛：《沈从文与文物：抢救，而非收藏》，《北京纪事》2005年第5期。

卢浩：《中华教育改进社》，华东师范大学2003年硕士论文。

鲁迅：《对于〈新潮〉一部分的意见》，张允侯等《五四时期的社团》（二），北京：生活·读书·新知三联书店，1979年。

陆言：《老舍的昆明之行——〈滇行短记〉注释》，昆明市政协文史学习委员会编：《抗战时期文化名人在昆明》（二），昆明：云南人民出版社，2002 年。

罗常培：《七七事变后的北大残局》，《国立北京大学五十周年纪念一览》，北京大学出版部，1948 年。

罗常培：《叙永一周间》，《苍洱之间》，沈阳：辽宁教育出版社，1996 年。

罗家伦：《北京大学与五四运动》，《五四运动亲历记》，北京：中国文史出版社，1999 年。

罗久芳：《罗家伦与北大——先父罗家伦先生百年冥寿纪念》，王大鹏选编：《百年国士　自述·回忆·专访　第三册》，北京：中国文联出版公司，1999 年。

马星野：《我所认识的罗志希先生》，《传记文学》第 30 卷第 1 期，1977 年 1 月。

毛永国：《国学大师毛子水事略》，《衢州文史资料》（第 6 辑），杭州：浙江人民出版社，1989 年。

蒙树宏：《云南现代文学大事记初编》（五），《楚雄师范学院学报》1993 年第 4 期。

倪邦文：《“现代评论派”的团体构成》，《新文学史料》1995 年第 3 期。

倪邦文：《论“现代评论派”的创作》，《中国现代文学研究丛刊》1995 年第 3 期。

欧阳澄：《怀念吾师　重温教诲》，《西南联大北京校友会简讯》第 39 期。

欧阳哲生：《傅斯年与北京大学》，《北京大学学报》（哲学社会科学版）1996 年第 5 期。

欧阳哲生：《傅斯年学术思想与史语所初期研究工作》，

《文史哲》2005 年第 3 期。

潘成菊：《论抗战时期“文协”分会的活动》，重庆师范大学 2003 年硕士论文。

潘乃穆：《陈岱孙先生的摄影和潘光旦先生的诙谐》，《北京大学校友通讯》第 30 期，2001 年 4 月。

彭国涛：《我所知道的李广田先生》，《西南联大北京校友会简讯》第 32 期，2002 年 10 月。

钱昌照：《国民党政府资源委员会始末》，全国政协文史资料研究委员会工商经济组编：《回忆国民党政府资源委员会》，北京：中国文史出版社，1988 年。

钱念孙：《“没有道德目的而有道德影响”——评朱光潜早期文艺功利观》，《文学评论》1996 年第 3 期。

秦泥执笔：《联大叙永分校生活纪实》，西南联大校友会编：《笳吹弦诵在春城——回忆西南联大》，昆明：云南人民出版社、北京：北京大学出版社，1986 年。

曲继皋：《抗战前后的山大图书馆》，山东省政协文史资料委员会编：《悠悠岁月桃李清》，北京：中国文史出版社，1991 年。

曲直、方圆：《国立青岛大学首任校长——杨振声》，山大（青岛）校友会编：《山东大学（青岛）人物志》，青岛：海洋出版社，1991 年。

任继愈：《北大文科研究所师生生活杂忆——纪念罗莘田先生诞辰 100 周年》，《语文建设》1999 年第 5 期。

任继愈：《我看〈西南联大启示录〉》，《西南联大北京校友会简讯》第 36 期。

桑兵：《厦门大学国学院风波——鲁迅与现代评论派冲突

的余波》，《近代史研究》2000 年第 5 期。

桑兵：《近代中外比较研究史管窥——陈寅恪〈与刘叔雅论国文试题书〉解析》，《中国社会科学》2003 年第 1 期。

邵燕祥：《常风纪念》，《中国书画》2004 年第 1 期。

沈从文：《友情》，《中国文化名人书系　谈友情》（上），北京：大众文艺出版社，2000 年。

沈从文：《三年前的十一月二十二日》，《怯步集》，《沈从文文集》（10），广州：花城出版社，1984 年。

沈从文：《湘人对于新文学运动的贡献》，《吉首大学学报》（社会科学版）1982 年第 6 期。

沈从文：《怀昆明》，《非梦集》，《沈从文文集》（10），广州：花城出版社，1984 年。

沈从文：《二十年代的中国新文学》，《沈从文全集》（12），太原：北岳文艺出版社，2002 年。

沈从文：《一个传奇的本事》，《沈从文散文选》，北京：人民文学出版社，1982 年。

沈虎雏：《团聚》，《长河不尽流》，长沙：湖南文艺出版社，1989 年。

沈卫威：《从〈新青年〉到〈新潮〉——中国现代文学发生的历史背景》，《中国现代文学研究丛刊》1996 年第 3 期。

沈卫威：《留学生和现代大学理念》，北京《中华读书报》2003 年 4 月 23 日。

施蛰存：《滇云浦雨话从文》，《沙上的脚印》，沈阳：辽宁教育出版社，1995 年。

石沉：《赵太侔死亡之谜》，《青岛画报》2002 年第 2 期。

石兴泽：《友情总在平淡琐碎之中——傅斯年与杨振声》，

《学林风景——傅斯年与他同时代的人》，郑州：河南人民出版社，2005年。

时桂山：《国立青岛大学第一任校长杨振声》，李扬编：《大师的足迹——20世纪上半叶海大校园里的文学名家》，青岛：中国海洋大学出版社，2004年。

舒芜：《家世和童年》，汪军主编：《皖江文化与近世中国：京剧、近代工业和新文化的源头》，合肥：合肥工业大学出版社，2004年。

司徒良裔：《杨振声小记》，《大公报》1947年2月3日。

苏仲湘：《也谈沈从文与萧乾之失和》，《纵横》1999年第11期。

孙昌熙：《把中国新文学抬上大学讲坛的人——追忆在抗日战争期间接受恩师杨振声（今甫）教授教诲的日子》，《泰安师专学报》1989年第2期。

孙昌熙：《杨振声小传》，《胶东文学》1984年第7期。

孙昌熙　张华：《论杨振声的小说创作》，《文史哲》1982第5期。

孙昌熙　张华：《杨振声和他的创作》，《杨振声选集》，北京：人民文学出版社，1987年。

孙昌熙　张华：《杨振声在青岛大学》，《山东大学建校五十五周年特刊》，1981年。

孙庆升：《丁西林传略》，孙庆升编：《丁西林研究资料》，北京：中国戏剧出版社，1986年。

孙玉蓉：《有关废名的几件事》，上海《文汇读书周报》2000年2月19日。

汤衍瑞：《长沙临时大学点滴》，《云南文史资料选辑》（第

34 辑）“西南联合大学建校五十周年纪念专辑”，昆明：云南人民出版社，1988 年。

汤一介：《我在沙滩的北大和未名湖的北大》，《2000 年中国散文精编》，武汉：长江文艺出版社，2001 年。

汪曾祺：《星斗其文，赤子其人》，《蒲桥集》，北京：作家出版社，1989 年。

汪曾祺：《金岳霖先生》，《蒲桥集》，北京：作家出版社，1989 年。

汪曾祺：《西南联大中文系》，《汪曾祺全集》（四），北京：北京师范大学出版社，1998 年。

王统照：《我读小说与写小说的经过》，黄永玉：《王统照》，天津：百花文艺出版社，1984 年。

王熙强：《天南地北忆师友》，山东大学校史编写组编：《山东大学校史资料》（第 5 期），1983 年。

王先进：《杨振声和国立青岛大学》，山东省政协文史资料委员会编：《悠悠岁月桃李清》，北京：中国文史出版社，1991 年。

王先进：《古稀之年忆母校》，张乐岭等主编：《峥嵘岁月》，济南：山东大学出版社，1991 年。

王先进：《国立青岛大学校长杨振声》，骏昌等主编、山东省文史研究馆编：《海岱寻踪》，上海：上海书店，1994 年。

王宣民、魏世江、吴力群：《海纳百川谱华章——写在中国海洋大学八十华诞之际》，青岛《中国海洋大学报》2004 年 10 月 23 日。

王昭建：《季羡林与王耀武的一段交往》，《世纪》2010 年第 1 期。

王振乾：《顾颉刚先生的西安之行》，《文史资料选编》（第12辑），北京：北京出版社，1982年。

闻家驷：《忆一多兄》，《读书》1979年第4期。

闻家驷：《怀念叶公超先生》，《群言》1991年第12期。

闻立雕：《先父闻一多留给我的深刻记忆》，《英烈忠魂永铭》，北京：中国文史出版社，2002年。

闻黎明：《论一二一运动中的大学教授与联大教授会——中国40年代的自由主义考察之一》，《近代史研究》1992年第4期。

闻黎明：《闻一多与胡适》，《历史档案》1994年第1期。

闻黎明：《1944年：中国社会的历史性转换——兼论民族工商业者“问政”的原因》，《近代史研究》1995年第4期。

闻黎明：《“国民大会议政会”刍议——抗战时期改革中央政治体制的重大设计》，《抗日战争研究》1996年第3期。

闻黎明：《闻一多被刺事件的历史考察》，《闻一多研究集刊》“纪念闻一多诞辰100周年”，2004年。

文洁若：《杨振声先生与中小学国文教科书》，王丽主编：《我们怎样学语文》，北京：作家出版社，2002年。

吴宏聪：《循循善诱　诲人不倦——杨振声先生在联大二三事》，《西南联大北京校友会简讯》第32期，2002年10月。

吴宏聪：《忆恩师杨振声先生》，北京《现代教育报》2004年3月19日。

吴宏聪：《从教从学六十年》，《中山大学学报》（社会科学版）2004年第6期。

吴宓：《评杨振声〈玉君〉》，《学衡》第三十九期，1925年。

吴小如：《北大忆旧》，北京《北京晚报》1992年7月4日。

吴研因：《旧中国的小学语文教材》，中国人民政治协商会议全国委员会文史资料委员会编：《文史资料选辑》（第40辑，总第140辑），北京：中国文史出版社，2000年。

吴泽顺：《悲怆的乐章》，《书屋》杂志社网络版·当代作家授权文库。

吴真：《沈从文：作品和读者永远不老》，《南方日报》2002年11月11日。

吴作桥：《不应否定鲁迅对〈玉君〉的批评——与张华同志商榷》，《鲁迅研究动态》1989年第3期。

萧涤非：《我和老舍》，《山东医科大学学报》（社会科学版）1987年第1期。

萧乾：《叛逆·开拓·创新——序〈尤利西斯〉中译本》，萧乾、文洁若：《尤利西斯》，南京：译林出版社，1994年。

萧乾：《未带地图的旅人》，《萧乾选集》（第三卷），成都：四川人民出版社，1984年。

萧乾：《我与大公报》，《大公报人忆旧》，北京：中国文史出版社，1996年。

萧乾：《我这两辈子》，《萧乾文集》，杭州：浙江文艺出版社，1999年。

萧乾：《我的书房史》，《萧乾文集》，杭州：浙江文艺出版社，1999年。

萧乾：《校门内外》，《萧乾文集》，杭州：浙江文艺出版社，1999年。

萧乾：《关于书》，《往事随想》，成都：四川人民出版社，2000年。

萧乾：《逃难记》，济南《济南日报》1994年2月5日。

萧乾:《我的恩师杨振声》,广州《羊城晚报》1998 年 8 月 23 日。

萧乾:《我的启蒙老师杨振声》,《随笔》1984 年第 5 期。

萧乾:《他是不应被遗忘的——怀念杨振声师》,《瞭望》1993 年第 1 期。

谢树英:《八十七春秋忆往事》,北京市政协文史资料委员会编:《文史资料选编》(第 36 辑),北京:北京出版社,1988 年。

谢泳:《西南联大与中国现代大学教育》,《逝去的年代》,北京:文化艺术出版社,1999 年。

谢泳:《〈观察〉与〈现代评论〉、〈新月〉之关系》,《逝去的年代》,北京:文化艺术出版社,1999 年。

谢泳:《“文艺学”如何成为新意识形态的组成部分?——以 1951 年〈文艺报〉一场讨论为例》,《南方文坛》2003 年第 4 期。

徐丹甫:《北京文艺界之分门别户》,薛绥之主编:《鲁迅生平史料汇编》(第四辑),天津:天津人民出版社,1983 年。

徐泓:《记凌叔华的最后日子》,《大人物小人物》,北京:人民出版社,1995 年。

徐志摩:《我为什么来办我想怎么办》,《晨报副刊》1925 年 10 月 1 日。

徐志摩:《〈猛虎集〉序》,《猛虎集》,上海:新月书店,1931 年。

许德珩:《我的回忆——从北京大学到武汉军事政治学校》,《红旗飘飘》(30 集),北京:中国青年出版社,1986 年。

许德珩:《回忆五四运动》,中国人民政治协商会议全国委员会文史资料委员会编：《五四运动亲历记》，北京：中国文史出版社，1999年。

杨振声：《广州大火下的日记》，《现代评论》第三周年纪念增刊，1928年。

杨振声：《校长报告》，《国立青岛大学周刊》（第1期）1931年5月4日。

杨振声：《与志摩的最后的一别》，《独立评论》第四号及《新月》第4卷第1期（徐志摩纪念号）。

杨振声：《今后教育应趋重之方向》，天津《大公报》1935年9月1日。

杨振声：《关于民族复兴的一个问题》，《中国新论》第3卷第6期，1937年。

杨振声：《为追悼朱自清先生讲到中国国文系》，《文学杂志》第3卷第5期。

杨振声：《北大在长沙》，《国立北京大学五十周年纪念一览》，北平：北京大学出版部，1948年。

杨振声：《回忆五四》，《人民文学》1954年5月。

杨起：《怀念我的父亲》，《杨振声选集》，北京：人民文学出版社，1987年。

杨起：《杨起自述》，《蓬莱文史》第14辑。

杨起：《关于我的父亲——杨振声》，宗璞　熊秉明编：《永远的清华园——清华子弟眼中的父辈》，北京：北京出版社，2000年。

杨起　王荣禧：《风范长存　事业永在——追思杨振声先生的一生》，《西南联大北京校友会简讯》第32期，2002年10月。

杨起：《西南联大——亲切的名字》，《西南联大北京校友会简讯》第32期，2002年10月。

杨起　王荣禧：《淡泊名利　功成身退——杨振声先生在昆明》，昆明市政协文史学习委员会编：《抗战时期文化名人在昆明》（二），昆明：云南人民出版社，2002年。

杨起口述　陈远撰文：《杨振声：湮没无闻许多年》，北京《新京报》2004年8月21日。

杨起、王荣禧：《为传播北大精神而奋斗不息——追思家父杨振声的一生》，钱理群、严瑞芳主编：《我的父辈与北京大学》，北京：北京大学出版社，2006年。

杨起口述　谭璐采访：《杨振声：被遗忘的教育家　被忽略的正派人》，《北京青年报》2009年7月17日。

杨静远：《回忆我的母亲袁昌英教授》，《株洲文史》（第10辑），1986年。

杨奎松：《国民党人在处置昆明学潮问题上的分歧》，《近代史研究》2004年第5期。

杨亮功：《五四一甲子》，台北《联合报》1979年5月1日。

杨迎平：《施蛰存传略》，《新文学史料》2000年第4期。

姚秀彦：《永远怀念西南联大》，《云南文史资料选辑》（第34辑）“西南联合大学建校五十周年纪念专辑”，昆明：云南人民出版社，1988年。

阴法鲁：《追悼杨振声同志》，《九三社讯》1956年第4期。

俞劲：《对火烧赵家楼的一点回忆》，《五四运动亲历记》，北京：中国文史出版社，1999年。

俞平伯：《送金甫到纽约》，《新潮》第2卷第2号。

俞平伯：《回忆〈新潮〉》，《五四运动亲历记》，北京：中国文史出版社，1999 年。

郁达夫：《金缕曲　寄北京丁巽甫、杨金甫，仿顾梁汾寄吴季子》，《郁达夫文集　第十卷：诗词》，广州：花城出版社，1985 年。

毓珉、黄真：《〈方珍珠〉座谈会纪略》，克莹、李颖编《老舍的话剧艺术》，北京：文化艺术出版社，1982 年。

袁可嘉：《袁可嘉自传》，《半个世纪的脚印——袁可嘉诗文选》，北京：人民文学出版社，1994 年。

袁可嘉：《我与现代派》，《诗探索》2001 年第 2 期。

臧克家：《我的祝辞——庆祝母校建校五十五周年》，《乡土情深》，济南：山东大学出版社，1985 年。

臧克家：《悲愤满怀苦吟诗》，《乡土情深》，济南：山东大学出版社，1985 年。

臧克家：《记与陈望道先生的一次会晤》，《青柯小朵集》，广州：花城出版社，1984 年。

臧云远：《漫忆我和山东大学》，山东省政协文史资料委员会编：《悠悠岁月桃李清》，北京：中国文史出版社，1991 年。

曾贻芬：《阴法鲁先生访谈录》，《史学史研究》1997 年第 2 期。

翟广顺：《杨振声与国立青岛大学——纪念杨振声逝世 50 周年》，《青岛职业技术学院学报》2006 年第 3 期。

张伯驹：《诗谜》，《春游琐谈》，郑州：中州古籍出版社，1984 年。

张充和：《三姐夫沈二哥》，《海内外》第 28 期。

张桂兴：《老舍在建国后结社及任职考》（上），《文教资料》2001 年第 3 期。

张华：《杨振声小说在新文学运动初期的历史地位》，《中国现代文学研究丛刊》1982 第 1 期。

张华：《评杨振声的〈玉君〉及鲁迅对它的批评》，《文史哲》1988 年第 2 期。

张华：《杨振声在国立青岛大学》，北京《光明日报》2001 年 10 月 25 日。

张济人：《辛亥革命光复烟台、荣成的回忆》，山东省政协文史资料研究委员会：《文史资料选辑》（第 12 辑）“纪念辛亥革命七十周年”，济南：山东人民出版社，1981 年。

张连国：《论理性民族主义——独立评论派自由主义者对日观剖析》，《江苏社会科学》1999 年第 1 期。

张玲霞：《论清华大学早期的文艺社团及其刊物》，《清华大学学报》（哲学社会科学版）2000 年第 5 期。

张玲霞：《清华校园文化与现代文学》，《中国现代文学研究丛刊》2001 年第 3 期。

张岂之：《北大的灰楼》，《华夏文化》1997 年第 1 期。

张荣芳：《顾颉刚先生与中山大学》，《中山大学学报》（社会科学版）2004 年第 6 期。

张耀杰：《杨振声与曹禺的三角恩怨》，《传记文学》2000 年第 4 期。

张耀杰：《萧乾与曹禺：半个世纪的恩恩怨怨》，《中华读书报》2000 年 8 月 9 日。

张映庚：《为了提高语文教学水平——简介联大师院国文月刊社出版的〈国文月刊〉》，《云南文史资料选辑》（第 34 辑）“西南联合大学建校五十周年纪念专辑”，昆明：云南人民出版社，1988 年。

张宇宏：《杨振声小说的意识流手法》，《吉林大学社会科学学报》1998 年第 1 期。

张源潜：《回忆联大文艺社》，《云南现代史研究资料》，第 10 辑，云南人民出版社，1981 年。

张源潜：《大一（1942 ～ 1943）生活杂忆》，《云南文史资料选辑》（第 34 辑）“西南联合大学建校五十周年纪念专辑”，昆明：云南人民出版社，1988 年。

张源潜：《联大旧事两则》，清华校友总会编：《校友文稿资料选编》（清华校友通讯丛书）第 6 辑，清华大学出版社，2000 年。

张友仁：《北京大学教授在昆明的几处宿舍》，《北京大学校友通讯》第 30 期，2001 年 4 月。

张友仁：《忆沈从文教授》，《文汇读书周报》2003 年 12 月 15 日。

张云龙：《〈玉君〉争鸣之我见》，《鲁迅研究月刊》1990 年 6 月。

张之良：《我的大学生活》，西南联大校友会编：《笳吹弦诵在春城——回忆西南联大》，昆明：云南人民出版社、北京：北京大学出版社，1986 年。

章廷谦：《在昆明》，《国立北京大学五十周年纪念一览》，北平：北京大学出版部，1948 年。

赵捷民：《西南联大的师生们》，《文史精华》编辑部：《文史精华　撷珍本》（上卷），呼和浩特：内蒙古人民出版社，1997 年。

赵其洲：《记忆中北大的学界巨人们》，《北京大学校友通讯》第 29 期，2001 年 11 月。

赵瑞蕻：《碧海红樱忆旧游》，张乐岭等主编：《峥嵘岁月》，济南：山东大学出版社，1991年。

郑克晟：《中研究史语所与北大文科研究所——兼忆傅斯年、郑天挺先生》，《傅斯年与中国文化》，天津：天津古籍出版社，2006年。

郑丽园：《如梦如歌——英伦八访文坛耆宿凌叔华》，陈学勇编：《凌叔华文存》，成都：四川文艺出版社，1998年。

郑天挺：《南迁岁月——我在联大的八年》，《郑天挺先生百年诞辰纪念文集》，北京：中华书局，2000年。

郑天挺：《五十自述》，《天津文史资料选辑》（第28辑），天津：天津人民出版社，1984年。

郑嗣仁：《郑天挺与北京大学》，《北京大学学报》（哲学社会科学版）1998年第3期。

郑嗣仁：《梅贻琦与郑天挺在昆明》，《北京大学校友会通讯》第30期，2001年。

郑嗣仁：《梅贻琦与郑天挺的友谊》，《西南联大北京校友会简讯》29期，2001年。

智效民：《怀念杨振声》，《心理的单间》，长春：长春出版社，1997年。

智效民：《沈从文与杨振声》，《书屋》1998年第1期。

钟敬文：《〈西湖漫拾〉自叙》，《西湖漫拾》，北平：北新书局，1929年。

周明道：《令人难忘的叙永生活》，肖卫编：《北大岁月》，呼和浩特：内蒙古文化出版社，2001年。

周法高：《记昆明北大文科研究所》，台北《传记文学》第42卷第1、2期。

周法高：《周法高自述》，高增德　丁东编：《世纪学人自述》（第5卷），北京：北京十月文艺出版社，2000年。

周雨：《〈大公报〉史略》，《天津文史资料选辑》（第57辑），天津：天津人民出版社，1992年。

朱光潜：《自传》，《艺文杂谈》，合肥：安徽人民出版社，1981年。

朱经农：《最后一个月的丁在君先生》，《独立评论》第188号，1926年3月。

朱自清：《什么是新文学的"生路"？》，北平《新生报》1946年。

诸有琼：《忆杨振声老师》，《北京大学校友通讯》第2期，1984年3月。

诸有琼：《星斗其文　赤子其心——怀念沈从文教授》，《西南联大北京校友会简讯》第32期，2002年10月。

宗璞：《三松堂断忆》，《读书》1991年第12期。

邹豹君：《杨振声先生访问记》，《山东文献》第2卷第1期。

未刊文稿

沈从文：《我所知道的杨振声先生》（三份）

杨文衡：《我们敬爱的父亲》

杨文衡：《忆父亲二三事》

徐植琬：《一段七十年前的记忆——回忆杨振声校长》

初稿后记

历史虽然已经过去，但后来讲述的历史以及后来者认知的历史却变动不居，有意无意间，被夸大、掩没或扭曲者，不在少数。而真正历史研究者的优势，就是能够分析史料残片、透过后来形成的历史假象、不断接近历史现场，对历史真相有一个近真的把握。

本书的主要研究对象，大致属于在历史中曾为重要人物、而在历史记忆中却被渐次淡化者，有必要予以特别关注。知人论世，重要历史人物的背后，往往都是复杂的关系脉络和辽阔的历史时空。

这本书尽量减少个人对历史的分析阐述，因在史学功力不济的情况下，必定误读史料，强作解人，显然自欺欺人。所以，本书勉强可算是对所见史料的简单排列，至于从中得出些什么结论，权利全在读者。人生并非一场戏。个人深信，这种做法比一般传记文学条理清晰、文采飞扬的描绘要真实可靠得多，良心上还算过得去。

虽说是对史料的简单排列，但在史料收集整理过程中我却也经历了不少甘苦。由此益知，史学决非一般人想象中的那样简单。杨振声本人所留资料极少，今天能看到的实在有限，好在他人相关著述中还留有一些片断性的记载，本书便是动用了这类本须慎用的材料，因陋就简，初步整理出来的。

而因语境的改变，这种历史记忆片断的拼接与历史原貌相去多远，尚不可知。为避免干扰读者判断，我个人不欲妄加评论。所以，对于历史真相的把握还要靠读者的见识和功力。

梁启超曾讲，做年谱可使“精细、忍耐、灵敏、勇敢诸美德齐归作者身上，以后做别的学问也有同样的成功了”（梁著《中国历史研究法补编》）。我自认为这本书的做法与一般年谱差距较大，故而以“编年事辑”命名，或许更妥帖些。而且，对我来说，成功固然邈茫，精细、忍耐、灵敏诸美德与我缘分也浅。不过倒算是“勇敢”，因我于2002年秋冬间着手本书编写时，还是山东大学一个无知无畏的二年级本科生，是在不知门径又无人引路的实情之下，不惜废弃课业，在一年多时间里断断续续拼凑出大致框架的。后在中山大学历史系师友们的教益、夹辅和砥砺下，几经增删勒为此编，但深知功夫不到，底盘不稳。且编写此书的原始动机，本是因有感于乡贤事迹而欲探寻其生前身后一段生动的历史真实，并非妄图贡献于学术界。假如对学界研究有益，也只能说是意料之外。不过，在此过程中我却深刻感触到，编年体的训练至少对史学初学者来说确实大有裨益，日后也断不能任意脱离历史时空网络随便评论史事及人物思想。这点切身体验，当谨记于心。

在这里要感谢我的老师和同学，因本书得以完成与他们的教益和帮助大有关联。

几年来，中山大学历史系的桑兵老师和关晓红老师在学业及生活上给予我很多关怀和帮助，虽然个人始终低调而不成器，但两位老师对我的教诲和鼓励一如既往。师恩厚重，每每独自静思，总感激不已。这本书因多种因素而草草出手了，却未曾将底稿交老师寓目。以这样一本尚未成熟的小书作为目前学习能力的见证，实在愧对老师教诲。但我在这里必须向内行读者老实交待，假如这本小书在做法上尚有一点可取之处的话，也都是我在中山大学历史系学到的，而其中的败笔自然都是我平日学习不用功的结果。

在本书编写过程中，蓬莱的刘培俊老师和北京的刘光鼎院士提供了刘本钊（康甫）先生的相关资料；山东大学副校长张华教授曾拨冗给予帮助；山东大学和中山大学历史系的曹天忠老师、龙波老师等不少老师都给予指教和关怀；北京大学的严瑞芳老师曾极其热情地介绍我去北大校友会查资料，并亲自带我到北大档案馆了解情况……这都让我深感受益匪浅。

此外，我大学的不少同学（在此请恕不一一举出）共同营造的相互砥砺、沉潜进取的学习氛围，对我来说都是难能可贵的……

我在这里特别要感谢杨起先生和杨先生的老伴王荣禧老师，自他们得知我着手编写此书后，便时常在长途电话中跟我详谈，真诚而热情。两位老师都已是耄耋之年，杨先生因身体问题常需住院，但他还是劳苦不辞地审阅书稿。王老师这几年来除了照顾杨先生外，一直帮我四处收集资料，耗费了她不少的时间、精力和体力。如果没有王老师多年来收集并珍藏的众多资料，这本书必然连目前这个样子也没有。给两位老师带来极多打搅，让我内心深感不安。本书能够初步完成，无论如何都要特别地感谢他们。

人生有缘，我关注杨振声先生事迹，起始于中学时在蓬莱二中校门外地摊上买回的《杨氏三杰》（蔡玉臻主编，蓬莱文史资料第十五辑），短短几年后的今天，又承蒙蓬莱政协汤万兴主席、李世军秘书长、蔡玉臻先生等的鼎力支持，将本书纳入“蓬莱文库”首批著作付梓面世。另外，孙迎春小姐以极其敬业的态度为本书设计封面并排版。在此，谨致以个人的深切谢忱。

因新材料的随时发现和个人学识阅历的不断增长，目前所编仅是半成品，诚心祈望识者高明批评指正，以待日后完善。

季培刚

2006年深秋，广州

增订后记

这本书是我在读历史学本科和硕士期间完成的。原本是因对特定人物生平感兴趣的一个机缘巧合的选题，后来成为个人对于陈寅恪先生所倡导的史学方法（即宋代通鉴长编考异法与六朝合本子注法）的具体实践和体会。藉由一个关系广泛的特定历史人物，贯穿一段历史时空，避免格义附会，以对人世变幻产生更为深入细致的认知，并收执简驭繁之效，自与膜拜于研究对象的写作取径不同，也绝无攀附名人而自抬身价之心，且绝不以单一历史人物的研究专家自况，敬希有缘读者细心体察。

初稿写成后，曾得以收入“蓬莱文库”付梓面世。当初不喜“年谱”之称，遂定为《杨振声编年事辑初稿》。因该丛书并未正式发行，皆以赠送方式流通，故而传播不广。即便如此，也得到不少知识界高明的关注和鼓励，更有不少学界前辈致函致电杨起先生，给予该书较高评价，并帮助指正疏漏、提供资料。此后，我又翻阅查找史料，陆续对该书做了较大幅度的增补和修订。在此过程中深刻体会到，再细微的问题也可做无尽头的研究，深知此书仍是粗枝大叶，不过是以网取水，疏漏实多，所以仍无法称为成品，只好寄望于日后的随时修补。并且，日渐清晰地认识到，历史人物的行为与活动，皆有其背后的知识背景和思想基础，这类问题的清理，无论对于把握历史的整体走向，还是理解人物的个体行为，意义皆更深入一层。可以说，生存在历史时空下的每一个人，其实都不是独立的存在，都裹挟在各种知识和思想学说的混杂交融之中，尤其是在晚清民国以来的中国。而那些来自西洋或东洋的各种思想学说的交杂，对百余年来中国社会的混乱现象，显然要负最重要的责任。如果不愿自己的行为盲目，最好的做法，还是要彻底地清理和把握包括各种“主义”在内的知识与思想的源流演化，深入认识它们在人类历史（尤其是百余年来的中国社会）中产生的效应，以防凌乱了自身的合乎道理的认知与行为。如上所述，只是就题发挥的管见，相关问题有待日后继续探讨。

此次有幸承蒙九三学社中央关注，给予研究支持，并纳入“九三学社人物丛书”正式刊行。在此，谨对关注该书并资助出版的九三学社中央主席韩启德先生、副主席邵鸿先生、社史研究室主任岳庆平教授、许德珩后人许进先生、具体联络出版事宜的夏德美女士，以及学苑出版社的刘丰、李耕等相关编辑人员，对长期给予莫大鼓励和帮助的中国地质大学（北京）杨起院士和王荣禧老师，对给予学术教诲的山东大学历史文化学院徐畅教授，中山大学历史系桑兵教授、关晓红教授、曹天忠教授，广东社会科学院王杰研究员等多位老师，对给予《杨振声编年事辑初稿》文字引介的北京大学中文系陈平原教授、安徽大学中文系汪成法副教授、山东大学文学与新闻传播学院夏冬红副教授……对仔细读过该书初稿并帮助指正讹误的山东师范大学历史系郭大松教授，华南师范大学历史文化学院宋德华教授，中国社科院近代史所宋广波副研究员，广东社科院历史与孙中山研究所李庆新所长、李振武副所长和张金超副研究员，以及众多关注该书的相见或不曾相见、相识或未曾相识的读者们，致以最为诚挚的谢意。对求学历程中山东大学、中山大学及广东社科院期间的同学安东强、包生耿、蔡西平、陈仲凯、戴勇、丁力、李飞、李焕记、刘成元、邱日、孙甡、王学进、王洪江、温立杰、武勇、吴昱、徐智、徐志刚、杨军、杨思机、杨正阳、余文锋、张林、朱贞等等，一并致谢，并志一段友谊。

在这里，还想特别感谢复旦大学历史系的老师们，是他们给了我一次继续读书求学的机会，让我能够在更为优越和便利的条件下去探讨学问的本源究竟。

同时，也要感谢我人生历程中从小学到大学期间的每一位老师和每一位同学，感谢所有家人和亲友，以及生命中的每一位有缘人。

季培刚

2012年冬，上海